Arbitragem

Arbitragem
SOCIEDADE CIVIL X ESTADO

2020

José Carlos de Magalhães

ALMEDINA

ARBITRAGEM
SOCIEDADE CIVIL X ESTADO
© Almedina, 2020
AUTOR: José Carlos de Magalhães
DIAGRAMAÇÃO: Almedina
DESIGN DE CAPA: FBA
ISBN: 9788584936298

Dados Internacionais de Catalogação na Publicação (CIP)
(Câmara Brasileira do Livro, SP, Brasil)

Magalhães, José Carlos de
Arbitragem : sociedade civil x Estado /
José Carlos de Magalhães. -- São Paulo : Almedina,
2020.

Bibliografia.
ISBN 978-85-8493-629-8

1. Arbitragem (Direito) 2. Estado 3. Sociedade
civil I. Título..

20-33627   CDU-347.918

Índices para catálogo sistemático:
1. Arbitragem : Direito civil 347.918
Cibele Maria Dias - Bibliotecária - CRB-8/9427

Este livro segue as regras do novo Acordo Ortográfico da Língua Portuguesa (1990).

Todos os direitos reservados. Nenhuma parte deste livro, protegido por copyright, pode ser reproduzida, armazenada ou transmitida de alguma forma ou por algum meio, seja eletrônico ou mecânico, inclusive fotocópia, gravação ou qualquer sistema de armazenagem de informações, sem a permissão expressa e por escrito da editora.

Abril, 2020

EDITORA: Almedina Brasil
Rua José Maria Lisboa, 860, Conj.131 e 132, Jardim Paulista | 01423-001 São Paulo | Brasil
editora@almedina.com.br
www.almedina.com.br

À

Gabriela Magalhães Tavares de Oliveira (Gabi)
Pedro Magalhães Tavares de Oliveira
Maria Isabel Magalhães Tavares de Oliveira (Bel)
Manuela Mesquita Magalhães (Manu)
Helena Mesquita Magalhães (Lelê)
Alice Magalhães Silvestre (Lica)
André Magalhães Silvestre (Deco)
Leonardo Ramos Vismona (Léo)
Beatriz Ramos Vismona (Bia)

Homenagem à geração do século XXI,
com a saudade das temporadas em Areias/SP

SOBRE O AUTOR

Professor sênior da Faculdade de Direito da Universidade de São Paulo, onde lecionou desde o ano de 1969, em cursos de graduação e de pós graduação, tendo ministrado, dentre outras, as disciplinas: Direito Processual Internacional; Arbitragem Internacional; Contratos Internacionais; Prevenção e Solução de Disputas Internacionais; Teoria Geral do Direito Internacional; Direito dos Tratados e Instrumentos Financeiros Internacionais;

Foi agraciado com o Prêmio Spencer Vampré, por suas atividades acadêmicas;

Proferiu palestras e conferências no Brasil e no exterior sobre direito internacional, arbitragem, empresas multinacionais, direito da concorrência, Mercosul e de direito do comércio internacional;

Foi Diretor do Instituto de Direito Internacional e Relações Internacionais; antigo correspondente brasileiro do UNIDROIT e Ex-Presidente da Seção Brasileira da International Law Association;

Advogado desde 1961, ex-sócio de Pati & Magalhães Advogados, até 1995, e atual sócio sênior de José Carlos de Magalhães – Advogados Associados, atuando (i) como consultor em matéria de direito privado, investimentos estrangeiros no Brasil e em matéria societária e de direito do comércio internacional; (ii) patrono em causas de natureza civil e comercial no foro brasileiro e no exterior e (iii) em arbitragens nacionais e internacionais;

Integrou a lista de especialistas indicado pelo Brasil ao Órgão de Solução de Controvérsias da OMC; Árbitro do Tribunal Arbitral constituído para decidir controvérsia entre Brasil e Argentina, no Mercosul;

Árbitro em cerca de 200 arbitragens nacionais e internacionais realizadas no Centro de Mediação e Arbitragem da Câmara de Comércio Brasil Canadá (CAM/CCBC); Câmara de Conciliação, Mediação e Arbitragem CIESP/FIESP, Câmara de Arbitragem de Minas Gerais (CAMARB); Câmara de Comercio em instituições de arbitragem no Brasil e no exterior;

Proferiu pareceres escritos sobre temas de direito privado, comercial, direito processual internacional, arbitragem e direito da concorrência;

É autor de 6 livros, dentre os quais Direito Econômico Internacional e O Mundo como Empresa Global (Grua, 2016);

Organizou 4 livros, em coautoria com a Professora Araminta Mercadante sobre Direito Internacional e é autor de mais de 70 artigos publicados no Brasil e no exterior sobre Direito Internacional, Arbitragem e Direito Societário, dentre outros temas, tendo prefaciado diversos livros sobre a matéria.

AGRADECIMENTO

A publicação deste livro contou com o incentivo, organização e sistematização dos capítulos da advogada Tania F. Rodrigues Palma, que contribui, ainda, com sua revisão e sugestões sobre o tema. A responsabilidade pelo conteúdo, todavia, é inteiramente do Autor.

ABREVIATURAS

AAA - American Arbitration Association
AJIL - American Journal of International Law
CAESP - Conselho Arbitral do Estado de São Paulo
CAM - Câmara de Arbitragem do Mercado
CAM/CCBC – Centro de Arbitragem e Mediação da Câmara de Comércio Brasil/Canadá
CAMARB - Câmara de Arbitragem de Minas Gerais
CAMITAL - Câmara de Mediação e Arbitragem da Câmara Ítalo-Brasileira de Comércio, Indústria e Agricultura
CBMA - Centro Brasileiro de Mediação e Arbitragem
CC – Código Civil
CCI – Câmara de Comércio Internacional
CIRDI – Centro Internacional de Resolução de Disputas sobre Investimentos
CNUDCI – Conferência das Nações Unidas para o Direito do Comércio Internacional
CPC – Código de Processo Civil
CMA CIESP/FIESP– Câmara de Conciliação, Mediação e Arbitragem - CIESP/FIESP
JDI – Journal de Droit International
LAEL – Livraria do Advogado Editora Ltda.
LGDJ - Librairie Générale de Droit et de Jurisprudence
LINDB - Lei de Introdução às Normas do Direito Brasileiro
OEA – Organização dos Estados Americanos
OMC – Organização Mundial do Comércio

ONU – Organização das Nações Unidas
RAM – Revista de Arbitragem e Mediação
RCADI – Récueil des Cours de l'Académie de Droit International
RDB – Revista de Direito Bancário
RT – Revista dos Tribunais
STF – Supremo Tribunal Federal
STJ – Superior Tribunal de Justiça
UNCITRAL – United Nations Commision on International Trade Law
USP – Universidade de São Paulo

Sumário

Introdução 17
Capítulo 1 – A Arbitragem como Forma de Atuação da Sociedade Civil 25
Introdução 25
1. A ênfase da economia nas relações internacionais 27
2. O declínio da proteção diplomática a nacionais no exterior 28
3. A relevância dos contratos nos negócios internacionais 31
4. A arbitragem privada como instrumento da sociedade civil 33
5. Os novos rumos previstos na Constituição de 1988 35
6. Reflexos internacionais 36
7. A globalização da economia, a mundialização do Direito
e a arbitragem privada 37
8. Conclusões preliminares 39
Capítulo 2 - Arbitragem: Uma Análise Contextual 41
1. Tendências 41
2. Perspectivas 52
**Capítulo 3 - Solução e Prevenção de Litígios Internacionais
de Natureza Econômica** 79
1. Considerações gerais 79
2. Arbitragem entre Estado e empresa privada estrangeira
em contratos financiados pelo Banco Mundial 81
3. Órgão de Solução de Controvérsias da OMC 84
4. Arbitragem privada 87
5. As Convenções Internacionais sobre Arbitragem de Caráter Geral 89
6. Convenções regionais da América Latina 94
7. O conflito de convenções sobre arbitragem privada na América Latina 97
8. Conflito de Convenções Multilaterais 99
9. Conflito de Convenções entre partes não coincidentes 101
10. Convenções sobre arbitragem na América Latina 103

11. Conflito entre a Convenção de Nova Iorque e a jurisprudência brasileira 105
12. As Convenções sobre arbitragem e a Lei Uniforme da CNUDCI 106
13. A cooperação judiciária internacional 109
Capítulo 4 – A Convenção de Nova Iorque e a Lei de Arbitragem 115
Introdução 115
1. Arbitragem privada como atividade supletiva do Estado
na Convenção de Nova Iorque 116
2. Crítica à noção da arbitragem como atividade supletiva do Estado 117
3. Similitude e diferença entre arbitragem e transação 119
4. Efeitos da Convenção de Nova Iorque sobre a Lei 9.307/96 120
5. Coincidência de disposições 121
6. Modificações substanciais que derrogaram a Lei 9.307/96 123
Capítulo 5 – O Reconhecimento de Sentenças Arbitrais Estrangeiras:
Uma Análise Contextual 129
1. Breve histórico 129
2. As Convenções internacionais 135
3. A modificação da ordem internacional
após a Convenção de Nova Iorque sobre arbitragem 139
4. Os efeitos da não adesão do Brasil à Convenção de Nova Iorque
sobre arbitragem 145
5. A eficácia no país das sentenças estrangeiras 154
6. Os Pareceres de Hildebrando Accioly no Ministério das Relações Exteriores... 157
7. Os efeitos da nova ordem internacional na arbitragem 160
8. O Código de Processo Civil de 2015 - repercussão 162
Capítulo 6 – Os Laudos Arbitrais Proferidos com Base no Protocolo de Brasília
para Solução de Controvérsias 167
Introdução 167
1. Partes nas controvérsias 168
2. O esgotamento dos recursos internos 169
3. Fase preliminar de negociações diretas 170
4. Os laudos arbitrais 171
5. O cumprimento dos laudos arbitrais 175
6. O verdadeiro afetado pela decisão arbitral 177
Capítulo 7 – A Arbitragem no Protocolo de Olivos 181
Introdução 181
1. A perda da competência exclusiva do tribunal regional 182
2. A proibição da escolha do melhor fôro 184
3. Mecanismos relativos a aspectos técnicos 185
4. As negociações preliminares 185
5. Procedimento arbitral ad hoc 187

6. Tribunal Permanente de Revisão 188
Capítulo 8 - Desenvolvimento da Arbitragem Internacional 195
1. Considerações gerais 195
2. A atuação da empresa privada 196
3. O contrato como instrumento regulador de relações jurídicas 196
4. Tendências da prática contratual 199
5. A jurisdição dos árbitros 203
6. A participação do Estado em arbitragens privadas 203
7. A arbitragem e a proteção diplomática 205
Capítulo 9 - A Efetividade das Sentenças Arbitrais 207
1. Do Cumprimento laudo arbitral 207
2. Caráter privado do laudo arbitral 209
3. Homologação de sentença judicial estrangeira 210
4. Sentença judicial estrangeira e arbitral 211
5. A arbitragem estrangeira e a internacional: distinção 213
6. Da citação postal no processo arbitral 221
7. A execução da sentença arbitral 224
Capítulo 10 – A Tutela Antecipada no Processo Arbitral 229
Introdução 229
1. A Autotutela 229
2. A autocomposição de controvérsias 230
3. Jurisdição do juiz e do árbitro: diversidade de origem 231
4. Medida cautelar e tutela antecipada: distinção 233
5. A autorização das partes para a tutela antecipada no processo arbitral 234
6. Tutela antecipada e sentença parcial: distinção 237
**Capítulo 11 - A Diversidade de Princípios do Processo Arbitral
e do Judiciário** 241
Capítulo 12 – A Arbitragem e o Processo Judicial 253
**Capítulo 13 – A Competência para Decidir
sobre a Validade da Convenção Arbitral** 261
Capítulo 14 – Características do Procedimento Arbitral 267
1. O início do procedimento arbitral 267
2. A instauração do juízo arbitral no Brasil 269
3. Obstáculos à instituição do juízo arbitral 274
4. A nomeação dos árbitros 278
5. O desenvolvimento do processo arbitral 280
6. A sentença arbitral 282
7. A sentença arbitral parcial e sentença citra petita 284
8. Sentença parcial e decisão provisória 286
9. Pressupostos da sentença arbitral estrangeira 287

10. Ação de nulidade de sentença arbitral estrangeira 288
11. Competência para apreciar pretensão de nulidade
de sentença arbitral estrangeira. 288
12. A homologação judicial da sentença arbitral estrangeira. 289
Capítulo 15 - Os Deveres do Árbitro 301
1. Deveres legais 302
2. Dever de imparcialidade 302
3. Dever de independência 303
4. Dever de competência 303
5. Dever de diligência.. 304
6. Dever de discrição 304
7. Dever de tratamento igualitário das partes e o contraditório 305
8. Dever de revelação 305
9. Dever de observância da ordem pública... 306
10. Dever de motivação 309
11. Deveres éticos 311
12. Dever de clareza 311
13. Dever de manter confiança das partes 312
14. Dever de examinar todos os fundamentos das pretensões das partes........... 314
15. O dever de julgar a controvérsia com liberdade e o iura novit curia............... 315
Conclusão... 317
Capítulo 16 – A Ética das Partes na Arbitragem 319
Capítulo 17 – A Nomeação de Árbitros em Arbitragens Multipartes 325
Introdução... 325
1. A igualdade das partes: princípio fundamental da arbitragem 326
2. Vontade das partes: fundamento da arbitragem.. 327
3. O caso DUTCO.. 328
4. O Regulamento da CCI sobre a matéria 330
5. Regulamentos de outras entidades internacionais de arbitragem 330
6. Os regulamentos de entidades brasileiras.. 331
7. Reprodução do caso DUCTO no Brasil 332
**Capítulo 18 – Comentário sobre Decisão Denegatória de Homologação
de Sentença Arbitral Estrangeira** 337
Capítulo 19 - O Risco da Processualização da Arbitragem 343
Capítulo 20 – Litispendência entre o Processo Judicial e o Arbitral............ 345
Capítulo 21 – Entrevista 349
Referências.. 367

Introdução

A edição deste livro resulta da reunião sistematizada de artigos publicados ao longo de muitos anos de experiência como advogado e árbitro, em processos nacionais e internacionais, e de preleções acadêmicas sobre a arbitragem e direito internacional em geral. É produto da análise de muitas modificações no cenário nacional e internacional nesse período que afetaram conceitos estratificados na jurisprudência e na lei em diversos aspectos. Foram impulsionadas no Brasil pela dinâmica social e pelas expectativas da comunidade nacional de modernizar suas instituições e adaptá-las para atender anseios de maior participação no processo de solução de controvérsias privadas.

A época coincide com o final do século XX, em que o mundo mudou de configuração. A Guerra Fria, com o antagonismo acirrado entre o Ocidente e os países do sistema Soviético, com a apreensão generalizada sobre o uso da força com a utilização de armas de extermínio em massa, terminou como que por encanto, sem guerras ou movimentos armados. A análise de Eric Hobsbawn, no seu *A Era dos extremos: O breve* século XX, 1914-1991[1], mostra bem o impacto daquele antagonismo e o surpreendente resultado de anos de animosidade entre os principais protagonistas de então, com seu fim pacífico e inesperado e a subsequente globalização da economia. Foi a constatação de que nem sempre prognósticos sombrios se concreti-

---

[1] SANTARRITA, Marcos (trad.); PAOLI, Maria Célia (rev. Téc.), São Paulo: Companhia das Letras, 2ª Edição, 1995.

zam e que prevalece a percepção geral da necessidade da preservação do planeta, como um todo.

A tomada de consciência dos povos em geral de que o aumento da população do planeta e as limitações de seus recursos, põem em sério risco a sobrevivência da humanidade, se não forem tomadas medidas severas de proteção do meio ambiente contribuiu para essa modificação.

A Humanidade passou a ser encarada como realidade e não mera abstração, como reconhecido no Tratado sobre Princípios Reguladores das Atividades dos Estados na Exploração e Uso do Espaço Cósmico, inclusive a Lua e demais Corpos Celestes, da ONU, de 27 de janeiro de 1967[2]. O artigo V expressa de maneira incisiva que o homem integra a humanidade como um todo[3], a despeito das divisões territoriais impostas por interesses de poder ou por diversidade de civilizações ou culturas. Há uma integração de todos na humanidade a ser preservada.

O que é notável nesse Tratado é ter sido celebrado em plena Guerra Fria, com embate acirrado entre os países do sistema soviético e os do ocidente, em renhida competição para conquistar corpos celestes e a lua, com o emprego de grandes recursos para a exploração espacial. Prevaleceu o bom senso e a noção de que o Direito deve atender não mais o interesse dos Estados, nem mesmo dos indivíduos, como preconizado pela Declaração Universal dos Direitos Humanos, mas o da Humanidade como um todo.

Foi essa consciência que estimulou a criação das organizações não governamentais e fundações privadas com o propósito de defender o meio ambiente, como *Greenpeace*, *World Wide Fund* e inúmeras outras, além das

---

[2] Ratificado pelo Brasil pelo Decreto Legislativo nº 41, de 02.10.1968 e objeto do Decreto nº 64.362, de 17.04.1969.

[3] *"Artigo V - Os Estados Partes do Tratado considerarão os astronautas como enviados da humanidade no espaço cósmico e lhes prestarão toda a assistência possível em caso de acidente, perigo ou aterrissagem forçada sobre o território de um outro Estado parte do Tratado ou em alto mar. Em caso de tal aterrissagem, o retorno dos astronautas ao Estado de matrícula do seu veículo espacial deverá ser efetuado prontamente e com toda a segurança.*

Sempre que desenvolverem atividades no espaço cósmico e nos corpos celestes, os astronautas de um Estado-parte do Tratado prestarão toda a assistência possível aos astronautas dos outros Estados partes do Tratado.

Os Estados partes do Tratado levarão imediatamente ao conhecimento dos outros Estados partes do Tratado ou do Secretário-Geral da Organização das Nações Unidas qualquer fenômeno por este descoberto no espaço cósmico, inclusive a Lua e demais corpos celestes, que possa representar perigo para a vida ou a saúde dos astronautas."

voltadas à defesa dos direitos humanos contra desmandos de autoridades estatais, como a *Amnesty International* e *Human Rights Watch*, ou destinadas a suprir carências de políticas estatais, como Médicos sem Fronteiras.

O enorme número dessas organizações e fundações nacionais e internacionais é reflexo da ação da sociedade civil voltada para suprir deficiências do Estado ou para defender-se contra a atuação das autoridades governamentais, interessadas no exercício do poder político, cuja atuação pode estar dissociada do interesse efetivo das comunidades nacionais e internacional.

Essas considerações, não obstante sua amplitude, se justificam para demonstrar que a crise do Estado teve consequências não suspeitadas, dentre as quais a perda do antigo monopólio da jurisdição, com a adoção pela sociedade civil de mecanismo privado de solução de controvérsias, sem a interferência estatal, como é o caso da arbitragem.

Contribuiu para essa evolução a atuação acentuada do que é apodado como sociedade civil, como participante nacional e internacional a influenciar o comportamento do Estado como instituição secular. Os efeitos das duas guerras mundiais puseram à mostra a incapacidade de sua atuação para evitar confrontos bélicos e assegurar a tão sonhada paz entre as nações. Se, no século XIX, as guerras eram qualificadas como "justas" ou "injustas", a revelar o emprego da autotutela como mecanismo aceito de solução de controvérsias, o século XX registrou evolução significativa, com a eliminação da justificativa e a criação do Tribunal Permanente de Arbitragem, em Haia, como tentativa de instituir mecanismo alternativo e pacífico. A ela seguiu-se o Tribunal Permanente de Justiça Internacional, da Liga das Nações, e sua sucessora, a Corte Internacional de Justiça, da ONU, a reforçar a aspiração comum de solução pacífica de controvérsias. Mais do que isso, define o rumo à constitucionalização da ordem internacional, com a restrição do antigo conceito de soberania dos Estados.

Essa tendência se acentuou com a criação da ONU, pelas nações ("Nós, os *povos* das nações unidas", como registra seu preâmbulo), e não mais pelos Estados, como sua antecessora, a Liga das Nações. Produziu o efeito de multiplicar a instituição de organizações internacionais com os mais variados objetivos a complementar o insatisfatório desempenho dos Estados. Foi o germe da modificação que se expandiu em diversas áreas, desde a econômica (OCDE, BRICS, e inúmeras outras de caráter regional), saúde (Organização Mundial da Saúde); tecnologia (Organização Mundial da

Propriedade Intelectual), além de outras a regular setores específicos na esfera internacional.

Dessa rede de organizações internacionais governamentais emergiram as organizações não governamentais com propósitos específicos de interesse geral e não dos Estados, como é o caso de proteção ao meio ambiente, aos direitos humanos, à proteção à vida selvagem e outras. Da mesma forma, floresceu a atividade de empreendedores privados, por meio de empresas que adotaram estratégia multinacional para o desenvolvimento de seus objetivos, além de fundações privadas, sem fins lucrativos e com propósitos de defesa de interesses da humanidade. Tais empreendedores são vistos como verdadeiras autoridades privadas, com atuação influente na formação de políticas públicas, como as do Fórum Econômico Mundial, que se reúne anualmente em Davos, Suíça, ao qual acorrem chefes de Estado e autoridades governamentais. É a atuação privada a se impor aos Estados.

Essa miríade de atores ativos nas esferas internacional e nacional é produto do que se apodou de sociedade civil, termo ora usado para designar algo difuso para qualificar manifestações e atos de entidades privadas dedicadas à defesa de temas de interesse público, nem sempre amparado pelas autoridades governamentais; por vezes, até mesmo contra elas. Não se confunde com "povo", "comunidade", "população", "opinião pública", "pensamento popular" ou "popularidade", termos usados em diferentes contextos, como destaca John Lukacs[4], e até mesmo de "nação", diante da impossibilidade de identificar-lhes o representante. Também não é usado no contexto deste trabalho para qualificar as diversas acepções e teorias políticas examinadas por Norberto Bobbio, que, segundo ele, remontam a 1794, com August Ludwig von Schlözer e empregado em determinadas teorias políticas[5].

O termo ora adotado tem amplitude maior e visa a designar a atuação de entidades nacionais e internacionais que não se ajustam, nem se identificam com políticas de qualquer país em particular. Têm foco maior, de interesse geral, e se contrapõe ao Estado, retirando-lhe o monopólio da defesa do interesse público, de que se mostrou incapaz, a requerer novo modelo de organização. O crescimento do uso das redes sociais propiciadas

---

[4] *Uma Nova República – História dos Estados Unidos no Século XX*. Rio, Ed. Jorge Zahar, 2006, p. 259/260.

[5] *Estado, Governo, Sociedade – Para uma teoria geral da política*. São Paulo, Ed. Paz e Terra, 3ª edição, p. 33.

pela tecnologia da informação, por meio da Internet, é sintoma de novos tempos, a requerer atenção sobre seus efeitos.

Esse quadro revela a existência da dicotomia sociedade civil/Estado que está na raiz de parte das questões tratadas neste livro, restrita ao sistema privado de solução de controvérsias, como é a arbitragem, que prescinde da participação das autoridades governamentais. O seu foco se restringe a aspectos gerais ou particulares desse meio privado de solução de controvérsias, com destaque no papel do árbitro como representante da sociedade civil, na distribuição da Justiça entre contendores.

A tônica geral dos diversos temas abordados observa a modificação da configuração clássica do Estado, idealizada na Paz de Vestefália, de 1.648, como entidade dotada de soberania externa e interna e titular único da jurisdição, como produtor de normas jurídicas (Poder Legislativo), de sua interpretação (Poder Judiciário) e de sua execução, pelo uso da força (Poder Executivo).

O monopólio do Estado na elaboração das leis e de sua interpretação, a se impor no território de cada Estado, cedeu passo à autonomia da vontade privada na regulamentação de relações contratuais. É a alternativa de que se vale a sociedade civil, para atuar com maior desenvoltura para resolver controvérsias, fazendo-o por meio da arbitragem, desvinculada de políticas judiciais do Estado.

A elaboração de leis gerais pelo Estado para reger relações sociais não impede a formulação de normas jurídicas por meio do contrato, como instrumento regulador de negócios privados, *ad latere* de regulamentações estatais. Da mesma forma, a interpretação da norma jurídica, deixou de ser atribuição exclusiva do Poder Judiciário e concorre com a atuação de árbitros privados, desvinculados da orientação jurisprudencial oficial, como a objeto da Súmula Vinculante do STF[6], restrita aos integrantes do poder judiciário e aos órgãos da administração pública. Resta apenas o poder

---

[6] De fato, a Lei nº 11.417, de 19.12.2006, vincula decisões do STF reiteradas apenas os órgãos do Poder Judiciário e da administração, como dispõe o seu artigo 2º:
"*Art. 2º O Supremo Tribunal Federal poderá, de ofício ou por provocação, após reiteradas decisões sobre matéria constitucional, editar enunciado de súmula que, a partir de sua publicação na imprensa oficial, terá efeito vinculante em relação aos demais órgãos do Poder Judiciário e à administração pública direta e indireta, nas esferas federal, estadual e municipal, bem como proceder à sua revisão ou cancelamento, na forma prevista nesta Lei.*"

coercitivo sob o manto do Estado, detentor da força, para conferir eficácia às decisões arbitrais, quando seu cumprimento é resistido pelo vencido.

Esse quadro configurou-se com o desenvolvimento da arbitragem, inicialmente, graças à pressão de agentes do comércio internacional para evitar a interferência de autoridades estatais na solução de controvérsias entre eles. Contratantes sediados em países diversos ansiavam por sistema imparcial, fora do âmbito de seus Estados, para a solução adequada de suas divergências. Se os Estados, no passado, utilizavam a arbitragem nas suas contendas recíprocas, por não dispor a ordem internacional de mecanismo apropriado para isso, o mesmo raciocínio poderia ser empregado para resolver controvérsias comerciais internacionais. Foi um dos fatores que fizeram a arbitragem privada na área internacional florescer, favorecida pela necessidade de foro imparcial.

Assim, a arbitragem privada não resultou de ação da sociedade civil para complementar à do Estado, mas para influir na modificação da estrutura legal e de comportamentos oficiais contrapostos às expectativas da sociedade em geral. Isto explica a celebração pelos Estados de convenções e tratados internacionais sobre o tema, não voltados para atender interesses específicos de seus signatários (os Estados), mas dos agentes do comércio internacional. Seu sucesso e eficácia estimulou a sua migração para a ordem interna de cada um, atualmente com ampla aceitação e emprego em todo o mundo.

No Brasil tanto a edição da Lei 9.307/96, como a ratificação da Convenção do Panamá, de 1975 e da Convenção de Nova Iorque sobre arbitragem, de 1958, foram resultados desse quadro e da pressão de agentes privados internos a influir e motivar a inovação.

Os percalços iniciais próprios de iniciativas novas foram e estão sendo superados pela prática e ações das entidades arbitrais privadas formadas no país desde a promulgação da lei. O Poder Judiciário, sensível às modificações impulsionadas pela sociedade civil, aceitou a novidade, sem opor resistência. Como dito, os capítulos deste livro foram redigidos em épocas distintas e atualizados para o momento atual, alguns a mostrar entendimentos e comportamentos do momento, ultrapassados pela dinâmica social.

Alguns abordam a problemática do reconhecimento de sentenças arbitrais estrangeiras sob diferentes enfoques e mantidos com alguma adaptação para evitar repetições, com a reiteração da crítica a esse resquício do ultrapassado monopólio da jurisdição estatal. A abordagem de temas relacionados ao procedimento foi redigida com o propósito de distinguir conceitos usuais do processo judicial, diverso do arbitral, até para salientar a diversidade de mentalidades, a pública e a privada (Capítulo XI). O capítulo I destaca a arbitragem como forma de atuação da sociedade civil na solução de controvérsias privadas, seguindo-se o capítulo II que analisa tendências e perspectivas do desenvolvimento da arbitragem. O capítulo III aborda a problemática da solução e prevenção de controvérsias internacionais de caráter econômico, focalizando o sistema de organismos internacionais governamentais idealizado para resolvê-las com a participação dos Estados, sem permitir a do indivíduo, ainda alijado do processo, do qual é o maior interessado e sujeito aos efeitos de suas decisões. Os capítulos seguintes tratam de convenções de arbitragem e o reconhecimento de sentenças arbitrais estrangeiras, com crítica à prática corrente no Brasil, de dar tratamento mais gravoso às sentenças arbitrais estrangeiras e, assim, manter resquício ultrapassado e desnecessário. Alguns aspectos processuais foram objeto dos capítulos IX, X, XII e XIV, com abordagem nos aspectos éticos que presidem a atuação dos árbitros (Capítulo XV) e das partes (Capítulo XVI).

A reunião de artigos publicados em épocas diversas, que retrata momentos, pode dificultar a homogeneização de ideias, mas ilustra a dinâmica do Direito e da sociedade.

Capítulo 1 – A Arbitragem como Forma de Atuação da Sociedade Civil[7]

Introdução

A arbitragem é meio privado de solução de controvérsias dos mais antigos e é surpreendente que tenha sido abandonada por tanto tempo, em todo o mundo, até meados do século XX. Esse abandono coincide com a preponderância do papel do Estado centralizador e dotado de poder jurisdicional para resolver todas as controvérsias surgidas no âmbito da população.

No Brasil, o Regulamento 737, de 1850, no entanto, previa-a como obrigatória para a solução de controvérsias entre comerciantes. Em casos esparsos a ela se recorria, mesmo em contratos de concessão de serviços públicos[8]. Todavia, era ainda resquício de velhos tempos da corporação em que as dissensões entre comerciantes eram resolvidas pelos seus integrantes, dela afastando o Estado, evitando, com isso, ingerências indesejáveis. Esse resquício ainda subsiste nas Bolsas de Valores e Bolsas de Mercado-

---

[7] Versão anterior foi publicada na **Revista de Arbitragem e Mediação**, São Paulo, RT, 2006 Ano 3-9, abr.-jun., p. 165-172.

[8] Em sua tese de doutoramento, SELMA MARIA FERREIRA LEMES registra a realização de arbitragens em controvérsias sobre contratos de concessão de serviços públicos em 1857, bem como dos Dec. 3.900, de 26.03.1867; 7.959, de 29.12.1880 e 9.753, de 06.05.1887. Programa de Pós-Graduação em Integração da América Latina, da Universidade de São Paulo, *Arbitragem na Administração Pública*, Quartier Latin, 2007.

rias[9] e outras entidades organizadas por determinados setores comerciais, que possuem instituições de arbitragem destinadas a resolver controvérsias entre os participantes da corporação, sem interferência do Estado.

Atualmente, a efetividade das decisões arbitrais no Brasil não requer a intervenção estatal para a observância de suas disposições, não apenas por se constituir um título executivo judicial, como pelo temor e a certeza da perda de credibilidade, como sanção eficaz contra quem deixar de cumprir o que foi decidido, sobretudo em entidades corporativas. A credibilidade costuma ser o grande ativo dos comerciantes em geral e de todos quantos operem em determinado setor do comércio nacional ou internacional.

Não obstante a compulsoriedade do seu uso prevista no Regulamento 737, de 1850, a arbitragem comercial nunca teve prestígio naquele período no país e foi escassamente utilizada. Esse fenômeno não ocorreu apenas no Brasil. Pode-se afirmar que, em todo o mundo, a arbitragem privada situava-se no século XIX, no segundo plano, preponderando sempre o Estado, como titular único da jurisdição e do poder de resolver controvérsias privadas.

O Código Civil brasileiro, de 1916, regulava a instituição da arbitragem privada por meio de compromisso. A despeito disso, não se tem notícia de prática significativa da arbitragem privada, ao longo de todo o século XX, até a edição da Lei 9.307, de 23.09.1996. Prevalecia o entendimento de que a cláusula arbitral constituía simples obrigação de fazer – a de firmar o compromisso arbitral - não dotada de execução específica, resolvendo-se, quando não observada, em perdas e danos. Somente o compromisso era o instrumento hábil a provocar a instauração da arbitragem.

Na esfera internacional a arbitragem era utilizada em controvérsias entre Estados, registrando-se grande número delas no século XIX, o que talvez tenha inspirado a criação do Tribunal Permanente de Arbitragem na primeira Conferência de Paz realizada em Haia, em 1899.

No âmbito interno prevalecia a jurisdição do Estado dotado de monopólio do sistema de solução de controvérsias privadas, o que causava dificuldades nas negociações em contratos internacionais, com partes sediadas em diferentes Estados. Nos casos de violação de direitos de estrangeiros

---

[9] A Bolsa Brasileira de Mercadorias, com sede em São Paulo, recomenda sejam incluídos nos contratos de negócios a ela afetos a cláusula arbitral com a seguinte redação: *"Este Contrato submete-se aos Regulamento de Registro de Negócios com Produtos de Origem Agrícola e/ou ao Regulamento do Mercado de Algodão em pluma, da Bolsa Brasileira de Mercadorias."*

pelo país hospedeiro de investimento, utilizava-se a proteção diplomática como instrumento de Direito Internacional que permitia ao Estado do investidor intervir em nome do seu nacional e em seu benefício.

Os agentes do comércio internacional, dependentes da proteção diplomática de seus países, ao perceberem a evolução da estrutura da ordem internacional, procuraram alternativas para afastar o Estado de suas atividades no exterior. Esse conjunto de fatores formou o movimento, inicialmente liderado pela Câmara de Comércio Internacional, uma entidade privada, na busca de alternativas para instituir sistema de solução de controvérsias negociais privadas, com base no contrato. Disso resultou, ao longo do século XX, na aprovação do Protocolo de Genebra sobre Cláusulas Arbitrais, de 1923, da Convenção de Genebra sobre reconhecimento de sentenças arbitrais, de 1929, ambas substituídas pela Convenção de Nova Iorque sobre arbitragem, em 1958.

Esses três acordos internacionais revelam o desenvolvimento da arbitragem privada no plano internacional e a tendência de afastar o Estado da solução de controvérsias comerciais de caráter internacional.

1. A ênfase da economia nas relações internacionais

A presença do Estado na esfera internacional, acentuada pelo nacionalismo exacerbado do século XIX, sofreu o impacto das duas guerras mundiais e a forma como até então atuava. A criação da ONU, após a frustrada instituição da Liga das Nações, constituiu estratégia para superar a barreira estatal e levar as nações para a área internacional, com o propósito de manter a paz e a segurança internacionais, que o sistema de Estados nacionais não conseguiu.

A constatação de que, para alcançar esse objetivo, era necessário atentar para o desenvolvimento econômico dos Estados, inspirou a inclusão, dentre seus órgãos permanentes, do Conselho Econômico e Social. Procurou-se ampliar o foco das relações internacionais, para dar ênfase ao processo econômico, como forma de auxiliar e estimular o desenvolvimento econômico e social dos Estados, com a adoção de mecanismo eficaz para manter a paz e a segurança internacionais. Os países passaram a ser classificados de acordo com seu desenvolvimento econômico, identificando-os como desenvolvidos, em desenvolvimento e subdesenvolvidos, a indicar graus diversos de participação na geração e partilha das riquezas da Terra.

O processo econômico passou a ter prevalência na atividade humana em geral, ficando a religião, outrora relevante em todas as comunidades, relegada ao plano secundário, salvo nos países que expressam a fé islâmica, de maneira geral, embora ainda sem embate religioso com os países ocidentais.

Não era assim no passado, em que o credo religioso tinha maior expressão nas relações internacionais, servindo de elemento classificador das comunidades nacionais e motivo de querelas, algumas resolvidas por meio de ato de força. Os países cristãos contrapunham os católicos aos protestantes e ambos aos muçulmanos e aos do Extremo Oriente, como Japão e China, além das nações africanas.

A partir da Segunda Guerra Mundial pode-se identificar a etapa de aceleração dos investimentos internacionais com a participação ativa de empresas privadas ocidentais nas mais diversas paragens do planeta. Assumindo grandes proporções e configuração multinacional e, constituídas em diversos países dos quais também são nacionais, deixaram essas empresas de contar com a antiga proteção diplomática de seus Estados, para suas defesas em eventuais contendas com países hospedeiros.

2. O declínio da proteção diplomática a nacionais no exterior

Segundo o postulado do Direito Internacional clássico, o indivíduo era sujeito de direito nacional, sem capacidade jurídica para atuar na esfera internacional, restrita a Estados. O monopólio da jurisdição pelos Estados sobre os direitos e deveres do indivíduo permaneceu inalterada até meados do século XX[10].

Para sua proteção contra violações de direitos de estrangeiros, o Direito Internacional dispunha de mecanismo apropriado com a proteção diplomática. O Estado assumia a pretensão de seu nacional e litigava, em seu próprio nome e no seu próprio interesse contra o país estrangeiro, seja em negociações diretas, seja por um dos meios pacíficos de solução de controvérsias conhecidos, dentre os quais a arbitragem.

Aos poucos, todavia, o indivíduo passou a ter presença na esfera internacional, mesmo na área penal, de certa forma inaugurada pelos julgamentos do Tribunal de Nuremberg, em 1945, que consagraram a sujeição das auto-

---

[10] HERBERT BRIGGS, *Law of Nations*, Appleton-Century-Crofts, Inc., Nova Iorque, 2ª Edição, 1952, p. 93.

ridades do governo alemão à ordem internacional - e não o Estado - e, assim, responsáveis por delitos por eles cometidos no curso da Segunda Guerra Mundial. Superou-se a antiga noção de ser apenas o Estado sujeito ao Direito Internacional e o indivíduo à lei nacional de seu próprio país, como registrava Hans Kelsen, em conformidade com a teoria e prática até então vigente[11].

Essa noção se aprofundou e se tornou norma de Direito Internacional costumeiro, a justificar, em tempos recentes, o pedido de extradição do antigo presidente do Chile, Augusto Pinochet, feito pela Espanha à Inglaterra para responder por atos cometidos quando no exercício do cargo e violadores de direitos de seus nacionais.

A emergência do indivíduo para a ordem internacional, como sujeito de direitos e de obrigações, permitiu-lhe defender interesses próprios, sem a intermediação de seu país, do que resultou o declínio da proteção diplomática de nacionais no exterior. Fora expediente largamente utilizada no século XIX, pelos países dotados de maior poder, político, econômico e militar para assegurar pretensões de seus nacionais no âmbito interno de outros Estados.

Os exageros cometidos no século XIX resultou na aprovação da Ementa Drago/Porter, na II Conferência de Paz de Haia, de 1907[12], e também afetaram investidores privados, submetidos a controles e caprichos de autoridades estatais, nem sempre dispostos a conceder a proteção requerida.

O fato é que investidores internacionais, cientes da dependência de seus governos para a proteção de suas pretensões, acabaram por deixar de utilizá-lo, tendo caído em desuso quase completo no século XX. Passaram os investidores a se valer do contrato para resguardo de suas pretensões. Além de regular a relação jurídica de interesse das Partes, o contrato tornou-se instrumento jurídico apropriado para proteger os contratantes contra eventuais interferências do Estado, nem sempre favoráveis aos interesses das partes.

---

[11] Segundo esclarecia Hans Kelsen, "*Si un delito internacional, una violación del derecho internacional se realiza, determinado Estado es considerado como sujeto de tal delito, a pesar de que éste consiste en la conducta de un indivíduo determinado, por ejemplo, el Jefe del Estado o el Ministro de Relaciones Exteriores. En cuanto este individuo es órgano del Estado, su compotamieno se considera como um acto antijurídico cometido por el Estado.*" Teoria General del Derecho y del Estado, Textos Universitarios, México, 3ª Edição, 1969.

[12] A Doutrina Drago, da qual resultou a Convenção Drago-Porter, aprovada na Conferência de Haia de 1907, proibia o uso da força para a cobrança de dívidas de Estados. Sobre o tema: JOSÉ CARLOS DE MAGALHÃES, *Direito Econômico Internacional*, Curitiba, Juruá, 2ª Edição, 2017, p. 146.

Ademais, o próprio Estado passou a participar ativamente do processo econômico internacional, celebrando contratos econômicos e de desenvolvimento com empresas privadas, para o financiamento e a construção de rodovias, metrôs, grandes usinas.

O contrato passou a ser o instrumento regulador de relações econômicas, mesmo nos casos em que o Estado é parte. Para tanto, os contratantes privados se protegiam com a previsão de cláusulas contratuais contra eventual interferência do Estado na economia do contrato, por meio de modificações legislativas ou regulamentares. Situam-se nesse quadro as chamadas cláusulas de "estabilização legislativa", pelas quais o Estado contratante, receptor do investimento, da tecnologia, ou dos serviços, se obrigava a não alterar, por meio de medidas legislativas ou administrativas, a economia do contrato, preservando o ajuste, tal como firmado, contra eventuais gravames tributários ou de ordem regulamentar não previstos quando da sua celebração. Procurava-se, com isso, assegurar a boa fé no curso do cumprimento do contrato, blindando-o contra modificações na política do Estado contratante.

Da mesma forma, a cláusula arbitral assegurava a resolução de controvérsias com o emprego de meio idôneo e imparcial, fora da estrutura judiciária do Estado, confiando-a a árbitros privados ou instituições privadas domiciliadas ou com sede em país diverso do local do investimento. Ademais, a prática contratual, com a reiteração de disposições reguladoras de transações comerciais, fez nascer o que se convencionou denominar a nova *lex mercatoria*, corpo de normas originadas dos costumes internacionais retratados em contratos privados, fora do aparato governamental. As cláusulas padrão de que se valem ainda contratantes, além dos chamados *Incoterms*, termos e expressões contratuais a definir o conteúdo de obrigações pactuadas por simples siglas (FOB, CIF, etc), revelam a reiteração de normas contratais e de condutas, tendentes a se transformar em costumes internacionais.

O descrédito da proteção diplomática revela a desconfiança dos investidores na eficácia da atuação de seu próprio país, em situações em que interesses políticos de outra natureza poderiam prevalecer em detrimento da empresa, abandonada à própria sorte e às leis e tribunais locais[13].

---

[13] No entanto, no passado a proteção diplomática constituía princípio fundamental do Direito Internacional, para defesa de interesses do nacional no exterior. É expressiva, a esse propósito, a observação do Tribunal Permanente de Justiça Internacional, no julgamento do caso Mavrommatis Palestine Concessions: *"É um princípio elementar de direito internacional que*

Foi o que aconteceu no episódio mais recente do século XX, no caso *Barcelona Traction*, no início da década de 1970, em que o Canadá, do qual a empresa era nacional, não se empenhou em lhe proteger os interesses contra a Espanha, em processo judicial tido como fraudulento e parcial. Foram os acionistas compelidos a recorrer à Bélgica, país do qual eram nacionais da empresa sediada no Canadá, para postular seus direitos na Corte Internacional de Justiça. Em decisão polêmica, a Corte, deixando de acatar a teoria da desconsideração da pessoa jurídica, julgou faltar àquele país *ius standi* para defender a empresa. Só o Canadá poderia fazê-lo, por ter a empresa nacionalidade canadense, e este se desinteressou[14], acentuando o descrédito sobre a eficácia desse sistema clássico de direito internacional público para proteção do nacional no exterior.

3. A relevância dos contratos nos negócios internacionais

Esse episódio, por si só, demonstra a precariedade da proteção diplomática, nem sempre acolhida, ou, quando concedida, o indivíduo ficava na dependência da boa vontade de seu país em lhe transferir os resultados financeiros obtidos na refrega contra o país estrangeiro. A evolução dos negócios e dos investimentos internacionais resultaram no desinteresse das empresas na intervenção do Estado em suas atividades externas, para gozarem de maior liberdade em suas decisões, sem interferência de autoridades governamentais. O contrato ganhou relevância, como instrumento regulador de relações privadas internacionais, mesmo as em que figuram o Estado como parte ou entidades públicas, desejosas do investimento e da tecnologia detida pela empresa.

Não por coincidência, a relevância dos contratos com a participação do Estado em ajustes internacionais registrou, inicialmente, celeumas e pressões para serem equiparados a tratados internacionais. Pretendeu-se estarem esses contratos sujeitos ao direito internacional e não ao direito interno do Estado-parte, como estabelecido na decisão do caso dos empréstimos

---

um Estado tem o direito de proteger os seus súditos quando tenham sido lesados por atos contrários ao direito internacional cometidos por outro Estado, do qual não tenham podido obter satisfações através dos canais ordinários." Série a. nº 12, p. 12.

[14] *Barcelona Traction Light and Power Company*, in Corte Internacional de Justiça, *Excptions preliminaries*, 24 de julho de 1964, *Recueil*, 1964.

sérvios e brasileiros, pela Corte Permanente de Justiça Internacional, em decisão de 1929, que se tornou clássica.

Nessa sentença estabeleceu-se que todo contrato que não seja entre Estados está sujeito à lei nacional. O Brasil, como a Sérvia, havia emitido bônus a serem pagos em francos franceses, cujo valor estava atrelado ao ouro. No curso do pagamento das parcelas, a França desvinculou a moeda do padrão ouro, tendo experimentado grande desvalorização. Alguns investidores socorreram-se do Estado para reclamar o pagamento em franco-ouro, não obstante tenha deixado de ser a moeda corrente no país. Conferindo proteção diplomática a esses investidores, a França ingressou com ação contra o Brasil e contra a Sérvia, na Corte Permanente de Justiça Internacional, ainda sob a égide da Liga das Nações[15].

A decisão aplicou a lei francesa editada após a instauração do litígio, que estabelecia exceção à aplicação do curso legal da moeda, o franco francês, mantendo a obrigatoriedade do pagamento em franco-ouro. Votaram vencidos o brasileiro Epitácio Pessoa e o cubano Bustamante, que destacaram a impropriedade de se aplicar lei editada após o nascimento da controvérsia. O princípio de aplicação da lei nacional a contratos internacionais, contudo, permanece, a despeito de tentativas de desconsiderá-lo, em virtude do ingresso, na ordem internacional, de países egressos do sistema de tutela, agora como Estados.

A pretensão de equiparar o contrato com empresas sob controle governamental a um tratado internacional foi expressa pela Inglaterra, no caso *Anglo Iranian Oil Corporation v. Irã*. Sustentava que o contrato celebrado pelo Estado iraniano com a companhia privada deveria ser apreciado como se fora um tratado internacional – uma vez que o Reino Unido participava como sócio majoritário da empresa – e, assim, não se aplicaria a lei do Irã. A pretensão não teve acolhida da Corte Internacional de Justiça, que reiterou o princípio de que todo o contrato que não seja entre Estados está sujeito à lei nacional[16]. Assim, prevalecia o princípio de prevalência da lei nacional para regular contratos internacionais, ainda que com a participação de país estrangeiro.

---

[15] Empréstimos Sérvios e Brasileiros, 12.06.1929; série A nº 20, p. 45 e nº 21, p. 122.
[16] FRANCISCO REZEK, *Direito dos Tratados*, Rio de Janeiro, Forense, 1984, p. 27.

Apesar disso, não se pode ignorar que a modificação do papel do Estado e o aumento dos investimentos estrangeiros fizeram o contrato assumir maior importância, na regência de complexas relações jurídicas da mais variada natureza, nem sempre previstas na estrutura jurídica dos Estados das partes interessadas.

Como decorrência disso, passou-se a defender, em certo momento, a *deslocalização* ou *internacionalização* dos contratos internacionais, sobretudo os firmados com Estados menos desenvolvidos, para retirá-los da esfera de competência legislativa e jurisdicional dos governos nacionais. Não obstante constitua pretensão fora da realidade - e uma demasia - há que se reconhecer o aparecimento de princípios inspirados na prática dos negócios internacionais, fruto da imaginação criativa dos investidores.

4. A arbitragem privada como instrumento da sociedade civil

Nesse quadro ressurgiu a arbitragem privada para resolver controvérsias resultantes de contratos internacionais, com o consequente afastamento dos Estados, mesmo sendo ele um dos contratantes. Não foi por coincidência, que, a partir das décadas de 1950/1960, a legislação de diversos países passou a regular a arbitragem para atender aos anseios da comunidade empresarial. Desde então se registrou verdadeiro movimento de renovação legislativa sobre a arbitragem. França, Espanha, Grécia, Estados Unidos, Reino Unido, Suíça, Canadá, Itália são alguns dos países que se renderam à então nova realidade. O Brasil o fez em 1996, com a Lei 9.307/96, que incorporou a lei modelo da UNCITRAL em grande parte de seus dispositivos, a exemplo do que fizera também, no mesmo ano, o Reino Unido.

Essa modernização legislativa dos Estados resulta de longo processo iniciado na esfera internacional, de que dão notícia os já referidos Protocolo sobre Cláusulas Arbitrais, firmado em Genebra, em 1923, reflexo dos efeitos da Primeira Guerra Mundial, em que já se percebia indícios da falência da estrutura dos Estados nacionais e ansiedade de alterar conceitos até então estratificados.

Clóvis Beviláqua percebera a importância inovadora desse Protocolo e sugeriu sua ratificação pelo Congresso. Em seu Parecer Consultivo ao Ministério das Relações Exteriores foi além, ao propor a extensão aos contratos nacionais da obrigatoriedade de observância da cláusula arbitral, sem necessidade do ulterior compromisso. Embora não o dissesse, Clóvis Bevilácqua advogava a institucionalização da boa-fé nos contratos, para obrigar os contratantes a cumprir o que prometeram com a cláusula arbitral[17].

O Poder Judiciário brasileiro, a exemplo da generalidade dos países, ainda entendia que a cláusula arbitral consistia apenas em uma obrigação de fazer, sem caráter compulsório. Tratava-se de entendimento jurisprudencial, não suportado em lei, que, embora previsse que a arbitragem se instituía pelo compromisso arbitral, nada impedia pudesse a cláusula arbitral também ter caráter compulsório e dar origem à arbitragem. Afinal, se as partes, ao negociarem o contrato nele incluíram a obrigação de solucionar eventuais controvérsias por arbitragem, haveria que se respeitar o pactuado e a boa-fé que deve presidir as relações contratuais, sobretudo as de caráter internacional, em que uma das partes pode desconhecer o sistema jurídico do país.

Entre preservar a boa-fé e impor executividade à convenção arbitral livremente acordada quando da celebração do contrato, optou o Judiciário brasileiro, a exemplo do de outros países, por considerar a cláusula arbitral um simples *pactum de contrahendum*, ou seja, promessa de firmar um compromisso arbitral.

Em 1929, nova Convenção celebrada em Genebra, regulou o cumprimento dos laudos arbitrais. Não por acaso, em 1958, a tendência se acentuou com a celebração da Convenção de Nova Iorque, que substituiu as anteriores, o Protocolo de Genebra de 1923 e incorporou as disposições da de 1929.

Assim, no plano internacional, os empreendedores privados, integrantes da sociedade civil, alcançaram significativo avanço na adoção de mecanismos contratuais para a solução de controvérsias, fora da esfera estatal. No continente americano, igualmente, essa tendência se manifestou com a assinatura do Protocolo do Panamá, de 1975, assinada e ratificada pelo Brasil, eficaz apenas para os países americanos que dela fazem parte.

Essas Convenções e a modificação nas leis nacionais sobre arbitragem, estimulando sua prática e conferindo eficácia às decisões arbitrais, constituem demonstração eloquente da tendência de reduzir o papel do Estado e ampliar o da sociedade civil, ou seja, da nação. E, não obstante o Brasil fosse signatário da Convenção de Genebra de 1923 e do Protocolo do

---

[17] Vide Pareceres dos Consultores Jurídicos do Ministério das Relações Exteriores, Senado Federal, v. II, Brasília, p. 246/247.

Panamá, de 1975, não se tem notícia de sua aplicação efetiva no país, salvo uma única decisão do Superior Tribunal de Justiça, pouco antes da edição da Lei 9.307/96[18]. Essa decisão, que antecedeu de poucos anos a edição da lei brasileira, já demonstrava a percepção do Judiciário dos novos tempos e da realidade dos rumos tomados no comércio internacional.

A tendência de reduzir a atuação do Estado na esfera do comércio internacional privado se manifestou também no processo de desregulamentação da economia interna iniciada nos Estados Unidos na década de 1980, acompanhada pela privatização de setores de serviços públicos no Reino Unido, contaminando outros países com amplitude inusitada.

De fato, a atuação dos diversos atores do cenário econômico internacional, aliado a pressões de caráter político, acabou por precipitar a dissolução da União Soviética, iniciada, pode-se dizer, com a *Glasnost* e *Perestroika*, de Mikhail Gorbachev[19], que expôs, de forma contundente, a precariedade do sistema estatal de controle dos fatores da economia. Essa constatação, exposta de maneira incisiva, no país em que a intervenção do Estado na atividade econômica e comercial era absoluta, foi um passo para o término da guerra fria, simbolizada pela queda do muro de Berlim, em 1989, e a adoção generalizada do neoliberalismo econômico e a globalização da economia dela consequente. Mais do que isso, fortaleceu a emergência da sociedade civil para o plano internacional, impulsionada também pelo extraordinário desenvolvimento dos meios de transporte e de comunicação, a Internet em particular, além da atuação das empresas multinacionais.

5. Os novos rumos previstos na Constituição de 1988

O Brasil não resistiu à tendência a ela aderindo. De país que adotara a reserva de mercado para produtos de informática, em benefício de alguns poucos grupos empresariais, e a política de substituição de importações para estimular a produção local, passou à privatização de empresas sob controle governamental e de serviços públicos, autorizado pela nova

---

[18] REsp 616/RJ, 1989, rel. Min. Gueiros Leite, RSTJ 37/253.
[19] Mikhail Gorbachev, diante da falência do sistema soviético de economia planificada, propôs o que denominou *Glasnost*, como estratégia de transparência do processo econômico, bem como sua reestruturação, no livro *Perestroika*, para modernizar a extinta União Soviética, em meados da década de 1980 e que precipitou o fim da guerra fria, com a queda do muro de Berlim.

Constituição, de 1988, que refletiu anseios já antigos da nação. O art. 174 registra essa aspiração:

> "Art. 174. Como agente normativo e regulador da atividade econômica, o Estado exercerá, na forma da lei, as funções de fiscalização, incentivo e planejamento, sendo este determinante para o setor público e indicativo para o setor privado."

Essa modificação da política brasileira sobre o assunto decorreu, em grande parte, da necessidade de adaptação à nova estrutura econômica que se instalou no mundo, e que sepultou ideários de adoção de sistema autárquico de desenvolvimento, como se o país fora uma ilha, isolado do resto da humanidade.

6. Reflexos internacionais

Sequer a China resistiu a essa tendência e teve de se render à modificação do papel do Estado, como controlador absoluto da economia, ao admitir a participação de investidores estrangeiros em seu processo econômico. Não obstante ainda detenha o controle de número expressivo de empresas, postulou seu ingresso na Organização Mundial de Comércio, com a alegação de ter adotado postulados da economia de mercado. Os que propugnavam no Brasil a reserva de mercado da indústria da informática, responsáveis pelo atraso da juventude brasileira de então em conhecer a nova tecnologia, terminado o regime militar em que vicejavam, deixaram de exercer influência política expressiva sobre o assunto.

Vencida a ideologia comunista em todo o mundo – à exceção de Cuba, dependente da ajuda externa para compra de seus produtos, e da militarizada Coréia do Norte – tem sobressaído a atuação da nação em diversas manifestações. O Estado, ainda detentor do poder centralizado, tem sido forçado a se ater, à sua função de organizador dessa comunidade, nela intervindo em situações de emergência ou de necessidade de regulação de setores estratégicos.

A crise do sistema financeiro nos Estados Unidos, eclodida no ano de 2008, é exemplo dessa intervenção salvadora, diante da incapacidade de os agentes do sistema financeiro norte americano se auto regularem. Mesmo nesse episódio, alega-se a responsabilidade do governo norte-americano, com a adoção da política de baixos juros, como forma de estimular a economia, propiciando a compra de imóveis, sem garantias adequadas, provocando a explosão de empréstimos e de inadimplências subsequentes.

A atuação da sociedade civil, por outro lado, revela-se em diversas áreas e em múltiplas formas, dentre as quais tem maior relevância a das empresas multinacionais, com sua estratégia de produção em diversos países e estrutura de organização que ultrapassa o âmbito interno dos Estados em que opera. São expressões da sociedade civil que atuam na esfera mundial.

O Estado adapta-se mal a essa nova realidade, em que sua jurisdição territorial contrasta com a ação internacional de agentes que atuam em seu território, mas sobre os quais é incapaz de exercer controle eficaz e efetivo. Salvo no exercício de suas prerrogativas na Organização Mundial do Comércio, em que são ainda os atores exclusivos, os Estados, de maneira geral, perderam a antiga predominância na formulação de princípios reguladores do comércio internacional.

Mesmo na Organização Mundial do Comércio, sua atuação reflete pretensões de empresas privadas e resultam de pressões internas e de setores da economia incomodados com distorções próprias do comércio internacional livre. Agem os Estados, nesse caso, em grande parte, como delegados de aspirações dos representantes dos diversos setores da atividade privada. Afinal, o Estado nada mais é senão a organização formal da nação, dela atuando como representante. Quando as autoridades governamentais ignoram essa característica básica de suas investiduras, atuam como ditadores, impondo pela força política que retratam aspirações, pretensões e preferências pessoais, nem sempre coincidentes com as da nação.

7. A globalização da economia, a mundialização do Direito e a arbitragem privada

A atuação das empresas multinacionais, com sua estratégia de atuar no cenário internacional e não apenas no âmbito dos territórios estatais, o aparecimento e desempenho das organizações não governamentais e o incremento dos negócios internacionais conduziram à globalização da economia, impondo ao Estado conduta compatível com os novos rumos.

Como consequência da globalização da economia surgiu, na área jurídica, a "mundialização" do direito, com a padronização de normas e princípios de acatamento generalizado e divulgados pelos operadores do comércio internacional.

Contratos de importação e exportação, empréstimos internacionais, compra e venda de bens, prestação de serviços, transferência de tecnologia, enfim, uma miríade de relações jurídicas acertadas entre participantes dos mais diversos países e sistemas jurídicos, adotam fórmulas contratuais de certa forma padronizadas pelo uso comum.

Algumas são inspiradas em – ou inspiraram - convenções internacionais, como a Convenção das Nações Unidas sobre Compra e Venda internacional de Mercadorias, de 1980, da UNCITRAL, outras catalogadas por entidades privadas, como a Câmara de Comércio Internacional, ou por entidades corporativas setoriais, enfim, por participantes não governamentais, que influenciam a elaboração de normas e princípios de acatamento generalizado, formando o corpo da nova *lex mercatoria*[20].

Nesse quadro é que floresce a arbitragem privada para dirimir controvérsias de caráter patrimonial, com o afastamento do Estado, por vontade dos interessados, substituído nessa atividade por árbitros privados, que adotam normas procedimentais elaboradas ou aprovadas pelos contratantes, sem interferência de autoridades governamentais.

É a justiça privada que ressurge e que tende a se ampliar para áreas diversas do comércio internacional, abrangendo igualmente questões e participantes locais, sem reflexo em outras ordens jurídicas. O recurso à arbitragem tende a se expandir como fórmula alternativa às deficiências do sistema judiciário do Estado, cuja morosidade é característica notória em todo o mundo, em contraste com a relativa celeridade da solução arbitral. Não se trata, contudo, de descrédito, do Poder Judiciário, como instituição comum a todos os Estados, mas da própria dinâmica da sociedade e da atividade empresarial, que prefere sejam as controvérsias derivadas dos contratos, apreciadas fora dos quadros que integram o aparato estatal. Constitui a descentralização de uma atividade monopolizada antes pelo Estado, incorporada à sociedade.

Em outras palavras, o papel centralizador do Estado, tal como concebido e estruturado a partir da Paz de Westfália, em 1648, que, por largo período, esmaeceu o da sociedade por ele organizada, agora sofre os efeitos

---

[20] Sobre o tema, vide EMMANEL GAILLARD, *Aspects philosophiques du droit de l'arbitrage ingernattional*, Les Livres de Poche de L'Academie de Droit International de la Haye, Martinus Nihoff Publishers, 2008, p. 17-31.

do seu ressurgimento. Talvez o excesso de poder centralizador dos regimes nazista, fascista e comunista tenha contribuído para despertar a reação rumo ao caminho inverso e o retorno às origens da organização social.

Como quer que seja, a arbitragem privada parece ter vindo para ficar. Libertou-se das suspeitas e expedientes inicialmente utilizados para impedi-la, até como reação ao desconhecido. Representa forte tendência de descentralização das prerrogativas antes transferidas ao Estado. As antigas resistências doutrinárias em aceitá-la, sobretudo dos que veem no Estado o único titular da jurisdição, foram vencidas pela sua utilização generalizada em todos os países.

É, atualmente, pacífico o entendimento de que o árbitro não exerce função delegada do Estado, como era no passado, em que o laudo arbitral deveria ser necessariamente homologado pelo Poder Judiciário. Superado o antigo vezo, são as partes que conferem jurisdição aos árbitros para resolver-lhes as controvérsias em caráter definitivo. São elas que os investem do poder de declarar o direito a respeito da controvérsia patrimonial que pretendem ser resolvida. E não mais o Estado.

8. Conclusões preliminares

O florescimento da arbitragem a partir da segunda metade do século XX desperta a atenção sobre os motivos que a geraram.

As duas guerras mundiais refletem a precariedade das concepções nacionalistas, que estimulam concorrência e rivalidades entre Estados e ameaçam a paz e segurança internacionais, quando exacerbadas, como as que deram origem às duas Guerras Mundiais. Contra a predominância da globalização da economia têm surgido reações nacionalistas em diversos países, com ênfase a valores e interesses nacionais tidos como contrariados pela tendência globalista. Podem ser reações episódicas incapazes de refrear o processo que a interação das sociedades tende a fortalecer.

A atuação das organizações não governamentais (ONGs), embora constituídas no âmbito interno dos Estados, persiste ativa a se contrapor a ações governamentais, para adoção de políticas públicas de preservação do meio ambiente e dos direitos humanos e em outros temas de interesse da sociedade civil nacional e internacional.

A busca do bem comum e a satisfação do interesse público deixaram de ser prerrogativas e características exclusivas dos agentes governamentais.

As organizações não governamentais, de caráter privado, de maneira geral, compartilham o mesmo ideário e são expressões de setores da sociedade voltados para preservar valores de interesse comum. Adotam a estratégia da pressão pública, capaz de motivar modificações legislativas nacionais e internacionais ou intervenções em áreas e assuntos relegados a segundo plano.

É certo que, dentre elas, há as que deturpam os objetivos que animaram sua constituição para angariar recursos governamentais, como ocorre no Brasil, em contraste com seu propósito de ser entidade não governamental – e, portanto, independente do Estado - desviando-os para atender interesses políticos ou pessoais dissociados de seu ideário. Não se pode, contudo, tê-las como parâmetros, pois se inscrevem no quadro da patologia a que todo grupo social está sujeito.

Não obstante ainda protagonista principal no cenário internacional e indispensável no âmbito interno, como organizador do arcabouço jurídico da sociedade, o Estado, por todas essas razões, deixou de exercer o antigo monopólio da jurisdição, conceito jurídico que se ajusta mal ao caráter cada vez mais intenso das atividades transnacionais da sociedade que o organiza.

Todavia, ainda desempenha papel relevante em momentos de crise sistêmica internacional, provocada por desajustes no processo econômico, intervindo unilateralmente ou com outros países para refrear eventuais desvios dos partícipes da sociedade civil.

Capítulo 2 - Arbitragem: Uma Análise Contextual[21]

1. Tendências

1.1 A arbitragem entre Estados: o início

Ao se falar em arbitragem e o papel do árbitro, há que se lembrar que esse processo de solução de controvérsias foi largamente utilizado no passado em litígios entre Estados, acima dos quais não havia qualquer poder. É certo que, antes disso, a arbitragem, como meio de solução de controvérsias já era conhecida e praticada na área privada no âmbito dos direitos romano e grego. Constituiu evolução da prática antiga da autocomposição de litígios e autodefesa de direitos, por mão própria, que antecedeu à prestada pelo Estado[22]. Todavia, interessa a este estudo, o desenvolvimento da arbitragem a partir do século XVII, quando foram estabelecidas as bases e a organização política do mundo atual, fundada na soberania dos Estados, como então preconizada por Thomas Hobbes, no seu Leviatã e nos acordos resultantes das Conferências que aprovaram a Paz de Westfália, em 1.648. O conceito de soberania, considerado o marco da organização da sociedade das nações ainda atual, não dispunha de outro mecanismo pacífico de solução de controvérsias. A autotutela de interesses, por meio

---

[21] Versão atualizada do artigo publicado sob o título O Árbitro e a Arbitragem, na **Revista de Arbitragem e Mediação**, São Paulo, RT, 2011, Ano 8, abr.-jun, p. 25-55.
[22] Pontes de Miranda, *Tratado de Direito Privado*, São Paulo, Editora Revista dos Tribunais, 2012, Tomo XXVI, p. 480.

da força e autocomposição de litígios eram a regra, em que, com frequência, prevalecia o interesse dos países dotados de maior base de poder, político, econômico ou militar.

Afora isso, deveriam os Estados se compor mediante negociações diretas, ou com a intervenção de terceiro que oferecesse os bons ofícios para as partes voltarem à mesa de negociação. Caso esse esforço não produzisse resultados, a escolha de outro Estado ou personalidade de confiança comum, para dirimir a controvérsia, era o meio último e mais utilizado para solucionar pendências, por meio pacífico, com a aplicação de normas jurídicas, baseadas em grande parte em costumes internacionais e princípios gerais de direito internacional.

O número de arbitragens entre Estados, desde então, é significativo, a indicar sua eficácia. Somente na América Latina registraram-se, no século XIX, cerca de 200 arbitragens, tendo, como partes, Estados latino-americanos, recém-saídos do sistema colonial e países europeus[23]. Mesmo no século XX a arbitragem continuou a ser utilizada, seja na sua fórmula clássica, seja em comissões mistas para dirimir controvérsias nascidas de modificações de fronteiras, de nacionalidades ou de não reconhecimento de governos ou de Estados.

A frequente utilização da arbitragem, como única forma eficaz de solução de controvérsias internacionais mediante a aplicação de normas jurídicas, motivou a primeira tentativa de se organizar um sistema internacional para esse fim, com a criação do Tribunal Permanente de Arbitragem, na 1ª Conferência de Paz de 1899, em Haia e revisada na 2ª Conferência de 1907. Os Estados eram – como ainda são – convidados a indicar nomes de até quatro pessoas para compor uma lista de árbitros, com mandato determinado. Ofereceu-se, dessa forma, uma possibilidade de solução de controvérsias por meio de entidade organizada, possuidora de instalações apropriadas e de uma relação de árbitros à disposição dos Estados litigantes. Foi o começo da estruturação da organização da ordem internacional, limitada, embora à solução de controvérsias entre Estados, como alternativa eficaz à autotutela, de emprego generalizado.

Somente com a criação da Liga das Nações, em 1922, é que se criou a Corte Permanente de Justiça Internacional, à semelhança do sistema judi-

---

[23] A. Stuyt. Survey of International Arbitration – 1794-1938, The Hague: Martinus Nijhoff, 1939.

ciário dos Estados. A evolução do sistema de arbitragem para o judicial deu-se somente naquela época, em que se prenunciava alguma organização da sociedade dos Estados, ainda incipiente. Mesmo assim, foi mantida uma das características da arbitragem, que é a de que os Estados tinham a faculdade de aceitar ou não a jurisdição daquela corte judicial.

Essa faculdade foi preservada com a sucessora, a atual Corte Internacional de Justiça. Em outras palavras, se o Estado não desejar a ela submeter-se, não está obrigado, como é o caso do Brasil, que sempre fez reservas em convenções internacionais que preveem a jurisdição obrigatória daquela Corte. Resistiu à pressão da França no episódio da "guerra das lagostas", quando aprisionara barcos pesqueiros franceses, na plataforma marítima sob sua jurisdição[24]. Anteriormente, em 1929, o Brasil concordara em levar ao Tribunal Permanente de Justiça Internacional a controvérsia sobre moeda de pagamento no caso que ficou conhecido como "Empréstimos Sérvios e Brasileiros".

O emprego da arbitragem na esfera internacional entre partes não subordinadas a organismo ou organização supranacional, como são os Estados, indica, de um lado, o respeito devotado a esse sistema, de outro, a particularidade de repousar na confiança do árbitro, normalmente um chefe de Estado respeitado ou tribunal arbitral integrado por personalidades de prestígio internacional.

Ademais, era a única forma de intervenção de terceiro para decidir, com base em normas de direito, litígios entre partes não subordinadas uma a outra. A eficácia das decisões baseava-se não apenas na possibilidade de coerção pelo seu descumprimento pela parte vencida, mas também na perda de credibilidade com os seus pares na esfera internacional.

Se a base de poder individual de um Estado prepondera nas relações com outros países, as alianças dos que são dotados de base inferior, permite certo equilíbrio, não se podendo, a priori, considerar a eficácia de uma decisão apenas pela base de poder do vencedor relativamente ao vencido.

---

[24] A França, então sob o governo do General De Gaulle, inconformada com a prisão de seus pescadores, enviou navio para escoltar outros, fazendo com que a Marinha brasileira também deslocasse barcos de guerra para a região, criando grave tensão entre os dois países. Após intensas negociações diplomáticas, em que o Brasil se recusou a levar a questão à Corte Internacional de Justiça, os pesqueiros foram retirados, com a cessação da controvérsia.

1.2 A arbitragem entre Estado e empresa estrangeira

A arbitragem entre Estados, embora tenha evoluído para a solução judicial, sem desaparecer, foi também o mecanismo procurado para solucionar controvérsias entre Estados e empresas privadas estrangeiras, como forma de retirar ao Estado-contratante o poder de resolver controvérsias em que é parte. É significativo que o primeiro caso de nota a marcar o início dessa tendência ocorreu nos anos 1950, tendo como partes a empresa americana Aramco e, de outro, a Arábia Saudita. A decisão tornou-se célebre por haver o tribunal arbitral deixado de aplicar a lei da Arábia Saudita e do Estado de Delaware (EUA) – de onde provinha a empresa privada – bem como da Suíça, onde tinha sede a arbitragem, sob o fundamento da imunidade de jurisdição da Arábia Saudita. Optou o tribunal arbitral por aplicar um projeto de convenção de arbitragem elaborado pela Comissão de Direito Internacional.

O caso precedeu a Convenção de Nova Iorque, que é de 1958, e demonstra o aprofundamento da tendência de se levar para a esfera internacional a decisão sobre controvérsias envolvendo o Estado e empresa privada estrangeira. Ao tomar esse projeto de convenção internacional como lei aplicável ao processo, formou-se a opinião generalizada de que litígios entre Estado e empresa estrangeira deveriam ser governados pelo direito internacional e não mais pelo direito nacional do país envolvido.

Todavia, como lembrou Frederick A. Mann[25], tratou-se de decisão isolada não seguida por outra. De fato, somente nos anos 1970, nas arbitragens entre a Líbia e as empresas exploradoras de petróleo, Liamco, Texas/Calasiatic e British Petroluem é que se aplicou o direito internacional – e não o nacional da Líbia. Mas nesses casos o contrato previa a formação do tribunal arbitral por indicação do presidente da Corte Internacional de Justiça, revelando o caráter internacional dado pelas partes na convenção arbitral.

Diversas outras arbitragens envolvendo litígios similares se verificaram naquele período, ou seja, nos anos de 1950 a 1980, em que alguns países expropriaram empresas exploradoras de recursos naturais, notadamente petróleo, sem pagamento de indenização[26]. Nesses casos valeram-se as

---

[25] Frederick A. Mann, State Contracts and International Arbitrations. *Studies in International Law*.
[26] Petroleum Development (Trucial Coast) v. Xeque de Abu Dhabi, in International Comparative Law Quarterly, 1952, p. 247; Quatar contra International Marine Oil. Co. Ltd., e

empresas prejudicadas da convenção arbitral prevista nos contratos de concessão para instituir processo arbitral.

Não é o caso de relatar essas arbitragens, mas registrar o fato de que os contratos de concessão para exploração de recursos naturais, de longa duração, já se valiam da cláusula arbitral para submeter controvérsias fora da estrutura do Estado-parte e, assim, fora de seu judiciário.

1.3 A arbitragem como alternativa à proteção diplomática

De fato, a observância das normas contratuais e da convenção arbitral indicava clara modificação do comportamento das empresas, não mais confiantes na utilidade de contar com o poder dos Estados de onde provinham, por meio da tradicional proteção diplomática, nem sempre concedida e com frequência com alto custo político para a empresa dela beneficiária.

Se, no século XIX, era o meio eficaz de proteção dos interesses dos investidores estrangeiros, sobretudo nos países latino-americanos, até então os únicos que haviam se tornado independentes do sistema colonial a que estavam submetidos[27], a partir da segunda metade do século XX, foi deixada de lado. O resultado do caso "Barcelona Traction", em que o Canadá, país da sede da empresa, abandonou-a à própria sorte, é indicação segura de que essa proteção, no mundo atual, nem sempre pode ser esperada. O caso ocorreu em princípios de 1970 e teve grande repercussão.

Todavia, já em fins do século XIX a proteção diplomática era contestada, sobretudo por alguns países sul-americanos, baseada na Doutrina Calvo, que não a reconhecia como norma de direito internacional. Ademais, fonte de abusos, como os verificados no episódio da dívida da Venezuela com banqueiros privados europeus, que motivou o bloqueio e bombardeamento de seus portos e de algumas cidades pela Inglaterra, Alemanha e Itália, para forçá-la a pagar débitos com empresas privadas, as grandes potências de então passaram a ser mais cautelosas em conferir essa proteção, de que muitos aventureiros se valiam. De fato, as comissões mistas então instauradas para apurar o valor da dívida venezuelana reclamada

---

outras citadas em José Carlos de Magalhaes, *Do Estado na Arbitragem Privada*, São Paulo, Max Limonad, 1988, p. 50/51.

[27] Há que se lembrar que a Tríplice Aliança, de 1815, proibia modificações nas comunidades coloniais, levando o presidente dos Estados Unidos proclamar a Doutrina Monroe, que considerava uma agressão qualquer intervenção nos países da América Latina.

por investidores privados apuraram ser muito inferior às pretensões; eram abusivas e formuladas sem apoio na realidade, o que justificava a recusa da Venezuela em saldá-las[28].

1.4 O Contrato: instrumento regulador de relações entre Estado e empresa privada estrangeira

Essa nova realidade internacional teve como efeito a utilização do contrato como o grande instrumento regulador de relações entre partes juridicamente desiguais, como são o Estado, dotado do poder de legislar, e a empresa, subordinada à ordem jurídica desse Estado nas operações com ele contratadas ou a do país de onde provém. A cláusula arbitral neles prevista permitia retirar ao Estado contratante a utilização de seu judiciário para solucionar controvérsias deles oriundas. As denominadas cláusulas de estabilização legislativa também evitavam a aplicação de novas leis e regulamentos que afetassem a relação contratual, procurando mantê-la sob o regime legal em que o ajuste foi acordado.

As arbitragens que então se instituíram revelam a profunda alteração verificada na ordem internacional, baseada na soberania absoluta dos Estados, acima do qual nenhuma autoridade existia. A empresa privada emergiu como ator em igualdade de condições com o Estado, em relações reguladas em contratos internacionais, contendo previsão de mecanismo de arbitragem para resolver eventuais controvérsias, não mais pelo próprio Estado contratante.

Essa transição teve percalços e incompreensões, como a manifestada pela Inglaterra em sua controvérsia com o Irã sobre a desapropriação dos bens da empresa inglesa, sob controle do governo inglês, em que pretendeu dar ao contrato de concessão o tratamento de tratado internacional[29]. O argumento que utilizou na Corte Internacional de Justiça foi o de que, tendo o Estado inglês maioria do capital da sociedade, dever-se-ia dar ao contrato o mesmo tratamento de um tratado internacional e, assim, sujeito ao direito internacional e não ao direito nacional iraniano. A Corte rejeitou o argumento adotando o mesmo princípio estabelecido no caso dos

---

[28] Sobre o assunto: José Carlos de Magalhães, *Direito Econômico Internacional – Tendências e Perspectivas*, Curitiba, Juruá, 2ª edição, 2017, p. 142/144.
[29] United Kingdom *vs.* Iran, 22.07.1962 (Nioc *vs.* Anglo Iranian Oil Co.).

Empréstimos Sérvios e Brasileiros, de que todo contrato que não seja entre Estados, deve ser regido pelo direito nacional.

Além dessa tentativa, passou-se a desenvolver a teoria de que os contratos internacionais com a participação do Estado deveriam ser regulados pelo direito internacional e não mais pelo direito nacional do Estado parte, como até então adotado. A internacionalização ou a deslocalização desses contratos foi defendida como forma de impedir ao Estado-parte adotar normas internas que pudessem interferir com as pactuadas com empresas estrangeiras.

A cláusula arbitral é uma das condições essenciais desses contratos, como garantia da empresa privada de que, em caso de controvérsia, seria ela dirimida por meio isento e imparcial, fora dos quadros do Estado contratante, o que levou alguns países, como Líbia a adotar normas constitucionais impondo, como regra, a solução judicial no próprio país.

Outra consequência dessa prática contratual foi a redução das hipóteses em que o Estado goza de imunidade de jurisdição, anteriormente tida como absoluta pela teoria e pela prática do Direito Internacional, como adotado, sem contestação, desde a Paz de Westfália, que instituiu a estrutura estatal até hoje mantida.

O Brasil custou muito a aceitar essa modificação, fazendo-o somente na década de 1990, e assim mesmo com fundamentos errados[30]. Os Estados Unidos e Inglaterra, em leis de 1976 e 1978, já haviam regulado as hipóteses em que reconheceriam essa imunidade, não as aceitando em outras, nas quais o litígio versava sobre contratos de natureza comercial. Ambos os países exerceram a autoridade de Direito Internacional de que todos os Estados estão dotados e estabeleceram normas internacionais sobre a matéria, no âmbito de suas jurisdições territoriais.

Por outro lado, a aceitação, pelo Estado, de cláusula arbitral em contrato internacional, conferindo jurisdição a Tribunal Arbitral foi considerada renúncia à sua imunidade de jurisdição. Trata-se de conclusão incorreta, pois o Estado, ao aceitar a arbitragem, não se sujeita à jurisdição de outro

---

[30] STF, ApCiv 9.696/SP. Em vez de decidir que o Estado brasileiro, como autoridade internacional que é, não aceitava mais a imunidade absoluta de jurisdição dos Estados estrangeiros, a decisão fez referência às leis dos Estados Unidos e do Reino Unido, para concluir que o costume internacional foi alterado. Não se apercebeu que cabe a cada Estado – e o STF é um dos Poderes do Estado – decidir sobre o Direito Internacional, como, a propósito fizeram aqueles dois países.

país, mas institui, juntamente com o outro contratante, uma jurisdição arbitral própria e específica para julgar uma determinada controvérsia.

O que se percebe desse desenvolvimento, ora rapidamente esboçado, é a alteração da estrutura da ordem internacional, não mais baseada exclusivamente nos Estados, como sujeitos de Direito Internacional, ao qual se submetiam os indivíduos – compreendidos nessa denominação as empresas privadas – pessoas subordinadas ao direito interno dos seus países. Não gozavam elas de qualidade para litigar com Estado estrangeiro, sendo obrigados a se valer de seu próprio país, invocando a proteção diplomática, caso suas pretensões não fossem acolhidas pelo judiciário local e, mesmo assim, após o esgotamento dos recursos internos. Ao contratarem com Estados estrangeiros em pé de igualdade, valeram-se da arbitragem como meio de solucionar controvérsias, da mesma forma que, no passado, era o único mecanismo disponível para esse fim, entre Estados.

1.5 A arbitragem nos contratos comerciais

Com o desenvolvimento dos negócios fora do território nacional, os contratos comerciais internacionais entre empresas privadas também incluíram a cláusula arbitral, como meio de excluir a intervenção do judiciário de qualquer das partes contratantes. O Protocolo de Genebra de 1923 atendeu à necessidade de se conferir àquela cláusula eficácia plena, sem depender do ulterior compromisso, requisito comum das legislações de então.

Já se buscava dar à convenção arbitral efetividade e segurança nas relações comerciais, que se avolumavam. O Protocolo de Genebra de 1927 sobre eficácia das sentenças arbitrais também atendeu a essa mesma aspiração, finalmente alcançada com a Convenção de Nova Iorque de 1958.

Ao longo desse trajeto, os negócios internacionais se ampliaram. Foi nesse período que se adotou a estrutura multinacional das grandes empresas e a realização de investimentos privados em outros países, com associações da mais variada natureza com investidores locais ou estrangeiros. Os contratos que regularam essas relações previam a cláusula arbitral, cujo tratamento legal não era uniforme nos diversos sistemas jurídicos. O interesse comum dos países dos investidores em dar efetividade à cláusula arbitral motivou verdadeira renovação legislativa generalizada, com a edição de leis sobre a arbitragem, o que se verificou a partir da década de 1960 em número significativo de Estados. Fortaleceu-se o contrato como instrumento regulador das relações comerciais internacionais e de composição de litígios, sem a participação dos Estados.

Foi também nesse período que ocorreram outras transformações no cenário internacional que afetaram a estrutura estatal até então vigente. Extinguiu-se o sistema da tutela das antigas colônias, transformadas em Estados, que, assim, ingressaram no cenário internacional, ao lado das antigas metrópoles e com direito de voto na Assembleia Geral da ONU; iniciou-se o movimento nas Nações Unidas para a implantação de uma nova ordem econômica internacional e alguns países expropriaram empresas exploradoras de recursos naturais, sem pagamento de indenização, provocando a instauração de arbitragens internacionais.

A isso tudo se adicionou a tensão permanente em virtude da guerra fria, a divisão do mundo em países desenvolvidos, em desenvolvimento e subdesenvolvidos e suas aspirações de participação efetiva na partilha das riquezas da terra.

Além disso, a atuação transnacional das grandes empresas e dos avanços tecnológicos nos meios de comunicações e de transporte tornaram maleáveis as fronteiras estatais. Os Estados defrontaram-se com a precariedade de sua jurisdição territorial, que não lhes permite exercer o controle sobre entidades multinacionais e negócios transnacionais, que tinham – como ainda possuem – o mundo como alvo e não mais determinado território.

Esse quadro acabou por ser modificado novamente com o fim da guerra fria e a liberalização da economia, com o consequente aumento das transações internacionais, no centro das quais está o contrato. As empresas ganharam maior mobilidade e liberdade de ação com o processo de privatização e desregulamentação da economia, tornando-se atores mais expressivos no processo econômico internacional, em detrimento dos Estados.

Por outro lado, os efeitos da Segunda Guerra Mundial revelaram a insuficiência da estrutura estatal criada após a Paz de Westfália, indicando tendência de sua superação para outro modelo, ainda não definido.

1.6 Arbitragem e obrigação extracontratual

A característica consensual da arbitragem, como meio privado de solução de controvérsias, é reconhecida pelos artigos 1º e 3º da Lei 9.307/96, dentre outros, a revelar que decorre ela de instrumento pelo qual conferem jurisdição aos árbitros e afastam a do Judiciário. Essa convenção, por regular uma obrigação negativa – não recorrer ao Judiciário, em caso de controvérsia sobre as prestações nela reguladas – e outra positiva - de conferir jurisdição a árbitros privados - não é comum ou trivial. Por isso a lei impõe a forma escrita da convenção arbitral (§ 1º do art. 4º da Lei 9.307/96).

A falta desse instrumento escrito resulta na ineficácia da convenção, sendo condição estabelecida pelo art. 104 do Código Civil, ao condicionar a validade do ato jurídico, dentre outras, à forma prescrita ou não defesa em lei. O artigo 166 do Código Civil complementa a norma ao estabelecer a nulidade do negócio jurídico quando não revestir a forma prescrita em lei. Essa forma escrita da convenção não necessita constar do mesmo instrumento que rege a relação material, podendo ser acordada em documento em separado que a ela se refira, como esclarece o § 1º do art. 4º da Lei 9.307/96. O essencial, pois, é a demonstração inequívoca da vontade das partes, sempre manifestada por escrito, de submeter eventuais controvérsias sobre o cumprimento do contrato por meio de árbitros privados, sem recorrer ao meio normal de solução de litígios propiciado pelo Estado.

Essa demonstração da vontade e da intenção das partes está na raiz da exigência legal de que, nos contratos de adesão, seja expressa em suas cláusulas, ou em documento em separado das condições gerais, desde que em negrito, com a assinatura ou o visto específico na cláusula (§ 2º do art. 4º da Lei 9.307/96). Trata-se, também aqui, de forma essencial à validade do acordo.

Percebe-se que o legislador acentua a necessidade de certeza da intenção das partes de optar pelo sistema privado de solução de litígio, com a assunção da obrigação negativa de abstenção do recurso ao sistema público de solução de litígios e a positiva de instituir jurisdição a árbitros. A seriedade dessa opção se revela pelo caráter drástico da compulsoriedade de seus efeitos, que não se pautam pela regra geral que preside as obrigações em geral. O seu inadimplemento não se rege pelas disposições dos artigos 250, 251, 389 e seguintes do Código Civil, com a atribuição do direito do credor de haver perdas e danos em virtude de inadimplemento. A obrigação negativa é compulsória, dotada de execução específica do pactuado, a impedir seja a controvérsia submetida ao Poder Judiciário, por meio de ação judicial (art. 485, VII do CPC).

O adimplemento da obrigação positiva para instaurar o juízo arbitral é, da mesma forma, assegurado pelo art. 7º da Lei 9.307/96. Assim ambas as obrigações, a negativa e a positiva, são compulsórias, tornando inevitável a instauração do processo arbitral para solução de controvérsia oriunda de contrato dotado de cláusula arbitral.

Essa peculiaridade da arbitragem resulta que controvérsias extracontratuais não podem ser a ela submetidas, por faltar-lhes o suporte jurídico para a instituição da jurisdição dos árbitros. É o contrato que, não só confere essa jurisdição, como lhe delimita a competência a controvérsias dele decorrentes.

A ideia, por vezes defendida, de que litígios extracontratuais podem ser resolvidos por arbitragem, por estarem indiretamente relacionados a algum contrato, deve ser examinada com cuidado. Há que se distinguir as decorrentes de contratos coligados, em que há estreito vínculo entre as obrigações pactuadas e as dele decorrentes e as obrigações extracontratuais. Havendo contrato com cláusula compromissória, coligado a outro contendo cláusula de foro, tem sido sustentado prevalecer a cláusula de arbitragem, por refletir a vontade das partes, no que tange à forma privada de solução de controvérsias ao negócio como um todo, regulado por diversos ajustes, com objetos complementares. Mas, nesse caso, trata-se de interpretar contratos coligados, com obrigações paralelas e relacionadas, conferindo-se predominância à que expressou a vontade das partes ao contrato que contém a cláusula arbitral. A premissa do acordo escrito está presente no contrato coligado, dando-se tratamento uniforme ao todo conjunto negocial, regido por diversos instrumentos relacionados entre si. Os princípios estabelecidos nos artigos 112 e 113 do Código Civil permitem interpretar a vontade das partes em submeter todo o conjunto de instrumentos do mesmo negócio à solução privada de litígios.

Os contratos coligados regulam relações com vínculos entre si capazes de estender a jurisdição conferida pela cláusula arbitral em um dos contratos a todo o complexo de ajustes interligados. Havendo entre eles identidade de partes e harmonização de objetivos e de obrigações, a coligação resultante pode prever unidade de tratamento, de tal forma que o adimplemento ou o inadimplemento de uma ou mais prestações neles reguladas interfere com outras. Nesse caso há unidade na diversidade de prestações, o que permite se estender a jurisdição do árbitro a todo o conjunto do negócio pactuado, ainda que de um ou outro contrato coligado não conste a cláusula arbitral.

O mesmo não ocorre com a obrigação extracontratual que, como a própria denominação sugere, trata-se de obrigação não regulada por ajuste algum e decorre da responsabilidade por atos atentatórios a direito alheio e regulados por normas de Direito Civil em geral ou por outros ramos do Direito.

O Código Civil, ao reconhecer essa diferença, distingue o inadimplemento das obrigações contratuais das não contratuais. Regula nos artigos 389 e seguintes os efeitos do inadimplemento de contratos e nos artigos 927 e seguintes os da responsabilidade civil, não regulados por ajustes. Se alguém causa dano a outrem fica obrigado a reparar o dano não por ter assim se comprometido, mas pelo efeito da lei. É obrigação extracontratual, não decorre de contrato.

Essa distinção entre os dois tipos de responsabilidade, a contratual e a não contratual, põe à mostra duas situações distintas. A que advém do contrato é regulada pela vontade das partes, já a responsabilidade geral ou civil decorre da lei, nos limites por ela estabelecidos.

Por essa razão, um dano causado a outrem está sujeito às normas gerais do Direito Civil e não às especiais do contrato, que podem ser diversas. Também por isso a lei prevê que controvérsias decorrentes de responsabilidade civil podem ser resolvidas por arbitragem, para o que as partes devem celebrar compromisso arbitral, instrumento pactuado após o nascimento do litígio e não regulado por contrato.

São, portanto, duas formas escritas de contratar a solução privada de controvérsias; uma pela cláusula inserta em contrato que regula uma relação de direito material; outra pelo compromisso arbitral, firmado depois de nascido o litígio, seja de natureza contratual ou extracontratual, em que as partes resolvem submeter sua solução à arbitragem. Para isso é sempre necessário o acordo escrito.

Em outras palavras, a responsabilidade extracontratual, para ser submetida à arbitragem, depende da assinatura de compromisso específico que confira jurisdição aos árbitros. Sem esse acordo escrito, a controvérsia extracontratual deve necessariamente ser submetida ao sistema público, por meio do Judiciário.

2. Perspectivas

2.1 O Estado e a sociedade civil

Nesse quadro complexo, emergiu fortalecida para o cenário internacional a sociedade civil, assim considerada, nas palavras de Norberto Bobbio, *"a esfera das relações sociais não reguladas pelo Estado, entendido restritivamente e quase sempre também polemicamente como o conjunto dos aparatos que num sistema social organizado exercem o poder coativo"*[31].

Trata-se de um conjunto de relações sociais que escapa ao poder coercitivo do Estado, não sendo organizada nem estruturada em qualquer corpo ou instituição, mas presente em diversas manifestações corporativas, dos meios de comunicação, sindicatos e em organizações não governamentais atuantes e eficazes, além de outros.

Não foi por acaso que, nesse período, a arbitragem floresceu à margem da estrutura dos Estados. Constitui, pode-se dizer, uma das manifestações da sociedade civil de autonomia e de exclusão da interferência do aparato governamental que, todavia, ainda é preponderante. A noção de que o Direito emerge da sociedade – e não do Estado por ela organizado – foi se acentuando, distinguindo-o da lei positiva, que nem sempre expressa uma norma jurídica. O que provém do Estado é a lei, que nem sempre expressa uma norma de Direito. A concepção de Kelsen, do Direito como norma ancorada em outras, em pirâmide até o ápice, no qual está a norma indemonstrável do *pacta sunt servanda*, caiu por terra e raramente é invocada pelos atuais filósofos do Direito.

Uma das expressões mais contundentes da sociedade civil na área internacional é a prática da arbitragem, como meio privado de solução de litígios, fora do quadro da estrutura estatal. Tem ela sido largamente prevista como mecanismo de solução de litígios em contratos comerciais internacionais, o que levou juristas como Berthold Goldmann a ver no desenvolvimento das relações comerciais internacionais o renascimento da *lex mercatoria*. A adoção generalizada dos contratos-tipo em determinados setores do comércio internacional e dos *Incoterms*, com a observância de normas criadas, desenvolvidas e observadas à margem dos Estados, seria indicação segura desse desenvolvimento.

Esse corpo de normas reguladoras de setores do comércio internacional, e a utilização da arbitragem privada integram o conjunto de manifestações da sociedade civil, em contraste com a atividade reguladora do Estado, incapaz de abranger e regular, no âmbito de sua jurisdição territorial, relações e entidades transnacionais ou multinacionais.

---

[31] *Estado, governo, sociedade – Para uma teoria geral da política*. São Paulo: Paz e Terra, 3. ed., 1990. p. 33. Segundo Bobbio: *"Na linguagem política de hoje, a expressão 'sociedade civil' é geralmente empregada como um dos termos da grande dicotomia sociedade civil/Estado"*.

E o árbitro, pode-se dizer, atua como o agente de integrantes dessa sociedade civil, pois são as partes que lhe conferem – e não o Estado – autoridade para dirimir contendas entre elas. Assim, a arbitragem, como meio de resolução de litígios e o árbitro, como autoridade instituída pelas partes, ambos constituem expressões da sociedade civil, que atua paralelamente à ação do Estado, algumas vezes até mesmo contra autoridades estatais[32].

Essas observações são necessárias para se compreender o papel do árbitro e da arbitragem no mundo atual. Tendo se desenvolvido inicialmente nas relações entre Estados independentes e dotados de soberania e, posteriormente, em contratos entre Estados e empresas privadas estrangeiras e na esfera dos contratos comerciais internacionais, migrou a arbitragem para a área interna. A desconfiança da capacidade do Estado de resolver controvérsias privadas, em caráter de monopólio, cresceu, o que permitiu a sociedade civil assumir papel cada vez mais preponderante[33].

2.2 O árbitro: agente da sociedade civil

Presentes as premissas ora examinadas, há que destacar o papel do árbitro no processo de arbitragem, seja pública, entre Estados, seja entre estes e empresas privadas, seja, ainda, entre indivíduos.

Já se viu que, em arbitragens entre Estados e as em que estes contendem com empresas privadas, o árbitro não integra a estrutura oficial de qualquer país, mas recebe jurisdição, ou seja, autoridade para declarar o Direito, diretamente das partes. Há, dessa forma, uma característica que identifica a figura do árbitro, que é a de atuar na esfera privada de acordo com e em obediência à jurisdição que as partes lhe conferiram. Não atua o árbitro em nome do Estado em cujo território profere sua decisão, nem de qualquer outro organismo oficial.

---

[32] Indicação dessa atuação contrária à das autoridades estatais é fornecida pelas organizações não governamentais World Wild Fund, Anistia Internacional e Greenpeace, esta última tendo seu navio afundado pela França, ao tentar evitar explosões nucleares no Pacífico.

[33] A esse respeito, é oportuna a observação de Bobbio: "*Uma sociedade torna-se mais ingovernável quanto mais aumentam as demandas da sociedade civil e não aumenta correspondentemente a capacidade das instituições e a elas responder, ou melhor, com a capacidade de resposta do Estado alcançando limites talvez não mais superáveis (donde o tema, por exemplo, da 'crise fiscal')*". Estado, governo, sociedade – Para uma teoria geral da política. São Paulo: Paz e Terra, 3. ed., 1990, p. 36.

Daí porque o árbitro não é um funcionário público – nacional ou internacional – nem substitui o juiz estatal na função de julgar. Essa afirmação pode parecer um truísmo. Mas não é. A Lei 9.307/1996 equipara o árbitro ao funcionário público, quando no exercício de suas funções ou em razão delas, para os efeitos da legislação penal (art. 17)[34]. Essa equiparação, contudo, contrasta com a atuação do árbitro, que não é funcionário público, nem exerce seu múnus como encargo público, mas dos contratantes privados que o nomearam. É uma das aberrações da Lei a serem destacadas, como observa a doutrina[35].

Note-se que o árbitro somente é assim qualificado quando nomeado pelas partes para decidir uma controvérsia, seja individualmente, seja como integrante de um Tribunal Arbitral. Não há árbitro que não esteja *no* exercício de suas funções, pois, até o momento, pelo menos, não há a profissão de árbitro. O texto da lei é infeliz também nesse ponto ao dizer *"os árbitros, quando no exercício de suas funções (...)"*. Não há árbitro que não esteja no exercício de suas funções; a redundância implicitamente insinua que poderia atuar o árbitro fora da função, o que não é verdade. Pois, se o fizer, não atua como árbitro, pois essa condição é restrita à jurisdição que lhe foi conferida especificamente para resolver a controvérsia para a qual foi nomeado.

A lei não escapou da tendência de equiparar o ato privado de julgar controvérsias, ainda que sobre direitos disponíveis, como privativo do Estado, nem de equiparar o árbitro ao magistrado. O juiz, como cidadão comum, pode atuar fora do *"exercício de suas funções"*, pois é funcionário do Estado e assim se qualifica profissionalmente. Não o árbitro, que somente atua nessa qualidade quando nomeado para resolver determinada controvérsia. Antes disso e fora dessa atividade específica, é cidadão comum, exercendo profissão própria que o qualifica como advogado, engenheiro, químico ou outra.

No Brasil a equiparação da figura do árbitro à do juiz é antiga. Já a Constituição do Império de 1824 dispunha, no art. 160 que *"Nas causas*

---

[34] "Art. 17. Os árbitros, quando no exercício de suas funções ou em razão delas, ficam equiparados aos funcionários públicos, para os efeitos da legislação penal."
[35] Segundo Irineu Strenger: *"A equiparação dos árbitros aos funcionários públicos é descabida e sua validade discutível, porquanto os árbitros, pela própria natureza de suas atividades, não estão investidos de nenhuma função pública, não podendo por isso engajar-se nas responsabilidades do Estado, mesmo que seja somente para efeitos penais, e a ação concernente pode ser dirigida contra árbitros no cumprimento de sua missão somente nas condições de direito comum"*. Comentários à Lei de Arbitragem. São Paulo: Ed. LTr, 1998. p. 117.

cíveis e nas penais civilmente intentadas poderão as partes nomear juízes árbitros. Suas sentenças serão executadas sem recurso, se assim o convencionarem as mesmas partes". Esse artigo foi incluído no Título VI Do Poder Judicial. O recurso a que se refere o dispositivo seria para o judiciário. O Código Civil, de 1916, manteve o mesmo critério[36], modificado pelo CPC de 1973 e abolido finalmente pela Lei 9.307/1996.

2.3 A sentença arbitral

Mesmo assim, restou uma ponta da tendência de identificar o árbitro ao juiz estatal em diversos dispositivos legais. Um deles é o que caracteriza a sentença arbitral como título executivo judicial, assim classificado no art. 515 do CPC:

> *"Art. 515. São títulos executivos judiciais, cujo cumprimento dar-se-á de acordo com os artigos previstos neste Título:*
>
> *(...)*
>
> *VII – a sentença arbitral;"*

Ao classificar impropriamente a sentença arbitral como título executivo *judicial*, o CPC em seu art. 516, dispõe sobre o seu cumprimento, em que determina seja feita perante os tribunais nos casos de sua competência originária, o juízo que decidir a causa em primeiro grau de jurisdição e juízo cível competente, nos casos de sentença penal, de sentença arbitral e de sentença estrangeira ou de acórdão proferido por Tribunal Marítimo. Na verdade, cuida-se de ficção da lei, divorciada da realidade e incompatível com a sistemática do regime da arbitragem, de caráter eminentemente privado e extrajudicial.

A decisão arbitral, provinda de cidadão comum nomeado pelas partes, não é um título executivo judicial, nem sentença judicial, mas título extrajudicial, pois proferido fora do Poder Judiciário. Embora a nomenclatura

---

[36] Art. 1.041 do CC/1916: *"Os árbitros são juízes de fato e de direito, não sendo sujeito o seu julgamento a alçada, ou recurso, exceto se o contrário convencionarem as partes."*

adotada na lei de arbitragem – "sentença"[37], em vez de "laudo" arbitral – seja irrelevante, a sua configuração como título executivo judicial não é, pois denota a intenção do legislador de dar configuração pública ao ato privado do árbitro. Essa a razão de incluí-lo como título executivo judicial, dentre os demais previstos no art. 515, VII, todos provindos do judiciário, dos quais é a única exceção.

Esse viés de ver na atuação do árbitro uma função pública encontra-se repetido no art. 14 da Lei 9.307/1996, segundo o qual estão impedidos de funcionar como árbitros as pessoas que tenham com as partes ou com o litígio algumas das relações que caracterizam os casos de impedimento ou suspeição de juízes, aplicando-lhes os mesmos deveres e responsabilidades previstos no CPC. É bem verdade que a norma tempera essa equiparação, com a oportuna ressalva, *"no que couber"*. Mas o fato de equiparar a função estatal do juiz com a particular do árbitro revela uma ponta da tendência de considerar a atividade do árbitro como de caráter público, tal como a do juiz.

2.4 Árbitro privado e juiz togado: uma distinção necessária

Essa impropriedade deixa de considerar que as hipóteses de impedimento e de suspeição dos árbitros são maiores, mais amplas e diversas das que estão sujeitos os juízes e a elas não se equiparam. Os princípios éticos que governam a atuação do árbitro são mais extensos que os do magistrado público, até porque este prescinde da confiança das partes e a elas se impõe, não lhes sendo permitido indicar o juiz que prefeririam fosse nomeado para solucionar suas pendências.

De fato, sendo o juiz representante do Estado e atuando em nome deste, as hipóteses de suspeição e impedimentos têm caráter genérico, pouco importando se, a despeito delas, poderia o magistrado atuar com imparcialidade. Por outro lado, não prevê a lei impedimento ético do juiz, salvo em questões de foro íntimo, mas apenas situações objetivas que considera suficientes para afastá-lo da apreciação de determinada controvérsia.

---

[37] A impropriedade do termo "sentença" no processo arbitral é enfatizada no § 1º do art. 203 do CPC:
"Ressalvadas as disposições expressas dos procedimentos especiais, sentença é o pronunciamento por meio do qual o juiz, com fundamento nos arts. 485 e 487, põe fim à fase cognitiva do procedimento comum, bem como extingue a execução."

O mesmo não acontece com o árbitro, cuja nomeação tem, como pressuposto, a confiança das partes, como disposto no art. 13 da Lei 9.307/1996[38], repetindo conceito tradicional do direito brasileiro e pode abranger situações mais amplas do que as previstas para o magistrado togado. A ética prepondera na nomeação e atuação do árbitro e sempre é ponderada em situações que possam comprometer sua imagem e credibilidade. É o caso da indicação frequente de pessoa para atuar como árbitro pelo mesmo escritório de advocacia, embora não haja impedimento legal algum sobre isso, pode ensejar a suspeita de favorecimento ou de dependência econômica. Ou, ainda, em aceitar participar de processo arbitral que versa sobre tema sobre o qual já tem opinião formada e expressa em trabalhos publicados. Não há impedimento legal, mas o componente ético obriga à divulgação dessa informação, bem como sobre todo e qualquer fato que possa afetar a confiança que as partes devem depositar no árbitro e seu comportamento durante o processo.

A lei brasileira é precisa ao impor ao árbitro a atuação com imparcialidade, independência, competência e discrição, bem como o dever de quem for indicado para essa função de revelar fato que denote dúvida quanto à sua imparcialidade e independência. Sabiamente, a lei não faz referência à neutralidade do árbitro e sim à sua imparcialidade e independência, requisitos indispensáveis à função de julgar, associado aos demais previstos no § 6.º do art. 13 da Lei 9.307/1996, como sejam a competência, diligência e discrição.

Quanto à neutralidade, é preciso lembrar que o árbitro, tal como o juiz, ou qualquer outro julgador, é incapaz de ser neutro, pois carrega dentro de si a formação social e cultural recebida e desenvolvida ao longo da vida, que condiciona seu comportamento e seus julgamentos. Imparcialidade não significa, nem se confunde com neutralidade, e sim com independência em relação às partes[39].

Na arbitragem internacional a neutralidade é fator relevante na escolha do árbitro, não porque possa pender para uma das partes, agindo com parcialidade, mas porque há que pesar na indicação do árbitro a sua formação cultural, religiosa e social, suas convicções políticas, enfim todos os componentes de sua personalidade, inclusive os psicológicos. Um julga-

---

[38] *"Art. 13. Pode ser árbitro qualquer pessoa capaz e que tenha a confiança das partes."*
[39] Para um exame mais aprofundado, vide Selma Maria Ferreira Lemes, Árbitro – Princípios da Independência e da Imparcialidade. São Paulo: Ed. LTr, 2001. p. 63-72.

dor imparcial formado no sistema do direito comum pode ter dificuldade de entender uma controvérsia regida pelo sistema dos países que adotam o direito codificado e vice-versa. Se, todavia, embora formado em um sistema jurídico, tiver conhecimento das características do outro, pode ser uma boa indicação, pois terá condições de aferir melhor a controvérsia[40].

O dever de revelação é essencial para que as partes tenham conhecimento de qualquer fato que possa afetar a credibilidade e confiança no árbitro[41]. Cumprido esse dever, ainda que haja fato que caracterize impedimento ético cabe às partes decidir pela nomeação, podendo aceitá-la se confiarem no árbitro, pois, como diz a lei, a confiança é o elemento fundamental para a atuação do árbitro. A premissa, portanto, é a revelação e o conhecimento completo pelas partes de qualquer fato que possa afetar a credibilidade do árbitro.

Contudo, se o impedimento ou suspeição forem legais, ou seja, os previstos no art. 14 da Lei 9.307/1996, que remete às hipóteses aplicáveis aos juízes, haveria que se considerar se, nesse caso, podem as partes, cientes do fato, nomear o árbitro. A resposta não é fácil. Todavia, pode-se raciocinar com o pressuposto principal da nomeação do árbitro, que é a confiança das partes, enquanto que as hipóteses de impedimento e de suspeição dos juízes têm como fundamento o fato de serem eles impostos pelo Estado,

---

[40] Na área internacional registra-se decisão do caso Liamco *vs.* Líbia, em que o árbitro libanês Sohbi Mahmassani, formado na França e Inglaterra, e profundo conhecedor do sistema corânico vigente na Líbia, proferiu laudo com fundamento em ambos os sistemas. Rejeitou o pedido de *restitutium in integrum* feito pela empresa, o que permitiu o acolhimento pela Líbia da decisão, em transação celebrada, após diversas tentativas de execução do laudo, *International Legal Materials*, vol. XX, n. 1981, p. 1-87). Já na decisão do caso Texaco/Calasiatic, proferido na mesma ocasião, o árbitro francês Renê Jean Dupuy, acolheu pedido de restituição integral dos bens da empresa, em julgamento fora da realidade e duramente criticado. Não obstante, também nesse caso houve acordo de pagamento, cf. Patrick Rambaud, Les Suites d'un Diffèrend Pétrolier: l'affaire Liamco devant de le juge français. *Annuaire Français de Droit International*, 1979, p. 831-834. Vide também, José Carlos de Magalhães, *Do Estado na Arbitragem Privada*. São Paulo: Max Limonad, 1988. p. 163-169.

[41] É norma expressa da lei de arbitragem: "*Art. 14. Estão impedidos de funcionar como árbitros as pessoas que tenham, com as partes ou com o litígio que lhes for submetido, algumas das relações que caracterizam os casos de impedimento ou suspeição de juízes, aplicando-se-lhes, no que couber, os mesmos deveres e responsabilidades, conforme previsto no Código de Processo Civil.*

§ 1º As pessoas indicadas para funcionar como árbitro têm o dever de revelar, antes da aceitação da função, qualquer fato que denote dúvida justificada quanto à sua imparcialidade e independência."

sem qualquer manifestação ou aceitação das partes, atores passivos nessa nomeação. Não participam elas da escolha do magistrado.

No caso do árbitro, são as partes que o selecionam, tendo como premissa básica a confiança nele depositada. Se tiverem conhecimento completo dos fatos passíveis de configurar impedimento ou suspeição legal, e, mesmo assim, manifestarem confiança no julgamento imparcial e independente do árbitro, não podem as partes, sobretudo a vencida, impugnar a decisão. O princípio do *venire contra factum proprium* tem plena aplicação e obsta à parte invocar o impedimento ou suspeição legal, se, conhecendo os fatos revelados pelo árbitro, nomeou-o ou aceitou a nomeação feita pela outra parte.

Outra forma de encarar a questão é considerar as hipóteses de impedimento e suspeição legal como inderrogáveis por vontade das partes, o que impediria a indicação de árbitro impedido ou suspeito. Todavia, não parece ser essa a melhor interpretação da lei, devendo prevalecer a premissa maior da qualidade do árbitro, que é a de possuir a confiança das partes. Dois irmãos podem nomear o pai para resolver-lhes uma controvérsia, por confiar no seu discernimento, imparcialidade e isenção. O pai, como juiz estatal, está impedido por lei, mas como árbitro, escolhido pelos filhos, não há que se justificar o impedimento[42]. É claro que, se há interesse de terceiros no resultado da decisão, a questão se altera, como seria o caso de seus reflexos em matéria de indenização por empresa de seguro. Nesse caso, não se trataria simplesmente de controvérsia entre irmãos, mas entre estes e terceiros – a seguradora, por exemplo – que poderiam ser lesados por eventual abuso de direito, simulação ou fraude. Mas, então, o que ocorre não é o exercício normal de um direito e sim uma questão patológica, a ser tratada como tal.

2.5 O árbitro e a lei aplicável

Sendo o árbitro um agente da sociedade civil, não vinculado ao Estado, mas às partes, a próxima questão que surge é sobre o Direito que deve aplicar para solucionar a controvérsia que as partes lhe submeteram. A matéria tem relevância nos contratos internacionais, que regulam relação

---

[42] Esse também o pensamento de Carlos Alberto Carmona, *Arbitragem e processo*. São Paulo: Atlas, 3. ed., 2009, p. 252-253; e Pedro Batista Martins, *Apontamentos sobre a Lei de Arbitragem*. Rio de Janeiro: Forense, 2008, p. 204.

negocial que envolve mais de uma ordem jurídica estatal. Normalmente as partes indicam qual a lei material que deve reger o ajuste entre elas pactuado, paralelamente às disposições de direito processual objeto da cláusula arbitral ou da cláusula de eleição de foro. Todavia, caso omitam, há que se examinar qual o critério para definir o direito material aplicável.

A Lei de Arbitragem brasileira, no § 1º do art. 2º, previu a autonomia das partes para escolher, livremente, as regras de direito a serem aplicadas na arbitragem, desde que não haja violação aos bons costumes e à ordem pública. No § 2º facultou-lhes convencionar que a arbitragem se realize com base nos princípios gerais de direito, nos usos e costumes e nas regras internacionais de comércio[43].

Como o contrato regula o negócio jurídico concertado entre as partes, regido pelo direito material, aqueles dispositivos só podem referir-se ao processo arbitral. Esse raciocínio baseia-se no fato de que a lei regula a arbitragem – sistema processual privado de resolução de litígios – e não o contrato que rege as relações de direito material acordadas pelas partes.

Essas relações são objeto de normas de Direito Civil, societário, financeiro, bancário ou outras de caráter material que regula o negócio jurídico, que tem conteúdo diverso e não se confundem com as de natureza processual da arbitragem. É o contrato que estabelece as regras de comportamento das partes relativamente ao negócio entre elas pactuado. A arbitragem nele não se inclui, nem as partes esperam que venha a ser suscitada, como também é o caso da cláusula de escolha de foro.

A arbitragem é a forma adotada pelas partes para a resolução de eventuais controvérsias oriundas do cumprimento do contrato. É ela posterior e exterior à relação jurídica ajustada pelas partes, podendo não se realizar se nenhum litígio vier a ocorrer.

O contrato disciplina duas espécies de normas, uma de direito material, que rege o negócio jurídico; outra de direito processual destinada a estabelecer o sistema de solução de controvérsias, caso venha a ocorrer. Se o contrato nada dispuser a respeito deste último, prevalece a solução judicial implicitamente aceita pelas partes, por ser a forma genérica de resolução de controvérsias. Nesse caso, a lei processual aplicável é a do Estado, não se conferindo qualquer autonomia às partes para condicionar o com-

---

[43] Sobre o assunto, vide Luiz Olavo Baptista, Sentença parcial em arbitragem. *Revista de Arbitragem e Mediação* São Paulo: Ed. RT, abr.-jun. 2008, 173-195.

portamento do juiz[44]. Se os contratantes desejarem a arbitragem, deverão exprimir essa intenção mediante cláusula específica que a estabeleça, até por contraírem uma obrigação negativa, a de não se socorrer do sistema público de solução de controvérsias, pelo Judiciário.

A lei brasileira de arbitragem, ao prever a autonomia da vontade das partes, tem o propósito de permitir-lhes ampla liberdade de estipular normas processuais para regular a arbitragem, assegurando-lhes a prerrogativa de identificar o direito aplicável ao processo arbitral, ou o julgamento por equidade. A autonomia conferida pela lei às partes permite-lhes subordinar o processo arbitral à lei que escolherem, que pode ser diversa da que regula o negócio. Nesse caso, dá-se o que os franceses denominam *dépeçage* ou o *morcellement* do contrato, em que um único instrumento rege duas relações distintas, uma de natureza processual, outra de direito material, regidas por leis diferentes.

A Lei da Arbitragem, portanto, não regula negócios jurídicos de qualquer espécie, limitando-se a estabelecer a normativa desse meio privado de solução de controvérsias, da mesma forma como a lei processual civil o faz relativamente ao processo judiciário. A autonomia da vontade nela prevista não se estende, automaticamente, ao conteúdo do direito material que rege a relação jurídica concertada entre os contratantes.

Se assim é, permanece a problemática da autonomia da vontade para definir a lei aplicável ao negócio jurídico. No sistema jurídico brasileiro, vem à tona a disposição do art. 9º da Lei de Introdução às Normas do Direito Brasileiro (LINDB), segundo a qual, as obrigações regem-se pela lei do país em que se constituírem. Há controvérsia sobre se essa disposição é de caráter imperativo, ou seja, não admite que as partes estipulem de maneira diversa, ou se é aplicável apenas no silêncio do contrato.

O art. 78 do Código Civil indica uma pista para o assunto, ao dispor que: *"nos contratos escritos, poderão os contratantes especificar domicílio onde se exercitem e cumpram os direitos e obrigações deles resultantes"*. Uma interpretação ampla desse dispositivo permite concluir que, a despeito da norma do art. 9º da LINDB, as partes podem livremente indicar lei diversa do local onde o contrato foi concluído.

---

[44] Em algumas situações as partes têm certa autonomia, como, por exemplo, o permitir a lei que o réu seja processado fora de seu domicílio, se este assim concordar, deixando de apresentar exceção de incompetência territorial.

Essa interpretação é realista, até porque evita sejam as partes compelidas a adotar procedimento artificial que é o de viajar para o país cuja lei escolheram para regular-lhes as obrigações, com o propósito específico de cumprir o dispositivo legal. Ou, ainda, incorporar no texto do contrato as disposições da lei estrangeira que pretendem sejam observadas.

Ademais, as negociações podem ter sido feitas à distância, como é usual no comércio internacional, e se prolongarem, sem que se possa identificar de que contratante partiu a proposta final, tais e tantas contrapropostas são normalmente feitas até que se atinja um resultado aceitável pelas partes[45].

Haroldo Valladão defende vigorosamente a validade da autonomia da vontade no direito brasileiro, invocando, como suporte, o art. 42 do Código Civil/1916, equivalente ao já mencionado art. 78 do Código Civil/2002, bem como a jurisprudência brasileira sobre o assunto[46]. Todavia, adverte Nádia de Araujo, a jurisprudência tem aplicado a clássica regra de conexão do art. 9º da LINDB,[47] o que permitiria concluir que a tese de Valladão não tem sido acolhida pela escassa jurisprudência sobre ao assunto.

A autonomia da vontade confere às partes a prerrogativa de escolher o direito aplicável à relação contratual, devendo neste caso o árbitro se ater a essa lei, pois, adquirindo jurisdição das partes, não possui liberdade para aplicar lei diversa da que foi por elas indicada.

Se o contrato é omisso quanto à lei aplicável, seja relativamente ao mérito da controvérsia, seja ao processo arbitral, indaga-se se é lícito ao árbitro escolher essa lei, ou estará compelido a aplicar as normas de direito internacional privado de uma ou de ambas as partes contratantes. Quanto à arbitragem, a lei brasileira confere ao árbitro a atribuição de definir o procedimento, como previsto no § 1º do art. 21 da Lei 9.307/1996[48], o que implica a faculdade de indicar também o direito aplicável, restrito, porém às normas de processo, mas não as que regulam o negócio jurídico.

---

[45] Esse fato afasta a aplicação da norma do § 2º do art. 9º da LINDB, segundo a qual *"a obrigação resultante do contrato reputa-se constituída no lugar em que residir o proponente"*.

[46] Haroldo Valladão, *Direito internacional privado*. Rio de Janeiro: Freitas Bastos, 1973. vol. II, p. 182-183. Outros juristas clássicos, como Irineu Strenger (*Autonomia da vontade em direito internacional Privado*. São Paulo: Ed. RT, 1968), Oscar Tenório (*Direito internacional privado*. Rio de Janeiro: Freitas Bastos, 1970) e Amilcar de Castro (*Direito internacional privado*. Rio de Janeiro: Forense, 1968) tem posições divergentes e não conclusivas sobre a matéria.

[47] Nadia de Araujo, *Contratos internacionais*. Rio de Janeiro: Renovar, 1997. p. 114.

[48] Art. 21, § 1º da Lei 9.307/1996: *"Não havendo estipulação acerca do procedimento, caberá ao árbitro ou ao tribunal arbitral discipliná-lo."*

Isto porque, nesse último caso, não tendo as partes identificado a lei para regular-lhes a relação acordada, há que se levar em consideração as normas de direito internacional privado a que está sujeito o contrato, o que impõe ao árbitro – como ao juiz no processo judicial – o exame da vontade das partes, sendo a lei da sede da arbitragem apenas um dos componentes a serem considerados, dentre outros, como o local do cumprimento das prestações pactuadas.

No direito brasileiro, como se notou, o art. 9º da LINDB indica um critério que pode ser afastado, se a realidade do contrato demonstrar não terem as partes intenção de submetê-lo à lei do local onde as obrigações foram concluídas, que pode ter sido fortuito. É o que ocorre nos contratos celebrados em local episódico, em país estranho a ambas as partes e ao próprio negócio. Nesse caso, compete ao árbitro pesquisar a vontade das partes, não lhe sendo lícito estabelecer o direito sobre o mérito do ajuste por sua livre discrição.

Segundo Emmanuel Gaillard, os direitos modernos da maior parte dos países conferem ao árbitro liberdade para determinar as normas aplicáveis ao mérito do contrato[49]. Este, contudo, não é o caso do direito brasileiro, que lhe confere essa faculdade apenas para definir o processo a ser observado na arbitragem quando o contrato for omisso, não assim as normas que regem o negócio. É preciso destacar que, se as partes definiram o direito aplicável ao processo, ou ao mérito do contrato, o árbitro está jungido a essas normas, delas não se podendo apartar. As regras dos §§ 1º e 2º do art. 2º da Lei 9.307/1996 mencionam o poder das partes e não do árbitro.

2.6. As arbitragens pública e privada: um paralelo

O paralelo que se traçou entre a arbitragem entre Estados e a que tem como partes indivíduos ou empresas, seja na esfera interna, seja na internacional, serve para demonstrar certa similitude entre uma e outra. Os Estados, regulados pelo Direito Internacional, não dispunham de estrutura internacional organizada para lhes dirimir as controvérsias entre eles. A Corte Internacional de Justiça, da ONU, não possui jurisdição compulsó-

---

[49] Emmanuel Gaillard, Aspects philosophiques du droit de l'arbitrage international. *Livres de Poche de L'Academie de Droit International de la Haye*. Leiden/Boston: Martinus Nijhoff Publishers, 2007. p. 158.

ria, salvo para os países que a aceitam por meio de tratados ou em acordos específicos. As organizações regionais abrangem somente os países que delas fazem parte.

Mesmo no âmbito do Banco Mundial, o sistema adotado no Centro Internacional para Solução de Disputas sobre Investimentos (Cisdi, ou na sigla inglesa Icsid) destinado a compor controvérsias entre Estado e empresa privada é o da arbitragem, tal como ocorre no Mercosul, com o Protocolo de Olivos. A Corte Europeia de Direitos Humanos e a Corte Interamericana de Direitos Humanos têm característica de tribunal judicial, mas possuem caráter regional e para assuntos específicos relacionados aos direitos humanos.

Todavia, observa-se que, até a instituição do Tribunal Permanente de Justiça Internacional, no âmbito da extinta Liga das Nações, a arbitragem entre Estados era a regra, registrando-se, naquele período, grande número de casos assim decididos. Essa prática é que inspirou a criação do Tribunal Permanente de Arbitragem pela Conferência de Paz de Haia de 1899 e revisada em 1907, de escassa utilização nos tempos atuais, nas arbitragens entre Estados.[50]

Após a criação do Tribunal Permanente de Justiça Internacional, em 1922, e a de que a sucedeu, a atual Corte Internacional de Justiça, bem como com as de outros organismos internacionais, a arbitragem entre Estados feneceu, não se tendo notícia de sua utilização recente.

Paralelamente, é significativo o número de controvérsias decididas pela Corte Permanente de Justiça Internacional, no curto período de sua existência, de 1922 a 1940[51] e as levadas à Corte Internacional de Justiça, a partir de 1947[52] e de outros organismos internacionais, notadamente do Órgão de Solução de Controvérsias da Organização Mundial do Comércio e do Tribunal do Mar.

Vale dizer, com a relativa estruturação da ordem internacional, por meio de organizações internacionais, a arbitragem entre Estados foi deixada de lado, salvo em organismos como o Mercosul, que a adotou como forma

---

[50] Atualmente a Corte Permanente de Arbitragem foi provocada para decidir controvérsia entre Eritréia e Iêmen, sobre fronteiras territoriais e marítimas; entre Eritréia e Etiópia e Irlanda e Reino Unido.
[51] 29 (vinte e nove) casos.
[52] Segundo informação da página da Corte Internacional de Justiça, desde sua criação, em 1947, até o ano de 2010 foram-lhe submetidos 146 casos.

de solucionar litígios cobertos pelo Tratado de Assunção e Protocolo de Outro Preto. Mesmo assim, o Protocolo de Olivos é o embrião de um tribunal de justiça, com a criação do esdrúxulo tribunal arbitral de revisão das sentenças proferidas pelos tribunais arbitrais.

Na área do comércio internacional, no entanto, e mesmo na esfera interna dos Estados, o caminho inverso vem sendo trilhado, com o aumento da utilização da arbitragem, sem o recurso ao aparato governamental dos Estados. Ou seja, enquanto que a área internacional – que experimenta certa estruturação maior, levando-a à constitucionalização das normas de Direito[53] – o sistema judicial é o mais adotado, na área interna e no comércio internacional a arbitragem floresce, *ad latere* do Estado.

Esse fenômeno tem a ver com as modificações por que passaram a ordem internacional e os Estados em sua estrutura tradicional. A partir do fim da Segunda Guerra Mundial, com o desenvolvimento dos negócios internacionais e o caráter transnacional das relações entre os povos, acentuou-se certa desconfiança da atuação das estruturas governamentais. O sistema de organização internacional por meio de Estados independentes e soberanos sofreu grande abalo com as duas guerras mundiais, que revelaram sua insuficiência para evitar o uso da força nas relações internacionais.

A grande migração de povos em fins do século XIX e início do século XX e as que se sucederam nos pós-guerras, permitiu certa miscigenação e enfraquecimento das nacionalidades, que estiveram na raiz da unificação de Estados ocorrida até meados do século XIX. Nova migração tem ocorrido neste início do século XXI, desta vez de povos da África e de alguns países da América do Sul e Central, sem contar com os refugiados de guerras, que tendem a produzir resultados similares, após a acomodação dos impactos provocados, sobretudo na Europa e, em menor proporção, nos Estados Unidos.

Ademais, a prática dos contratos internacionais entre empresas privadas resultou em certa padronização observada em grande parte do Ocidente, prevalecendo a sistemática adotada nos países que observam o direito comum, em virtude da presença preponderante dos investidores norte-americanos e de outras áreas do Ocidente. Ao lado disso, as convenções

---

[53] A Declaração Universal dos Direitos Humanos e as diversas convenções sobre direitos humanos e meio ambiente, bem como a criação do Tribunal Penal Internacional pela ONU, que prevê a responsabilidade do indivíduo por delitos previstos na convenção que o instituiu, são indícios seguros da tendência da constitucionalização da ordem internacional.

internacionais destinadas a aprovar leis uniformes para determinados tipos de relações comerciais contribuíram para essa padronização, que resultou na tendência do que os franceses denominam a "mundialização" do Direito.

Não se trata propriamente de ampliação da *lex mercatoria*, mas de normas legais uniformes e leis modelo, adotadas por Estados[54] e de práticas contratuais acordadas com certa regularidade, constituindo verdadeiro direito novo elaborado pelos agentes econômicos privados, como definido por Jacques Chevalier[55].

Além disso, é comum a utilização de padrões típicos do sistema contratual do direito comum em países que adotam o direito codificado, como é o caso da Alemanha, Brasil e França, em que é desnecessária a definição de termos e regras de comportamento, já previstas em leis cogentes, ou a qualificação de fatos e atos descritos no contrato, mas regulados em lei.

O papel dos grandes escritórios de advocacia, que tem assumido, cada vez mais, características internacionais, com presença em grande parte dos principais centros financeiros e industriais do mundo, têm contribuído para esse efeito. O mesmo se verifica com as empresas de auditoria independente, que atuam em praticamente todos os rincões em que operam as empresas multinacionais ou que abrigam investimentos estrangeiros. Utilizam essas auditorias padrões uniformes de contabilidade, com reflexos no cumprimento das legislações locais.

O intercâmbio de produtos e serviços, por outro lado, fez com que fossem elaboradas normas técnicas previstas em manuais de referência para a solução de questões técnicas e comerciais, unificando padrões gerais. A criação, em 1946, da *International Standartization Organization* (ISO) e o Comitê Europeu de Normatização influiu nos direitos internos, compelidos a observar aqueles parâmetros, diante da realidade do comércio internacional. Da mesma forma, organizações privadas como o *Financial Accounting Standard Board* (Fasb) e o *International Accounting Standard Board* (Iasb), que preparam manuais para ser aplicados às empresas para o pro-

---

[54] Só a Unidroit, de 1964 a 2009, aprovou 12 Convenções sobre leis uniformes, dentre as quais as que regulam a venda de bens no comércio internacional, a formação de contratos, arrendamento mercantil e outras de grande interesse do comércio internacional. A CNUCD (Uncitral) aprovou 9 Convenções sobre leis uniformes, 7 leis modelo e 4 projetos de regulamentos sobre arbitragem e conciliação, estes adotados por diversos países, dentre os quais o Brasil.
[55] Jacques Chevalier, *L'État post moderne*. Paris: LGDJ, 2003.

cesso de validação, produzem o efeito de tornar efetivas normas não editadas pelos poderes públicos.

As autoridades governamentais adaptam-se mal a essa nova realidade, acostumadas a aplicar apenas seu direito nacional, e não normas vigentes no comércio internacional, às quais não estão habituados, nem delas têm maior conhecimento.

Assim, se nas relações entre Estados, regidas Direito público, ocorre certa estruturação, com forte tendência à constitucionalização da ordem internacional, subordinada a princípios de aplicação generalizada, sobretudo na área de direitos humanos e do meio ambiente, nas relações privadas fenômeno inverso se detecta.

Há certa desconfiança na atuação das pessoas que agem em nome do Estado, ciosas em manter e aumentar o poder de que são dotadas[56]. Se a arbitragem entre Estados cedeu lugar aos sistemas adotados nos organismos internacionais, como é o caso da Organização Internacional do Comércio, na área do comércio internacional privado floresceu e tende a se expandir, com o afastamento do aparato governamental.

O que se nota é o aprofundamento da pretensão da sociedade civil de agir com maior liberdade e de se autorregular, sem a interferência das pessoas que atuam em nome do Estado. Essa tendência ganhou expansão com o processo de desregulamentação da economia, estimulada pelo neoliberalismo resultante do fim da guerra fria que passou a governar a comunidade internacional. Mesmo a China filiou-se à nova sistemática, com o acolhimento de investimentos estrangeiros que impulsionaram sua economia.

Aquele país, embora ainda com centralização herdada de sua política anterior, postulou seu ingresso na Organização Mundial do Comércio, o que reflete a significativa alteração dos rumos seguidos até em passado recente e a tendência de se alinhar ao processo econômico internacional atualmente vigente. Registrem-se as exceções de Cuba, ainda dependente de colaboração externa para se manter, e da militarizada Coréia do Norte,

---

[56] A esse propósito, é significativa a decisão do STF, na Carta Rogatória 7.618-9, segundo a qual o Protocolo de Las Leñas não afetou a exigência de que qualquer sentença estrangeira para se tornar exequível no Brasil há de ser previamente submetida à homologação do STF. Deixou aquela Corte de considerar a norma do art. 20 do referido Protocolo, assim redigido: *"As sentenças e os laudos arbitrais a que se refere o artigo anterior terão eficácia extraterritorial nos Estados Partes, quando reunirem as seguintes condições: (...)"*. Assim, as decisões que preencherem esses requisitos prescindem de homologação se provenientes de países do Mercosul.

aferradas ao estatismo do regime comunista decaído nos países que o adotavam, inclusive a Rússia, todos alinhados aos novos rumos da liberação da economia e da sua globalização.

É bem verdade que a crise financeira que se abateu no sistema bancário norte americano, em 2008, com reflexos em todo o mundo, foi salva pela intervenção de diversos Estados, que injetaram somas extraordinárias de recursos públicos em bancos e empresas afetadas pela crise. Essa intervenção revela ainda a preponderância sistema estatal e a precariedade da autorregulação da sociedade civil em alguns setores, não obstante possa ser considerado episódio incidental que não afeta a tendência de afastar o Estado do processo econômico privado. Há, todavia, que se ressalvar a contribuição do governo norte-americano para a eclosão da crise, com a política de redução de juros para empréstimos destinados à compra de imóveis, tidos por analistas, como responsável pela explosão de aquisições, sem lastro econômico de compradores, incapazes de honrar os compromissos assumidos. A ser procedente essa análise, foi o Estado o responsável pelos efeitos de sua política, que o obrigou a intervir, injetando recursos substanciais nas empresas imobiliárias afetadas.

Na década de 1930, os Estados Unidos, em consequência da crise de 1929, também vieram a intervir na economia, instituindo o chamado "Estado do bem-estar social". O mesmo aconteceu em outros países, a exemplo do Brasil, que chegou a adotar política de reserva de mercado de produtos de informática, em benefício de alguns empresários brasileiros e em detrimento dos anseios de modernização da sociedade em geral e particularmente da juventude, impedida de acompanhar o progresso tecnológico verificado em outros países, notadamente nos Estados Unidos e na Índia.

A Constituição Federal de 1988, no entanto, já havia registrado a reação da nação à pretensão dos detentores do poder estatal de aprofundar a intervenção do governo no processo econômico. Para isso, previu, no art. 174[57], norma que obsta ao Estado a intervenção nesse processo, como fazia no passado, restringindo sua atuação à fiscalização, incentivo e planejamento em caráter apenas indicativo para o setor privado.

---

[57] "Art. 174. Como agente normativo e regulador da atividade econômica, o Estado exercerá, na forma da lei, as funções de fiscalização, incentivo e planejamento, sendo este determinante para o setor público e indicativo para o setor privado."

É certo que, vez ou outra, o Estado viola esse princípio, como no episódio da greve dos caminhoneiros, que paralisou o país em 2018, tendo o governo, para terminar o movimento, se rendido à pretensão de estabelecer tabela de frete para o setor. O ato contraria o mencionado art. 174 da Constituição Federal e foi alvo de ações judiciais, sem solução.

As observações ora feitas procuram demonstrar que as relações privadas tendem a encontrar meios próprios de regulamentação, sem a interferência das autoridades governamentais. A arbitragem, nesse quadro, é um dos instrumentos de que se vale a sociedade para atuar autonomamente, sem a intervenção e a participação do Estado. As modificações verificadas na área internacional, com o desaparecimento do antigo conceito de soberania, a relativa constitucionalização da ordem internacional, que passou a contar com a presença de novos atores e a interdependência dos povos sob tutela e sob o regime do antigo regime colonial, são fatores que acabam por se refletir na ordem interna. E a evolução da arbitragem privada é um desses reflexos.

2.7 A arbitragem não significa renúncia à jurisdição estatal

A ideia de que a jurisdição estatal exerce monopólio para solução de controvérsias, ainda que sobre direitos disponíveis, está por trás do conceito de que, ao optarem as partes pela arbitragem, em vez de se utilizarem do sistema judicial geral, teriam renunciado a essa jurisdição. Como não se pode excluir da apreciação do judiciário a lesão a direito individual, a explicação que se tem dado para a eficácia da arbitragem é a de que as partes renunciam ao exercício daquele direito constitucional. Esse é o entendimento de Pontes de Miranda, segundo quem "A exceção de compromisso pressupõe menos e mais do que a *competência de outro juízo* estatal, ou a *pendência* da lide noutro juízo estatal – pressupõe ter-se renunciado ao juízo estatal"[58].

Na verdade, o que o inciso XXXV, do artigo 5º da Constituição Federal diz é que "*a lei não excluirá da apreciação do Poder Judiciário lesão ou ameaça a direito*". Assim, é a lei que não pode excluir a apreciação do Poder Judiciário lesão a direito, mas não impede que as partes o façam, por direito próprio, em ajustes privados. Ao fazê-lo, não renunciam à solução judicial, mas tão somente acordam em adotar sistema privado de solução de controvérsia.

---

[58] *Tratado de Direito Privado*, Tomo XXVI, Editora Revista dos Tribunais, 2012, p. 488/489.

Trata-se de norma convencional que a lei atribui caráter compulsório e reforça o princípio contratual da boa fé nos contratos.

A arbitragem constitui mecanismo para solução de controvérsias próprio da sociedade civil de que os interessados se valem, deixando de contar com o aparato do Estado que lhes é assegurado pela Constituição e por leis ordinárias. A convenção arbitral não significa ato de renúncia à jurisdição estatal, nem pode esse acordo ser interpretado segundo as normas que regem a renúncia de direito. Pelo contrário, enquanto que, segundo o art. 114 do Código Civil, a renúncia, como os negócios benéficos, interpreta-se restritivamente, a convenção arbitral deve ser interpretada de maneira ampla, pois significa a opção por sistema de solução de controvérsia diverso do estatal.

Ademais, o dispositivo do Código Civil refere-se à renúncia no conjunto de normas que regem os negócios benéficos, a indicar o caráter unilateral do ato. Quem renuncia a um direito o faz de maneira unilateral, podendo dela resultar um benefício a outrem. Não é o caso da convenção arbitral, que é bilateral e, assim, negocial e não há favorecimento a qualquer dos contratantes.

Assim, na arbitragem não há renúncia alguma de direito, mas a escolha de meio privado de solução de litígios aceito consensualmente, dotado de execução compulsória e inspirado no princípio da boa-fé que deve presidir as relações contratuais. Se o contratante ajustou a arbitragem como forma de solução de controvérsia, não lhe é dado o direito de se arrepender.

O Código Civil positivou princípio básico do respeito à palavra empenhada e à boa-fé dos contratantes nos arts. 113 e 422, que passaram a ser tantas vezes invocados, para fazer prevalecer o pactuado no contrato. Se as partes acordaram uma cláusula arbitral, não lhes é mais permitido a utilização do judiciário, pois prevalece o ajustado no contrato.

Deve-se lembrar que a solução judicial é apenas um dos meios de que dispõe a sociedade e seus integrantes para resolver controvérsias privadas, dentre os quais se destaca a negociação direta e, talvez, o principal deles, a transação, como mecanismo eficaz de prevenir e terminar controvérsias sobre direitos disponíveis, mediante concessões mútuas.

O Código Civil de 1916, continha disposição apropriada sobre o assunto, ao dizer, no art. 1.030, que a transação produz o efeito de coisa julgada, somente podendo rescindir-se apenas por vício de vontade. O Código Civil vigente retirou-a, acolhendo a opinião doutrinária de que transação é um contrato como os demais, passando a regulá-la no Título V dos Contratos em Geral. Manteve-lhe, contudo, a característica principal, que é a de prevenir ou terminar litígios mediante concessões mútuas, embora tenha mutilado seu regime, deixando de incluir o seu grande efeito de coisa julgada, como forma de expressar um meio privado de solução de controvérsias.

Se as partes transigiram sobre controvérsia já ajuizada, não pode o juiz interferir, mesmo que o processo esteja em curso. Cabe-lhe apenas e tão somente verificar se a questão versa sobre direito disponível e, então, homologar a transação extrajudicial para o fim específico e exclusivo de terminar o processo, mas não a controvérsia, porque esta já se extinguiu com a transação.

Por outro lado, há que se lembrar que o inciso XXXV do art. 5º da Constituição Federal (*"a lei não excluirá da apreciação do Poder Judiciário lesão ou ameaça a direito"*) deve ser entendido em termos, pois a lei exclui efetivamente da apreciação do Poder Judiciário pretensões abrangidas pela prescrição[59] e demais hipóteses previstas no art. 332 do CPC[60], além de outras, como a indicada no parágrafo único do art. 486, § 3º do CPC[61] e as decorrentes da decadência do direito, que tem como premissa o comportamento omissivo da parte interessada.

---

[59] Código Civil: *"Art. 189. Violado o direito, nasce para o titular a pretensão, a qual se extingue pela prescrição, nos prazos a que aludem os arts. 205 e 206."*

[60] *"Art. 332. Nas causas que dispensem a fase instrutória, o juiz, independentemente da citação do réu, julgará liminarmente improcedente o pedido que contrariar: I – enunciado de súmula do Supremo Tribunal Federal ou do Superior Tribunal de Justiça; II – acórdão proferido pelo Supremo Tribunal Federal ou pelo Superior Tribunal de Justiça em julgamento de recursos repetitivos; III – entendimento firmado em incidente de resolução de demandas repetitivas ou de assunção de competência; IV – enunciado de súmula de tribunal de justiça sobre direito local. § 1º O juiz também poderá julgar liminarmente improcedente o pedido se verificar, desde logo, a ocorrência de decadência ou de prescrição."*

[61] *"Art. 486 (...) § 3º Se o Autor der causa, por 3 (três) vezes, a sentença fundada em abandono da causa, não poderá propor nova ação contra o réu, com o mesmo objeto, ficando-lhe ressalvada, entretanto, a possibilidade de alegar em defesa o seu direito."*

2.8 A arbitragem estrangeira e a exigência de sua homologação

A lei brasileira distinguiu a arbitragem nacional cuja decisão é proferida no Brasil, da estrangeira, assim qualificada a produzida no exterior[62]. Ao fazê-lo, estabeleceu a obrigatoriedade de reconhecimento do laudo que considera estrangeiro, à semelhança do que é exigido relativamente às sentenças judiciais proferidas em outro país.

A antiga tendência de ver no Estado a única entidade capaz de decidir controvérsias privadas talvez seja responsável por essa equiparação. A Convenção de Nova Iorque, de 1958, a Convenção da OEA, de 1975 (Convenção do Panamá), e o Protocolo de Las Leñas, dentre outras, mantém a exigência, repetida pela lei brasileira sobre arbitragem e pela generalidade dos direitos nacionais. Tratando-se de convenções internacionais, negociadas por e entre Estados, é natural que as autoridades públicas que os representam procurem manter poder, evitando transferi-lo a representantes da sociedade civil.

Ademais, tendo a Convenção de Nova Iorque sido negociada no período em que a solução de controvérsias privadas era monopólio do Estado considerava-se a arbitragem como mecanismo auxiliar e delegado da função estatal. Indício desse entendimento pode ser visto na possibilidade de o Estado exigir reciprocidade para reconhecer laudos arbitrais proferidos em outro país. Como a arbitragem privada interessa apenas às partes que dela participam, sem interferência do Estado, essa exigência revela a tendência de se equiparar o laudo arbitral à sentença judicial estrangeira[63].

Sendo o laudo arbitral um ato privado, elaborado por cidadão comum, investido de jurisdição pela vontade das partes, expressa em convenção

---

[62] Esse critério, segundo Yvon Loussouarn e Jean-Denis Bredin, "*é hoje rejeitado pela maioria dos autores. Estes constatam que o lugar da arbitragem e, mais ainda, o lugar onde a sentença arbitral é proferida pode ter circunstâncias fortuitas, uma vez que se os árbitros deliberam por correspondência, a vinculação territorial não é mais que uma ficção. Eles observam ainda que um julgamento estrangeiro não é mais estrangeiro porque foi proferido em país estrangeiro, mas porque foi prolatado por um juiz revestido do poder de julgar pelo Estado estrangeiro, investidura que falta sempre e por definição ao árbitro*". Droit du commerce internacional. Paris: Sirey, 1969. p. 103.

[63] É comum que um Estado, ao atender ao pedido de extradição formulado por outro Estado, exija a reciprocidade. Mas nesse caso o pedido é de um Estado a outro, o que não ocorre com o laudo estrangeiro, de interesse exclusivo da parte – e não do Estado em cujo território o laudo foi proferido. O paralelo serve para demonstrar a impropriedade da exigência e do pensamento que prevaleceu na redação da Convenção de Nova Iorque.

arbitral, também de caráter privado, não haveria que se impor essa providência, somente necessária quando se tratar de atos públicos, provenientes de autoridades estatais de países estrangeiros[64].

Nesse último caso, é de rigor que o ato oficial estrangeiro, seja judiciário ou administrativo, somente possa produzir efeitos no país, após ser recebido, ou seja, homologado, pelas autoridades locais[65]. Não é o que ocorre com o laudo arbitral privado, que não provém de Estado, nem de autoridade estrangeira, mas de pessoas comuns, que adquiriram jurisdição privada conferida pelos interessados, também pessoas comuns ou empresas, o que ensejaria a aplicação do § 2º do art. 784 do CPC:

> "Os títulos executivos extrajudiciais oriundos de país estrangeiro não dependem de homologação para serem executados."

Todavia, a sentença arbitral não está incluída no rol dos títulos executivos extrajudiciais indicados no *caput* do art. 784, uma vez que a lei a define como título executivo judicial (art. 515, VII, do CPC).

A exigência da prévia homologação judicial no país em que o laudo deve ser executado vem sendo repetida em leis nacionais e em convenções internacionais. É ilustrativa, a esse propósito, a crítica de Jean Robert, sobre a Convenção de Genebra de 1927: *"Assim, a Convenção de Genebra pecou por ter assimilado a sentença a uma decisão judicial estrangeira, impondo-lhe as mesmas exigências previstas pelos tratados bilaterais para a execução recíproca de decisões judiciais proferidas nos Estados contratantes"*[66].

---

[64] Para uma visão crítica emitida antes da Lei 9.307/2006, vide Hermes Marcelo Huck, *Sentença estrangeira e Lex Mercatoria: horizontes e fronteiras do comércio internacional*. São Paulo: Saraiva, 1994. p. 63 e ss.; e opinião divergente de Guido Fernando Silva Soares, segundo quem: *"A sentença arbitral estrangeira (não homologada em nenhum judiciário do mundo) é um ato incompleto, inoperante no Brasil (...)"*. Supremo Tribunal Federal e as arbitragens comerciais internacionais, de *lege ferenda*. Revista dos Tribunais 642/38 e ss., São Paulo: Ed. RT, abr. 1989.

[65] A esse propósito, é significativa norma do art. 181 da CF/1988, segundo a qual: *"O atendimento de requisição de documento ou informação de natureza comercial, feita por autoridade administrativa ou judiciária estrangeira, a pessoa física ou jurídica residente ou domiciliada no País dependerá de autorização do Poder competente."* Ao que parece essa disposição visou a impedir que atos judiciais e administrativos ordenados por autoridades estrangeiras possam ser praticados no país sem a chancela da autoridade brasileira, prática registrada nas cortes americanas.

[66] Jean Robert, A Convenção de Nova Iorque de 10.06.1958 para o reconhecimento e a execução de sentenças arbitrais estrangeiras. *Revista de Arbitragem e Mediação* 21/237, São Paulo: Ed. RT, abr.-jun. 2009.

A explicação possível desse procedimento é o tradicional monopólio estatal da solução de controvérsias privadas, em que a arbitragem, apesar de prática antiga, perdera prestígio, somente renovado e fortalecido a partir dos anos 1950 no comércio e investimentos internacionais. Nessa ocasião acendrou-se a tendência de se afastar o Estado da solução de controvérsias em contratos internacionais, como fórmula para estabelecer mecanismo não ligado a qualquer das partes.

Os primeiros passos para a regulação da arbitragem internacional no âmbito interno dos Estados foram dados, pode-se dizer, com os Protocolo de Genebra de 1923 e da Convenção de 1927, culminando com a Convenção de Nova Iorque, de 1958, que substituiu os anteriores e permanece em vigor, com a adesão de numerosos países.

Não é demais lembrar o papel da Câmara de Comércio Internacional (CCI) nesses episódios, organizada fora da estrutura governamental. Como bem observou Jean Robert, a Convenção de Nova Iorque *"(...) não se originou das atuações governamentais ou dos meios especificamente jurídicos, mas como a tradução direta de uma aspiração dos usuários, que a manifestaram com precisão suficiente para que, finalmente, o texto definitivo se aproximasse muito do anteprojeto de origem"*[67].

No Brasil, o Protocolo de Genebra de 1923, ratificado apenas no ano de 1932, nunca foi aplicado, salvo em uma única decisão do STJ, na década de 1990, pouco antes da edição da Lei da Arbitragem. A Convenção de Nova Iorque de 1958 deixou de ser logo ratificada, graças ao parecer do então consultor jurídico do Ministério das Relações Exteriores e reputado internacionalista Hildebrando Accioly, que emitiu três pareceres sobre o projeto da Convenção, cujas recomendações nunca foram atendidas. No último deles, de 4 de agosto de 1958[68], destacou que o art. 15 da LICC (atualmente LINDB) dispõe que *"só serão executadas no Brasil as sentenças proferidas "por juiz competente" e homologadas pelo STF – entendendo-se como tais, conforme ensinam os mestres, as decisões emanadas de autoridade judiciária, ou melhor, como se deduz do comentário de Oscar Tenório (Lei de Introdução ao Código Civil brasileiro, p. 286) revestidas de autoridade própria por "um órgão do Estado", ou, ainda, como diz Serpa Lopes, mais de uma vez por mim citado, decor-*

---

[67] Idem, p. 247.
[68] Vide texto do Parecer in *Revista de Arbitragem e Mediação*, coord. Por Arnoldo Wald, jul/set, 2008, p. 247.

rentes de "uma atividade jurisdicional de órgãos realmente portadores de autoridade judiciária conferida pelo Estado estrangeiro".

Advertia já o ilustre internacionalista sobre a impropriedade da homologação da sentença arbitral privada, não provinda de órgão estatal. Não concordava com o vezo de considerar que qualquer decisão, ainda que privada, fosse dotada do poder soberano de outro Estado.

O CPC de 1939 exigia a homologação judicial do laudo arbitral privado, no prazo de cinco dias após sua prolação, sob pena de nulidade. O mesmo se verificou com o CPC de 1973, que manteve a exigência, embora tenha deixado de cominar a pena de nulidade, se o prazo não fosse observado. Significava essa submissão do laudo ao Poder Judiciário o controle efetivo pelo Estado de uma atividade privada e expressava a convicção de que o Judiciário era a única autoridade capaz de resolver controvérsias, ainda que sobre direitos disponíveis. Cabia-lhe, pois supervisionar a decisão do árbitro, para homologá-la. Assim, o que prevalecia não era o laudo arbitral, mas a sentença judicial que lhe conferia o reconhecimento oficial.

Essa mentalidade é que permeia a ideia de que o árbitro atua em área reservada ao Poder Público, equiparando-o ao funcionário público, ainda que para efeitos penais, ou a qualificação da decisão arbitral como "sentença judicial", como previsto na lei brasileira. Isto explica certa preocupação em submeter a atividade do árbitro a determinados controles do juiz estatal, não obstante, no caso da lei brasileira, já não mais se exija essa supervisão, salvo nos casos em que o vencido requeira a declaração de nulidade do laudo arbitral por violação ou inobservância de algum dos requisitos estabelecidos pela lei. Mas, nesse caso não se trata de dar o aval do Estado ao ato privado, pela homologação, mas de decisão sobre controvérsia a respeito da validade desse ato, nascida da pretensão de uma das partes de sua nulidade, a ser solucionada por meio de sentença judicial.

Recebendo o árbitro a jurisdição a ele conferida pelas partes e deixando o laudo nacional de estar sujeito à homologação do Poder Judiciário, sua atuação deve ser considerada manifestação de agente da sociedade civil não organizada e não subordinada ao Estado, seja na área interna, seja na internacional.

As normas de Direito não são estáticas. Evoluem com a modificação dos costumes e da própria sociedade. O quadro em que foi celebrada a Convenção de Nova Iorque, de 1958, alterou-se profundamente em diversos aspectos, sobretudo na área internacional, em que o Estado passou a conviver com outros atores que lhes influenciam a atividade normativa. É de se esperar que a prática da arbitragem e o desenvolvimento dos negócios transnacionais venham a demonstrar haver sido superada essa intervenção inútil, incoerente e discriminatória do Estado relativamente à arbitragem cujo laudo é produzido em outro país.

É de se esperar que algum dia o Superior Tribunal de Justiça atente para a impropriedade de homologar sentenças arbitrais estrangeiras e deixe de apreciar tais pedidos, acolhendo a ponderação fundamentada de Hildebrando Accioly:

"Conforme indiquei num dos mencionados pareceres, o ilustre jurista patrício, Dr. Serpa Lopes, em seus comentários à Lei de Introdução ao Código Civil (v. III p. 329), mostra que o referido art. 15 tem em vista "a decisão emanada de uma soberania estrangeira". E acrescenta: "Cumpre, assim, para a existência de uma sentença estrangeira, que ela decorra de uma atividade jurisdicional de órgãos realmente portadores de autoridade judiciária conferida pelo Estado estrangeiro."

A seguir, acrescenta:

"Mostrei, aliás, apoiado noutros juristas brasileiros, e até em juristas estrangeiros, que o julgamento arbitral, em matéria privada, não constitui manifestação de uma autoridade judiciária, que possa ser homologada pelo Supremo Tribunal Federal"[69].

---

[69] "Convenção sobre Arbitragem Comercial Internacional", parecer in *Revista de Arbitragem e Mediação*, coord. Por Arnoldo Wald, jul/set, 2008, p. 245.

Capítulo 3 - Solução e Prevenção de Litígios Internacionais de Natureza Econômica[70]

1. Considerações gerais

Com a extrema mobilidade que adquiriram os investimentos internacionais, sob as múltiplas formas societárias, com fusões, incorporações, aquisições ou simplesmente com a constituição de subsidiárias em outros países ou concessões de financiamentos, ampliou-se a gama de controvérsias por eles geradas. Se, no passado, a atuação das empresas restringia-se ao âmbito nacional ou em determinados países estrangeiros para exploração diretamente de atividade específica, atualmente se processa de forma multifacetária, frequentemente indireta ou por meio de associações nem sempre claras ou transparentes. As fusões e incorporações ocorridas desde a segunda metade do século XX são demonstrações desse novo estágio dos investimentos internacionais.

O processo de globalização da economia é, igualmente, fruto dessa tendência gerada pela atuação das empresas privadas em busca de novos mercados e oportunidades de expansão.

Os Estados, igualmente, passaram a participar ativamente do processo econômico, firmando contratos da mais variada natureza e para fins os mais diversos, seja para adquirir bens e técnicas de que são carentes, seja

---

[70] Versão anterior foi publicada no livro *Solução e Prevenção de Litígios Internacionais*, Porto Alegre, Livraria do Advogado, 2000, p. 65-82.

para construção de obras infraestrutura rodoviária, portuária, aeroviária e ferroviária, seja para a construção de usinas hidroelétricas e termoelétricas, seja, ainda, para a exploração de serviços ou o fornecimento de matérias primas.

Dessa forma, empresas privadas e Estados tornaram-se parceiros no processo de desenvolvimento econômico, submetidos à normativa dos contratos internacionais, contendo cláusulas usuais e padronizadas pela prática reiterada de condições usuais. A tendência à mundialização do Direito aprofundou essa padronização, com o aparecimento da moderna *lex mercatoria*, que nada mais é senão reflexo da uniformização de regras desenvolvidas pelos operadores do comércio internacional, compelindo à aceitação de regras adotadas nos diversos setores em que se desenrola o processo econômico internacional.

Paralelamente à atuação dos investidores e agentes privados do comércio internacional, há que se destacar a atuação dos Estados em ação coordenada para regular as relações econômicas internacionais. Dessa atuação coordenada resultou a constituição da Organização Mundial do Comércio, fruto de negociações periódicas no âmbito, do GATT, a última das quais, a Rodada Uruguai, de 1994.

Para dirimir controvérsias de natureza comercial entre seus membros, criou-se o Órgão de Solução de Controvérsias, cujo acesso é restrito aos Estados, que, por seu turno, são a ele empurrados por setores privados afetados por políticas econômicas de outros países em benefício de concorrentes. Atuam os Estados nesse quadro como verdadeiros agentes desses setores, nem sempre integrados somente por empresas nacionais, mas também por multinacionais atuantes em todos os quadrantes do planeta diretamente ou por intermédio de associações ou contratos de fornecimento ou de outra finalidade.

O esforço dos Estados para criar mecanismos internacional de solução de controvérsias sobre investimentos estrangeiros resultou, no passado, na criação do Banco Mundial, dotado de um centro internacional de arbitragem (Centro Internacional de Resolução de Disputas sobre Investimentos - CIRDI) para resolver controvérsias entre Estados e empresas privadas estrangeiras, partícipes de contratos por ele financiados. A criação desse Centro atendeu a reclamos de investidores privados em contratos com Estado estrangeiro, com jurisdição exclusiva para resolver controvérsias de que é parte. A atuação daquele Centro fez superar o antigo sistema de monopólio estatal da administração da justiça em relações de que o país faz parte, fortalecendo a quebra do princípio tradicional da imunidade absoluta de jurisdição dos Estados.

Daí ser oportuna a apreciação, ainda que em caráter genérico e sem preocupação de esgotar a matéria, de algumas das diversas formas de solução de litígios internacionais fora do âmbito do Estado.

2. Arbitragem entre Estado e empresa privada estrangeira em contratos financiados pelo Banco Mundial

A tendência à internacionalização da economia, refletida na transformação por que passou o mundo após a Segunda Guerra Mundial e na alteração do papel e comportamento do Estado, revela-se de modo nítido na criação, em 1965, do Centro Internacional de Resolução de Disputas sobre Investimentos – CIRDI, pelo Banco Mundial, denominação popular do Banco Internacional de Reconstrução e Desenvolvimento (BIRD). Trata-se de entidade de arbitragem destinada a compor controvérsias entre Estados e empresas privadas estrangeiras derivadas de contratos que contam com financiamento do Banco Mundial. O Estado que firmou a Convenção que criou o Centro ou a ela adere, renuncia exercer sua jurisdição doméstica relativamente a controvérsias originadas daqueles contratos. A competência do Centro pode ser estabelecida por lei interna do Estado, ou no próprio contrato com a empresa privada, mesmo que o Estado não tenha aderido à Convenção, como é o caso do Brasil, que a previu como terceira alternativa de órgão de solução de controvérsias, nos contratos de reestruturação de sua dívida externa, em 1982.

A lei que regula a relação contratual entre Estado e a empresa privada em contratos financiados pelo Banco Mundial é a escolhida pelas partes, como previsto no artigo 42 (1) da Convenção. Havendo omissão, será aplicada a lei do Estado contratante, inclusive as normas de direito internacional privado[71].

---

[71] *"Artigo 42 (1) O Tribunal decidirá a controvérsia de acordo com as normas de direito acordadas pelas partes. Na ausência de acordo, o Tribunal aplicará a lei do Estado Contratante na controvérsia (inclusive as normas de direito internacional privado aplicável)". ("Artile 42 (I) The Tribunal shall decide a dispute in accordance with such rules of law as may be agreed by the parties. In the absence of such agreement, the Tribunal shall apply the law of the Contracting State party to the dispute (including its rules on the conflict of laws) and such rules of international law as may be applicable)".*

Até o ano de 2004, cerca de 90 controvérsias haviam sido resolvidas pelo Centro, algumas das quais terminadas por acordo. O número expressivo de casos a ele submetidos demonstra a aceitação do mecanismo instituído pelo Banco Mundial, tornando definitiva a capacidade postulatória do indivíduo no foro internacional, independentemente da intervenção de seu país. Esse sistema vem contribuindo para a gradativa obsolescência do mecanismo do direito internacional clássico de proteção diplomática do nacional por atos contra ele cometidos por governos estrangeiros, de ampla aplicação no século XIX. Pelo menos no que diz respeito a controvérsias resultantes de contratos financiados pelo Banco Mundial, em que é parte um Estado que aderiu ao Centro, a empresa privada tem legitimidade e capacidade postulatória e processual para litigar no foro internacional. Essa afirmação deve ser feita com cautela, pois o artigo 27 (1) da Convenção ainda prevê a proteção diplomática se o Estado partícipe de uma arbitragem não acatar o laudo ou deixar de cumpri-lo. Diz, efetivamente, essa disposição:

> *"Artigo 27:*
> *(1) Nenhum Estado Contratante concederá proteção diplomática, nem promoverá reclamação internacional sobre qualquer controvérsia que um de seus nacionais e outro Estado Contratante tenham consentido em submeter ou tenham se submetido à arbitragem, nos termos desta Convenção, salvo se este último Estado Contratante não haja acatado o laudo proferido nessa controvérsia ou tenha deixado de cumpri-lo"*

Mas, nesse caso, trata-se de inadimplemento da obrigação de cumprir uma sentença arbitral e não de dirimir uma controvérsia, nem de reclamar como sua uma pretensão da empresa privada contra o outro Estado, como é da essência da proteção diplomática. O tribunal arbitral não possui competência, nem capacidade ou poder de constrição contra o Estado vencido em procedimento arbitral. Se deixar de cumprir a decisão, torna-se ele inadimplente e não há mecanismo internacional que possa compeli-lo a cumpri-la. Daí a previsão da clássica proteção diplomática, em que a empresa privada pode recorrer a seu próprio país para que intervenha em seu favor, para o cumprimento do laudo arbitral. Nesse caso, a questão deixa de ser entre a empresa privada estrangeira e o Estado vencido e passa a ser tratada entre os dois países, situando-se, portanto, na esfera do direito internacional público.

Não obstante a falta de capacidade do tribunal ou do próprio Centro para impor ao Estado vencido o cumprimento de uma decisão, este dificilmente deixará de satisfazê-la, diante da perspectiva de se lhe fecharem as portas do Banco Mundial para novos empréstimos. Ademais, a perda da credibilidade do Estado infrator constitui consequência séria que, por si só, pode desestimular o inadimplemento. Há que mencionar, ainda, a possibilidade de o prejudicado recorrer ao judiciário do próprio Estado vencido no processo arbitral para obrigá-lo, no foro interno, a cumprir a decisão. A lei local pode ter sido também descumprida com o inadimplemento do contrato e do laudo arbitral, o que poderá ensejar a provocação do Poder Judiciário local para obrigar o Poder Executivo a dar cumprimento e execução à decisão.

A Convenção admite ainda, de forma realista, a intervenção do país da empresa estrangeira, em gestões informais para que o laudo arbitral seja cumprido. O inciso (2) do mesmo artigo 27 esclarece que *"não se considerará como proteção diplomática as gestões informais feitas com o único propósito de facilitar a solução da controvérsia"*. Como se verifica, há interesse em desestimular a utilização desse mecanismo de direito internacional - a proteção diplomática - fonte de abusos no passado, em que grandes potências dele se prevaleciam para amparar pretensões nem sempre razoáveis ou legítimas de investidores privados em países mais fracos. As gestões informais a que se refere o dispositivo, contudo, podem embutir pressões diplomáticas eficientes, sempre que o país que a exerce tem base de poder político e econômico suficientes para obter resultados favoráveis. Todavia, esse efeito faz parte do complexo de fatores que preside as relações internacionais em geral e seria irreal ignorá-lo.

O esgotamento dos recursos internos do Estado interessado também não constitui condição para a instauração do procedimento arbitral, salvo se foi expressamente acordado no contrato, como estabelece a última parte do artigo 26 da Convenção:

> *"Um Estado Contratante poderá exigir o esgotamento prévio de suas vias administrativas ou judiciais, como condição para seu consentimento à arbitragem conforme a esta Convenção"*.

Essa cautela é razoável, uma vez que o Estado pode rever sua posição, por meio de decisão judiciária interna, desde que não demore a ponto de tornar inútil o provimento tardio. A exigência de esgotamento dos recursos internos, com efeito, pode consistir em verdadeira denegação de justiça, se o processo judicial se estender por longo período. Ainda que a lentidão do processo judiciário seja genérica e consequência de leis processuais inadequadas ou de ineficiente organização judiciária, se afetar interesses estrangeiros, pode levar à caracterização da denegação de justiça, conceito polêmico de difícil precisão jurídica no âmbito internacional[72].

A Convenção que criou CIRDI tem caráter específico e limitado aos Estados que a ela aderiram e se refere apenas a controvérsias decorrentes de contratos firmados com empresas privadas, com financiamento do Banco Mundial. Trata-se, pois, de entidade que resolve pendências entre pessoas assimétricas, de um lado, o Estado receptor do financiamento e, de outro, uma empresa privada estrangeira a quem os recursos serão destinados em pagamento dos serviços ou fornecimentos contratados. Nesse caso, a assimetria tradicional entre Estado e empresa privada desaparece, ficando ambos subordinados à normativa contratual e a sistema de solução de controvérsias internacional.

Supera-se nesse sistema a antiga noção de que somente os Estados possuíam capacidade postulatória no foro internacional em controvérsias com seus pares. O indivíduo, com é o caso da empresa privada sujeita a uma ordem jurídica estrangeira, passou a ser também sujeito de direito internacional com capacidade para postular em organismo internacional criado pelos Estados. Deixa de depender de seu próprio país para a concessão da proteção diplomática, nem sempre admitida diante de interesses políticos do Estado que deve apreciá-la. Afinal, entre esses interesses, que podem ser relevantes, e o de uma empresa privada, esta pode ser preterida em favor dos primeiros.

3. Órgão de Solução de Controvérsias da OMC

Outro mecanismo de solução de contenciosos comerciais entre Estados que não pode deixar de ser mencionado é o Órgão de Solução de Controvérsias da OMC, instituído no Anexo 2 do Acordo Constitutivo da OMC,

---

[72] O Congresso brasileiro, ao apreciar o Acordo de Garantias sobre Investimentos celebrado em 1965 com os Estados Unidos, esclareceu que considerava denegação de justiça a inexistência de tribunais regulares no país, afastando, com isso, entendimentos divergentes sobre o assunto.

que estabeleceu o Entendimento Relativo às Normas e Procedimentos sobre Solução de Controvérsias. Não é, propriamente, uma corte judiciária, nem arbitral e mantém o critério clássico de só admitir Estados em processos a ele apresentados. Ao contrário do CIRDI, não resolve pendências de natureza privada, nem prevê a participação da empresa privada ou do indivíduo como parte no processo.

Trata-se de sistema inovador criado para resolver conflitos de natureza comercial entre Estados decorrentes de pretensões sobre o cumprimento de normas da Organização, que fica a meio termo entre a solução judiciária e a arbitral, sem ser uma ou outra. Considera as controvérsias a ele submetidas como de caráter não contencioso – ao contrário do que ocorre com os submetidos à Corte Internacional de Justiça, ao CIRDI, ou a tribunais arbitrais, em que se controverte sobre matéria jurídica, cujas decisões são também fundamentadas em estritas normas de direito.

Embora tenha como partes apenas Estados, o contencioso levado ao Órgão tem como base, em geral, pretensões de setores privados afetados por políticas de outros países. Há, assim, nítida distinção entre a legitimidade processual, que cabe exclusivamente aos Estados, e o interesse real a ser examinado, que é o do setor privado envolvido na matéria em discussão. Caracteriza-se na verdade, hipótese de substituição processual, em que os participantes do processo não defendem interesses próprios, mas de setores integrados em suas comunidades nacionais. É claro, no entanto, que, ao patrocinar o interesse de um determinado setor produtivo, o Estado está a defender interesse próprio no comércio internacional, seja para aumentar suas exportações, seja para evitar importações indesejadas. Ilustra essa característica a controvérsia entre Brasil e Canadá, em 1996, envolvendo o interesse de empresas privadas, a brasileira Embraer e a canadense Bombardier. O foco do dissenso eram subsídios governamentais brasileiros em favor da empresa privada brasileira e, posteriormente, o mesmo procedimento em benefício da empresa canadense.

O processo de solução de litígios do Órgão de Solução de Controvérsias é complexo e compreende o conhecimento de reclamações por grupos especiais formados por pessoas indicadas pelos Estados, que emite relatórios, cujas conclusões são passíveis de recursos para o Órgão Permanente de Apelação que os aprecia. Todavia as decisões são sempre tomadas pelo Órgão de Solução de Controvérsias, que decide por consenso, aprovando ou não a decisão do Órgão Permanente de Apelação. Se houver consenso negativo, ou seja, se todos votarem contra, poderá ela ser rejeitada. Esse sistema impede o veto pelos países envolvidos na controvérsia.

Os grupos especiais são compostos por três pessoas independentes indicadas pelos Estados, mas nomeadas a título pessoal e não como representantes dos Estados que as indicaram. O Órgão Permanente de Apelação é constituído por sete membros escolhidos por suas qualidades pessoais, com mandato de quatro anos, renovável uma única vez. Sua competência é a de proceder ao reexame das conclusões dos grupos especiais, circunscritas à matéria de direito, não se pronunciando sobre fatos objeto de análise dos grupos especiais.

O Órgão de Solução de Controvérsias tem composição diversa, constituída pelo conjunto dos representantes dos Estados e exerce função diplomática. Examina as conclusões do Órgão Permanente de Apelação e as aprova se não houver consenso negativo contrário à aprovação. Essa inovação permitiu eliminar a antiga prática do veto ou do consenso positivo, que deixaria de existir se um ou mais Estados interessados se manifestasse contra a decisão. Com isso, as conclusões do Órgão Permanente de Apelação, ou, conforme o caso, dos grupos especiais, têm sido acolhidas, fazendo com que, aos poucos, venha a assumir a feição de verdadeiro órgão judiciário, o que, contudo, ainda não ocorreu. Mas essa tendência pode se acentuar, uma vez que os relatórios do Órgão têm apresentado maior conteúdo jurídico, a revelar a preocupação de fundamentar as conclusões em normas de direito.

Já há número expressivo de decisões a indicar a plena aceitação daquele mecanismo e a confiança nele depositada pela generalidade dos países. Afinal o perdedor em uma demanda pode ser o ganhador em outra, havendo interesse em dar prestígio à atuação do órgão, que se tem mostrado isento e objetivo nas conclusões de seus trabalhos. Dentre as reclamações a ele submetidas figuram as provenientes de países desenvolvidos contra outros também industrializados do mesmo porte, bem como de países em desenvolvimento contra os primeiros e entre si, a indicar o caráter universalista e não discriminatório do sistema. O acatamento das decisões, da mesma forma, tem sido observado, como anotado por pesquisadores sobre o assunto[73], não obstante a dificuldade de dar cumprimento a represálias

---

[73] RABIH ALI NASSER, *A OMC e os Países em Desenvolvimento*, Aduaneiras, São Paulo, 2003; JOSÉ CRETELLA NETO, *A Processualística do Órgão de Solução de Controvérsias da OMC*, Forense, Rio, 2003.

autorizadas em razão dos reflexos internos que a adoção da medida pode produzir. Afinal a imposição de retaliações acaba por atingir outros setores internos do país a isso autorizado, alheios à disputa, o que tem levado à protelações e a negociações que permitem superar o antagonismo levado ao Órgão de Solução de Controvérsias.

4. Arbitragem privada

Os mecanismos de solução de controvérsias de caráter econômico com a participação dos Estados, como os apontados anteriormente, são complementados por outros, envolvendo agentes econômicos privados, de diversas nacionalidades. A arbitragem adquiriu prestígio dentre esses mecanismos, com o afastamento gradativo da opção pela solução judicial, que requer necessariamente a intervenção do Estado de uma das partes na contenda.

Constitui a arbitragem meio privado de solução de controvérsias por meio de terceiro ou terceiros escolhidos pelas partes, com a exclusão da competência do juiz estatal. Somente poderão ser dirimidos litígios que versem sobre matérias admitidas pela lei, normalmente as de caráter patrimonial disponível, segundo o critério adotado pela lei brasileira. É o que também fazem outros países, como Portugal[74], França[75] e Itália[76], com algumas variantes, para acrescentar questões de estado e matérias regidas por leis especiais que não admitem essa forma de solução de controvérsias. De maneira geral, o que se exclui da arbitragem são controvérsias sobre direitos indisponíveis, ou seja, os que somente podem ser regulados pelo Estado, estando, pois, fora da competência da parte para sobre eles dispor.

A arbitragem, embora historicamente antiga, revelou-se, a partir de fins da década de 1950, o meio mais eficaz de solução de litígios privados de caráter internacional, ressurgindo após longo período de esquecimento. É verdade que constituiu no século XIX meio utilizado pelos Estados para dirimir controvérsias entre eles, muitas das quais oriundas de interesses privados, amparados pela proteção diplomática generosamente conce-

---

[74] Artigo 1º da lei 31, de 29 de agosto de 1986.
[75] Artigos 2.509 e 2.060 do Código Civil francês
[76] Artigo 806 do Código de Processo Civil italiano.

dida contra países recém-saídos do sistema colonial, como foi o caso dos latino-americanos[77].

Nesse caso, contudo, as arbitragens eram públicas, entre Estados. Da mesma forma, as Comissões Mistas de Arbitragem eram fruto de acordos para a solução de questões decorrentes de conflitos armados, ou de falta de reconhecimento de governos ou de Estados com repercussões na esfera privada.

A arbitragem pode ser instituída em casos específicos, segundo normas elaboradas pelos interessados, como é o caso das arbitragens *ad hoc*, ou de acordo com regulamentos de instituições de arbitragens indicadas na convenção arbitral. É a chamada arbitragem institucional.

Na arbitragem *ad hoc*, os contraentes estabelecem normas para regular a constituição do juízo arbitral, bem como regras de procedimento, o sistema de escolha de árbitros, os prazos, o direito aplicável, enfim o arcabouço jurídico que deve presidi-la, até a prolação da decisão final. Podem também deferir aos árbitros essa tarefa, que atuam com base no poder jurisdicional a eles conferido pelas partes interessadas. Já a arbitragem dita institucional é realizada no âmbito de uma entidade de arbitragem, que possui regulamento ao qual os interessados aderem e que regerá o processo de composição do litígio. São entidades que dispõem de estrutura administrativa apropriada e lista de árbitros postos à disposição das partes. Em ambos os casos, seja na arbitragem *ad hoc*, seja na institucional, são os árbitros escolhidos pelas partes, ou pelo sistema por elas acordado, que decidirão a controvérsia e não a instituição de arbitragem, que se limita a oferecer sua estrutura administrativa e a observância de seu regulamento, com ou sem relação de árbitros.

Têm sido conduzidas por meio de árbitros e administradas por entidades arbitrais privadas, com grande experiência no trato de controvérsias privadas internacionais. Dentre as instituições privadas mais conhecidas internacionalmente destacam-se a Corte Internacional de Arbitragem da Câmara de Comércio Internacional e a International Center for Dispute Resolution, da American Arbitration Association, que se dedicam a questões do comércio e investimentos internacionais em geral. Outras, contudo, tem caráter mais restrito e abrigam participantes de determinados setores específicos do comércio internacional, como é o caso da London Trade Corn Association, a

---

[77] Sobre o assunto, vide JOSÉ CARLOS DE MAGALHÃES, *O Estado na Arbitragem Privada*, Max Limonad, 1982, São Paulo.

American Spice Trade Association e outras. No Brasil, dentre as instituições de arbitragem que apreciam controvérsias de caráter geral, destacam-se o Centro de Arbitragem e Mediação, da Câmara de Comércio Brasil Canadá (CAM/CCBC), a Câmara de Conciliação, Mediação e Arbitragem - CIESP/FIESP, ambas com sede em São Paulo (SP), a Câmara de Arbitragem Empresarial – Brasil – CAMARB, com sede em Belo Horizonte (MG) e a Câmara FGV de Conciliação e Arbitragem, do Rio de Janeiro (RJ), havendo outras similares em outros Estados. Dentre as que se dedicam a áreas específicas pode-se mencionar a Câmara de Arbitragem do Mercado e da Bolsa de Mercadorias do Estado de São Paulo, ambas dedicadas a examinar controvérsias sobre mercado de ações ou de mercadorias.

5. As Convenções Internacionais sobre Arbitragem de Caráter Geral

a) O Protocolo Relativo às Cláusulas Arbitrais, de Genebra, de 1923

Havia o entendimento generalizado de que a arbitragem somente se instituía mediante compromisso arbitral, firmado após o nascimento da controvérsia, o que tornava difícil a constituição do juízo arbitral. Já instaurada a controvérsia, é natural a oposição de obstáculos para a sua solução. A cláusula compromissória era tida como simples obrigação de fazer pactuada no momento da celebração do contrato. Ou seja, as partes se comprometiam a celebrar uma convenção de arbitragem específica, caso entre elas surgisse uma controvérsia. Obrigação de fazer, como então entendida, poderia resolver-se em perdas e danos, se o sistema jurídico a que estava submetido o contrato recusasse conferir a execução compulsória a tais obrigações. Esse era o sistema brasileiro e de numerosos outros países.

Foi para evitar esse efeito que se firmou, em 1923, o Protocolo Relativo às Cláusulas Arbitrais, cujo artigo 4º dispunha de maneira precisa sobre a matéria:

> *"Artigo 4º - Os tribunais dos Estados contratantes, dos quais esteja pendente um litígio relativo a um contrato concluído entre pessoas previstas no art. 1º e que encerre um compromisso ou uma cláusula compromissória válida em virtude do dito artigo e suscetível de ser executada, remeterão os interessados, a pedido de um deles, ao julgamento dos árbitros. Essa transferência não prejudicará, a competência dos tribunais, no caso de, por qualquer motivo, o*

compromisso, a cláusula compromissória ou a arbitragem haverem caducado ou deixado de produzir efeito".

O Brasil, signatário da Convenção, somente veio a ratificá-la em 1932[78] e, mesmo assim, jamais foi aplicada, salvo em um único julgado pelo Superior Tribunal de Justiça, já nos anos 1990, pouco antes da edição da lei que regulou a arbitragem e quando já havia certo número de trabalhos sobre o assunto na literatura jurídica brasileira. Até então, mesmo tendo firmado a Convenção, sobre a qual Clóvis Beviláqua se manifestou positivamente, recomendando, até sua aplicação geral no âmbito interno, não foi submetido à ratificação pelo Congresso, até o ano de 1932. Apesar disso, continuou a jurisprudência a recusar à cláusula arbitral o efeito de compulsoriedade para obrigar a instituição do juízo arbitral, independentemente do compromisso. É de se notar que, embora o Código Civil de 1916 estabelecesse que a arbitragem se instituía pelo compromisso arbitral, não havia disposição legal que impedisse dar à cláusula arbitral o mesmo efeito. A restrição legal então alegada era a de que a execução compulsória das obrigações de fazer dependia de forma especial, com a assinatura de compromisso arbitral, à semelhança da escritura pública exigida para certos atos como a compra e venda de bens imóveis.

É de se notar que, mesmo nesse caso, a jurisprudência judicial acabou por admitir a adjudicação compulsória de imóveis comprometidos à venda, diante da recusa do vendedor em outorgar a escritura pública de compra e venda. Com isso, fez prevalecer a boa fé nos compromissos de compra e venda de imóveis, prescindindo da participação do vendedor inadimplente e resistente em cumprir a obrigação de realizar o ato público necessário à concretização da venda.

Todavia, em relação à arbitragem, o desenvolvimento da jurisprudência brasileira não chegou a evoluir. Deixava-se de considerar a boa-fé como princípio a prevalecer na celebração e no cumprimento dos contratos, atualmente norma expressa no artigo 422 do Código Civil.

Dessa forma, embora vigente no país desde 1932, a Convenção de Genebra de 1923, não produziu o esperado efeito de impulsionar a arbitragem, sequer nos contratos internacionais, até mesmo por desconhecimento generalizado da matéria.

---

[78] Decreto 21.187, de 22 de março de 1932.

b) A Convenção de Genebra de 26 de setembro de 1927

Essa Convenção constitui complemento do Protocolo de Genebra de 1923, como esclarecido no artigo 1º e foi firmada no quadro da Liga das Nações e da estrutura da ordem internacional de então, que contava com Colônias, Territórios e Protetorados, circunstância nela esclarecida. Diz a primeira parte do artigo 1º:

> *"Artigo 1º - Nos territórios dependentes de um das Altas Partes contratantes às quais se aplique a presente Convenção se reconhecerá a autoridade de toda sentença arbitral emitida como conseqüência de um compromisso ou de uma cláusula compromissória, previstos no Protocolo relativo às cláusulas de arbitragem, aberto à assinatura em Genebra a partir de 24 de setembro de 1923 e à execução de dita sentença se levará a efeito em conformidade com as regras de procedimento seguidas no território onde a sentença seja invocada quando emitida em um território dependente de um das Altas Partes contratantes à qual se aplique a presente Convenção e entre pessoas submetidas à jurisdição de uma das Altas Partes contratantes.*
> *(...)"*

O objetivo da Convenção, ao complementar o Protocolo de Genebra de 1923, foi o de assegurar o reconhecimento e a execução dos laudos arbitrais estrangeiros. Estabeleceu requisitos positivos para esse reconhecimento, como a existência de compromisso ou cláusula arbitral válida, arbitrabilidade do litígio segundo a lei do país onde foi invocada, além de outras (artigo 1º). Previu também condições negativas, dentre as quais a não anulação do laudo no país em que foi proferido e que a parte vencida não teve conhecimento oportuno do procedimento (artigo 2º). Os dispositivos da Convenção não impedem à parte interessada invocar o direito local para fazer valer uma sentença arbitral, nem eventual acordo internacional a ela aplicável.

Essa Convenção estabeleceu, juntamente com o Protocolo de 1923, o arcabouço jurídico que permitiu o desenvolvimento da arbitragem, formando a base para a Convenção de Nova Iorque, de 10 de junho de 1958, que as substituiu e tornou-se o instrumento internacional de maior expressão sobre o assunto. Aquelas Convenções, pode-se dizer, expressaram a tendência que aos poucos foi se fortalecendo no comércio internacional de afastar o Estado do centro da solução de controvérsias comerciais, deixando-as aos próprios agentes a tarefa. Não é exagero afirmar que prenunciaram a extinção da proteção diplomática e colocaram o contrato como o principal instrumento regulador de controvérsias comerciais internacionais. É aqui referida pelo valor histórico a revelar esse desenvolvimento das relações econômicas internacionais.

c) A Convenção de Nova Iorque, de 1958

Essa Convenção foi celebrada já sob os auspícios da ONU, em que o cenário internacional, alterado pelos acontecimentos da 2ª Guerra Mundial, começava a contar com o incremento dos investimentos internacionais que atualmente o caracteriza. A sociedade civil, representada pelos operadores do comércio internacional, mostrando-se atuante, ansiava por regular suas contendas fora do quadro do aparato estatal. Afinal a estrutura do Estado, tal como montada a partir da Paz de Westfália, em 1648, revelava-se não apropriada, como demonstraram as duas guerras mundiais da primeira metade do século XX. É claro que não se tratou de movimento organizado ou mesmo consciente, mas, visto à luz da história, percebe-se que a modificação do Estado como até então concebido, coincidia com o incremento da arbitragem, sem a sua participação. Coincidia, também, com o início da tendência à internacionalização dos negócios e com a noção do desenvolvimento econômico como aspiração maior dos países, que passaram a ser classificados segundo o grau desse desenvolvimento.

Passou a vigorar a Convenção para os países que a firmaram, em substituição às de Genebra de 1923 e 1927, cujos efeitos cessaram para os Estados que dela participam, embora mantidos para os que não a firmaram, como foi o caso do Brasil e de outros países[79]. Essa Convenção abrange grande número de Estados e, à semelhança do Protocolo de Genebra de 1923, assegura à cláusula arbitral os mesmos efeitos do compromisso, permitindo a instituição compulsória da arbitragem, bem como assegura o reconhecimento dos laudos arbitrais produzidos fora do território do Estado contratante.

---

[79] O Artigo VII, 2, da Convenção diz: *"O Protocolo de Genebra relativo à Cláusulas Arbitrais, de 1923, e a Convenção sobre Execução de Laudos Arbitrais Estrangeiros, de 1927, deixarão de produzirem efeitos entre os Estados Contratantes ao se tornarem vinculados e na medida em que se tornem vinculados por esta Convenção".*

Assim, ao conferir compulsoriedade à cláusula arbitral e executoriedade aos laudos arbitrais estrangeiros, a Convenção de Nova Iorque abrangeu e regulou as duas grandes questões polêmicas sobre a adoção da arbitragem em contratos internacionais – a eficácia da cláusula compromissória e a efetividade do laudo arbitral. Buscou, com isso, assegurar tranquilidade sobre a automaticidade e juridicidade desse meio privado de solução de litígios.

O Brasil durante muito tempo resistiu à pressão para a ela aderir, fruto de interpretação equivocada de que ofenderia a soberania nacional, vindo a fazê-lo apenas em 1998, após ter aprovado a lei que regula arbitragem, Lei 9.307/96, dando impulso ao desenvolvimento desse meio privado de solução de controvérsias no país.

Ao entrar em vigor após a edição da lei nacional, a Convenção, embora grande parte de suas disposições tenha sido nela inspirada, introduziu modificações na sistemática adotada e ainda não bem resolvida pela jurisprudência sobre a matéria. Dentre elas destaca-se a que impõe o tratamento não discriminatório e não mais gravoso ao laudo arbitral estrangeiro do que o concedido ao nacional. É o que consta da segunda parte do Artigo III:

> *"Artigo III – Cada um dos Estados contratantes reconhecerá a autoridade da sentença arbitral e concederá sua execução em conformidade com as normas de procedimento vigente no território em que a sentença seja invocada, de acordo com as condições estabelecidas nos artigos seguintes. Para o reconhecimento ou a execução das sentenças arbitrais a que se aplica a presente Convenção não se imporão condições mais rigorosas, nem honorários ou custas mais elevados que os aplicados ao reconhecimento ou à execução das sentenças arbitrais nacionais".*

Como a lei brasileira não exige mais a homologação judicial dos laudos arbitrais, a exemplo do que fazia antes da edição da norma atualmente vigente, é de se concluir que, com a entrada em vigor da Convenção de Nova Iorque, não se deveria mais exigir a homologação dos laudos estrangeiros. Há disparidade de tratamento entre estes e os nacionais, sendo aqueles mais gravosos ao requerer o reconhecimento judicial como requisito prévio à sua execução.

Não obstante, essa conclusão ainda não foi aceita pelo Superior Tribunal de Justiça, que continua a apreciar e homologar sentenças arbitrais estrangeiras, como requisito necessário para autorizar sua execução no país, sem se aperceber da desnecessidade desse ato. Afora o descumprimento da norma expressa na Convenção, prevalece a desatenção ao fato de que arbitragem é ato privado que interessa às partes e não ao Estado, mesmo que produzida no exterior. A homologação obrigatória dos laudos arbitrais, afastada nas arbitragens internas, era inspirada no pressuposto de que deveriam eles ser apreciados pelo Judiciário, como se fosse instância única autorizada e legitimada a resolver pendências de natureza econômica, sobre bens disponíveis. Já se constatou que não é, não se justificando a diferença pretendida entre laudos nacionais e estrangeiros, pelo único fato do local em que foram produzidos serem dentro ou fora do país.

6. Convenções regionais da América Latina

a) A Convenção Interamericana sobre Arbitragem Comercial Internacional

Sob o aspecto cronológico, foi a segunda convenção sobre arbitragem firmada e ratificada pelo Brasil. A primeira, o Protocolo de Genebra Relativo à Cláusulas Arbitrais, ratificada em 1933, é de caráter geral; já a Convenção Interamericana sobre Arbitragem Comercial Internacional, também conhecida como Convenção da OEA ou Convenção do Panamá, assinada nessa cidade, em 30 de janeiro de 1975, é de âmbito regional, abrangendo apenas os países partícipes da Organização dos Estados Americanos[80].

A exemplo da Convenção de Nova Iorque, a do Panamá considera válido o acordo em submeter à decisão arbitral as controvérsias surgidas ou que podem surgir de um negócio mercantil. Igualmente, o laudo arbitral não impugnável segundo a lei processual aplicável tem força de sentença definitiva e sua execução ou reconhecimento pode ser exigido como as proferidas por tribunais ordinários nacionais ou estrangeiros, segundo as leis do país onde devem ser executadas e o que for estabelecido por tratados internacionais (artigos 1º e 4º).

O reconhecimento e execução do laudo arbitral, por sua vez, somente poderão ser denegados se ocorreram uma das hipóteses discriminadas no artigo 5º da Convenção, que se referem à incapacidade das partes, à falta de notificação da designação do árbitro, à impossibilidade de a parte fazer

---

[80] A Convenção do Panamá foi ratificada no Brasil pelo Decreto Legislativo no. 90, de 6 de junho de 1995.

sua defesa, à falta de previsão contratual da matéria submetida à arbitragem, à irregularidade na constituição do juízo arbitral e à invalidade do laudo arbitral ou sua anulação no país onde foi proferido. O reconhecimento também pode ser negado se o objeto do litígio não puder ser resolvido por arbitragem, segundo a lei do país onde deve ser executado ou for contrária a sua ordem pública.

Tendo em vista a relativamente escassa participação recíproca das empresas latino americanas no comércio regional, esse Protocolo não tem sido utilizado, tendo pouca ou nenhuma expressão, à semelhança do que ocorre com o Código Bustamante.

b) Protocolo de Las Leñas sobre cooperação e assistência jurisdicional em matéria civil, comercial, trabalhista e administrativa

Esse Protocolo, firmado em 27 de julho de 1992[81], faz parte do quadro de cooperação dos países integrantes do Mercosul (Brasil, Argentina, Uruguai e Paraguai), destinado a integrar a estrutura da organização e favorecer a instalação do mercado comum na região. Para esse feito, os Estados comprometeram-se a prestar assistência e cooperação judiciária nas matérias objeto do Protocolo.

Dentre as matérias nele tratadas destaca-se a do reconhecimento e execução de sentenças e de laudos arbitrais, tratada no Capítulo V. Uma primeira observação a notar é a distinção entre Sentença judiciária e Laudos arbitrais, que a lei brasileira eliminou, ao usar o termo sentenças para qualificar os laudos arbitrais.

O art. 19 do Protocolo inova ao estabelecer que o pedido de reconhecimento e execução de sentenças e de laudos pelas autoridades jurisdicionais seja processado por meio de carta rogatória, por intermédio da Autoridade Central. Pretendeu-se, com isso, substituir o processo de reconhecimento de sentenças estrangeiras pela carta rogatória de processamento mais simples e rápido, não se aplicando, portanto, a norma do art. 960 do CPC, que exclui de sua normativa os tratados firmados pelo país.

---

[81] Ratificado pelo Brasil pelo Decreto Legislativo 55, de 19.04.1995 e objeto do Decreto 2.067, de 12.11.1996.

Segundo o art. 40 do CPC, *"a cooperação jurídica internacional para execução de decisão estrangeira dar-se-á por meio de carta rogatória ou de ação de homologação de sentença estrangeira, de acordo com o art. 960."*

Carta rogatória constitui pedido de autoridade jurisdicional à do outro país para determinada providência processual, como esclarece o art. 237, II do CPC[82], reproduzindo o mesmo conceito do art. 201, do CPC revogado, de 1973. Nesse caso, incumbe à parte requerer ao juiz que proferiu sentença a expedição de carta rogatória à autoridade judiciária do outro país, para reconhecê-la e executá-la. O pedido deve sempre provir da parte, pois o juiz, geralmente, não pode atuar *ex officio*, de iniciativa própria[83].

No que diz respeito ao laudo arbitral, o art. 19 do Protocolo preceitua que o pedido de seu reconhecimento ou para sua execução deve ser feito por autoridade jurisdicional. Isso significa que a parte interessada deve requerer ao juiz competente a expedição dessa carta, para ser cumprida pela autoridade jurisdicional do país rogado, por meio da Autoridade Central[84], que, por seu turno, a encaminhará, no caso do Brasil, ao Superior Tribunal de Justiça. Em outras palavras, laudo arbitral provindo de país do Mercosul não deve ser apresentado para homologação diretamente ao Superior Tribunal de Justiça, como ocorre com os demais, provindos de outros países, e sim por meio de carta rogatória expedida pela autoridade judiciária local, a requerimento do interessado.

Outra disposição de grande relevância do Protocolo de Las Lenãs é a do art. 20, que confere eficácia extraterritorial às sentenças e laudos arbitrais, desde que observadas as condições nele estabelecidas. Trata-se de norma que atende às aspirações inscritas no parágrafo único do art. 4º da Constituição brasileira:

"Art. 4º A República Federativa do Brasil rege-se nas suas relações internacionais pelos seguintes princípios: omisiss

---

[82] *"Art. 237. Será expedida carta: (...) II – rogatória, para que órgão jurisdicional estrangeiro pratique ato de cooperação jurídica internacional, relativo a processo em curso perante órgão jurisdicional brasileiro;"*
[83] No direito brasileiro, o art. 141 do CPC é expresso: *"O juiz decidirá o mérito nos limites propostos pelas partes, sendo-lhe vedado conhecer de questões não suscitadas a cujo respeito a lei exige iniciativa da parte."*
[84] Art. 2 do Protocolo de Las Leñas. No Brasil a autoridade central é o Ministério da Justiça, consoante § 4º do art. 26 do CPC.

> *Parágrafo único. A República Federativa do Brasil buscará a integração econômica, política, social e cultural dos povos da América Latina, visando à formação de uma comunidade latino –americana de nações."*

A se observar essa norma, as sentenças judiciais e laudos arbitrais proferidos nos países do Mercosul poderão ser executadas diretamente no Brasil, sem necessidade de recorrer ao Superior Tribunal de Justiça para obter a homologação do ato, dotado de caráter extraterritorial.

Esse entendimento, todavia, não é do STF, expressa no julgamento da Carta Rogatória 7618, da República Argentina, no teor seguinte:

"O Protocolo de Las Leñas (...) não afetou a exigência de qualquer sentença estrangeira – à qual é de equiparar-se a decisão interlocutória concessiva de medida cautelar – para tornar-se exequível no Brasil há de ser previamente submetida à homologação do Supremo Tribunal federal, o que obsta a admissão de seu reconhecimento incidente, no foro brasileiro pelo juiz a que se requeira a execução; inovou, entretanto a convenção internacional referida, ao se prescrever, no art. 19, que a homologação (dita reconhecimento de sentença provinda dos estados partes se faça mediante rogatória, o que importa admitir a iniciativa da autoridade judiciária competente do foro de origem e que o exequatur se defira independentemente da citação do requerido, sem prejuízo da posterior manifestação do requerido, por meio de agravo à decisão concessiva ou de embargos ao seu cumprimento."

Essa decisão ignorou a disposição do art. 20 do Protocolo de Las Leñas, que confere caráter extraterritorial às sentenças e laudos arbitrais provindos de países do Mercosul. Tais atos pelo caráter extraterritorial de que se revestem não são passíveis de reconhecimento ou homologação nos países do bloco, a despeito da decisão ora citada, a revelar resistência à aplicação do Protocolo firmado e ratificado pelo Brasil e, assim, norma interna.

7. O conflito de convenções sobre arbitragem privada na América Latina

Estimulados pelo movimento que gerou a Convenção de Nova Iorque sobre Arbitragem, os países da América Latina assinaram convenções sobre o tema, dentre as quais a Convenção Interamericana sobre Arbitragem Comercial Internacional. Firmada em 30 de janeiro de 1975, ratificada pelo Brasil por meio do Decreto Legislativo nº 90, de 06 de junho de 1995 foi posta em vigor no país pelo Decreto 1.902, de 9 de maio de 1996. Aplica-se a divergências oriundas de negócio de natureza mercantil, objeto de acordo escrito entre as partes, incluindo cartas, telegramas ou comunicações por telex. Conhecida como Convenção do Panamá, de 1975, não se tem notícia de sua aplicação no Brasil.

Outras convenções se sucederam no âmbito regional, a suscitar a questão de eventuais disposições conflitantes, o que requer alguns esclarecimentos sobre o tema.

Dentre elas pode-se mencionar a Convenção de Montevideo de 1979, acordada no âmbito da Organização dos Estados Americanos, que seguiu o padrão estabelecido pela Convenção de Nova Iorque de 1958[85]. Diferentemente dessa Convenção, a de Montevideo e o Protocolo de Las Leñas, de 1992, conferiram efeito extraterritorial às sentenças arbitrais proferidas nos países do Mercosul[86]. Não há, contudo, conflito entre essas duas Convenções com a de Nova Iorque, até porque estas são regionais e aquela é de caráter geral e, ao conferirem efeito extraterritorial às sentenças arbitrais produzidas nos países que as ratificaram, apenas complementam a de Nova Iorque, cujo grande efeito foi o de evitar a dupla homologação daqueles atos.

---

[85] Decreto nº 2.411, de 02/12/1997 Promulga a Convenção Interamericana sobre Eficácia Extraterritorial das Sentenças e Laudos Arbitrais Estrangeiros, concluída em Montevidéu em 8 de maio de 1979. Dispõe o seu artigo 1º: As normas desta Convenção aplicar-se-ão, no tocante a laudos arbitrais, em tudo o que não estiver previsto na Convenção Interamericana sobre Arbitragem Comercial Internacional, assinada no Panamá, em 30 de janeiro de 1975. Artigo 2 As sentenças, os laudos arbitrais e as decisões jurisdicionais estrangeiros a que se refere o artigo l terão eficácia extraterritorial nos Estados-Partes, se reunirem as seguintes condições: a) se vierem revestidos das formalidades externas necessárias para que sejam considerados autênticos no Estado de onde provenham; b) se a sentença, o laudo e a decisão jurisdicional, e os documentos anexos que forem necessários de acordo com esta Convenção, estiverem devidamente traduzidos para o idioma oficial do Estado onde devam surtir efeito; c) se forem apresentados devidamente legalizados de acordo com a lei do Estado onde devam surtir efeito; d) se o juiz ou tribunal sentenciador tiver competência na esfera internacional para conhecer do assunto e julgá-lo de acordo com a lei do Estado onde devam surtir efeito; e) se o demandado tiver sido notificado ou citado na devida forma legal de maneira substancialmente equivalente àquela admitida pela lei do Estado onde a sentença, laudo e decisão jurisdicional devam surtir efeito; f) se se tiver assegurado a defesa das partes; g) se tiverem o caráter de executáveis ou, conforme o caso, se tiverem passado em julgado no Estado em que houverem sido proferidas; h) se não contrariarem manifestamente os princípios e as leis de ordem pública no Estado em que se pedir o reconhecimento ou o cumprimento.

[86] O Decreto nº 2067, de 12.11.1996 promulgou o Protocolo de Las Leñas sobre cooperação e assistência em matéria civil, comercial, trabalhista e administrativa (Decreto Legislativo 55, de 19.04.1995).

De fato, por ocasião da assinatura da Convenção de Nova Iorque sobre arbitragem prevalecia a tendência e a prática de as sentenças arbitrais serem necessariamente homologadas pelo Poder Judiciário para terem eficácia. E a decisão judicial homologatória da sentença arbitral é que era levada ao país em que deveria ser executada e, assim, dotada de eficácia. O que se homologava era a sentença judicial estrangeira homologatória do laudo arbitral.

Aquela Convenção, ao regular o reconhecimento de sentenças arbitrais estrangeiras pelo país de sua execução, procurou eliminar a necessidade de homologação judicial no país onde foram proferidas, mantendo apenas a do país da execução. Passou a permitir a homologação direta da sentença arbitral pelo judiciário do país da execução. A concepção geral da época ainda era a da predominância do Estado, por meio de seu Poder Judiciário, como autoridade única para conferir eficácia às sentenças arbitrais. No Brasil essa circunstância era prevista no CPC de 1939 e mantida no de 1973, em que a sentença arbitral deveria ser submetida ao Judiciário no prazo de cinco dias, para sua homologação, sob pena de nulidade. Assim, prevalecia o monopólio da jurisdição doméstica do Estado na distribuição da justiça e na resolução de controvérsias privadas.

Esse o sentido da previsão da Convenção de Nova Iorque sobre arbitragem, ao regular o reconhecimento de sentenças arbitrais pelo país onde era apresentada para sua execução, prescindindo de idêntico ato no país em que o laudo foi proferido.

As Convenções firmadas no âmbito da América Latina confirmaram essa orientação, com a previsão de reconhecimento de laudos arbitrais proferidos nos países que delas fazem parte. Não há, portanto, propriamente conflito entre essas Convenções com a de Nova Iorque, no que toca ao reconhecimento das sentenças arbitrais estrangeiras.

8. Conflito de Convenções Multilaterais

Todavia, havendo diversas convenções multilaterais tendo por objeto o mesmo tema, pode surgir a problemática de conflito de suas disposições, o que impõe seja o tema examinado.

Uma primeira questão é a de que as convenções multilaterais nem sempre são subscritas pelos mesmos Estados, partícipes de outras, podendo não haver coincidência de signatários. Quando as convenções multilaterais contam com os mesmos participantes, o ato posterior revoga o anterior, expressa ou implicitamente. É o princípio respeitado no Direito interno, a resolver o problema de conflito de leis no tempo observado também na esfera internacional.

A matéria é disciplinada na Convenção de Viena sobre o Direito dos Tratados, cujo art. 30.3 assim dispõe:

> *"Art. 30.3. Quando todas as partes no tratado anterior são igualmente partes no tratado posterior, sem que o tratado anterior tenha cessado de vigorar ou sem que a sua aplicação tenha sido suspensa em virtude do artigo 59, o tratado anterior só se aplica na medida em que suas disposições sejam compatíveis com as do tratado posterior."*

Vale dizer, há revogação implícita do tratado anterior pelo posteriormente celebrado, a regular a mesma matéria. Pode ocorrer, contudo, que nem todos os signatários de um tratado sejam os mesmos de outro anterior. Neste caso, a mesma Convenção de Viena disciplina a questão no art. 30.4:

> *"Art. 30.4. Quando as partes no tratado posterior não incluírem todas as partes no tratado anterior:*
> *nas relações entre os Estados partes nos dois tratados, aplicam-se as regras do parágrafo 3;*
> *nas relações entre um Estado parte em dois tratados e um Estado parte apenas em um desses tratados, o tratado em que os dois Estados são partes rege seus direitos e obrigações recíprocos."*

Assim, não havendo coincidência de signatários, as disposições do tratado anterior continuam válidas e eficazes para os Estados que não adotaram o firmado depois.

A Carta da ONU também tratou da matéria, dispondo que, em havendo conflito entre qualquer tratado e suas disposições, estas é que prevalecem:

> *"Artigo 103. No caso de conflito entre as obrigações dos Membros das Nações Unidas, em virtude da presente Carta e as obrigações resultantes de qualquer outro acordo internacional, prevalecerão as obrigações assumidas em virtude da presente Carta."*

Assim, em caso de conflito de obrigações ajustadas em tratados que contrariem ou conflitem com a Carta, não se prevê nulidade, mas ineficácia, pois prevalecem as disposições da Carta. Com isso, o texto indica a hierarquia das normas internacionais, dando maior valor à Carta, à qual se subordinam os tratados. Essas disposições referem-se a obrigações regidas pelo direito público, retratadas em atos de Estados, que é o foco das normas contidas na Carta das Nações Unidas, destinadas a assegurar a paz e segurança internacionais. Tem ela sido considerada como o instrumento fundamental para a constitucionalização da ordem internacional, por conter princípios e normas de aplicação geral e contar com a participação de praticamente todos os Estados.

Tem-se, pois que o conflito de convenções internacionais pode ser resolvido pela normativa própria do Direito Internacional, de acordo com as normas da Convenção de Viena sobre Direito dos Tratados, que consolidam práticas consagradas nas relações dos Estados e, por isso, consideradas conjunto de regras que se transformaram em costume internacional,[87] aplicável mesmo a Estados que não a ratificaram. Suas disposições têm sido observadas como obrigatórias, mesmo pelos que a ela não aderiram ou a firmaram, por retratarem prática costumeira antiga.

Da mesma forma a Carta da ONU, ao tratar do tema, também constitui fonte de interpretação, embora restrita à eventuais conflitos entre tratados e suas disposições.

9. Conflito de Convenções entre partes não coincidentes

A Convenção de Nova Iorque sobre arbitragem, de 1958, ao substituir o Protocolo de Genebra sobre cláusulas arbitrais, de 1923, e a Convenção de Genebra de 1927, de reconhecimento de laudos arbitrais estrangeiros, deu ensejo a conflito de convenções. Isto porque alguns Estados que firmaram aqueles atos não ratificaram a Convenção de Nova Iorque, que os substituíram, tornando-os ineficazes e, portanto, sem efeito.

---

[87] Conforme opinião consultiva de 21.06.1971 da Corte Internacional de Justiça sobre as "*Consequências jurídicas para os Estados da presença contínua da África do Sul na Namíbia (Sudoeste africano)*, não obstante a resolução 276 (1970) do Conselho de Segurança da ONU, segundo o qual "As regras da Convenção de Viena sobre o Direito dos Tratados relativas à cessação de um tratado violado (que foram adotados sem oposição) podem, a bem dizer, ser considerados como codificação do direito costumeiro existente nesse domínio."

Assim, o rol de Estados vinculados a essas convenções não coincide com os que firmaram ou aderiram à Convenção de Nova Iorque, cujo art. VII[88] estabeleceu a cessação dos efeitos daqueles atos internacionais, passando a vigorar somente a consolidação realizada pela Convenção. Essa cessação de efeitos, contudo, não atingiu países, como o Brasil, que dela não participaram, até sua ratificação, em 2002. Em outras palavras, o Brasil, assim como outros Estados, estava vinculado à Convenção de Genebra sobre cláusula arbitral, mas não à de Nova Iorque. A cessação de efeitos nela estabelecida não atingiu os países que não a subscreveram.

É ilustrativo, a propósito, decisão do Superior Tribunal de Justiça, em Acórdão de 1989, REsp. 616/RJ[89], anterior, portanto, à lei de arbitragem, que aplicou o Protocolo de Genebra de 1923, em controvérsia envolvendo partes submetidas a Estados partes desse Protocolo. A controvérsia versava sobre a eficácia da cláusula arbitral, em contratos internacionais, independentemente de compromisso arbitral, ainda exigido no direito interno brasileiro. Como o Brasil, àquela altura, não tinha ratificado a Convenção de Nova Iorque de 1958, o Protocolo de Genebra de 1923 permanecia em vigor entre os países dele signatários, apesar da referência de perda de sua validade, segundo a Convenção de Nova Iorque, para os países que a ratificaram.

Embora a decisão não tenha abordado especificamente a questão, dela se extrai a conclusão de continuar vigente no Brasil o Protocolo de Genebra, de 1923, a despeito da cessação de seus efeitos aprovada na Convenção de Nova Iorque de 1958, aplicável apenas para os signatários daqueles

---

[88] *"Artigo VII*
1 - As disposições da presente Convenção não afetaram a validade de acordos multilaterais ou bilaterais relativos ao reconhecimento e à execução de sentenças arbitrais celebrados pelos Estados signatários, nem privarão qualquer parte interessada de qualquer direito que ela possa ter de valer-se de uma sentença arbitral da maneira e na medida permitidas pela lei ou pelos tratados do país em que a sentença é invocada.
2 - O Protocolo de Genebra sobre Cláusulas de Arbitragem de 1923 e a Convenção de Genebra sobre a Execução das Sentenças Arbitrais Estrangeiras de 1927 deixarão de ter efeito entre os Estados signatários quando, e na medida em que, eles se tornem obrigados pela presente Convenção."
[89] STJ - RECURSO ESPECIAL REsp 616 RJ 1989/0009853-5. Ementa: *"Cláusula de arbitragem em contrato internacional. Regras do Protocolo de Genebra de 1923. Nos contratos internacionais submetidos ao Protocolo, a cláusula arbitral prescinde do ato subsequente do compromisso e, por si só, é apta a instituir o juízo arbitral. 2. Esses contratos têm por fim eliminar as incertezas jurídicas, de modo que os figurantes se submetem, a respeito do direito, pretensão, ação ou exceção, a decisão dos árbitros, aplicando-se aos mesmos a regra do art. 244 do CPC, se a finalidade for atingida. 3. Recurso conhecido e provido. Decisão por maioria".*

instrumentos. Somente após sua ratificação é que tal consequência pode ser reconhecida. Em suma, aplicou-se a normativa internacional da Convenção de Viena sobre o Direito dos Tratados de considerar vigente um tratado entre as partes dele signatárias, a despeito de convenção posterior que o substituiu e declarou a cessação de seus efeitos.

10. Convenções sobre arbitragem na América Latina

Na América Latina encontram-se diversas convenções que regulam a solução de controvérsias por meio de arbitragem, sem, no entanto, apresentarem divergências que se possam caracterizar como conflito de normas.

A Convenção do Panamá, como é conhecida a Convenção Interamericana sobre Arbitragem Comercial Internacional, celebrada no Panamá em 30 de janeiro de 1975, na I Conferência Especializada Interamericana sobre Direito Internacional Privado, com base no projeto da Comissão Interamericana de Juristas de 1967[90], dá sequência ao projeto de Lei Uniforme Interamericana sobre Arbitragem Comercial, do Conselho Interamericano de Jurisconsultos (México, 1956) e antecedeu à Convenção Interamericana sobre a Eficácia Extraterritorial das Sentenças e dos Laudos Arbitrais Estrangeiros, firmada em Montevidéu, em 08 de maio de 1979, que a complementa.

Constituem, no âmbito da América Latina, as principais convenções a tratar do tema, sem apresentar divergências caracterizadoras de conflitos entre elas.

Em caráter sub-regional pode-se lembrar do Protocolo de Las Leñas sobre cooperação e assistência jurisdicional em matéria civil, comercial, trabalhista e administrativa e seu acordo complementar, que acrescenta efeito extraterritorial às decisões judiciais e arbitrais proferidas nos países do Mercosul[91]. Trata-se de efeito não previsto nas Convenções de Nova Iorque e do Panamá, o que não configura conflito, mas apenas norma adicional, já prevista na Convenção Interamericana sobre eficácia extraterritorial das sentenças e laudos arbitrais.[92]

---

[90] Ratificada pelo Brasil pelo Decreto Legislativo nº 90, de 1995.
[91] Ratificado pelo Brasil e posto em vigor em 17 de março de 1996.
[92] Ratificada pelo Brasil e posta em vigor pelo Decreto nº 2.422, de 02 de dezembro de 1997.

Esse mesmo efeito foi previsto no Protocolo de Buenos Aires sobre Jurisdição Internacional em Matéria Contratual, cujo art. 14 dispõe que a jurisdição regulada no art. 20 do Protocolo de Las Leñas – que também confere efeito extraterritorial às sentenças judiciais e arbitrais - fica a ele submetido, o que, afasta eventual conflito entre as disposições dessas duas convenções, pois prevalece a última sobre a primeira.

Outro Acordo sub-regional a ser levado em consideração sobre o tema é o Acordo de Cooperação Judiciária em Matéria Civil, Comercial, Trabalhista e Administrativa entre o Brasil e o Uruguai, firmado em 28 de dezembro de 1992 e em vigor desde 1996. O seu artigo 16 dispõe que as sentenças judiciais e arbitrais têm eficácia extraterritorial nos dois países, o que confirma apenas o já regulado no Protocolo de Las Leñas, para os países que o firmaram.

Na área de investimentos estrangeiros, destaca-se o Protocolo de Colônia, celebrado pelos países do Mercosul, destinado a regular a promoção de investimentos e sua admissão nos territórios dos Estados-parte. O artigo 9º desse Protocolo dispõe que controvérsias entre investidor privado de uma parte contratante e outra parte contratante serão resolvidas por meio de consultas amistosas e, falhando estas, por meio do poder judiciário ou por arbitragem internacional administrada, à escolha do investidor, pelo Centro Internacional de Solução de Controvérsias Relativas a Investimentos, do Banco Mundial (CISCI) ou tribunal arbitral *ad hoc*, segundo as normas de procedimento da UNCITRAL, ou, ainda ao tribunal instituído pelo Protocolo de Olivos[93].

O Protocolo de Colônia não tem por objeto regular arbitragem privada, mas investimentos nos países do Mercosul, que se obrigam a aceitar

---

[93] *"Art. 9º. Toda controvérsia relativa às disposições do presente Protocolo entre um investidor de uma Parte Contratante e a Parte Contratante em cujo território se realizou o investimento será, na medida do possível, resolvida por consultas amistosas. ... 4 – No caso de recurso à arbitragem internacional, a controvérsia poderá ser levada, à escolha do investidor: a) ao Centro Internacional de Solução de Controvérsias Relativas a Investimentos (CISCI) criada pela Convenção sobre Solução de Controvérsias relativas aos investimentos entre Estados e Nacionais de outros Estados, aberto para assinatura em Washington em 18 de março de 1965, quando cada Estado-Parte no presente Protocolo tenha a ele aderido. Enquanto essa condição não vier a ser cumprida, cada Parte Contratante dará o seu consentimento para que a controvérsia seja submetida a arbitragem em conformidade com o regulamento de Mecanismo Complementar do CISCI, para a administração do procedimento de conciliação, de arbitragem ou de investigação; (b) a um tribunal de arbitragem ad hoc, estabelecido de acordo com as regras de arbitragem da Comissão das Nações Unidas para o Direito comercial Internacional (UNCITRAL)."*

a opção do investidor por um dos meios previstos no artigo 9º, vale dizer, pelas regras da UNCITRAL ou pelo CISCI, de que o Brasil não faz parte. Todavia, ao ratificar esse Protocolo, o país aceitou submeter controvérsias sobre investimentos provindos dos países do Mercosul, como ressalvado na letra (a) do inciso 4 do art. 5 do Protocolo.

11. Conflito entre a Convenção de Nova Iorque e a jurisprudência brasileira

Não obstante não se identifique conflito de convenções sobre arbitragem na América Latina, como notado, há que se registrar a não observância, no Brasil, do preceito do art. III da Convenção de Nova Iorque. Segundo essa norma, não serão impostas condições substancialmente mais onerosas ou taxas ou cobranças mais altas do que as impostas às sentenças arbitrais nacionais[94].

A ratificação daquela Convenção no Brasil ocorreu em 2002[95], posteriormente, portanto, à lei de arbitragem que não requer a homologação judicial das sentenças arbitrais nacionais. Ao continuar a fazê-lo relativamente aos laudos arbitrais estrangeiros, o Superior Tribunal de Justiça deixa de observar a norma da Convenção, pois impõe condição mais gravosa ao laudo estrangeiro do que ao nacional, isento daquela providência. Descumpre, igualmente o art. 960 e seu § 3º do CPC, segundo o qual a homologação de decisão arbitral estrangeira obedecerá ao disposto em tratado e em lei[96].

Como esses diplomas legais são posteriores à lei de arbitragem, com sua exigência de homologação dos laudos arbitrais estrangeiros, o conflito entre suas disposições deve ser resolvido pelo preceito do art. 2º, §1º da

---

[94] *"Artigo III - Cada Estado signatário reconhecerá as sentenças como obrigatórias e as executará em conformidade com as regras de procedimento do território no qual a sentença é invocada, de acordo com as condições estabelecidas nos artigos que se seguem. Para fins de reconhecimento ou de execução das sentenças arbitrais às quais a presente Convenção se aplica, **não serão impostas condições substancialmente mais onerosas ou taxas ou cobranças mais altas do que as impostas para o reconhecimento ou a execução de sentenças arbitrais domésticas.**"* (negritos adicionados).

[95] Ratificada pelo Decreto Legislativo nº 52 e pelo Decreto de promulgação nº 4.311, de 23.07.2002.

[96] *"Art. 960. A homologação de decisão estrangeira será requerida por ação de homologação de decisão estrangeira, salvo disposição específica em contrário prevista em tratado. § 3º - A homologação dsew decisão arbitral estrangeira obedecerá ao disposto em tratado e em lei, aplicando-se, subsidiariamente, as disposições deste Capítulo."*

LINDB, segundo o qual *"a lei posterior revoga a anterior quando expressamente o declare, quando seja com ela incompatível ou quando regule inteiramente a matéria de que tratava a lei anterior."*

Ao ratificar a Convenção de Nova Iorque, em 2002, que regula inteiramente a arbitragem e o reconhecimento de laudos arbitrais estrangeiros, o Brasil transformou-a em norma interna obrigatória[97], o que impõe a observância do estabelecido no artigo III da Convenção[98]. Em consequência, ao continuar a exigir a homologação de laudos arbitrais privados estrangeiros o Superior Tribunal de Justiça descumpre o tratado e as leis internas sobre o tema.

A prática, contudo, persiste, não havendo previsão de que seja descontinuada, mantendo-se o descumprimento do tratado pelo país.

12. As Convenções sobre arbitragem e a Lei Uniforme da CNUDCI

O movimento internacional em prol da arbitragem privada ganhou impulso com iniciativas destinadas a promover a uniformização de leis nacionais sobre a matéria, com a formulação de leis modelo a serem adotadas como padrão pelos Estados. Dentre elas sobressai-se a lei modelo aprovada pela Assembleia Geral da ONU, em 11 de dezembro de 1985, por iniciativa da Comissão das Nações Unidas para o Direito do Comércio Internacional (CNUDCI, ou, na sigla inglesa, UNCITRAL), que atendeu à aspirações dos agentes privados do comércio internacional para essa padronização. Afinal o comércio internacional interessa a todos os países e a segurança jurídica é um dos pilares que o sustentam.

Não obstante as convenções internacionais sobre arbitragem, além das mencionadas anteriormente, regularem com certa uniformidade a arbitragem, reconhecendo o caráter compulsório da cláusula arbitral e dos laudos arbitrais estrangeiros, a lei modelo da CNUDCI procura harmonizar, no plano interno, o tratamento legal da arbitragem, dispondo sobre normas processuais.

Como destacado, a partir do final da década de 1950, a arbitragem experimentou novo desenvolvimento, com a previsão em contratos internacio-

---

[97] Acórdão 8004-SE Supremo Tribunal Federal.
[98] Constituição Federal – *"Art. 5º. § 2º Os direitos e garantias expressos nesta Constituição não excluem outros decorrentes do regime e dos princípios por ela adotados, ou dos tratados internacionais em que a República Federativa do Brasil seja parte."*

nais da cláusula arbitral, em substituição às clássicas cláusulas de escolha de foro, nem sempre satisfatórias ou factíveis em contratos entre partes sujeitas a diferentes ordens jurídicas.

É significativo o número de países que reformularam suas leis sobre arbitragem a partir daquele período, procurando modernizar o instituto, para adaptá-lo às novas exigências dos negócios internacionais, retratadas nas Convenções então firmadas. Dentre os Estados que, no início daquele período, promulgaram leis regulando-a no plano interno podem ser lembrados a França, Reino Unido, Espanha, Canadá, Grécia e Suíça.

Com a aprovação, pela ONU, da lei modelo da CNUDCI, alguns países tomaram-na como base, a exemplo do Brasil, com a lei 9.307/1996, e da Inglaterra, com o *Arbitration Act*, ambas no ano de 1996. A Alemanha, por sua vez, em 1997, introduziu modificações em seu estatuto processual, datado de 1876, abolindo a distinção entre arbitragem interna e a internacional. O mesmo se verificou na Suíça, que modificou sistema anterior regido por Concordat Intercantonal, introduzindo, por meio de lei federal, em 1989, regras mais liberais para reger as convenções arbitrais e conferindo maior liberdade às partes para estabelecer normas de procedimento. Essas modificações, segundo Pierre Lalive, são responsáveis pelo sucesso da reforma e da escolha da Suíça como sede de arbitragens internacionais em numerosos contratos internacionais[99].

Essa verdadeira renovação legislativa sobre arbitragem contaminou também os Estados latino americanos, que já haviam aprovado no âmbito da OEA, a Convenção do Panamá, em 1975, de aplicação restrita aos países da região. Apesar dessa aprovação, não se dispuseram a modernizar suas leis sobre a matéria. Ademais, com a falta de intercâmbio comercial significativo entre os países da região, a Convenção nunca foi aplicada na prática e, se o foi, não obteve repercussão de nota, a influir na modificação da tendência para a ampliação da arbitragem como meio privado de solução de controvérsias privadas comerciais. Não obstante, o fato de ratificarem a Convenção foi demonstração de flexibilidade e de disposição para conferirem maior amplitude a esse sistema de solução de litígios.

Não podendo ignorar a tendência generalizada para estimular a arbitragem, os países da região deram-lhe corpo, introduzindo modificações em suas leis processuais sobre a matéria, a começar pela Colômbia, que

---

[99] PIERRE LALIVE, *Le Droit de l'arbitrage interne et international en Suisse*, Lausanne, 1989.

o fez em 1989, seguindo-se o México, em 1993, Bolívia, em 1997 e Venezuela, em 1998. O Brasil, após três anteprojetos malogrados, redigidos sob os auspícios do Ministério da Justiça, editou a lei 9.307/96 e, logo depois, ratificou a Convenção de Nova Iorque, integrando-se, de vez, dentre os países que ampliaram a adoção da arbitragem, retirando antigos ranços e preconceitos que impediam o seu desenvolvimento.

Essa revolução legislativa não foi obra do acaso, nem mera influência de outros sistemas jurídicos. Constitui um dos resultados da globalização da economia e da mundialização do direito dela decorrente. Interessados em atrair investidores internacionais, que passaram a dispor de leque mais amplo de opções, com maior número de Estados participantes da economia de mercado, sobretudo os do leste europeu, tornou-se urgente assegurar-lhes meio isento de solução de controvérsias, sem a intervenção do Estado.

A partir do final dos anos 1950, com o desenvolvimento dos investimentos internacionais e o aparecimento do fenômeno da empresa multinacional, a arbitragem começou a despertar maior atenção e utilização, com a globalização da economia, o processo ampliou-se, solidificando-se. Da mesma forma, tomou corpo o fenômeno recente da mundialização do direito, com a tendência em dar tratamento uniforme a assuntos e matérias relacionados ao comércio internacional.

Essa tendência pode ser detectada pelo número expressivo de convenções internacionais destinadas a regular assuntos específicos dos negócios internacionais e a aprovação de leis modelo postas à disposição dos Estados interessados em se adaptar à normas correntes do comércio internacional. O que se almeja, em última análise, é a adoção de certa padronização legal no tratamento de contratos internacionais da mais variada ordem, com a eliminação ou a redução de incertezas próprias de relações jurídicas internacionais[100].

---

[100] Há número expressivo de Convenções com essa finalidade, dentre as quais podem ser destacadas: Convenção sobre Decadência na Venda Internacional de Bens, concluída em Nova Iorque, em 1974, sob os auspícios das Nações Unidas; Convenção das Nações Unidas sobre Letras de Câmbio e Notas Promissórias, aprovada pela Resolução nº. 43/165, da Assembléia Geral (CNUCDI/UNCITRAL); Convenção das Nações Unidas sobre Contratos Internacionais sobre Venda de Bens, adotada na Conferência diplomática de 11 de abril de 1980; com base em projeto da CNUDCI (UNCITRAL). Convenção das Nações Unidas sobre a Responsabilidade dos Operadores de Terminais de Transporte no Comércio Internacional, aprovada em 17 de abril de 1991, com base em projeto preparado pela CNUDCI (UNCITRAL). Além dessas, a CNUDCI aprovou diversas leis modelo, como a relativa a Insolvência Transfronteiras, 1997,

13. A cooperação judiciária internacional

13.1 Cartas rogatórias e homologação de sentenças estrangeiras

A prevenção e a solução de controvérsias na ordem internacional são feitas também individualmente por meio dos Estados, seja pela adoção de leis disciplinadoras de relações internacionais, seja pela atuação do judiciário, seja, ainda, pela cooperação judiciária, realizada pelo cumprimento de cartas rogatórias e pelo reconhecimento de sentenças estrangeiras. Na verdade, o juiz nacional, sempre que aprecia uma relação jurídica que contenha um componente estrangeiro, atua como órgão da comunidade internacional.

Isto porque os Estados, como autoridades de direito internacional, elaboram-no, por meio de tratados, pela contribuição à formação dos costumes internacionais, ou, ainda, de princípios gerais de direito. Se o Estado é autoridade internacional, os Poderes que o integram também o são, razão porque o juiz, ao decidir uma controvérsia sobre relação jurídica controvertida, atua como autoridade de direito internacional. Essa característica do Estado decorre de serem eles os destinatários das normas internacionais, o que os fazem assumir o cumprimento de funções próprias para assegurar a convivência internacional, como aponta Adolfo Miaja de la Muela[101], ao destacar o fenômeno do *desdobramento funcional* que caracteriza o exercício das funções estatais, nas áreas interna e internacional, como exposto por Georges Scelle[102].

De fato, com a ausência de poder central, esclarece Miaja de la Muela, *"conjugada con la necesidad de que en la sociedad internacional sean cumplidas las funciones requeridas en un régimen de convivência ordenada, se deduce que estas funciones serán realizadas de maneira diferente a la que estamos acostumbrados a presenciar en el interior de um Estado, por órganos expresamente creados por el ordenamiento jurídico para su cumplimento"*[103].

---

objeto da Resolução 52/158, da Assembléia Geral, de 15 de dezembro de 1997; a Lei Modelo sobre Empresas Eletrônicas, de 2001; a Lei Modelo sobre Comércio Eletro Convênio das Nações Unidas sobre Transporte Marítimo de Mercadorias, de 1978.

[101] ADOLFO MIAJA DE LA MUELA *Introducióm al Derecho Internacional Publico*, Madrid, 1974, p. 20.
[102] GEORGES SCELLE *Précis de Droit des Gens*, tomo I, Paris, 1932, p. 42/43.
[103] Op. cit. loc. cit

Embora decida como autoridade internacional controvérsia de caráter internacional, a sentença pode não ter efetividade no local onde foi proferida, se tiver de ser executada em outro país, o que torna essencial o seu acolhimento pela ordem jurídica desse outro Estado. E isto é feito pelo processo de homologação e reconhecimento de sentença estrangeira, em que as autoridades desse outro Estado irão examinar os requisitos legais estabelecidos para esse fim. Trata-se de cooperação judiciária internacional que possibilita a inter-relação das ordens jurídicas nacionais e a convivência entre as nações.

A cooperação judiciária entre os Estados é feita principalmente pelo reconhecimento de sentenças proferidas em outro país e pelo cumprimento de providências de caráter processual, por meio de cartas rogatórias. Estas se destinam atender ao pedido de juiz estrangeiro para determinada providência de caráter processual, como a citação de réu domiciliado no Brasil, ou a produção de uma prova, como o depoimento de testemunhas, destinada a instruir o processo que tramita o Estado estrangeiro.

A sentença estrangeira, por provir de uma autoridade pública estranha à ordem jurídica nacional, não tem qualquer valor ou efeito no território. Trata-se de ato despido de eficácia. Para que a adquira e, assim produza resultados, torna-se necessário que o Estado em que se busca esse efeito a reconheça, por meio de sentença homologatória.

E homologar significa tornar oficial o ato despido de autoridade pública. Ao homologar uma sentença estrangeira, o Estado oficializa-a, por meio de sentença judicial ou ato administrativo que produza o mesmo efeito. É a sentença homologatória nacional que terá efetividade e será executada no país – não a estrangeira. Esta, ao ser homologada, é substituída ou absorvida pela homóloga do judiciário local, que a torna oficial, como advertem Pedro Baptista Martins [104] e Amílcar de Castro [105].

O Brasil adota o critério do exame superficial do ato a ser homologado, verificando se foram observadas as formalidades consideradas essenciais para o sistema processual brasileiro, sem entrar no mérito da decisão. O que importa é a constatação da competência internacional do juiz estrangeiro, se houve citação válida do réu, se a sentença transitou em julgado. Além desses requisitos processuais, há que se verificar se a sentença estran-

---

[104] PEDRO BAPTISTA MARTINS, *Recursos e Processos da Competência Originária dos Tribunais*, nº 36, 1957, p. 55.

[105] AMÍLCAR DE CASTRO, *Direito Internacional Privado*, 2º volume, Forense, Rio, 1968, p. 240.

geira não ofende a ordem pública brasileira, os bons costumes e a soberania nacional, segundo o entendimento que, em cada momento, venha a ter o judiciário. O conteúdo desses três últimos pressupostos pode variar de acordo com a época e obedecem à dinâmica própria da comunidade, nem sempre uniforme. O que, em determinada época ofende a ordem pública local, pode ser plenamente aceito em época posterior, o mesmo ocorrendo com os costumes, que evoluem de acordo com as circunstâncias.

O artigo 15 da LINDB[106] regula a matéria, prevendo a competência do STF para a homologação da sentença estrangeira, em conformidade com o artigo 102, "h" da Constituição Federal, ora modificados pela Emenda Constitucional nº 45, de 08 de dezembro de 2004, que atribuiu ao Superior Tribunal de Justiça, juntamente com a de conceder o *exequatur* a cartas rogatórias estrangeiras (art. 105, I, "i") . E o fez em boa hora, pois, tanto a homologação de sentenças estrangeiras, como a concessão de *exequatur* para o cumprimento de rogatórias são atos corriqueiros, quase notariais, em que o magistrado se limita a examinar os requisitos legais para sua aprovação.

Não há, propriamente, uma função judicante, que requeira a intervenção da mais alta corte do país. Trata-se de processo administrativo, como acentua Amílcar de Castro[107], em que não há propriamente defesa, mas simples intervenção em que questões formais podem ser levantadas. Mesmo deferir essa tarefa ao Superior Tribunal de Justiça é um exagero e falta de critério. O juiz de primeiro grau, ou o tribunal estadual, se se quiser dar importância maior àqueles atos, poderiam ter competência para autorizar o cumprimento de uma carta rogatória, ou reconhecer uma sentença estrangeira, não se justificando a intervenção de um tribunal federal superior para tratar dessa matéria. Afinal, são atos extraoficiais no Brasil, embora oficiais no país de onde provêm, e que, para adquirirem eficácia, devem passar pelo crivo das autoridades brasileiras para isso competentes.

13.2 Competência internacional do juiz brasileiro

A cooperação judiciária internacional envolve também a identificação da competência do juiz brasileiro para dirimir controvérsias de caráter internacional e o seu reconhecimento por outros países. O critério geralmente

---

[106] Decreto Lei 4.657, de 04 de setembro de 1942.
[107] AMÍLCAR DE CASTRO, *Direito Internacional Privado*, 2º volume, Forense, Rio, 1968, p. 253.

adotado tem sido o da determinação da competência territorial, que coincide com o conceito de soberania interna, pelo qual o Estado possui jurisdição sobre o seu território, vale dizer, autoridade para declarar o direito e torná-lo efetivo em sua base territorial.

Há que se distinguir sempre entre competência para aplicar a lei material, da competência processual, que se refere à autoridade para solucionar controvérsias por meio do judiciário. O juiz deve sempre aplicar sua própria lei processual, que é a do seu Estado, por se tratar de forma, de mecanismo procedimental para a solução de controvérsias. Todavia, poderá utilizar-se da lei material de outro país, se a relação jurídica controvertida for por ela regulada. A LINDB, a esse propósito, esclarece que as obrigações se regem pela lei do país em que se constituírem[108]. Quer isso dizer que, regendo-se uma obrigação por lei de outro Estado, será essa lei que deverá ser observada pelo juiz, na composição do litígio sobre ela decorrente. Caberá à parte que invocar o direito estrangeiro o ônus de lhe provar o teor e a vigência[109]. Há nítida distinção entre o que é direito privado, ou seja, a relação jurídica obrigacional entre indivíduos regida pelo direito por eles escolhido ou ao qual a relação está submetida, e o direito público, como é o direito processual aplicado pelo próprio Estado, na pessoa do juiz.

A distribuição das competências processuais entre os Estados obedece a princípios gerais de direito consagrados na ordem internacional, dentre os quais têm prevalência o da territorialidade e o da imunidade da jurisdição dos Estados estrangeiros, nas hipóteses em que atuam nessa condição e não como partícipes de negócios internacionais, em prol de um interesse econômico. Por essa razão o artigo 21 do CPC, estabelece a competência nacional do juiz brasileiro a atos e fatos ocorridos fora do país, nas hipóteses em que o réu seja aqui domiciliado, ou quando a obrigação deva ser cumprida no país, ou o fundamento seja fato ocorrido ou ato praticado no Brasil.

Essa competência é concorrente, pois se admite a submissão do réu à jurisdição estrangeira. Não se submetendo o réu, prevaleceria a jurisdi-

---

[108] *"Art. 9º Para qualificar e reger as obrigações, aplicar-se-á a lei do país em que se constituírem.*
§ 1º Destinando-se a obrigação a ser executada no Brasil e dependendo de forma essencial, será esta observada, admitidas as peculiaridades da lei estrangeira quanto aos requisitos extrínsecos do ato.
§ 2º A obrigação resultante do contrato reputa-se constituída no lugar em que residir o proponente."
[109] Lei de Introdução às Normas do Direito Brasileiro: "Art. 14. Não conhecendo a lei estrangeira, poderá o juiz exigir de quem a invoca prova do texto e da vigência."

ção brasileira, como tradicionalmente sempre entendeu o STF, consoante decidido na ação de homologação de sentença estrangeira nº 2.114, dos EUA, e julgada pelo plenário em 04 de abril de 1974[110]. Esse era também o entendimento que prevalecia na doutrina, destacando-se Amilcar de Castro[111] e Oscar Tenório[112].

Todavia, aquela Corte mudou essa orientação, passando a admitir a competência do juiz estrangeiro, mesmo que o réu tenha domicílio no Brasil e não tenha se submetido à ação contra ele proposta no outro país. Segundo essa decisão, *"o réu domiciliado no Brasil pode ser demandado tanto aqui, quanto no país onde deva ser cumprida a obrigação, tenha ocorrido o fato ou praticado o ato, desde que a respectiva legislação preveja a competência da justiça local"*[113]. Embora já se admitia que a norma do art. 21 do CPC (antigo 88 do CPC de 1073) tem caráter relativo, permitindo a competência do juiz estrangeiro, condicionava-se a validade da sentença por ele proferida à submissão voluntária do réu ao processo no exterior. Em caso de recusa, aquela Corte não reconhecia a competência do juiz estrangeiro. A partir dessa decisão, os parâmetros foram alterados. Se a lei do país em que a decisão foi proferida prevê sua competência para processar o réu domiciliado no Brasil, não tem mais ele a faculdade de recusar a jurisdição estrangeira. Em outras palavras, a submissão voluntária a que se referiam Amilcar de Castro e Oscar Tenório em suas obras Direito Internacional Privado, foi substituída pela submissão obrigatória, se o Estado onde se processa a ação tiver jurisdição sobre o caso.

Se a norma do artigo 21 do CPC regula a competência relativa, o mesmo não ocorre com as hipóteses do artigo 23 (antigo art. 89 do CPC revogado), que trata da competência exclusiva, com exclusão de qualquer outra, se a ação versar sobre bens situados no país ou de inventário em que os bens sejam aqui localizados. Nesse caso, a competência é exclusiva, quer dizer, não admite qualquer outra jurisdição, ainda que proveniente de organismo internacional de que o Brasil faça parte. Prevalece a territorialidade estrita da jurisdição, pois se refere a bem situado no território, que não pode ser regulado por autoridade estrangeira.

---

[110] RTJ 87/384/397.
[111] *Direito Internacional Privado*, Forense, Rio, 2º vol., p. 226.
[112] *Direito Internacional Privado*, Freitas Bastos, Rio, vol. II, 372.
[113] Sentença Estrangeira Contestada nº 4415-5 – Estados Unidos da América, relator, Min. Francisco Rezek.

É bem verdade que o STF, em julgamento flagrantemente equivocado de seu plenário por estreita maioria, abdicou da jurisdição brasileira para decidir controvérsia sobre imóvel situado no Brasil, em que eram partes Síria e Egito, por entender que se tratava de questão de sucessão de Estados, a ser dirimida no âmbito internacional. A decisão deixou de considerar o então vigente artigo 89 do CPC (atual art. 23), que conferia jurisdição exclusiva ao judiciário brasileiro para decidir sobre ações relativas a imóveis situados no Brasil. Não percebeu também que, mesmo em se tratando de sucessão de Estados, cabe ao país decidir sobre os seus efeitos, no que toca aos interesses do país, seja no âmbito político, seja no jurídico[114]. Afinal cabe ao Estado o reconhecimento de país e governo estrangeiro e não a qualquer outra entidade internacional. E o Estado o faz em sua qualidade de autoridade de direito internacional que é, como, a propósito, fez o Brasil em 1975, ao reconhecer Angola como Estado independente, separado de Portugal, que o considerava, até então, província ultramarina. Exerceu sua jurisdição internacional.

---

[114] Acórdão publicado na Revista Trimestral de Jurisprudência, vol. 104/889 e segs. Sobre o assunto, vide JOSÉ CARLOS DE MAGALHÃES *O Supremo Tribunal Federal e o Direito Internacional*, Editora do Advogado Ltda., Porto Alegre, 2000, p. 150.

Capítulo 4 – A Convenção de Nova Iorque e a Lei de Arbitragem[115]

Introdução

O Congresso Nacional aprovou a ratificação da Convenção para o Reconhecimento e Execução de Sentenças Arbitrais Estrangeiras, firmada em Nova Iorque, em 10 de junho de 1958. O Brasil, que tinha ratificado, em 1932, o Protocolo de Genebra sobre Cláusulas Arbitrais, de 1923, deixou de firmar a Convenção sobre Execução de Laudos Arbitrais Estrangeiros, de 1927, também em Genebra, bem como a de Nova Iorque, de 1958, que fez cessar os efeitos de ambos, para as partes que os firmaram. Até a ratificação da Convenção Interamericana sobre Arbitragem Comercial Internacional, firmada no Panamá, em 1975, a denominada Convenção da OEA, o Protocolo de Genebra sobre Cláusulas Arbitrais constituía o único instrumento internacional sobre arbitragem do qual o Brasil participava.

Sabe-se que a Convenção de Nova Iorque deixou de ser apresentada à ratificação do Congresso Nacional em virtude de parecer contrário do então Consultor Jurídico do Itamaraty, Hildebrando Accioly, segundo quem "...*nenhuma sentença arbitral estrangeira poderá ser cumprida no Brasil se não proceder de ou não for confirmada ou homologada por juiz competente no país de onde emana, e não for aqui homologada pelo Supremo Tribunal Federal.*"

---

[115] Versão anterior deste trabalho foi publicada na *Revista de Direito Bancário, do Mercado de Capitais e da Arbitragem*, Ed. Rev dos Tribunais, São Paulo, ano 5, n º 18, out-dez, 2002, p. 309-318.

O raciocínio que precedeu essa conclusão é o de que o artigo 15 da LINDB dispõe que será executada no Brasil a sentença proferida no estrangeiro por juiz competente. E a expressão *juiz competente* seria apenas a autoridade do poder judiciário. Daí que todo laudo arbitral realizado no exterior, para ser reconhecido no Brasil, deveria ser, necessariamente, homologado pelo juiz do local onde foi proferido. E, em consequência, nenhum laudo estrangeiro poderia ser homologado diretamente, em virtude da interpretação dada ao artigo 15 da LINDB.

Esse raciocínio, como se nota, não leva em conta que a ratificação de tratado importa a revogação ou derrogação de lei anterior que com ele conflita, ainda que se considere que o tratado tem o mesmo nível hierárquico da lei. Dessa forma, mesmo que tivesse procedência o argumento, a Convenção poderia ter sido ratificada e, se contrariasse o artigo 15 da LINDB – o que não é o caso - este estaria derrogado pela Convenção, consoante jurisprudência do STF.

Esse entendimento impediu a execução direta no Brasil de laudo produzido no exterior, pois somente sentenças judiciais estrangeiras é que poderiam ser homologadas pela autoridade judicial estrangeira, o que também desconsidera o fato de que o laudo arbitral é um ato privado, não provindo do poder judiciário ou de autoridade administrativa de qualquer outro país.

1. Arbitragem privada como atividade supletiva do Estado na Convenção de Nova Iorque

Na verdade, a ideia subjacente à Convenção de Nova Iorque, como a da Lei 9.307/96 e da Lei Modelo da CNUCDI (Uncitral), é a de que a arbitragem constitui atividade privada supletiva à exercida pelo Estado, identificando-a e procurando torná-la similar a uma função pública, que requer o controle do aparato judicial do Estado. Não foi por acaso que o CPC, de 1939, impunha a homologação obrigatória do laudo arbitral, no prazo de 5 dias, *"sob pena de nulidade"*. Essa homologação obrigatória, *sob pena de nulidade*, repita-se, revela a ideia de que a função de decidir controvérsias privadas era exclusiva do Estado, admitindo-se a arbitragem privada, porém sob controle estrito do Estado.

O Código de 1973 repetiu a exigência, embora deixasse de fixar a pena de nulidade pelo não atendimento dessa providência. Essa omissão era significativa, pois poderia o interessado submeter o laudo à homologação, quando iniciasse a execução, pela recusa do vencido em cumpri-lo. Não é também por acaso que, mesmo a Lei 9.307/96, não obstante dispense a homologação do laudo produzido no Brasil, ratifique a concepção de que a arbitragem constitui atividade supletiva do Estado, ao dispor, no artigo 17, que *"os árbitros, quando no exercício de suas funções, ou em razão delas, ficam equiparados aos funcionários públicos, para os efeitos da legislação penal"*.

Significa isso que a lei, equivocadamente, atribui caráter público à atividade do árbitro, ou, pelo menos, de interesse público, apesar de sua configuração como meio estritamente privado de solução de litígios, que somente às partes interessa, já que restrito às controvérsias sobre bens patrimoniais, e, portanto, incluídas na esfera de disponibilidade das partes.

Essa noção está também implícita na Convenção de Nova Iorque, que incorpora e condensa as disposições sobre cláusula arbitral e reconhecimento de laudos arbitrais estrangeiros, objeto do Protocolo de Genebra de 1923 e da Convenção de Genebra de 1927, cujos efeitos cessaram para os Estados que firmaram ou aderiram à de Nova Iorque[116], e que continuam a vigorar para os países que a ela não aderiram e o fizeram relativamente aos anteriores.

Essas Convenções foram firmadas em época em que a arbitragem não tinha o desenvolvimento que alcançou depois dos anos 1960 e que, paulatinamente, foi-se tornando mecanismo aceito pela generalidade dos sistemas jurídicos. E sua configuração como meio privado de solução de litígios, que a caracteriza conceitualmente, foi-se se acentuando e tornando-se aceita, superando resistências de autoridades judiciárias estatais, ciosas de suas prerrogativas jurisdicionais.

2. Crítica à noção da arbitragem como atividade supletiva do Estado

O processo arbitral e o laudo que o termina constituem atos privados integrados no poder de disposição das partes. A convenção de arbitragem é acordo privado de vontades, tem natureza contratual – e a Convenção de Nova Iorque confirma esse caráter de ajuste privado no artigo II[117] - e a

---

[116] Segundo o artigo VII. 2: *"O Protocolo de Genebra, de 1923, Relativo às Cláusulas de Arbitragem e a Convenção de Genebra de 1927 Relativa à Execução das Sentenças Arbitrais Estrangeiras deixarão de produzir efeitos entre os Estados Contratantes a partir do momento, e na medida, em que aqueles que se encontrem obrigados pela presente Convenção."*

[117] Diz o artigo II *"1. Cada Estado reconhece a Convenção escrita pela qual as Partes se comprometem a submeter a uma arbitragem todos os litígios ou alguns deles que surjam ou possam surgir entre elas*

jurisdição que confere aos árbitros tem a mesma natureza privada, nascida da vontade das partes e, assim, diferente da jurisdição pública do juiz a ele outorgada pela Constituição e pela lei. Se ambos possuem jurisdição, entendido o termo como a autoridade para declarar ou dizer o direito relativamente a uma controvérsia de caráter patrimonial, a dos árbitros decorre das partes dotadas de capacidade para contratar e do poder de disposição de que se acham investidas.

Sendo assim, o laudo arbitral, como os contratos, não haveria de requerer a intervenção do Estado para o seu reconhecimento, salvo em caso de descumprimento pelo vencido, em que há necessidade de invocar o aparato do Estado para dar-lhe efetividade, como, a propósito, estabelece a Lei 9.307/96. Em tal situação, à semelhança do que ocorre com os títulos executivos extrajudiciais, o Judiciário, provocado, irá verificar se o seu conteúdo ofende princípios de ordem pública ou a lei.

Se a lei não exige mais a homologação do laudo arbitral produzido no território brasileiro é porque reconhece a desvinculação da atividade dos árbitros da exercida pelas autoridades judiciais do Estado. Repousa a ação dos árbitros e sua jurisdição na vontade das partes, não exercendo qualquer função pública e sim eminentemente privada. O fato de a lei, para efeitos penais, equiparar os árbitros, quando no exercício de suas funções, aos funcionários públicos, não os torna agentes públicos. Essa equiparação, para efeitos penais, e a noção de que o árbitro exerce um múnus público, decorrem, ao que se depreende, do vezo antigo da necessidade de sujeição do laudo arbitral à homologação judicial. Naquele período, que antecedeu à lei de arbitragem, o fato de o laudo arbitral somente produzir efeito se homologado pelo Poder Judiciário, poderia induzir à conclusão de que a atividade dos árbitros seria suplementar à do juiz, que lhe supervisionava a decisão. Em outras palavras, os árbitros conduziam o processo e decidiam a controvérsia, mas a decisão ficava sujeita à aprovação do Estado. Era o regime que tinha como pressuposto o monopólio do Estado na com-

---

relativamente a uma determinada relação de direito contratual, ou não contratual, respeitante a uma questão suscetível de ser resolvida por via arbitral. 2- Entende-se por convenção escrita uma cláusula compromissória inserida num contrato, ou num compromisso, assinado pelas Partes ou inserido numa troca de cartas ou telegramas. 3 – O tribunal de um Estado Contratante solicitado a resolver um litígio sobre uma questão relativamente à qual as Partes celebraram uma convenção ao abrigo do presente artigo remeterá as Partes para a arbitragem, a pedido de uma delas, salvo se constatar a caducidade da referida convenção, a sua inexequibilidade ou insusceptibilidade de aplicação".

posição de litígios privados. A Convenção de Nova Iorque, já se viu, está informada ainda desse pressuposto, quando se refere à possibilidade de ser exigida reciprocidade para a homologação de laudo arbitral estrangeiro.

Desaparecida a exigência da homologação judicial do laudo nacional, ficou claro que o árbitro exerce função delegada das partes – privada, portanto, - e não do Estado, não exercendo qualquer função pública. A noção de que o árbitro atua como *longa manus* do poder estatal não mais se compadece com o atual estágio de desenvolvimento da arbitragem e do reconhecimento do caráter privado de sua atuação[118].

3. Similitude e diferença entre arbitragem e transação

Dá-se o mesmo com a transação, que o Código Civil, de 1916, corretamente tratou como uma das formas de extinção das obrigações e que o novo Código, aprovado pela Lei 10.406, de 10 de janeiro de 2002, incluiu dentre os contratos, retirando a menção aos efeitos de coisa julgada que o anterior continha, com melhor técnica.

Na verdade, o Código Civil acolheu a opinião de parte da doutrina que não se conformava com o fato de o Código Civil de 1916 incluísse a transação dentre as hipóteses de extinção das obrigações, por considerá-la um contrato. Essa doutrina, contudo, que acabou prevalecendo na redação do Código de 2002, não consegue explicar a diferença entre os objetivos dos contratos em geral, que regulam uma relação jurídica que com ele se inicia, e o específico da transação, que é o de prevenir ou terminar um litígio decorrente de uma relação jurídica já existente, mediante concessões mútuas. Para que prevalecesse, o Código Civil teve de retirar o efeito de coisa julgada próprio da transação, mutilando-a.

Não obstante a transação decorra de acordo de vontades, tem o fim específico de prevenir ou terminar litígios, mediante concessões mútuas, diversamente dos contratos que regulam uma relação jurídica determinada e não tem a finalidade de prevenir ou de terminar uma controvérsia.

Para caracterizar a transação é necessário que as partes façam concessões recíprocas, não bastando que apenas uma delas ceda, o que pode caracterizar uma doação, ou renúncia de direitos, mas não transação e, assim,

---

[118] Para uma visão divergente, vide PEDRO A. BATISTA MARTINS, *Apontamentos sobre a lei de arbitragem*, Editora Forense, 2008, p. 215/217.

com ela não se confunde. Produzindo-se fora do processo, ou antes de que se inicie, o litígio termina, sem intervenção do Judiciário. Se houver processo instaurado, o litígio termina com a transação, mas o processo, para terminar precisa de uma sentença que a homologue, ou seja, que torne oficial o ato privado das partes. Mas a sentença serve apenas para pôr fim ao processo, não ao litígio, pois este já terminou com a transação. Não precisou da intervenção do Judiciário para isso. E os efeitos da coisa julgada previsto no artigo 1030 do Código Civil, de 1916, indicavam que somente por vício de vontade pode ser rescindido ou anulado.

O Código Civil aprovado pela Lei 10.406, de 2002, embora não confira o efeito de coisa julgada, repete a mesma disposição de que a transação só se anula por dolo, coação, ou erro essencial quanto à pessoa ou coisa controversa e não por erro de direito a respeito das questões que foram objeto da controvérsia entre as partes, como dispõem o artigo 849 e seu parágrafo único. O Juiz não pode interferir na transação acordada pelas partes. Cabe-lhe apenas verificar se são elas capazes e se a controvérsia tem por objeto bem ou direito de caráter patrimonial, pois não se pode transacionar sobre direito indisponível ou que requeira necessariamente a intervenção do Judiciário.

Ao contrário da transação – que se realiza diretamente pelas partes – a arbitragem requer a intervenção de terceiro por elas escolhido, ou pela entidade de arbitragem que elegeram na convenção arbitral. Todavia, à semelhança da transação, também prescinde da intervenção do Judiciário.

Com a edição da Lei 9.307/96, dissiparam-se dúvidas sobre a natureza privada da arbitragem, não mais exigindo a homologação do laudo arbitral pelo Judiciário, quando produzido no Brasil. Permaneceu, contudo, a ideia da função pública do árbitro, seja por equipará-lo a funcionário público, para efeitos penais, seja por exigir a homologação do laudo produzido fora do território nacional pelo STJ, como se fora ato oficial de autoridade estrangeira - que não é - seja, ainda, por qualificá-lo como título executivo *judicial* - que também não é, pois é ato *extrajudicial*, produzido fora do Poder Judiciário.

4. Efeitos da Convenção de Nova Iorque sobre a Lei 9.307/96

Pondo-se de lado a questão da inconstitucionalidade do artigo 35 da Lei 9.307/96, que conferia ao STF a competência para homologar laudos arbitrais estrangeiros[119], é oportuno verificar os efeitos da aprovação da Convenção de Nova Iorque e sua vigência no Brasil. É importante observar que, segundo o entendimento do STF, o tratado revoga a lei anterior[120], da mesma forma que a lei revoga o tratado. Sendo assim, a entrada em vigor no Brasil da Convenção de Nova Iorque torna necessário verificar se há contraste entre os dois diplomas.

5. Coincidência de disposições

Em ambos os textos, considera-se laudo arbitral estrangeiro o que tenha sido proferido fora do país e ambos fazem referência ao reconhecimento e eficácia do laudo produzido no exterior. A lei brasileira complementa essa disposição ao definir a competência para essa homologação ao Superior Tribunal de Justiça. Anteriormente, com melhor técnica, o artigo 1.098 do CPC, revogado pela lei 9.307/96, estabelecia que a competência para homologar laudos arbitrais era do juiz a quem originariamente competisse julgar a causa, ou seja, ao juiz de primeiro grau[121], sem fazer distinção quanto à origem do laudo, se produzido no Brasil ou no exterior.

A lei, contudo, revogou esse dispositivo, prevendo a competência ora deferida ao Superior Tribunal de Justiça para essa providência, apequenado com a tarefa cartorial de verificação de pressupostos legais para o reconhecimento de atos privados produzidos no exterior.

De maneira geral pode-se dizer que os dispositivos da Convenção de Nova Iorque sobre reconhecimento de laudos arbitrais realizados fora do território do país não alteram substancialmente os contidos nos artigos 34 a 40 da lei 9.307/96.

Segundo o artigo IV da Convenção, para obter o reconhecimento e eficácia do laudo arbitral proferido no exterior, a parte interessada deve

---

[119] A Emenda Constitucional nº 45 retirou essa competência do Supremo Tribunal Federal, transferindo-a ao Superior Tribunal de Justiça.

[120] Ac. 80.004, RTJ nº 83/809.

[121] Essa matéria era controvertida, entendendo alguns autores que o laudo arbitral produzido fora do Brasil deveria necessariamente ser homologado pelo judiciário local, devendo a sentença judicial estrangeira homologatória do laudo ser levada ao STF. Todavia, o artigo 1098 do CPC, ora revogado, dispunha: "*É competente para a homologação do laudo arbitral o juiz a que originariamente tocar o julgamento da causa.*" Não obstante, essa regra nunca foi observada, tendo-se continuado a submeter os laudos produzidos no exterior ao STF para a homologação, que sempre reconheceu sua competência para esse fim.

fornecer via original ou cópia autenticada do laudo e a via original da convenção arbitral, tal como previsto no artigo 37 da Lei 9.307/96.

O artigo V da Convenção, à semelhança do artigo 38 da Lei, dispõe que o reconhecimento e a eficácia do laudo poderão ser recusados, a pedido da parte interessada, em algumas hipóteses, a saber: (a) se as partes na convenção de arbitragem eram, de acordo com a lei a elas aplicável, incapazes ou a convenção não era válida de acordo com a lei às quais as partes estavam sujeitas, ou, ainda, na ausência de qualquer indicação de lei aplicável, segundo a lei do país em que o laudo foi proferido. Essa alínea foi reproduzida nos incisos I e II do artigo 38 da Lei 9.307/96, não havendo, portanto, qualquer modificação; (b) se a parte contra a qual o laudo é invocado não foi devidamente comunicada da nomeação do árbitro ou do processo arbitral, ou, de outra forma, não pode apresentar suas alegações; essa alínea corresponde ao inciso III do mesmo artigo 38, assim redigido: *"(se o réu) não foi notificado da designação do árbitro ou do procedimento de arbitragem, ou tenha sido violado o princípio do contraditório, impossibilitando a ampla defesa"*. Também aqui, como se percebe, a lei brasileira já havia incorporado o dispositivo em seu texto.

A alínea (c) do artigo V da Convenção diz "(se) *o laudo resolve controvérsia não prevista ou fora dos termos da convenção de arbitragem, ou se contém decisões sobre matérias fora do escopo da convenção de arbitragem, salvo se as decisões sobre matérias submetidas à arbitragem possam ser separadas das que não o foram, caso em que a parte do laudo que contém decisões sobre matérias submetidas à arbitragem pode ser reconhecida e executada"*. Essa alínea corresponde ao inciso IV do artigo 38, assim redigido: "(se) *a sentença arbitral foi proferida fora dos limites da convenção de arbitragem, e não foi passível separar a parte excedente daquela submetida à arbitragem"*.

A alínea (d) do artigo V da Convenção tem a seguinte redação: *"a composição do juízo arbitral ou o procedimento arbitral não estava em conformidade com a convenção das partes, ou, na ausência de tal convenção, de que não estava em conformidade com a lei do país em que teve lugar a arbitragem."* A norma correspondente da Lei 9.307/96 é o inciso V do artigo 38: *"a instituição da arbitragem não está de acordo com o compromisso arbitral ou cláusula compromissória"*.

A alínea (e) do artigo V da Convenção estabelece: *"o laudo não se tornou ainda obrigatório para as partes, ou foi anulado ou suspenso pela autoridade competente do país em que ou segundo a lei do qual foi proferido"*. O inciso VI, do artigo 38 da lei brasileira, repete: *"a sentença arbitral não se tenha, ainda, tor-*

nado obrigatória para as partes, tenha sido anulada, ou, ainda, tenha sido suspensa por órgão judicial do país onde a sentença for prolatada."

O inciso 2 do artigo V da Convenção corresponde ao artigo 39 da Lei, tratando-se de mera tradução adaptada ao Brasil.

6. Modificações substanciais que derrogaram a Lei 9.307/96

Duas disposições da Convenção alteram substancialmente o regime dos laudos arbitrais realizados fora do território nacional.

a. Prevalência da lei do país sobre a do local em que foi proferido o laudo

A primeira é a prevista no artigo VII, sem correspondência na Lei 9.307/96, assim redigida:

> "1- *As disposições da presente Convenção não prejudicam a validade dos acordos multilaterais ou bilaterais celebrados pelos Estados Contratantes em matéria de reconhecimento e execução de laudos arbitrais, nem prejudicam o direito de invocar o laudo arbitral que qualquer das Partes interessadas que possa ter nos termos da lei ou dos tratados do país em que for invocado.*"

Segundo essa disposição, ainda que o laudo arbitral seja considerado nulo pela lei do país onde foi proferido, se os requisitos previstos pela lei do país em que deve ser executado tiverem sido atendidos, o laudo poderá ser homologado.

Essa norma inova a lei 9.307/96, cujo artigo 38, inciso VI, diz que poderá ser recusada a homologação para o reconhecimento ou execução do laudo arbitral, quando o réu demonstrar que *"a sentença arbitral não se tenha, ainda, tornado obrigatória para as partes, tenha sido anulada, ou, ainda, tenha sido suspensa por órgão judicial do país onde a sentença for prolatada."*

Não obstante esse artigo reproduza o constante da Convenção, não contém a ressalva do Artigo VII, nº 1 da Convenção de que, embora o laudo seja anulado ou suspenso por órgão judicial do país onde foi proferido, se não contrariar a lei local, ou seja, a lei do país em que será executado e estiver conforme com sua ordem pública, pode ser concedida a homologação. Com a ratificação da Convenção, essa ressalva ficou incorporada à normativa da arbitragem no Brasil, podendo ser homologados os laudos proferidos no exterior que tenham sido anulados ou suspensos no país onde foi proferido, se a lei brasileira o admitir.

Essa ressalva impõe o exame dos requisitos para a homologação de sentenças e atos provindos de autoridades de outros países. A matéria é objeto do artigo 17 da LINDB, assim redigido:

> *"Art. 17. As leis, atos e sentenças de outro país, bem como quaisquer declarações de vontade, não terão eficácia no Brasil, quando ofenderem a soberania nacional, a ordem pública e os bons costumes."*

Essa disposição, de caráter material, estabelece as condições em que a sentença estrangeira pode ser reconhecida como válida e eficaz no território nacional. Não se confunde essa com a de caráter processual, contida no artigo 101, I, *h*, da Constituição Federal, que conferia ao STF a competência para homologar sentenças estrangeiras, nem com a Emenda Constitucional nº 45, que a previu para o Superior Tribunal de Justiça. Da mesma forma, tem conteúdo processual os artigos 961 e 964 do CPC, que dão cumprimento à norma constitucional relativa ao processo de homologação de sentença estrangeira, inclusive para estabelecer o rito processual, por meio do Regimento Interno.

Portanto, as condições para que uma sentença estrangeira seja reconhecida no Brasil são apenas as de que não ofenda a soberania nacional, não viole a ordem pública, nem os bons costumes brasileiros. A *contrario sensu*, pode-se concluir que, se a sentença estrangeira não contrariar esses requisitos, está apta a ser reconhecida e executada no Brasil.

A lei 9.307/96, no entanto, inovou, estabelecendo, no inciso VI do artigo 38, que não será homologada a sentença arbitral estrangeira, que *"não se tenha, ainda, tornado obrigatória para as partes, tenha sido anulada, ou, ainda, tenha sido suspensa por órgão judicial do país onde a sentença arbitral for prolatada."*

Essa norma, como se depreende, foi afetada pela Convenção de Nova Iorque que ressalva o direito da parte interessada no processo de homologação do laudo arbitral estrangeiro de invocar sua conformidade com a lei do país onde deve ser executada. Assim, de acordo com a Convenção, se o laudo não contrariar norma interna ou a ordem pública local de sua execução, ainda que tenha sido anulado no país onde foi proferido, poderá ser reconhecido e executado[122]. No Brasil, as sentenças estrangeiras não podem ser homologadas apenas se não preencherem as condições do artigo 17 da LINDB e do Regimento Interno do STJ.

Essas condições não mencionam a suspensão ou anulação da sentença por tribunal estrangeiro. Se houve o trânsito em julgado e estiver revestida das formalidades para sua execução, o laudo arbitral estrangeiro, ainda que atente contra a lei do local onde foi proferido, ou sua ordem pública, poderia ser homologado no Brasil, se preencher os requisitos estabelecidos pela LINDB, que rege a matéria. Essa consequência faz sentido, pois o que importa, no processo de homologação e execução do laudo arbitral estrangeiro é sua conformidade com a lei do país onde vai ser executado, onde terá eficácia e onde produzirá efeitos. As disposições da Convenção de Nova Iorque sobre a conformidade da sentença arbitral com a lei do país onde foi proferida foram editadas no período em que o Estado ainda possuía o monopólio da jurisdição e toda sentença arbitral deveria ser homologada pelo Judiciário local. Para as sentenças arbitrais a serem executadas no exterior, a Convenção transferiu essa providência ao país da execução, eliminando a dupla homologação. Assim, continuava a prevalecer o monopólio da jurisdição estatal, atualmente superado pelo reconhecimento do caráter privado da jurisdição dos árbitros e da desnecessidade de homologação da sentença arbitral nacional pelo judiciário.

Por outro lado, há que se observar que o art. 17 da LINDB faz referência à ordem pública, sem distinguir a nacional da internacional, a exemplo de outros países, a França em particular. No Brasil não há essa distinção, sendo relevante apenas a ordem pública nacional para efeito de reconhecimento de sentença estrangeira.

b. Reflexos na homologação da sentença arbitral estrangeira

Importante modificação introduzida pela Convenção é a do artigo III, segundo o qual a sentença arbitral produzida fora do território do país

---

[122] "Artigo VII - 1. As disposições da presente Convenção não afetarão a validade de acordos multilaterais ou bilaterais relativos ao reconhecimento e à execução de sentenças arbitrais celebrados pelos Estados signatários **nem privarão qualquer parte interessada de qualquer direito que ela possa ter de valer-se de uma sentença arbitral da maneira e na medida permitidas pela lei ou pelos tratados do país em que a sentença é invocada.**" (negrito adicionado)

deve se subordinar às mesmas regras de processo adotadas no território em que for invocado. Diz esse dispositivo:

> "III Cada Estado signatário reconhecerá as sentenças como obrigatórias e as executará em conformidade com as regras de procedimento do território no qual a sentença é invocada, de acordo com as condições estabelecidas nos artigos que se seguem. Para fins de reconhecimento ou de execução das sentenças arbitrais às quais a presente Convenção se aplica, **não serão impostas condições substancialmente mais onerosas ou taxas ou cobranças mais altas do que as impostas para o reconhecimento ou a execução das sentenças arbitrais domésticas.**" (destacou-se)

No Brasil, os laudos arbitrais produzidos no país não mais são passíveis de homologação pelo judiciário, possuindo o caráter de título executivo *judicial*, de acordo com o criticável critério adotado pela lei processual, uma vez que se trata de título executivo *extrajudicial*. Se o laudo arbitral produzido no território brasileiro não necessita ser homologado para ser executado, a aplicação do artigo III da Convenção leva à conclusão de que o mesmo tratamento deveria ser adotado para a sentença arbitral estrangeira.

Segundo o artigo 31 da Lei 9.307/96, *"a sentença arbitral produz, entre as partes e seus sucessores, os mesmos efeitos da sentença proferida pelos órgãos do Poder Judiciário e, sendo condenatória, constitui título executivo"*. Assim, também a sentença arbitral proferida no exterior deveria gozar do mesmo tratamento, com a dispensa da necessidade de sua homologação, como ocorre com as proferidas no Brasil. Não tem sido esse, entretanto, o entendimento do Superior Tribunal de Justiça, que tem apreciado sistematicamente pedidos de homologação de laudos arbitrais estrangeiros, considerando, portanto, ainda vigente o requisito imposto pela lei 9.307/96, embora derrogado pelo artigo III da Convenção de Nova Iorque[123]. Somente quando se dispuser esse Tribunal a rever sua posição é que a exigência poderá deixar de ser cumprida.

É imprescindível assinalar também que a lei brasileira estabelece requisitos formais precisos e obrigatórios para a sentença arbitral prolatada no país, cuja não observância acarreta-lhe a nulidade. São os estabelecidos no artigo 26, a saber, conter relatório, com o nome das partes e resumo do

---

[123] Sobre o assunto, vide ARNOLDO WALD, "A Convenção de Nova Iorque", *RDB* 16/325-332.

litígio, os fundamentos da decisão, com análise das questões de fato e de direito, o dispositivo, com a resolução do litígio, o prazo para o cumprimento, se for o caso, e a data e lugar em que for proferida.

Nem sempre o laudo arbitral estrangeiro contém esses requisitos, sobretudo os provindos de corporações comerciais ou profissionais, que decidem com informalidade, sem conter fundamentos, nem análise de questões de fato e de direito, limitando-se a transcrever o dispositivo, com a conclusão a que chegaram os árbitros. Esses laudos, normalmente cumpridos pelos operadores do comércio internacional, sobretudo de *commodities*, ciosos de sua reputação e credibilidade, poderiam ficar sujeitos à homologação, em caso de resistência do vencido em cumpri-lo, quando, então, se examinarão os pressupostos para o reconhecimento de atos produzidos no exterior a serem cumpridos no país. Nesse caso, tendo sido proferida no exterior e, assim, sujeita à lei local onde, há que se levar em conta essa lei, por força do princípio do *locus regit actum*. Somente se houver ofensa à ordem pública brasileira, à soberania nacional e aos bons costumes, como dispõe o artigo 17 da LINDB, é que o ato produzido no exterior não pode ter eficácia no Brasil e, assim, não homologável.

Capítulo 5 – O Reconhecimento de Sentenças Arbitrais Estrangeiras: Uma Análise Contextual[124]

1. Breve histórico

a. O antigo monopólio da jurisdição do Estado

O reconhecimento de sentenças arbitrais requer o exame do comportamento dos Estados sobre o tema ao longo do tempo e as aspirações dos agentes atuantes no comércio internacional para se libertarem do jugo das autoridades governamentais.

Desde logo há que se lembrar ser o Estado historicamente o único ator com legitimidade para atuar na esfera internacional, acima do qual não havia outra autoridade. O indivíduo estava a ele sujeito, sem acesso à esfera internacional. Para a defesa de seus direitos no exterior, valiam-se da proteção diplomática. A ordem internacional estava centrada no Estado, com normas que refletiam princípios e valores europeus, fruto do antigo domínio do império romano e do poderoso direito por ele criado.

O sistema colonialista que vigorou praticamente até a Segunda Guerra Mundial, com a criação da ONU, que o substituiu pelo regime de tutela em

---

[124] Versão anterior foi publicada em *Temas de Mediação e Arbitragem III*. NASCIMBENI, Asdrubal Franco, BERTASI, Maria Odete Duque, RANZOLIN, Ricardo Borges (Coord.), Lex, 3ª Ed., 2009, p. 87-106.

substituição ao protetorado, em denominação nova para sistema antigo, foi instituído com a ocupação de comunidades conquistadas.

b) A proteção diplomática de nacionais no exterior

Nas relações internacionais entre Estados soberanos vigorava o princípio da proteção diplomática, pelo qual o indivíduo, desprovido de *jus standi*, sem capacidade postulatória internacional, estava compelido a valer-se do país do qual era nacional, para reivindicar direitos que considerava não atendidos em território estrangeiro, decorrentes da aplicação da lei local, discriminatória ou não.

Sem capacidade postulatória no foro internacional, eram os estrangeiros forçados a valerem-se do sistema local de solução de controvérsias. Se, não atendidos os seus reclamos, poderiam invocar terem sido vítimas de denegação de justiça e apelar para a proteção diplomática de seu país, que poderia conceder, se não houvesse interesses políticos superiores a atender. Era sempre necessário comprovar a denegação de justiça, mesmo em controvérsias com nacionais locais não atendidos pelas autoridades judiciárias ou administrativas. O padrão mínimo das normas jurídicas a ser observado era dos países ditos civilizados – vale dizer, europeus – prevalecendo sobre eventuais costumes ou normas locais divergentes, considerados "bárbaros" e, por isso, não aplicáveis a estrangeiros. O regime das capitulações, em que o Estado mantinha cônsules no território de antigas colónias com poderes jurisdicionais sobre seus nacionais é fruto dessa prática.

A denegação de justiça, ou seja, o não atendimento de interesses privados de estrangeiros, permitia ao Estado que assim a classificasse, esposasse esses interesses, tornando-os seus. O direito era, portanto, do Estado, de proteger o seu nacional e não de seus nacionais[125]. É certo que o conceito de denegação de justiça geralmente adotado é o da violação de deveres de um Estado, dentre as quais a de prover o acesso dos estrangeiros aos tribunais locais. Está vinculado, todavia, ao esgotamento dos recursos locais, segundo as normas aplicáveis. Assim, somente após terem sido exauridos

---

[125] Segundo Kelsen *"Do ponto de vista do direito internacional, este [a proteção diplomática] é um direito do Estado, não de seus nacionais e é um direito que o Estado tem somente relativamente a seus próprios nacionais"* (tradução do autor) *Principios de Derecho Internacional"* El Ateneo Editorial, Buenos Aires, 1965, p. 212.

todos os recursos locais, administrativos ou judiciais, é que nascia o direito do Estado de conferir proteção diplomática ao seu nacional afetado.

Ao conceder a proteção diplomática, passava o Estado a tratar diretamente com o tido como infrator na esfera do direito internacional público. A controvérsia privada tornava-se pública entre dois países com os inevitáveis riscos à paz internacional. No jogo de forças, é claro, prevalecia a vontade e o interesse das maiores potências, dotadas de maior base de poder[126].

Isto explica o grande número de arbitragens entre Estados no século XIX, envolvendo países europeus entre si e outros, dentre os quais Estados sul-americanos, então recém-saídos da condição de colônias e ainda com estruturas jurídicas internas não bem organizadas e com interesses privados de estrangeiros nem sempre atendidos. Embora esses interesses fossem, por vezes abusivos, geravam intervenções dos países mais poderosos, como as que resultaram na instalação das Comissões Mistas de Arbitragem instituídas para apurar o valor das dívidas da Venezuela com credores privados da Inglaterra, Alemanha e Itália, em 1902[127].

Esse sistema tinha, como consequência, a extrema dependência de investidores no exterior às políticas do Estado de onde provinham[128]. Os investimentos em países estrangeiros até a Segunda Guerra Mundial, é preciso lembrar, eram feitos geralmente, para a extração de recursos naturais em outros países, como minérios, petróleo ou produtos agrícolas, e exportados para a sede da empresa investidora ou outras paragens por ela determinadas. Ou ainda para a exploração do mercado local, como ocorria – o que ainda acontece – com empresas que atuam em setores limitados ao país hospedeiro, sem exportar os artigos produzidos, destinados ape-

---

[126] Sobre o assunto vide também QUOC DINH, PATRICK DAILLIER e ALAIN PELLET, *Droit International Public*, 5ª edição, p. 760/764.

[127] WILIAMS, John Fischer. Le droit international et les obligations financieres internationales qui naissent d'un contrat, *Recueil des Cours de l'Academie de Droit International*, t. I, p. 310, 1923.

[128] No século XIX, Lord Parlmerston deixava claro em Circular, que emitiu sobre a proteção diplomática pelo Reino Unido, que *"para governo britânico era inteiramente uma questão de discrição e não de direito internacional decidir se deve ou não fazer da matéria o objeto de uma negociação diplomática"* (WILLIAMS, John Fischer. Op. cit., p. 303). Essa observação foi ratificada em meados do século XX na decisão do caso *Barcelona Traction*, em que a Corte Internacional de Justiça reiterou o princípio segundo qual *"O Estado deve ser considerado como o único mestre para decidir sua proteção, em que medida ele o fará e quando a ela porá fim. Ele possui, a esse respeito, um poder discricionário cujo exercício pode depender de considerações, notadamente de ordem política, estanhas ao caso"*, in *Recueil*, 5/2/1970.

nas aos consumidores da região. É o que se verifica com certas indústrias de alimentos, roupas, cosméticos e outras, organizadas para explorar o mercado local. Os efeitos do tratamento conferido a esses investimentos envolviam, em geral, apenas dois Estados, o de onde provinha e o do local onde era feito. As controvérsias poderiam derivar da aplicação de leis discriminatórias contra o estrangeiro ou sobre tratamento a capitais provindos do exterior, limitando ou condicionando a remessa de lucros ou de juros a políticas nacionais. A possibilidade dessa prática amparava pretensões de assinatura de Tratados de Comércio, Amizade e Navegação celebrados pelos Estados Unidos com diversos países, que assegurava tratamento não discriminatório aos nacionais das partes deles signatárias.

Esse quadro geral do século XIX e da primeira metade do século XX já prenunciava a preocupação dos chamados operadores e agentes do comércio internacional com a interação de suas atividades com as dos países hospedeiros de seus investimentos e a dependência a que estavam sujeitos. A força ou a influência do Estado acompanhavam os investidores, dando-lhes proteção e, ao mesmo tempo, intervindo em suas decisões. A proteção pedida podia estar sujeita a contrapartidas, nem sempre bem apreciadas pelos investidores. Para evitar esse inconveniente, o contrato passou a ser utilizado como estratégia para regular relações privadas, evitando a intromissão dos Estados.

Não é por mera coincidência que passaram os contratos ao primeiro plano do relacionamento entre empresas, com a previsão de cláusulas de proteção ao investidor estrangeiro. Entre estas sobressaíam a de direito aplicável, a de foro competente para a solução de controvérsias e a de arbitragem, esta última como alternativa para permitir a solução de eventuais controvérsias, sem a interferência indesejada do Estado de qualquer das partes. Todavia, não bastava a cláusula arbitral para assegurar a instituição da arbitragem, quando surgisse controvérsia, sendo necessária a assinatura posterior do compromisso arbitral, considerado o instrumento regulador da instituição da arbitragem.

Esse era o entendimento generalizado de então, como o adotado pelo Código Civil brasileiro, de 1916, a regular-lhe os efeitos, sem mencionar os da cláusula arbitral, considerada, pela doutrina e pela jurisprudência judiciária, como obrigação de fazer não dotada de execução compulsória. Em outras palavras, somente o compromisso arbitral poderia autorizar a instauração da arbitragem, não assim a simples cláusula arbitral. E isso não ocorria apenas no Brasil, mas em numerosos outros países[129], a indicar a presença do Estado e da mentalidade jurisdicionalista que então prevalecia. O descumprimento da cláusula arbitral, com o ingresso de ação judicial, poderia, quando muito, resultar na obrigação de compor perdas e danos, pela não observância de uma obrigação de fazer, qual seja, a de firmar o compromisso arbitral, somente este apto a instituir a arbitragem.

Constituindo mera obrigação de fazer, nem todos os países lhe reconheciam efetividade e efeito compulsório, o que frustrava o intento de instauração da arbitragem, após o nascimento da controvérsia, tornando letra morta a cláusula arbitral.

Em contratos internacionais a questão tinha grande relevância, pois as partes desejavam ter segurança de que a cláusula tivesse efetividade, com o afastamento do Estado na solução de eventual controvérsia entre elas. A tendência de favorecer a solução arbitral era aspiração perene dos partícipes do comércio internacional.

c. A reação

Esse quadro começou a ser alterado pela ação da comunidade empresarial privada, desejosa de se livrar da dependência do Estado em suas relações comerciais internacionais. A Câmara de Comércio Internacional, fundada em 1919, por empresários privados, ainda na turbulência causada pela Primeira Guerra Mundial, conseguiu a aprovação do Protocolo de Genebra sobre Cláusulas de Arbitragem, de 1923, que constituiu grande conquista dos agentes, investidores e operadores do comércio internacional para conferir eficácia às cláusulas arbitrais nos contratos internacionais, independentemente de ulterior compromisso arbitral.

O esforço para aprimorá-la e dar eficácia aos laudos arbitrais avançou com a assinatura da Convenção de Genebra sobre a Execução de Sentenças Arbitrais Estrangeiras, de 1927, sobre o reconhecimento de sentenças arbitrais.

Tratava-se de providência necessária, diante da exigência, então comum, de homologação judicial de laudos arbitrais no país onde foram proferidos, como ato necessário para lhe dar validade e eficácia. No Brasil esse requi-

---

[129] Segundo JEAN ROBERT, a cláusula compromissória era também considerada na França obrigação de fazer. *Arbitrage Civil et Commercial*, Librairie Dalloz, 4ª edição, p. 125/127.

sito, previsto no CPC de 1939, mantido no de 1973, condicionava a validade e eficácia do laudo arbitral à homologação judicial, sob pena de nulidade. Assim, o laudo arbitral somente seria válido se acolhido por meio de sentença judicial, como regulado no ora revogado art. 1041 do CPC, de 1939: *"A execução da sentença arbitral dependerá de homologação"*.

Não se reconhecia o efeito vinculativo do laudo arbitral por si só, o que justificava a exigência de sua homologação pelo Poder Judiciário[130]. O que se executava não era o laudo arbitral, mas a sentença judicial que o homologou. E era essa sentença judicial que se levava à homologação do Estado onde seria executado. O mesmo critério era observado na França, como apontado por Jean Robert, segundo quem *"o exequatur não é outra coisa senão o controle administrativo a permitir a execução (da sentença arbitral); mas pelo fato de que terá efeito sobre as partes, abre a via do controle judiciário a pedido das mesmas partes"*.

Em última análise, prevalecia o Estado como o titular exclusivo da jurisdição para decidir controvérsias privadas, ainda que de direitos disponíveis.

No Brasil, somente com a lei 9.307/96 esse entendimento foi eliminado, com a adequação do país à tendência generalizada no comércio internacional e fortalecida pela Convenção de Nova Iorque sobre Arbitragem, de 1958, ratificada pelo Brasil somente em 2002.

Essa exigência – de homologação judicial do laudo arbitral privado – decorria do entendimento de que o Estado era titular único da jurisdição nacional para resolver controvérsias privadas. Sendo dotado de soberania interna e internacional, tinha o monopólio da jurisdição. O poder de dizer o Direito era sua prerrogativa exclusiva.

A organização internacional estabelecida com base na soberania do Estado, contudo, começou a ser turbada com a eclosão da Primeira Guerra Mundial, a demonstrar a incapacidade dos Estados de assegurar a paz e segurança internacionais. É sintomático que o Protocolo de Genebra, de 1923, ajustado logo após o término da guerra, foi, certamente, facilitado pela crise institucional por ela provocado. Foi momento em que começou a se fortalecer a tendência de dar maior liberdade à sociedade civil nas relações comerciais internacionais, com a aceitação da cláusula arbi-

---

[130] Era essa também norma prevista no revogado art. 1045 do Código Civil de 1916: *"A sentença arbitral só se executará, depois de homologada, salvo se for proferida por juiz de primeira ou segunda instância, como árbitro nomeado pelas partes"*. Essa ressalva da lei mostra claro o então monopólio do Estado na administração da justiça.

tral nos contratos internacionais com eficácia própria e independente de ulterior compromisso arbitral.

A criação do Tribunal Permanente de Arbitragem de Haia integra esse quadro. Embora restrito a controvérsias entre Estados, consistiu tentativa de organização da estrutura da ordem mundial, para a solução pacífica de contendas estatais. A autodefesa até então preconizada como direito dos Estados começava a sofrer mitigação, com o estímulo para as negociações e a utilização da arbitragem institucionalizada.

A Segunda Guerra Mundial, terminada em 1945, ratificou a tendência de superação do sistema estatal tradicional, fundado na soberania absoluta do Estado, com a criação da Organização das Nações Unidas, *pelos povos* e não mais por Estados, como ocorrera com a extinta Liga das Nações. Houve certa redução do papel do Estado, agora obrigado a conviver, no âmbito internacional, com outras organizações internacionais, além das empresas multinacionais e de investidores privados nas esferas interna e internacional. A sociedade civil emergiu para o cenário político e econômico, com o aparecimento das organizações não governamentais de propósitos específicos e setoriais das relações sociais, conferindo maior expressão e mais influente nas duas ordens, a condicionar a atuação dos Estados.

2. As Convenções internacionais

A atenção para o regramento do processo arbitral teve como ponto inicial a aprovação do Protocolo de Genebra sobre Cláusulas Arbitrais, de 24.09.1923[131], fruto da intenção em conferir a essa disposição contratual compulsoriedade, impondo o cumprimento do dever de boa-fé nos contratos internacionais. Se o contratante aceitou a arbitragem, como forma de solução privada de litígios, por ocasião da assinatura do contrato, não poderia esquivar-se mais tarde, levando a controvérsia ao Judiciário. Foi esse Protocolo o primeiro instrumento internacional de nota a conferir efetividade às cláusulas arbitrais, independentemente de compromisso específico posterior. Já se percebia, àquela altura, a necessidade de os Estados atenderem a reclamos da comunidade empresarial de fortalecer o princípio da boa-fé nos contratos comerciais internacionais. O entendimento

---

[131] Ratificado pelo Brasil e posto em vigor pelo Dec. 21.187, de 22.03.1932. Revogado com a entrada em vigor no País da Convenção de Nova Iorque, de 1958.

comum de que somente o compromisso arbitral seria o instrumento hábil à instituição da arbitragem, com o afastamento da jurisdição estatal, deveria ser superado.

A opção pela forma privada de solução de controvérsias era vista com cautela, pairando a noção da legitimidade única do Estado para esse fim. A grande contribuição desse Protocolo foi a de reconhecer, entre os Estados que a firmaram, a validade e eficácia da cláusula compromissória, pela qual os partícipes de contrato comercial se obrigam a submeter à arbitragem litígios dele resultantes. A noção de que a cláusula arbitral ou compromissória seria apenas uma obrigação de fazer – celebrar compromisso arbitral, após o nascimento do litígio – ficou superada para os países que participaram do Protocolo.

Além dessa importante evolução, outra, também relevante, foi estabelecida, qual seja, a de que *"o processo da arbitragem, incluindo-se a constituição do tribunal arbitral, será regulado pela vontade das partes e pela lei do país em cujo território a arbitragem se efetuar"*, como disposto no art. 2º do Protocolo. A vontade das partes foi elevada ao primeiro plano, a indicar sua autonomia e prevalência a lhes permitir estabelecer as normas de processo para lhes compor as controvérsias, dentro dos limites autorizados pela legislação estatal. Não obstante essa limitação, deu-se destaque à vontade das partes, tornando-as aptas para dispor sobre o processo a ser observado.

O artigo 4º, visando a dar efetividade à cláusula arbitral, estabeleceu que os tribunais dos Estados devem encaminhar os interessados ao julgamento dos árbitros controvérsias sobre contratos que a contenham. Foi um primeiro passo para retirar do Judiciário o monopólio de fato para decidir controvérsias de caráter comercial.

Restaurava-se o princípio de que litígios comerciais poderiam ser resolvidos pelos próprios comerciantes, sem intervenção governamental, como propugnado pela Revolução Francesa como reação contra os abusos dos poderes constituídos de então, como esclarecia Jean Robert. Segundo esse autor, o artigo 1º do decreto de 16 de 24.08.1790, da França, estabelecia: *"A arbitragem, sendo o meio mais razoável de terminar contestações entre cidadãos, os legisladores não podem aprovar disposições tendentes à diminuir seja a favor, seja à eficácia do compromisso.*[132]*"*. No Brasil tornou-se regra impositiva sob o

---

[132] JEAN ROBERT *Arbittrage Civil et Commercial – Droit Interne et Droit International Privé*, Dalloz, Paris, 1967, 4ª Edição, p. 16 (tradução livre do autor). ide também, CLÁUDIO VIANNA

Regulamento 737, de 1850, sem grande sucesso, vindo a ser revogada pela Lei 1.350, de 14.09.1866.

A falta de uso da arbitragem no Brasil, apesar da lei, revela a mentalidade prevalecente na época de que somente o Estado é que tinha aptidão para solucionar controvérsias, ainda que de caráter privado. O mesmo ocorreu na França, como reação vinda no sentido inverso, que levou a sujeitar a arbitragem voluntária à jurisdição do direito comum[133].

Clóvis Beviláqua, então Consultor Jurídico do Ministério das Relações Exteriores, apoiou a ratificação do Protocolo, chegando a sugerir a sua adoção dos efeitos compulsórios da cláusula arbitral para os contratos internos. Essa sugestão foi ignorada e o Protocolo somente foi ratificado pelo Brasil em 1932 por ter o então Ministro das Relações Exteriores, Afrânio de Melo Franco, que participara da delegação brasileira que a firmara, insistido na sua apresentação ao Congresso, o que foi feito com o seu decidido apoio[134].

Esse primeiro passo no plano internacional foi complementado pela Convenção de Genebra de 1927, que dispôs especificamente sobre execução de laudos arbitrais estrangeiros. Procurou-se com a Convenção dar efetividade às sentenças arbitrais proferidas no exterior, completando-se o ciclo: contrato com cláusula arbitral, sua efetividade para impor a constituição do juízo arbitral e a eficácia da decisão, com o seu reconhecimento para fins de execução.

O Brasil não assinou essa Convenção. O histórico no seu exame decorre da constatação da evolução do comércio internacional e do registro do aprimoramento do sistema privado de solução de litígios, sem a interferência do Estado, salvo para reconhecer os laudos arbitrais proferidos no exterior e levados à execução no país. Já era o início do desenvolvimento da nova *lex mercatoria* a reger instrumentos e práticas dos operadores do comércio internacional, *ad latere* das autoridades estatais. Dispôs aquele

---

DE LIMA. A arbitragem no tempo. O tempo na arbitragem. In: GARCEZ, José Maria Rossani (org.). *A arbitragem na era da globalização*. Rio de Janeiro: Forense, 1997. p. 9.

[133] JEAN Robert, *Arbitrage Civil et Commercial*. p. 10.

[134] O embaixador Geraldo Eulálio do Nascimento e Silva, ao responder à indagação do autor sobre a falta de ratificação de numerosas convenções internacionais firmadas pelo país, esclareceu que não consistia política deliberada do governo, mas falta de sincronização interna no Ministério. Disse, então, que fora graças à intervenção de Afrânio de Melo Franco que o Protocolo foi submetido à ratificação pelo Congresso. Nomeado Ministro das Relações Exteriores e verificando que o Protocolo por ele assinado ainda não havia sido encaminhado à ratificação, empenhou-se para que isso fosse feito.

instrumento sobre a execução de laudos arbitrais estrangeiros, dando-lhes eficácia e, assim, segurança nas relações privadas entre comerciantes no plano internacional. Constituiu essa Convenção passo importante para a solidificação da arbitragem e afastamento da primazia do Estado na solução de controvérsias comerciais internacionais privadas.

Esse processo evolutivo desaguou na Convenção para o Reconhecimento e Execução de Sentenças Arbitrais Estrangeiras, firmada em Nova Iorque, em 1958, sob os auspícios da ONU, que substitui as de Genebra de 1923 e 1927[135] tornando-as superadas por dispor sobre as mesmas matérias, de forma melhor sistematizada e homogênea, eliminando dúvidas ao esclarecer sua revogação para os Estados que a firmaram. Tornou-se referência de segurança jurídica para os partícipes de negócios e contratos entre países domiciliadas nos países dela signatários, ou aderentes. Assegurava a eficácia da convenção arbitral, termo que compreende a cláusula arbitral e o compromisso, bem como o reconhecimento e validade aos laudos arbitrais proferidos no território de outros países.

Nas negociações privadas internacionais, uma das preocupações dos contratantes sempre foi a de verificar se o país onde o contrato vai ser assinado, ou as obrigações nele reguladas vão ser executadas, é signatário da Convenção, e se do ajuste constar uma cláusula arbitral. Desejam as partes ter certeza de que, se surgir eventual controvérsia no curso do cumprimento do contrato, a cláusula arbitral terá eficácia e a decisão nela fundada terá efetividade, com seu pleno reconhecimento. O grande número de países signatários e aderentes à Convenção demonstra o interesse generalizado em assegurar, no plano interno, a plena validade da arbitragem, como meio privado de solução de litígios comerciais. A participação de um país na Convenção significava segurança jurídica ao contratante estrangeiro, com o afastamento da competência dos tribunais locais para solucionar controvérsias advindas de contratos comerciais.

---

[135] O art. VII, 2, da Convenção de Nova Iorque diz: "*O Protocolo de Genebra sobre Cláusulas de Arbitragem de 1923 e a Convenção de Genebra sobre a Execução de Sentenças Arbitrais Estrangeiras de 1927 deixarão de ter efeito entre os Estados signatários quando, e na medida em que eles se tornem obrigados pela presente Convenção*".

3. A modificação da ordem internacional após a Convenção de Nova Iorque sobre arbitragem

A ordem jurídica internacional de então compreendia não apenas os Estados independentes, como também os territórios sob administração de outros, sob regime de tutela, resquício do antigo sistema do protetorado, que sucedeu ao colonial. Dela consta, a esse propósito no § 3º do artigo X:

> *"Com respeito àqueles territórios aos quais a presente Convenção não for estendida quando da assinatura, ratificação ou adesão, cada Estado interessado examinará a possibilidade de tomar as medidas necessárias a fim de estender a aplicação da presente Convenção a tais territórios, respeitando-se a necessidade, quando assim exigido por razões constitucionais, do consentimento dos Governos de tais territórios".*

O sistema das colônias, dos protetorados e das tutelas, este então vigente quando da aprovação da Convenção, desapareceu completamente do cenário internacional, alterando-se, da mesma forma, a mentalidade, até então corrente, do papel do Estado soberano, acima do qual nenhuma outra autoridade existia, sendo titular único da jurisdição, no âmbito interno. A menção na Convenção daquela estrutura ultrapassada dá a ideia do momento em que foi negociada e aprovada, bem diversa da feição que assumiu a ordem internacional a ela subsequente.

Demonstra-o também a previsão da reciprocidade de reconhecimento de laudos arbitrais estrangeiros, como se fossem atos provindos de autoridades públicas. Diz, efetivamente, o art. I.3 da Convenção:

> *"Quando da assinatura, ratificação ou adesão à presente Convenção, ou da notificação da extensão nos termos do Artigo X, qualquer Estado poderá, com base em reciprocidade, declarar que aplicará a Convenção ao reconhecimento e à execução de sentenças proferidas unicamente no território de outro Estado signatário. Poderá igualmente declarar que aplicará a Convenção somente a divergências oriundas de relacionamentos jurídicos sejam eles contratuais ou não, que sejam considerados como comerciais nos termos da lei nacional do Estado que fizer tal declaração".*

A arbitragem privada e o laudo que a decide não são atos de governos a justificar a possibilidade de condicionar o seu reconhecimento por um Estado à reciprocidade de outro em que se pretende executar a decisão. Não há, na arbitragem privada, interesse público envolvido, nem do Estado, como ocorre, por exemplo, no pedido de extradição de pessoa processada ou julgada em outro país interessado em fazer valer sua pretensão punitiva. Na extradição o interesse a ser atendido é do Estado requerente, podendo o país exigir tratamento similar quando vier a requerer a mesma medida relativa a seu nacional ou de estrangeiro que pretenda processar ou punir no seu território. Justifica-se, nesse caso, a reciprocidade, pois a pretensão é de um país dirigida a outro.

No processo de reconhecimento e execução do laudo arbitral estrangeiro não há interesse algum do Estado em cujo território foi emitido, nem é pretensão sua, mas da parte interessada na execução do laudo. Trata-se de *res inter alios,* pois o Estado é terceiro no processo arbitral – salvo se dele for também parte – não obstante realizado em área sob sua jurisdição. Mas, não sendo parte no processo, que interessa somente aos que dele foram partícipes, é terceiro e, assim, não legitimado a intervir. Há, na arbitragem, pretensões privadas conflitantes em jogo – e não públicas – o que mostra que então se considerava necessária a prévia homologação judicial da sentença arbitral privada.

Não se pode prejudicar o interessado, impedindo-o de executar no território nacional sentença arbitral privada, apenas porque o país em que foi proferida não subscreveu a Convenção de Nova Iorque, ou porque deixou de declarar reciprocidade. O direito reclamado e reconhecido no laudo arbitral é seu e não do país em cujo território foi proferido.

A reciprocidade indica interesses de Estados, não partícipes do processo arbitral resolvido pelo laudo. O fato de a Convenção prevê-la indica que se considerava o laudo arbitral estrangeiro ato oficial do outro Estado a ser reconhecido e homologado como condição para sua execução. Era o vezo antigo de reconhecer o monopólio da jurisdição do Estado. A sentença arbitral privada somente poderia ter eficácia se homologada pela autoridade judiciária, como acontecia no Brasil e na maioria dos Estados, como acentuado. Esse foi o panorama em que foi aprovada a Convenção de Nova Iorque sobre arbitragem e outras do mesmo jaez, naquele momento histórico.

Esse quadro mudou. Se o laudo arbitral é ato privado, proferido por pessoas que não exercem função pública, nem sendo autoridades estatais, não haveria que se falar em oficializá-lo, por meio de homologação do poder judiciário do país onde foi proferido e em outro em que se pretenda executar, da mesma forma pela qual não se exige a mesma formalidade para os contratos firmados no exterior. É essa mesma confusão que preside a exigência de homologação do laudo arbitral produzido no exterior, confundindo-o com sentença judicial, esta sim, ato oficial do Estado estrangeiro que se pretende produzir eficácia no país.

A homologação judicial de ato de autoridade estrangeira é de rigor, uma vez que para ter eficácia no país é necessário que este o receba e lhe dê sua chancela, pois não se admite que possa valer no território subordinado a outra ordem jurídica. O laudo arbitral não provém de autoridade pública, o que, por si só, demonstra a inaplicabilidade da exigência do seu recebimento por país diverso daquele em cujo território foi proferido.

A possibilidade de condicionar o reconhecimento de laudos arbitrais proferidos em outro país mostra a mentalidade que presidiu a Convenção, ainda formada pela ideia do monopólio do Estado para solucionar controvérsias comerciais. O árbitro, ao fazê-lo, atuaria como delegado do Estado e não das partes, como, atualmente se considera, e a sentença que proferia deveria ter, necessariamente, a chancela oficial.

Quando aprovada, em 1958, países como o Brasil condicionavam a validade do laudo arbitral proferido no seu território, à sua homologação pelo Poder Judiciário, mesmo em arbitragens internas, sob pena de nulidade. É o que se vê do revogado CPC, de 1939, a indicar a prevalência do Estado na solução de litígios privados de caráter patrimonial. O mesmo ocorria com o laudo arbitral estrangeiro, pretendendo-se sempre a sua oficialização pelo Estado onde foi proferido. O também revogado CPC brasileiro de 1973 ainda exigia a homologação judicial do laudo arbitral, sem, contudo, considerá-lo nulo se esta não fosse requerida[136].

Essa exigência indica o pensamento prevalecente de que o Estado devia supervisionar o processo arbitral, ainda que *a posteriori*, com o controle do laudo proferido por árbitros privados. Cabia-lhe a última palavra na solução do litígio, dentro do quadro do monopólio tradicional de que estava investido para resolver controvérsias de qualquer natureza. O árbitro atuaria como delegado do Estado, exercendo função tipicamente pública, não

---

[136] Dizia o art. 1.096 do CPC, de 1973, revogado: "*O laudo será publicado em audiência de julgamento. O escrivão dará, no mesmo ato, a cada parte uma cópia do laudo e remeterá os autos, em que este foi proferido, ao cartório do juízo competente para a homologação, dentro em 5 (cinco) dias*".

obstante o caráter estritamente privado de sua atuação. Havia dificuldade em se admitir a jurisdição própria do árbitro – entendido o termo como autoridade para dizer o direito – outorgada pelas partes, já que se considerava ser o Estado dela o único titular[137].

A Convenção de Nova Iorque sobre arbitragem, ao manter a exigência da homologação dos laudos produzidos no exterior, ratificou a necessidade do ato, mas, transferindo-a para o Estado em que deve ser executado. Com isso, em vez de a homologação ser conferida pelo país onde foi proferida a sentença, o ato passaria para o Estado em que se buscaria a sua execução.

Sendo um instrumento internacional elaborado e aprovado por representantes de Estados, é natural que se procurasse preservar o poder político estatal da atuação jurisdicional. A Convenção, afinal, é ato dos Estados dela partícipes e não de setores privados interessados em restringir-lhes a interferência em assuntos que podem ser resolvidos pela própria comunidade. Ademais, foi aprovada em momento que antecedeu à participação no processo político internacional da sociedade civil de forma mais efetiva, não obstante os empresários desta participem de forma não organizada.

Ademais, ao prever o reconhecimento e homologação de sentenças arbitrais estrangeiras pelo país de sua execução, o intuito da Convenção de Nova Iorque sobre arbitragem e de outras contendo a mesma exigência, foi evitar a antiga prática da dupla homologação da sentença arbitral. Como era requisito comum a homologação judicial desse ato, no país onde proferida, pensou-se em suprimir esse procedimento, transferindo-o para o Estado onde seria executado. Com isso mantinha-se a intervenção do Estado no procedimento arbitral, agora transferido para o do local de sua execução. Aboliu-se, com o expediente, a necessidade de homologação local da sentença, e se manteve o da execução.

Isto explica a reciprocidade prevista na Convenção.

Não é demais lembrar que o mundo assistiu, a partir dos anos 1960, o processo de modificação radical, provocado por diversos fatores, entre os quais o movimento empreendido no âmbito das Nações Unidas para a descolonização. Dele resultou o ingresso na ordem internacional de nações que se tornaram independentes e antes submetidas ao regime de tutela. Eram os então denominados Estados Novos, que se fortaleceram

---

[137] Não obstante no Brasil, desde a Constituição de 1824, a jurisdição – poder de declarar o Direito – é da nação, como esclarece o parágrafo único do art. 1º da Constituição de 1988: *"Todo o poder emana do povo, que o exerce por meio de representantes eleitos ou diretamente, nos termos desta Constituição".*

na Assembleia Geral das Nações Unidas com sua presença e com a utilização do direito de voto, sem distinção, em que cada Estado tem um voto, ao contrário do sistema do Conselho de Segurança, com o poder de veto atribuído a apenas alguns Estados.

Os países da África e da Ásia contribuíram com número significativo dos que passaram a integrar o processo político e jurídico internacional. Um dos reflexos desse novo quadro foi a forte presença política por eles exercida, no quadro da guerra fria, cortejados por ambos os lados dos seus principais participantes. No âmbito jurídico, a expressão *"os princípios gerais de direito aprovados pelas nações civilizadas"*, contida no art. 38 do Estatuto da Corte Internacional de Justiça passou a ser contestada, deixando-se de empregar o qualificativo *civilizadas* por indicar o caráter eurocêntrico do direito internacional.

Ademais, a sociedade civil em diversas partes do planeta, a começar pelos países industrializados, fortaleceu-se diante do poder estatal, com o aparecimento da empresa multinacional, dotada de estrutura internacional. Os mesmos efeitos produziram as organizações não governamentais, constituídas e subordinadas ao direito interno de algum Estado, mas com foco na área internacional, por vezes contraria a ação das autoridades governamentais. Aquele período conturbado, do qual o ano 1968 constituiu marco histórico, com a eclosão do movimento estudantil na França, que se espalhou por todo o mundo, resultou na afirmação da autonomia individual contra o capital e contra o Estado.

No Brasil, os seus reflexos atingiram também o meio estudantil e a juventude em geral, levando o governo militar a editar o Ato Institucional 5, que excluiu do Judiciário os atos das autoridades governamentais nele baseados, aprofundando o regime autoritário inaugurado com o golpe militar de 1964. Foi a resposta do governo autoritário e não democrático para inibir manifestações sociais de variada ordem, com aspirações de mudança.

No entanto, aquele movimento não foi dirigido contra determinado governo ou Estado, mas representou ato de rebelião contra costumes e a estrutura social e cultural vigente nas diversas partes do planeta. Foi manifestação da sociedade civil, destinada a despertar reflexões sobre o modo de vida vigente e a necessidade de alteração. Procurava-se dar ênfase à política de identidade, como acentuou Manuel Castells na sua obra, em que analisa as características do momento atual[138].

---

[138] CASTELLS, Manuel. *A era da informação – Economia, sociedade e cultura: Fim de milênio.* Trad. Klauss Brandini Gerhardt e Roneide Venancio Majer. Rio de Janeiro: Paz e Terra, 1999.

O cosmopolitismo e internacionalismo que alcançou, destaca aquele autor, formou as bases para o aparecimento de uma nova sociedade em um mundo mais interdependente: *"E sua aversão ao Estado enfraqueceu a legitimidade dos rituais democráticos, apesar de alguns líderes do movimento terem prosseguido no intuito de renovar as instituições políticas"*[139]. Essa constatação coincide com a que, algumas décadas antes, Jesup[140] já indicava: o caráter transnacional das relações entre os povos, fruto da interdependência das nações e da intensidade das comunicações facilitada pela tecnologia e pelos meios de transporte.

Também não é por acaso que a estratégia de empresas que adotaram o modelo multinacional para suas atividades viesse a ser alvo de atenção e de temor pelos Estados, como demonstra a expressiva literatura que sobre ela surgiu no final dos anos 1960 e seguintes. A tal ponto cresceu essa preocupação que a ONU chegou a constituir comissão especial para examinar o papel do que denominou a empresa transnacional, sem contar a aprovação de códigos de conduta por diversos Estados e pela OECD, para tentar disciplinar as atividades dessas entidades. Tendo elas o mundo como alvo de suas atividades e organizadas em países limitados pela jurisdição territorial, deixam à mostra a fragilidade do poder jurisdicional do Estado diante do poder econômico e tecnológico dessas empresas, das quais, em certa medida, também dependem.

Esses e outros fatores, como o da globalização da economia, que explodiu com o fim da guerra fria, e a consequente mundialização do direito por ela desencadeada, se verificaram após a aprovação da Convenção de Nova Iorque sobre arbitragem. Esses fatores contribuíram para afastar a presença obrigatória do Estado na solução de controvérsias privadas. Se representou expressivo progresso no enfraquecimento do monopólio do Estado na solução de controvérsias privadas, com o reconhecimento da eficácia da cláusula arbitral e dos laudos arbitrais, não encerrou o processo, dele não constituindo sua etapa final.

Pois, como enfatizou Adriana Braghetta, em tese de doutoramento, apresentada à Faculdade de Direito da Universidade de São Paulo, na qual

v. 3, p. 415.
[139] Idem, p. 416.
[140] JESSUP, Phillip. *Transnational law.* Yale University Press, New Haven. 1956; MCDOUGAL, Myres S. International law, power and policy: a contemporary conception. *Recueil des Cours,* Academie de Droit International, t. 82. 1953.

fez o histórico daquela Convenção e das que lhe precederam: *"Apesar da grande evolução com o advento da Convenção de Nova Iorque para a circulação de laudos estrangeiros, claro é o viés e filosofia de que a sede da arbitragem tem papel fundamental no desenvolvimento da arbitragem e que o controle primário tem efeitos fundamentais. A quebra do paradigma surge em 1961, com a Convenção Europeia, sendo dessa época os primeiros embates doutrinários da concepção e natureza da arbitragem, sintetizadas na teoria francesa progressista e na teoria inglesa ancorando a arbitragem à Lex loci arbitri"*[141].

Sua continuação, pode-se dizer, se operou com os trabalhos da CNUCDI (UNCITRAL), ao aprovar Lei Modelo, em 21.06.1985, influenciada por nova realidade. O Brasil não percebeu isso e, atabalhoadamente, retrocedeu, ratificando a Convenção de Nova Iorque sobre arbitragem, depois de ter editado lei específica para disciplinar a arbitragem no país, com o mesmo conteúdo, o que deveria ter feito antes, quando seria necessária e oportuna. A Lei 9.307/96, no entanto, já confere tratamento à convenção arbitral mais apropriado e adequado à realidade atual.

4. Os efeitos da não adesão do Brasil à Convenção de Nova Iorque sobre arbitragem

a. Ausência de reflexo nos investimentos estrangeiros no Brasil

O Brasil, como salientado, não ratificou logo a Convenção, relutando muito a fazê-lo, avesso à compromissos internacionais passíveis de interpretação de que limitaria a soberania nacional. Todavia a justificativa apresentada pelo Consultor Jurídico do Itamaraty, o respeitado Hildebrando Accioly, para desaconselhar a participação do País, foi a inconstitucionalidade da previsão de submeter ao STF, então competente, laudos privados estrangeiros.

A ausência dessa adesão sempre foi mencionada como obstáculo ao ingresso de capitais estrangeiros no País, ou sua plena integração ao comércio internacional, o que é equivocado.

---

[141] BRAGHETTA, Adriana. *Laudo arbitral na sede da arbitragem e consequências internacionais: visão a partir do Brasil.* Tese (Doutorado) – Faculdade de Direito da Universidade de São Paulo: USP, 2008.

Apesar dessa recusa e desses alegados efeitos, não se pode dizer que esse fato tenha causado resistências de agentes do comércio internacional e investidores estrangeiros em negociar com empresas brasileiras ou a enviar para o Brasil recursos, seja de capital em empresas privadas, ou com participação governamental[142] seja de financiamentos, em contratos de empréstimos internacionais.

Deve-se lembrar, a esse respeito, que o Dec-lei 1.312, de 1º.12.1974, editado, pois, em pleno regime de governo militar, autorizava o Tesouro Nacional a firmar contratos contendo a cláusula arbitral em contratos de financiamento internacionais[143]. Na verdade, o comportamento tradicional do País sempre foi de respeito aos compromissos assumidos, tanto na esfera pública, como na privada. O comportamento brasileiro sobre o tema, de respeito a compromissos internacionais, pode ser ilustrado historicamente pelo conhecido telegrama enviado por Rui Barbosa, como Ministro da Fazenda do governo republicano que depôs o Imperador D. Pedro II, aos países com os quais o Brasil mantinha relações diplomáticas, comunicando o banimento da família imperial, a proclamação da República e o respeito a todos os compromissos internacionais contraídos durante o Império. Essa manifestação brasileira contrasta com a que fizera, depois, o governo instalado na Rússia, com a queda do Imperador, ao repudiar expressamente os compromissos por ele assumidos como Tzar.

O grande número de empresas estrangeiras com subsidiárias que operam no Brasil, bem como os contratos internacionais, da mais variada ordem, firmados por empresas estrangeiras com firmas sediadas no País atestam essa realidade. Não há histórico de discriminação contra o capital estrangeiro, nem contra empresas sediadas no exterior, com negócios nele realizados. A plena liberdade de ingresso e de retorno de capitais, sem exigência de prévia autorização governamental, ou a imposição de condições, como a de associações compulsórias, sempre foi assegurada, ao contrário do que ocorria em alguns outros países.

A Lei 4.131/62, ao regular o ingresso de capitais estrangeiros com registro no Banco Central do Brasil assegura-lhe a repatriação, bem como o paga-

---

[142] O Acordo de Comunhão de Interesses firmado no início da década de 70, entre o Estado de Minas Gerais e Fiat SpA continha cláusula arbitral, com indicação do Regulamento da CCI, a demonstrar a aceitação no país da arbitragem internacional.

[143] JOSÉ CARLOS DE MAGALHÃES, *O Estado na arbitragem privada*. São Paulo, Max Limonad, 1988. p. 109.

mento de juros e regalias (*royalties*). Vigora há mais de cinco décadas, sem interrupção, não obstante as turbulências por que passou o País nesse longo tempo, que incluiu processo agudo de hiperinflação, com diversas modificações na moeda corrente nacional resultantes de malogrados planos econômicos, alterações constitucionais (1967, 1969 e 1988) e decretação de moratória, diante da incapacidade momentânea de pagamento da dívida externa. Mesmo assim, foi sempre assegurado aquele direito, embora, tenham sido suspensos os pagamentos de juros, em virtude da crise financeira generalizada no mundo, logo superada com o acordo com os bancos credores.

Ainda assim, a ordem jurídica interna foi mantida. A crise financeira não foi suficiente para interferir com a lei, nem as diversas tendências surgidas a partir dos anos 1960, relativamente ao tratamento do capital externo e objeto de numerosas Resoluções da Assembleia das Nações Unidas para o estabelecimento de uma Nova Ordem Econômica Internacional. O ideário desse movimento tinha como premissa a expropriação de bens de estrangeiros sem assegurar, necessariamente, o direito de indenização do expropriado, assunto que preocupava os países industrializados e as empresas exploradoras de petróleo, com seus ativos expropriados naquele período por diversos países, os árabes em particular. As arbitragens entre alguns desses países, Líbia em particular, e empresas privadas, então verificadas, demonstra o clima de instabilidade que reinava naquele período.

O Brasil não se alinhou a essa tendência, possuindo estrutura jurídica interna que permitia – como ainda permite - confiar na estabilidade do sistema nele vigente. Foi essa segurança que motivou investimentos estrangeiros e a instalação de indústrias, notadamente a automobilística, e de empresas da mais variada natureza no território nacional, com os inevitáveis contratos firmados para os mais diversos fins.

Apesar disso, alegava-se faltar aderir à Convenção de Nova Iorque sobre arbitragem, para dar demonstração inequívoca à comunidade internacional de que o sistema jurídico brasileiro se alinhava, nessa matéria, aos padrões legislativos nela contidos. Como se sabe, a partir daquela Convenção diversos países modificaram a legislação sobre arbitragem, com o propósito de conferir eficácia à cláusula arbitral e o reconhecimento de laudos arbitrais produzidos no exterior. A assinatura ou a adesão à Convenção significaria manifestação de segurança à comunidade empresarial.

O Brasil, que não a ratificara, demorou a mudar o regime jurídico da arbitragem, optando por fazê-lo por meio da Lei 9.307/96, baseando-se, em grande parte, na Lei Uniforme aprovada pela CNUCDI/UNCITRAL, a exemplo do que fizera a Inglaterra e outros países.

A edição dessa lei, como parece evidente, tornou desnecessária a ratificação posterior da Convenção de Nova Iorque sobre arbitragem, porque regulara inteiramente a matéria dela objeto, ao acolher os princípios dela constantes e incorporados na lei modelo referida. Afinal, os dispositivos da Convenção destinam-se a ser aplicados no direito interno de cada país, após sua ratificação. Se o Brasil optara por não ratificar a Convenção, mas promulgara lei sobre o mesmo assunto, contendo princípios que a informam, com o aprimoramento acrescentado pela lei modelo, não haveria mais que cogitar daquela ratificação, superada pela lei.

Todavia, talvez entusiasmado pelo sucesso e boa acolhida da lei da arbitragem, o Ministério das Relações Exteriores, sem maior estudo da nova realidade e das modificações que se verificaram no cenário internacional e ignorando as ponderações do antigo Consultor Jurídico, Hildebrando Accioli, resolveu encaminhar a Convenção para ser ratificada pelo Congresso, que a aprovou com a emissão do Decreto Legislativo 52, de 25.04.2002, promulgado pelo Dec. 4.311, de 23.06.2002. Essa ratificação tardia e desnecessária, teve o efeito negativo de conturbar o processo de consolidação da arbitragem, já regulada por lei interna moderna e atualizada e sem os ranços que a Convenção contém, não obstante o avanço que representou quando aprovada há mais de 50 anos.

b. *Reflexos na Lei de Arbitragem nº 9.307/96*

Diante do entendimento do STF de que tratado internacional modifica a lei interna e vice-versa[144] a ratificação da Convenção, sendo posterior à edição da Lei 9.307/96, produz o efeito de derrogar dispositivos com ela conflitantes. Há, por isso, que se examinar os reflexos de seus dispositivos sobre a lei anterior. Dentre esses destacam-se as hipóteses de competência do juiz para julgar pretensões sobre nulidade da convenção arbitral, distinta da conferida ao árbitro.

---

[144] Acórdão 8004, publicado na *RTJ* 83/809.

c. A competência para apreciar pretensões de nulidade da convenção arbitral

Reflexo de maior relevância da Convenção sobre o sistema da lei é o da competência para apreciar a validade da convenção arbitral. Dispõe o parágrafo único do art. 8º da Lei 9.307/96: *"Caberá ao árbitro decidir de ofício, ou por provocação das partes, as questões acerca da existência, validade e eficácia da convenção de arbitragem e do contrato que contenha a cláusula compromissória"*. Essa norma conciliava-se com a do inc. VII do art. 267 do CPC, de 1973, atual art. 485, VII do CPC aprovado pela lei 13.105, de 16.03.20215, segundo o qual se extingue o processo, sem conhecimento do mérito, se o juiz "acolher a alegação de existência de convenção de arbitragem ou quando o juízo arbitral reconhecer sua competência".

Pelo regime da lei, antes da entrada em vigor da Convenção de Nova Iorque, verificando o juiz que o contrato sobre o qual controvertem as partes possui cláusula arbitral, deveria extinguir a ação, sem julgar o mérito, remetendo as partes à arbitragem, fazendo-o de plano. Não lhe cabia apreciar, segundo a lei, eventual pretensão de validade do ajuste. Trata-se de dado objetivo: havendo cláusula arbitral, a competência para o exame da existência, validade e eficácia da convenção e do contrato que a contenha é do árbitro e não do juiz[145].

A Convenção regula a matéria de maneira diversa. Diz, no art. II, 3, que, havendo ação judicial promovida, esse exame é do juiz:

> "3. O tribunal de um Estado signatário, quando de posse de ação sobre matéria com relação à qual as partes tenham estabelecido acordo nos termos do presente artigo, a pedido de uma delas, encaminhará as partes à arbitragem, **a menos que constate que tal acordo é nulo e sem efeitos, inoperante ou inexequível**" (destacou-se).

O art. 485, VII, do CPC vigente desde 2015, sendo posterior à Convenção, derrogou essa disposição ao impor, novamente, a extinção do processo, sem conhecimento do mérito, sempre que haja cláusula arbitral em

---

[145] Essa também a norma do art. 16 da Lei Modelo da CNUCDI/UNCITRAL como se vê do seu item 1: *"O Tribunal Arbitral pode decidir sobre sua própria competência, incluindo qualquer objeção relativa à existência ou validade da convenção arbitral. Para esse fim, uma cláusula arbitral parte de um contrato será tratada como um acordo independente dos demais termos do contrato. Uma decisão do tribunal arbitral de que o contrato é nulo e sem efeito não significará a invalidade da cláusula arbitral".*

contrato submetido ao conhecimento do juiz. Compete, pois, novamente ao juízo arbitral julgar controvérsias sobre a validade ou nulidade da convenção arbitral e não ao juiz, deixando de prevalecer o citado dispositivo da Convenção.

Essa hipótese, contudo, somente se verifica quando uma das partes se recusa a participar da arbitragem, compelindo a outra a se valer do processo previsto no art. 7º da Lei 9.307/96 e, assim, ingressar com ação para que seja lavrado o compromisso arbitral[146]. Nesse caso, a questão da validade da cláusula arbitral poderá ser levantada pela parte resistente ao processo arbitral. A competência para essa decisão é do juiz e não do árbitro, até porque, para se instituir a arbitragem, nessa hipótese, há que se firmar o compromisso cujo conteúdo será decidido pelo juiz, como esclarece o § 3º do art. 7º da citada Lei. Note-se que se trata de etapa pré-arbitral, em que se discute sobre a resistência da parte contra a instauração da arbitragem. A controvérsia a ser resolvida pelo juiz consiste na recusa do réu em se submeter à arbitragem a que se obrigara pela cláusula compromissória. Nesse caso, depois de ouvir as partes, o magistrado decidirá acolhendo ou não o pedido do autor e, em caso positivo, determinar a assinatura de termo de compromisso arbitral.

Ainda que a cláusula arbitral contenha previsão de instituição de arbitragem, cujo regulamento, segundo o art. 5º da Lei 9.307/96, deve ser observado, se, antes da provocação da entidade indicada, a parte ingressar com ação judicial para postular a declaração da nulidade da cláusula ou do contrato, a competência será do juízo arbitral, diante da norma do art. 485, VII, do CPC, que determina a extinção do processo, sem apreciação do mérito, se houver convenção arbitral. Ainda que se trate de fase pré-arbitral, se a controvérsia diz respeito à validade da convenção arbitral ou do contrato que a contenha a competência para apreciá-la é do juízo arbitral[147].

---

[146] Diz o *caput* do art. 7º da Lei 9.307/96: "*Existindo cláusula compromissória e havendo resistência quanto à instituição da arbitragem, poderá a parte interessada requerer a citação da outra parte para comparecer em juízo a fim de lavrar-se o compromisso, designando o juiz audiência especial para tal fim*".
[147] O tratamento dado à questão pela Lei Modelo da CNUCDI/UNCITRAL é coerente com o da lei brasileira, como se verifica do item 2 do art. 16: "*A pretensão de que o tribunal arbitral não tem jurisdição será levantada não depois da apresentação da defesa. Uma parte não sofre os efeitos da preclusão para arguir essa pretensão pelo fato de que indicou ou participou da indicação de um árbitro. Uma pretensão de que o tribunal excedeu o escopo de sua autoridade será apresentada tão logo a alegada matéria de estar fora do escopo de sua autoridade seja levantada durante o procedimento arbitral. O tribunal arbitral pode, em qualquer caso, admitir uma pretensão posterior se considera o atraso justificado*".

Instituído o processo arbitral, com o atendimento da parte para isso notificada e a nomeação dos árbitros, a pretensão de nulidade da convenção arbitral já não mais é do juiz, mas dos árbitros. A fase pré-arbitral já foi superada com a instauração do processo arbitral. Aplica-se, nesse caso, a norma do parágrafo único do art. 8º da Lei 9.307/1996, segundo o qual "*caberá ao árbitro decidir de ofício, ou por provocação das partes, as questões acerca da existência, validade e eficácia da convenção de arbitragem e do contrato que contenha cláusula compromissória*".

A distinção entre essa hipótese e a referida na seção anterior reside no fato de que, no primeiro caso, houve resistência à instituição do juízo arbitral, que não se instaurou, obrigando a parte interessada a requerê-la em juízo. Ou em ação declaratória promovida pela parte interessada no reconhecimento da nulidade do ajuste. O juiz é que apreciará a procedência dessa resistência, que pode se fundar na falta de eficácia ou de validade da convenção arbitral. Trata-se, como se ressaltou, de fato pré-arbitral, pois, não se instituiu o processo e os árbitros não foram nomeados. Se tiverem sido, com a prévia instauração do processo arbitral, a competência passou para os árbitros, que decidirão a pretensão de nulidade.

Posta a questão nesses termos, poderia concluir-se que não haveria verdadeiro conflito entre a norma do art. II.3 da Convenção de Nova Iorque e o art. 8º da Lei 9.307/96. A primeira referia-se a pretensões de nulidade postas para o juiz, antes da instituição da arbitragem e até como justificativa para impedi-la. A segunda constitui questão a ser apreciada pelos árbitros já nomeados e investidos da autoridade para julgá-las. Em outras palavras, promovida a ação, quem decide sobre a validade do contrato ou da cláusula é do juiz; se instituída a arbitragem, é dos árbitros. É o que, com propriedade, lembra SELMA MARIA FERREIRA LEMES: "*Em sede de arbitragem institucional competirá à instituição arbitral efetuar a apreciação prima facie da existência e validade da cláusula compromissória, a fim de que a arbitragem seja impulsionada, mas, em seguida, será atribuição do tribunal arbitral instituído ou do árbitro único avaliar quanto à sua competência e jurisdição, advinda de cláusula arbitral válida e eficaz, consoante deflui do princípio denominado "competência-competência", previsto no art. 8º, parágrafo único da Lei 9.307/98, que determina que o árbitro de ofício ou por provocação das partes decidirá acerca da existência, validade e eficácia da convenção de arbitragem e do contrato que contenha a cláusula compromissória.*[148]"

O conflito entre os dois critérios, contudo, não é aparente, mas real. Pelo regime da Lei 9.307/96 e a do art. 485, VII, do CPC, nela compreendida, a competência para apreciar quaisquer pretensões relativas à validade do contrato ou da convenção de arbitragem é sempre do árbitro; nunca do juiz, compelido a extinguir a ação, se do contrato sobre o qual há controvérsia constar uma cláusula arbitral. A ratificação da Convenção - que conferia a competência do juiz para apreciar a matéria de validade do contrato, se a pretensão foi a ele apresentada - foi derrogada pela modificação posterior feita pelo mencionado art. 485, VII do CPC.

A Lei 9.307/96, seguindo alguns dos parâmetros da lei modelo da CNUCDI/UNCITRAL[149] está melhor afeiçoada ao desenvolvimento posterior àquela Convenção e à própria lei modelo, sendo desejável que prevaleça na jurisprudência que se firmar sobre a matéria.

d. Tratamento mais gravoso à sentença arbitral estrangeira

A lei brasileira deixou de exigir a homologação do laudo arbitral produzido no País, adotando, com isso, a noção de que a arbitragem é procedimento privado de solução de controvérsias fundado na vontade das partes e decorrente de convenção escrita. Prescindiu-se, no âmbito interno, da homologação obrigatória do laudo, afastando o Estado da supervisão e controle do processo, somente possível após o término da arbitragem, nos casos de pretensões de nulidade da decisão arbitral, por inobservância de requisitos obrigatórios impostos pela lei.

Todavia, foi mantida a exigência para os laudos estrangeiros, persistindo a confusão antes reinante sobre o caráter e a natureza da decisão. Tratando-se de ato privado, como já se destacou, não haveria que se impor aquela condição, como reconhecido para as arbitragens internas. Mas a Convenção (art. III) a prevê e a lei adotou o mesmo procedimento, deixando, con-

---

[148] "Cláusulas arbitrais ambíguas ou contraditórias e a interpretação da vontade das partes", in *Reflexões sobre Arbitragem*, PEDRO A. BATISTA MARTINS e JOSÉ MARIA ROSSANI GARCEZ (org.), LTr, 2002, p. 188-208.

[149] Entre os preceitos da Lei Modelo não adotados pela lei brasileira se destaca o do art. 8.1, pois repete a redação do art. III da Convenção de Nova Iorque, ao dar ao juiz a competência para apreciar pretensões de nulidade da convenção de arbitragem, que a lei conferiu ao árbitro.

tudo, de observar a norma de que não será imposta condição mais gravosa ao reconhecimento do laudo estrangeiro do que o exigido ao nacional.

Tendo em vista que a lei não requer o reconhecimento do laudo arbitral produzido no País, a exigência da medida ao laudo estrangeiro conflita com a norma convencional, o que significa a derrogação da lei brasileira sobre o assunto. Se observada essa ressalva, não mais seria necessária a homologação do laudo arbitral estrangeiro, que poderia ser apresentado diretamente ao juiz da execução, para obter-lhe efetividade e eficácia. Até porque, como salientado, o reconhecimento de laudos arbitrais estrangeiros tinha como pressuposto a necessidade da intervenção do Estado no processo arbitral, com o reconhecimento da sentença pelo Poder Judiciário local, encargo transferido para o Estado da execução do laudo pela Convenção de Nova Iorque, de 1958.

Contudo, tanto o STF, quanto atualmente o STJ, ora competente para reconhecer laudos arbitrais estrangeiros, ignoram a regra, continuando a exigir e a homologar laudos arbitrais produzidos no exterior, o que indica a tendência tradicional do Judiciário brasileiro de ignorar convenções internacionais conflitantes com a lei interna.

Há na exigência flagrante descumprimento da Convenção de Nova Iorque, pois, se dá tratamento diferenciado entre o laudo arbitral produzido no território nacional e o no exterior. A esse respeito, já dizia Jean Robert, na quarta edição de seu clássico livro *Arbitrage Civil et Commercial*: "*A Convenção de 1958 consagra também a assimilação da sentença estrangeira à sentença nacional, sistema cujo princípio decorre do caráter contratual da arbitragem e que justifica seu tratamento diverso daquele da decisão pública estrangeira*"[150].

Já percebia aquele jurista a distinção entre a sentença judicial, provinda de autoridade judiciária estatal, e, portanto, de caráter público, e o laudo arbitral, essencialmente privado e decorrente do contrato entre as partes. Notava também a assimilação do laudo arbitral estrangeiro ao nacional que a Convenção de Nova Iorque procurou estabelecer. Se, algum dia, o STJ se demorar na apreciação dessa Convenção e do efeito derrogatório na lei nacional, poderá deixar de apreciar os pedidos de homologação de laudos estrangeiros submetidos por advogados que não querem sofrer o risco de

---

[150] ROBERT, Jean. *Arbitrage civil et commercial – Droit interne et droit international prive*. Paris: Dalloz, 1967. p. 535. No original: "*La Convention de 1958 consacre donc aussi l'assimilation de la sentence étrangère à la sentence nationale, système dont le principe découle du caractère contractuel de l'arbitrage et qui justifie son traitement différent de celui de la décision publice étrangère*".

requerer a sua execução diretamente no juízo do domicílio do réu e terem a pretensão rejeitada em virtude da manutenção do entendimento daquela Corte. Trata-se de anomalia a ser por ela corrigida.

5. A eficácia no país das sentenças estrangeiras

A necessidade de ratificação de ato oficial provinda de Estado estrangeiro deriva da territorialidade do Direito nacional, efetivo e eficaz apenas no território em que foi produzido, seja por meio da lei, seja da sentença judicial, seja, ainda, de medida administrativa. A esse propósito, Amílcar de Castro lembra, com apoio em Roberto Ago, Goldschmidt e Walter Wheeler Cook, que *"a ordem jurídica é sempre necessariamente exclusiva, no sentido de que exclui caráter jurídico a tudo que lhe não pertence.*[151]*"*

Recorda, ainda, ensinamento de Chiovenda *"de que nenhum Estado aplica direito estrangeiro, conquanto possa nacionalizá-lo.*[152]*"* Essa nacionalização é feita por meio da homologação da sentença estrangeira, por si só, ineficaz no território de outro país. O ato de homologação significa a sua oficialização no território de outro em que se pretende dar-lhe efetividade. O mesmo critério era adotado para os laudos arbitrais estrangeiros, não equiparáveis à sentença judicial, pois, como advertia Pontes de Miranda, antes do regime da atual lei 9.307/96. *"[N]a homologação do laudo arbitral, a decisão ainda não tem qualquer eficácia sentencial, fora ou dentro do Brasil: a homologação, como que verticalmente, de cima para baixo, lhe atribui.*[153]*"*

Como já referido, os laudos arbitrais somente se tornavam eficazes após a homologação judicial, a exemplo do critério adotado no Brasil, até a edição da lei 9.307/96, o que explica a previsão de homologação da sentença arbitral pela Convenção de Nova Iorque sobre arbitragem, de 1958, e em outros atos internacionais do mesmo gênero. O objetivo da Convenção foi de evitar a dupla homologação: uma no país em que foi proferida e outra no de execução. Bastaria a do país onde a sentença seria executada, evitando-se a demasia. Por isso a Convenção previu a reciprocidade de

---

[151] AMILCAR DE CASTRO, Direito Internacional Privado, Rio de Janeiro, vol I, Forense, 1968, p. 243.
[152] Op. cit. p. 244.
[153] *Tratado de Direito Privado*, Editora Revista dos Tribunais, 2012, tomo XXVI, § 3.198, p. 565.

tratamento, no art. 3º[154], explicável por se considerar a sentença arbitral estrangeira ato oficial do país em que foi proferida, ao chancelar o ato privado da sentença arbitral.

Na verdade, a Convenção de Nova Iorque, ao ser aprovada em 1958, tinha presente o quadro geral do monopólio da jurisdição do Estado, em que se considerava que o laudo arbitral somente seria eficaz e válido se homologado pelo poder judiciário do Estado onde era prolatado[155]. Essa necessidade de homologação se impunha para que fosse observado o controle judicial pelo Estado em que se produzia a sentença arbitral, como era o caso do Brasil.

Portanto, a inovação da Convenção de Nova Iorque, na linha da Convenção de Genebra de 1927, foi a de assegurar a homologação direta do laudo arbitral no Estado onde seria executada, sem sua prévia homologação do judiciário local. A esse propósito é ilustrativa a referência de Jean Robert ao costume certificado no Estado de Nova Iorque segundo o qual, *"uma sentença arbitral para sua execução deve ser ratificada pela jurisdição competente (aplicação da doutrina da fusão), que parece precisamente que a sentença perde sua individualidade em benefício do julgamento"*. E, a seguir, complementa, *"é o exequatur do julgamento estrangeiro pelo tribunal que se impunha"*[156]. Em outras palavras, dispensada a homologação local, a ratificação no país de execução a supria, com o controle estatal necessário.

No Brasil, destaque-se observação de Luiz Olavo Baptista, ao retratar a realidade da época, atualmente superada: *"os laudos estrangeiros podem e devem ser homologados no seu país de origem, para que produzam efeitos no Brasil. Na realidade é, então, à sentença homologatória estrangeira que se dá o exequatur"*[157].

---

[154] "3. Quando da assinatura, ratificação ou adesão à presente Convenção, ou da notificação de extensão nos termos do Artigo X, qualquer Estado poderá, **com base em reciprocidade**, declarar que aplicará a Convenção ao reconhecimento e à execução de sentenças proferidas unicamente no território de outro Estado signatário. Poderá igualmente declarar que aplicará a Convenção somente a divergências oriundas de relacionamentos jurídicos, sejam eles contratuais ou não, que sejam considerados como comerciais nos termos da lei nacional do Estado que fizer tal declaração." (negrito adicionado)

[155] A esse propósito, é pertinente a observação de Jean Robert, "*La Convention de 1958 consacre donc aussi l'assimilation de la sentence étrangère à la sentence nationale, systéme dont le príncipe decoule du caractère contracutel de l'arbitrage et qui justifie son traitement différent de cellui de la décision publique etrangère.*" Arbitrage Civil et Commercial, Daloz, 1967, Paris, p. 535.

[156] Jean Robert, *Arbitrage Civil et Commercial*, Paris, Daloz, 1967, p. 545.

[157] Luiz Olavo Baptista, "Homologação de Laudos Arbitrais Estrangeiros no Direito Brasileiro", in *Arbitragem Comercial*, JOSÉ CARLOS DE MAGALHÃES e LUIZ OLVO BAPTISTA,

Por essa razão, o STF, então competente para apreciar pedidos de homologação de sentenças estrangeiras, decidiu, reiterando julgamentos anteriores: *"Sentença estrangeira. Decisão proferida por juízo arbitral, sem haver sido homologada por tribunal do país de origem. Pedido de homologação indeferido"*[158]. Em outra decisão, o mesmo raciocínio ratificava aquele entendimento: *"Proferida a decisão por juízo arbitral, órgão privado – American Arbitration Association – sem homologação de qualquer tribunal judiciário ou Administrativo, no país de origem, não merece a homologação pelo Supremo Tribunal Federal. Indeferimento"*[159].

Segundo bem esclarece Micaela Barros Barcelos Fernandes[160], essa orientação fora adotada desde o Decreto 3.084, de 1898, em seu artigo 14, que já previa a homologação de laudos arbitrais homologados por tribunais estrangeiros, como ratificado por diversos julgados do STF, além dos acima mencionados. Assim, mantinha-se a intervenção do judiciário local como necessária para tornar eficaz a sentença arbitral[161] e, em consequência, o monopólio jurisdicional do Estado para resolver controvérsias privadas. A Convenção de Nova Iorque, como dito, veio a eliminar a necessidade da homologação do judiciário do local onde proferida a decisão, tornando suficiente a do país em que o laudo seria executado. Preservou, contudo, o regime nacional de controle judicial da arbitragem,[162] como esclarece Philippe Fouchard, por meio de formas processuais, como o da arbitrabilidade do litígio e a observância do direito nacional.[163] Destaca esse autor a exigência de obediência às regras de processo no território onde foi proferida a sentença, confirmando a competência da *lex fori* e a de não impo-

---

Rio de Janeiro, Biblioteca Jurídica Freitas Bastos, 1986, p. 89.

[158] STF - Sentença Estrangeira nº 2006 – Inglaterra, 18 de novembro de 1971 in RTJ 60/28; no mesmo sentido: STF - Sentença Estrangeira 1.982 – EUA – *"Proferida a decisão por juízo arbitral, órgão privado – American Arbitration Association – sem homologação de qualquer tribunal judiciário ou Administrativo, no país de origem, não mercê a homologação pelo Supremo Tribunal Federal. Indeferimento. 03 de junho de 1970"*. RTJ 54/713.

[159] Sentença Estrangeira 1.982 – EUA - 03 de junho de 1970 - RTJ 54/713.

[160] Micaela Barros Barcelos Fernandes *Laudos Arbitrais Estrangeiros – Reconhecimento e Execução*, Juruá, Curitiba, 2003, p. 168.

[161] Como esclarecia PONTES DE MIRANDA, antes da edição da Lei 9.307/96, a homologação judicial é *"elemento integrativo necessário da sentença arbitral. Ela é que faz "sentença" o laudo."* Tratado de Direito Privado, Editora Revista dos Tribunais, São Paulo, tomo XXVI, 2012, § 3.198.2, p. 565.

[162] LUIZ OLAVO BAPTISTA, in *Arbitragem Comercial e Internacional*, São Paulo, Lex Magister, 2011, p. 228.

[163] PHILIPE FOUCHARD, *L'Arbitrage Commercial Inrernational*, Librarie Dalloz, Paris, 1965, p. 519.

sição de condições mais gravosas das impostas às arbitragens nacionais, objeto do art. III da Convenção.

Em última análise, a Convenção de Nova Iorque manteve a intervenção do Estado no processo arbitral, transferindo-a para o país onde a sentença vai ser executada, eliminando, como referido, apenas a dupla homologação. O poder do Estado ficou preservado no processo privado de solução de controvérsias, que a lei brasileira eliminou relativamente às sentenças nacionais. O legislador brasileiro não percebeu que, mantendo a exigência quanto às estrangeiras, laborou em contradição, deixando, ao mesmo tempo, de observar a tendência de afastar as autoridades públicas do processo arbitral, eminentemente privado.

6. Os Pareceres de Hildebrando Accioly no Ministério das Relações Exteriores

Ao apreciar a Convenção de Nova Iorque, de 1958, para ser submetida ao Congresso, Hildebrando Accioly, atuando como Consultor Jurídico do Ministério das Relações Exteriores, manifestou-se contrário à ratificação, em parecer publicado no volume V da Coleção de Pareceres daquele Ministério. Esclareceu que a Constituição brasileira, ao impor a homologação de sentença estrangeira, pelo STF, como condição de sua eficácia no país, referia-se à sentença judicial, não à arbitral, ato privado e, assim, não oficial. Lembra opinião de Clóvis Beviláqua que contesta a de Oscar Tenório, que entendia não fazer a Constituição brasileira distinção ao dispor sobre a sentença estrangeira, o que permitiria a homologação de laudos arbitrais estrangeiros.

Ao expressar entendimento contrário, diz Beviláqua que os laudos arbitrais "*são atos de direito privado e como tais devem ser considerados no Direito Internacional Privado*"[164]. Em obra, anterior, de 1906, Clóvis Beviláqua esclarecia: "*Quanto às sentenças arbitrais, pensam alguns autores que são verdadeiras sentenças e, portanto, devem ser homologadas. O melhor parecer, porém, é certamente o daqueles que veem no juízo arbitral um mero contrato, desde que desapareceu das diversas legislações o juízo arbitral forçado*"[165]. Só admite que eles se possam executar

---

[164] *Código Civil Comentado*, 9. ed., atualizada, vol. I, 1951, p. 168.
[165] *Direito Internacional Privado*, Editora Rio, Rio de Janeiro, p. 326.

extraterritorialmente se, para sua eficácia, *"se interpõe a autoridade do poder judiciário"*. Segundo Accioly:

> *"Outros autores brasileiros não divergem, substancialmente, desse ponto de vista. 11. Na verdade, o julgamento arbitral não constitui manifestação da autoridade judiciária de um Estado, não é um ato pelo qual a autoridade pública de um Estado diz o direito, e por isto, a menos que tenha recebido a sanção de um órgão judiciário, parece não preencher as condições exigidas pela nossa legislação para sua homologação e execução, no Brasil. 12. Comentando precisamente o citado art. 15 da nova Lei de Introdução, diz Serpa Lopes (Ioc. cit., p. 329): "não há julgamento estrangeiro senão onde surge uma decisão estrangeira, isto é, uma solução judiciária estrangeira de um litígio de direito privado".* E acrescenta: *"Cumpre, assim, para a existência de uma sentença estrangeira, que ela decorra de uma atividade jurisdicional, de órgãos realmente portadores de autoridade judiciária conferida pelo Estado estrangeiro". 13. Arminjon obedece à mesma corrente de ideias quando declara que as chamadas sentenças arbitrais, por sua própria definição, não emanam da jurisdição de um sistema jurídico (Précis de Droit lnternational Privé, III, Paris, 1931, p. 364). 14. Nestas condições, parece claro que, conforme sustentou Clóvis Beviláqua, não se pode admitir que tais atos, per se, possuam a faculdade de ser executados extraterritorialmente."*

Em outra oportunidade aquele jurista voltou a insistir na inadequação do reconhecimento de sentenças arbitrais estrangeiras, por não provirem de autoridade judiciária de Estado estrangeiro:

> *"O jurista patrício, Dr. Serpa Lopes, em seus comentários à Lei de Introdução ao Código Civil (v. III, p. 329), mostra que o referido artigo 15 tem em vista "a decisão emanada de uma soberania estrangeira". E acrescenta: "Cumpre, assim, para a existência de uma sentença estrangeira, que ela decorra de uma atividade jurisdicional de órgãos realmente portadores de autoridade judiciária conferida pelo Estado estrangeiro". 6. Mostrei, aliás, apoiado noutros juristas brasileiros, e até em juristas estrangeiros, que o julgamento arbitral, em matéria privada, não constitui manifestação de uma autoridade judiciária, que possa ser homologada pelo Supremo Tribunal Federal. 7. Repito, pois, que, a meu ver, no Brasil a sentença arbitral estrangeira, em matéria de direito privado, só poderá ser cumprida se tiver sido homologada*

por juiz competente, no país onde for proferida e, finalmente, receber aqui a homologação do Supremo Tribunal Federal. 8. Nestas condições, penso s.m.j. que não devermos firmar a Convenção em causa sem a reserva indicada em parecer anterior. Rio de Janeiro, 20 de junho de 1958. - Hildebrando Accioly"

Esse entendimento está coerente com o sistema do direito internacional que confere aos Estados jurisdição territorial, não se admitindo, salvo em casos excepcionais acolhidos pela generalidade dos Estados, a sua ampliação extraterritorial. Por isso o ato oficial de um Estado não pode ser executado no território de outro, devendo ser acolhido por meio de sua oficialização, pela sua homologação.

A previsão de reconhecimento judicial de laudos arbitrais privados estrangeiros, é explicável diante do momento histórico em que a Convenção de Nova Iorque foi aprovada, em 1958. O Estado era titular do monopólio da jurisdição, dotado de soberania advinda da concepção de Thomas Hobbes, de que, acima dele e no seu território não havia outra autoridade senão a sua. Procurava-se assemelhar a sentença arbitral à judicial, até porque a sua validade e eficácia estava sujeita à homologação pelas autoridades judiciárias locais.

O que se fez, na verdade, foi suprimir a homologação nacional, mantendo-se a do local de execução, ao qual se transferiu o controle da sentença arbitral. Este é o sentido da previsão do reconhecimento de laudos arbitrais estrangeiros na Convenção de Nova Iorque e da reciprocidade.

Como a tendência que prevaleceu é a dispensa da homologação judicial de sentenças arbitrais nacionais, a problemática regulada pela Convenção de Nova Iorque desapareceu, não se justificando, por essa razão, a manutenção do seu reconhecimento pelo país onde vai ser executada.

Por isso, há de se entender que a reciprocidade prevista na Convenção tinha como pressuposto a equiparação do laudo arbitral à sentença judicial do país em que foi proferido. Essa equiparação, a propósito, já era feita na França, mesmo antes da aprovação da Convenção, como nota Philippe Fouchard, que registra precedente da Corte de Cassação de 27.07.1937, segundo o qual as sentenças arbitrais integram um compromisso e participam de seu caráter convencional e os contratos que não contrariem a ordem pública obrigam em qualquer lugar em que sejam concluídos. Segundo ainda essa decisão, as sentenças arbitrais proferidas no estrangeiro devem ser tratadas na França como sentenças arbitrais e recebidas para sua execução, *exequatur*, não de um tribunal pleno, mas do presidente do tribunal[166]. O princípio acolhido por essa decisão, segundo ainda Fouchard, nunca foi desmentido e assegura ao *exequatur* da sentença arbitral estrangeira tratamento mais favorável do que a nacional e se concilia com a que, depois, foi adotada na Convenção de Nova Iorque sobre arbitragem.

7. Os efeitos da nova ordem internacional na arbitragem

Além das modificações verificadas na ordem internacional logo após a aprovação da Convenção de Nova Iorque sobre arbitragem, como já abordado, outra mais acentuada ocorreu com o fim da guerra fria e a atuação mais expressiva dos demais atores internacionais.

Os Estados foram forçados a se amoldarem à convivência com grande número de organizações internacionais e não governamentais, grupos de pressão e manifestações por meio das redes sociais, desenvolvidas por empresas de tecnologia da informática, atuantes em todas as esferas, inclusive a nacional. O número de Estados existentes por ocasião do fim da II Guerra Mundial se expandiu com a descolonização, alcançando, atualmente 192. Os chamados "territórios" sob administração de Estados coloniais simplesmente desapareceram, constituindo, atualmente, parte do acervo arqueológico da história[167].

As duas guerras mundiais mudaram a ordem mundial fundada na estrutura estatal com a tendência que se delineia de sua superação por outra ainda não definida, embora se mantenha o Estado como seu principal protagonista.

---

[166] PHILIPPE FOUCHARD, *L'Arbittrage Commercial Internaional*, Dalloz, Paris, 1965, p. 520.
[167] Faz parte dessa arqueologia o artigo X da Convenção de Nova Iorque: *"Artigo X - 1. Qualquer Estado poderá, quando da assinatura, ratificação ou adesão, declarar que a presente Convenção se estenderá **a todos ou a qualquer dos territórios por cujas relações internacionais ele é responsável**. Tal declaração passará a ter efeito quando a Convenção entrar em vigor para tal Estado. (negrito adicionado) 2. A qualquer tempo a partir dessa data, qualquer extensão será feita mediante notificação dirigida ao Secretário-Geral das Nações Unidas e terá efeito a partir do nonagésimo dia a contar do recebimento pelo Secretário-Geral das Nações Unidas de tal notificação, ou a partir da data de entrada em vigor da Convenção para tal Estado, considerada sempre a última data.*
3. Com respeito àqueles territórios aos quais a presente Convenção não for estendida quando da assinatura, ratificação ou adesão, cada Estado interessado examinará a possibilidade de tomar as medidas necessárias a fim de estender a aplicação da presente Convenção a tais territórios, respeitando-se a necessidade, quando assim exigido por razões constitucionais, do consentimento dos Governos de tais territórios."

Esse quadro acentuou-se com a emergência da sociedade civil, representada pela multiplicidade de atores a influir na esfera nacional e internacional.

A arbitragem internacional privada, disseminada em todo o mundo, é um dos indícios dessa mudança. Migrou das relações comerciais internacionais para a ordem interna, com o abrandamento do poder estatal e a consciência da necessidade de lhe retirar o monopólio para resolver controvérsias privadas, deixadas à solução de árbitros nomeados pelos interessados. Reconheceu-se jurisdição privada dos árbitros, conferida pela vontade das partes, convivendo com a pública do Estado.

O grande e relevante efeito da Convenção de Nova Iorque sobre arbitragem foi o de estimular a alteração legislativa de diversos países, com a aceitação da eficácia da cláusula compromissória e da efetividade da sentença arbitral. Como a Convenção não regula relações entre Estados e sim o tratamento que cada um deve adotar sobre arbitragem no direito interno, as obrigações dela constantes se esgotam com a edição de leis que observam os seus princípios.

Assim, se o Estado, como é o caso do Brasil, adotou normativa jurídica com o conteúdo das normas da Convenção, sua finalidade foi alcançada, independentemente de sua ratificação. Na verdade, pode-se dizer que a lei brasileira nº 9.307/96 foi essa ratificação indireta, ao incorporar no direito interno suas principais disposições. A ratificação posterior foi uma demasia desnecessária; as disposições da Convenção já se encontravam vigentes no país.

Por outro lado, o interesse por esse sistema privado de solução de controvérsias motivou a celebração, na América Latina e na Europa, de diversas convenções, conservando, todavia, o vezo do reconhecimento de sentenças arbitrais privadas pelos países deles signatários.

Deixou-se de considerar que não mais se exige a homologação judicial das sentenças arbitrais proferidas no país, como condição para sua validade e eficácia. A manutenção da exigência para as sentenças arbitrais estrangeiras constitui retrocesso e gravame não imposto à nacional. Contraria, ademais, a igualdade de tratamento prevista na Convenção de Nova Iorque, que veda a imposição à sentença arbitral estrangeira ônus ou encargo não exigido à nacional.

O Superior Tribunal de Justiça brasileiro, no entanto, continua a processar e julgar pedidos de reconhecimento de laudos arbitrais estrangeiros, ignorando a norma da Convenção de Nova Iorque vigente no Brasil, bem como se tratar de ato privado e a evolução da ordem internacional, com a superação da antiga exigência da homologação dos laudos arbitrais nacionais.

8. O Código de Processo Civil de 2015 - repercussão

Ao ser ratificada a Convenção de Nova Iorque sobre Arbitragem, a lei 9.307/96 foi por ela afetada, pois, de acordo com orientação do STF, em composição diversa da atual (2018), os tratados internacionais alteram a lei, que, por sua vez pode mudar tratados[168].

A Convenção foi ratificada pelo Congresso nacional, tendo sido objeto do Decreto 4.311, de 23.07.2002. Sendo posterior à lei de arbitragem, suas disposições prevalecem sobre as da lei, quando conflitantes. Como se esclareceu, a Convenção de Nova Iorque regulou o reconhecimento de sentenças arbitrais estrangeiras em quadro da ordem internacional diverso do atual, eliminando a exigência antiga da homologação local, mantendo apenas a do país de execução. Evitou-se a dupla homologação, como salientado. Em outras palavras, a Convenção mantinha a intervenção do Estado no processo arbitral, transferindo-a para o país de sua execução.

A lei brasileira de arbitragem, editada em época bem posterior à da Convenção de Nova Iorque, deu passo adiante ao abolir, no direito interno, a homologação judicial da sentença arbitral produzida no país. Foi, portanto, além do sistema da Convenção.

Todavia, ao manter o STJ a necessidade de homologação da estrangeira, como previsto na Convenção, em contexto e época diferentes, deixou de atentar para a contradição com o tratamento conferido às sentenças arbitrais internas e ignorar o preceito do Artigo III dessa mesma Convenção, com o que a contrariou. Tratando-se de ato internacional posterior à lei, eventual conflito de suas disposições é resolvido pelo critério do art. 2º, § 2º da LINDB, segundo o qual a lei posterior revoga a anterior.

A lei brasileira de arbitragem que, não mais exigindo a homologação judicial da sentença nacional, continua a fazê-lo da estrangeira. Utiliza dois pesos e duas medidas. Com isso, impõe-lhe condição substancialmente mais onerosa do que a nacional. Essa onerosidade maior não se refere apenas aos custos do processo judicial, mas no seu longo processamento no STJ, com a intervenção do Ministério Público, impondo ao

---

[168] RE 80.004/SE, Rel. Min. Xavier de Albuquerque, Tribunal Pleno, DJ 29.12.1977, p. 9433.

interessado a contratação de advogado para a providência em Brasília, além da organização de todo o material para instruir o processo, antes de iniciar a execução.

Somente após essa homologação, a exemplo do que ocorria antes da Lei 9.307/96, é que a sentença arbitral estrangeira adquire eficácia no país e pode ser executada. Trata-se de ônus incompatível com a disposição prevista na Convenção de Nova Iorque de não impor condições mais gravosas aos laudos estrangeiros.

O artigo III da Convenção tem por objetivo a equiparação de ambas sentenças, a produzida no país e a no exterior, dando-lhes o mesmo tratamento conceitual. Se a sentença arbitral nacional é eficaz por si mesma, não requerendo mais a sanção do Judiciário, como no passado, o mesmo tratamento deve ser dado à estrangeira, não havendo distinção entre ambas, salvo a do local em que foram produzidas. Ambas continuam a ser atos privados.

Um novo ingrediente, no entanto, foi adicionado a esse tema que pode ajudar a corrigir a anomalia.

Trata-se da alteração introduzida no sistema processual brasileiro pela lei 13.105, de 16.03.2015, que aprovou o novo CPC. Ao dispor sobre os títulos executivos judiciais, o Código distinguiu a sentença arbitral da sentença estrangeira homologada pelo STJ:

> "Art. 515. São títulos executivos judiciais, cujo cumprimento dar-se-á de acordo com os artigos previstos neste Título:
> (...)
> VII - a sentença arbitral;
> VIII - a sentença estrangeira homologada pelo Superior Tribunal de Justiça;"

A lei se refere apenas à "sentença arbitral", sem distinguir a nacional da estrangeira, conferindo a ambas o mesmo tratamento. Onde a lei não distingue não pode o intérprete distinguir. É princípio geral de interpretação da norma jurídica. O fato de uma ser proferida no território nacional e outra no exterior não lhes retira a característica de ato privado, que, como nos contratos em geral, não requer chancela pública.

O art. 105 da Constituição Federal, ao estabelecer a competência do STJ para processar e julgar a homologação de sentenças estrangeiras e a concessão de *exequatur* às cartas rogatórias[169], não menciona sentenças arbitrais estrangeiras, somente referida na lei de arbitragem. Pelo contrário, ao ajuntar, no mesmo inciso I, (i) do art. 105, a sentença estrangeira e a concessão de cartas rogatórias, está a indicar que ambas provêm de Estado estrangeiro, como atos oficiais – e não privados.

É o que é apropriado. Volta-se ao parecer de Hildebrando Accioly acima referido, com o suporte nos mais conceituados juristas brasileiros, como Clóvis Beviláqua, Pontes de Miranda, Serpa Lopes, além de estrangeiros, a reiterar, com grande atualidade, a falta de competência do STJ para apreciar e homologar sentenças privadas arbitrais estrangeiras, restrita apenas a aos atos públicos de outros países.

A emenda n° 45 da Constituição Federal, que conferiu competência àquela Corte, prevalece sobre a lei ordinária. Da mesma forma que o novo CPC, editado em 2015, não inclui as sentenças arbitrais estrangeiras na relação de títulos executivos do art. 105, I (i), ficando isolada a referência na lei de arbitragem, superada pelos diplomas legais posteriores e o de hierarquia superior.

Há, ainda, se ter presente que a sentença arbitral é título executivo *extrajudicial* por não provir do Poder Judiciário, mas a lei, equivocadamente e com o resquício do autoritarismo do legislador divorciado do Direito, a conceitua como *judicial*, sem, no entanto, distinguir a nacional da proferida fora do país. São ambas – a nacional e a estrangeira – extrajudiciais e devem ser igualmente tratadas, em cumprimento à Convenção de Nova Iorque, de 1958, que, repita-se, impõe a igualdade de tratamento entre a estrangeira e a nacional, ao dizer que a sentença estrangeira não deve sofrer encargo ou ônus maiores que a nacional.

O CPC, de 2015, ao não fazer a distinção, deixa de prever a homologação da sentença arbitral estrangeira, tornando-a título executivo, à semelhança do tratamento conferido à sua similar nacional. Corrige a anomalia da lei de arbitragem.

Nem se diga que o inciso VIII do art. 515 menciona a sentença estrangeira homologada pelo Superior Tribunal de Justiça, pois o inciso se refere à sentença *judicial* provinda de Estado estrangeiro e não à arbitral, de cará-

---

[169] "*Art. 105. Compete ao Superior Tribunal de Justiça:*
I - processar e julgar, originariamente:
(...)
i) a homologação de sentenças estrangeiras e a concessão de exequatur *às cartas rogatórias;*"

ter privado, indicada no inciso anterior, sem distinção (VII). A sentença judicial estrangeira continua a exigir a sua homologação, pois, tal como a carta rogatória, constitui ato oficial de Estado estrangeiro, cuja eficácia requer sua oficialização no país, consoante art. 105, I "i" da Constituição Federal. Não assim o ato privado da sentença arbitral.

Eventuais objeções sobre a regularidade da sentença arbitral estrangeira, como a observância da lei do local em que foi proferida – inclusive sobre ofensa à ordem pública local - devem ser feitas no juízo da execução, como, segundo Pierre Mayer, ocorre na França:

> "Já foi julgado na França há muito tempo que as sentenças proferidas no estrangeiro deviam ser controladas pelo mesmo juiz e segundo os mesmos critérios das sentenças proferidas na França e não pelo juiz competente, nem segundo os critérios observados em matéria de exequatur dos julgamentos estrangeiros" (tradução livre)[170].

De fato, não há razão lógica, nem jurídica, de submeter um ato eminentemente privado à morosa e custosa homologação do STJ, como se fora mero cartório de autenticação de ato privado, com intervenção do Ministério Público Federal, se o da mesma natureza no Brasil não está sujeito à tal providência. Bastará iniciar a execução, perante o juiz da execução (art. 516, III do CPC) que examinará os pressupostos que o autorizam.

---

[170] "Il était déjà jugé en France depuis longtemps que les sentences rendues à l'étranger devaient être controlées par le même juge et selon les mêmes critères que les sentences rendues en France, et non par le juge compétent ni selon les critères retenus en matière d'exequatur des jugements étrangeres".
L'insertion de la sentence dans l'orde juridique français, in *Droit et Pratique de l'Arbiragen en France*, organizado por Yves Derains, Feduci, Paris, 1984, p. 81-103.

Capítulo 6 – Os Laudos Arbitrais Proferidos com Base no Protocolo de Brasília para Solução de Controvérsias[171]

Introdução

Os diversos laudos arbitrais produzidos com base no Protocolo de Brasília para a Solução de Controvérsias, firmado pelos países que integram o Mercosul, constituem marco significativo da evolução daquela organização, com demonstração da disposição de seus participantes de superar divergências decorrentes da aplicação do Tratado de Assunção e do Protocolo de Ouro Preto que o reformulou.

Além desses instrumentos também as decisões do Conselho do Mercado Comum e das Resoluções do Grupo Mercado Comum estão enquadradas na competência regulada no Protocolo de Brasília, ora substituído pelo Protocolo de Olivos.

Não obstante essa substituição, é relevante examinar, ainda que superficialmente, alguns dos laudos arbitrais emitidos sob a égide do primeiro, diante dos conceitos então emitidos e os princípios que os informaram.

---

[171] Versão atualizada do artigo publicado no Livro Reflexões sobre Arbitragem. In MARTINS, Pedro B.; GARCEZ, José M. R. (coord.), *Reflexões sobre Arbitragem, In memoriam do Des. Cláudio Vianna de Lima*, São Paulo, LTr, 2002, p. 511/520.

1. Partes nas controvérsias

Uma primeira consideração é a de que o sistema de solução de controvérsias adotado pelo Protocolo de Brasília, da mesma forma que o Protocolo de Olivos, aplica-se tão somente à controvérsias entre Estados. Os indivíduos e empresas interessadas na matéria controvertida estão deles excluídos, não possuindo capacidade postulatória para provocar a instauração do procedimento de arbitragem nele estabelecido. O interesse de setores privados afetados por eventuais decisões somente pode ser atendido no âmbito interno dos Estados, que têm a última palavra sobre a adoção ou não de quaisquer providências junto aos demais parceiros no Mercosul.

O Protocolo de Brasília, como o que o substituiu, o Protocolo de Olivos, seguindo a mesma linha do Sistema de Solução de Controvérsias da Organização Mundial do Comércio, adotou o procedimento similar ao da tradicional proteção diplomática, segundo o qual, o indivíduo, cujos direitos foram violados pelo Estado estrangeiro, não tem capacidade postulatória. Ficam sujeitos à decisão de seu próprio Estado de defender esses direitos. Foi retrocesso que contrasta com a evolução da ordem internacional como um todo, em que a proteção diplomática deixou de ser provocada por empresas privadas, diante da incerteza da disposição do Estado em atuar em prol da defesa de seus direitos.

Isto porque o Estado, por razões de política internacional ou de conveniência diplomática, poderá não levar adiante a pretensão do setor privado prejudicado por ato contrário às normas do Mercosul, deixando de provocar o sistema de solução de controvérsias. O interessado dependerá sempre de eventual acolhimento de sua pretensão pela autoridade competente de seu Estado ou do Poder Judiciário do Estado estrangeiro, que poderá acolhê-la, se constatar que o ato impugnado contrariar a normativa do Mercosul integrada na sua ordem jurídica.

Esse sistema contraria a doutrina exposta pelo jurista argentino Carlos Calvo, defendida no passado por alguns países da América Latina, como forma de se precaver contra as intervenções de potências estrangeiras. Segundo aquela doutrina, o estrangeiro não poderia gozar de mais direitos do que o nacional, razão pela qual não se reconhecia a proteção diplomática, como mecanismo de defesa do estrangeiro por atos do governo local. Haveria sempre que se respeitar o esgotamento dos recursos internos, como condição para se qualificar eventual denegação de justiça, como ilícito internacional.

Embora contestada por países como Estados Unidos e Inglaterra, a doutrina Calvo – e a cláusula Calvo incluída em contratos internacionais dela derivada – constituiu um marco de resistência nas relações dos países da América Latina com os demais, sobretudo europeus, e deu margem a diversas controvérsias, como as conhecidas como *The Mexican Claims Commissions* (1923-1934); *American Dedging Co. Claim* e outros[172].

2. O esgotamento dos recursos internos

O Protocolo de Brasília e o Protocolo de Olivos não estabeleceram, como condição para a instituição da arbitragem, o esgotamento de recursos judiciais internos, mas apenas o de que tenham sido observadas as fases prévias neles estabelecidas. O setor privado afetado pela medida considerada infratora das normas do Mercosul deve socorrer-se do procedimento previsto no Capítulo V – Reclamações de Particulares, segundo o qual os particulares devem socorrer-se da Seção Nacional do Grupo Mercado Comum do Estado Parte onde tenham sua residência habitual ou a sede de seus negócios. Caberá sempre à Seção Nacional a faculdade de aceitar ou não a reclamação e levá-la ao Grupo Mercado Comum. Aceita a reclamação, o Grupo Mercado Comum convocará especialistas para dar parecer, que, se favorável ao Estado reclamante, poderá este requerer a adoção de medidas corretivas ou a anulação das medidas questionadas. Se esse requerimento não for acolhido, caberá, então, o procedimento arbitral.

Ratifica-se, com esse procedimento, o completo alijamento da empresa privada do processo internacional de solução de controvérsias diretamente contra o Estado reclamado, ficando sempre na dependência da decisão das autoridades de seu próprio país.

Não obstante não haja previsão de esgotamento de recursos internos do Estado reclamado, nada impede que o interessado afetado pelo ato considerado contrário às normas do Mercosul possa socorrer-se do Judiciário do país responsável pelo ato e nele buscar reparação, fora do âmbito do sistema de solução de controvérsia do Mercosul. Nesse caso, será o Poder

---

[172] HERBERT W. BRIGGS, *The Law of Nations*, Appleton Century Crofts N. Y, 1952, p. 627 e segs.

Judiciário local que irá examinar a compatibilidade da norma interna que afeta ou interfere com os compromissos firmados pelo país no âmbito do Mercosul. Nesse caso trata-se de decisão nacional sobre a aplicação das normas da Organização, no âmbito de seu território.

3. Fase preliminar de negociações diretas

Embora não estabeleça a premissa do esgotamento dos recursos internos, os Protocolos de Brasília e de Olivos previram uma fase preliminar de negociações diretas entre as Partes, que, salvo acordo, não poderá exceder o prazo de 15 dias. Essa fase de negociações diretas constitui providência preliminar para a adoção da arbitragem. Essas negociações observam certo rito próprio, em que as Partes devem informar ao Grupo Mercado Comum sobre as gestões realizadas para compor a controvérsia e os resultados dessas gestões.

Não se alcançando acordo, poderão as Partes submetê-la à consideração do Grupo Mercado Comum, que avaliará a situação, dando a cada Parte oportunidade para expor suas posições, devendo esse procedimento terminar no prazo de 30 dias (Capítulo III).

Somente após o esgotamento dessa fase prévia é que surge a oportunidade para o início do procedimento arbitral, regulado no Capítulo IV do Protocolo.

Da forma como está regulada essa fase de solução de controvérsias, surge a inevitável questão sobre se é obrigatória ou não, como fase precedente ao procedimento arbitral. Ou seja, a não observância dessa fase permite ou não a instituição direta do procedimento arbitral. A redação do artigo 7º do Protocolo de Brasília, praticamente reproduzido no artigo 9º do Protocolo de Olivos, dá a entender que se trata de fase obrigatória, ao dispor que, quando não tiver sido possível solucionar a controvérsia mediante a aplicação dos procedimentos referidos nos capítulos que regulam as negociações diretas e a intervenção do Grupo do Mercosul os Estados Partes na controvérsia poderão comunicar à Secretaria Administrativa sua intenção de recorrer ao procedimento arbitral.

Segundo essa redação, somente após esgotados os procedimentos das negociações diretas e da intervenção do Grupo Mercado Comum é que se poderia iniciar a arbitragem. Há que se levar em conta que aqueles Protocolos, ao regularem a intervenção do Grupo Mercado Comum, indicam uma faculdade e não um dever. O Protocolo de Brasília dispunha que "...

qualquer dos Estados Partes na controvérsia poderá submetê-la à consideração do Grupo Mercado Comum". Já o Protocolo de Olivos é mais explícito, deixando claro que se trata de mera faculdade a ser ou não exercida pela parte interessada. O artigo 6º, a propósito, deixa claro que se trata de procedimento opcional, evitando-se controvérsias que podem surgir se não observado.

Essa divergência de interpretação, a propósito, foi abordada pela Argentina na arbitragem sobre a imposição de salvaguardas a produtos têxteis brasileiros. Segundo a Argentina, a pretensão brasileira no procedimento arbitral não corresponderia inteiramente à objeto das negociações e da intervenção do Grupo Mercado Comum. O laudo arbitral considerou que as alegações das Partes definiam o objeto do litígio, considerando cumpridas as etapas anteriores, em conformidade com o artigo 16 do Protocolo de Brasília. Mas o fato de ter sido objeto de controvérsia, obrigando o Tribunal Arbitral a decidi-la, justificou o esclarecimento do Protocolo de Olivos de que se trata de procedimento opcional e não obrigatório, o que permite concluir que, mesmo havendo negociações ou a intervenção do Grupo do Mercosul, a questão submetida à arbitragem não precisa ser a mesma da objeto das negociações ou da intervenção.

O procedimento opcional, por outro lado, tem a virtude de permitir ao Estado Parte na controvérsia examinar com maior profundidade o seu pleito e ponderar se deve levá-lo avante ou se contentar com o resultado das negociações.

4. Os laudos arbitrais

Os dez laudos arbitrais proferidos foram provocados por pretensões de um Estado contra atos de outro, considerados violadores de normas do Mercosul, não obstante afetassem interesses de setores privados.

O Laudo I, emitido em 28 de abril de 1999, examinou pretensão da Argentina contra as disposições dos Comunicados 37/97 e 7/98, do Departamento de Operações de Comércio Exterior (DECEX), da Secretaria do Comércio Exterior (SECEX), do Brasil, que continham medidas restritivas ao comércio recíproco.

Esses Comunicados estabeleceram sistema de licenças automáticas e licenças automáticas condicionadas e, portanto, não automáticas, sujeitas a procedimentos especiais, para a importação de produtos do exterior, com exigências zoo-sanitárias ou sanitárias expedidas pelo Ministério da

Agricultura do Brasil e outras. O objeto da controvérsia foi a compatibilidade ou não do regime de licenças com o conjunto normativo do Mercosul. Concluiu o Tribunal Arbitral que (i) as licenças automáticas são compatíveis com o sistema normativo do Mercado, desde que não contenham condições ou procedimentos e se limitem a um registro realizado sem demora, durante o trâmite aduaneiro e (ii) as licenças não automáticas somente são compatíveis com esse sistema, desde que se refiram a medidas adotadas sob condições e fins estabelecidos no artigo 50 do Tratado de Montevidéu, com a eliminação de medidas não aduaneiras, que configurem obstáculos comerciais. Determinou o Tribunal Arbitral que o regime de licenciamento adotado pelo Brasil deveria ajustar-se ao estabelecido no laudo, até o dia 31 de dezembro de 1999. Vale dizer, impôs ao Brasil o dever de rever o Comunicado 37, adequando-o às normas do Tratado de Montevidéu.

O Laudo II, emitido em 27 de setembro de 1999, examinou a pretensão da Argentina sobre a política de subsídios à exportação da carne de porco, pelo Brasil. O objeto da controvérsia foi a existência ou não de subsídios à produção e à exportação de carne de porco pelo Brasil; em virtude (i) dos programas de regulação de estoques de milho (CONAB); (ii) a adoção de equalização da taxa de juros para a exportação de suínos (PROEX) e (iii) a utilização de mecanismos de financiamento à exportação, por meio das antecipações de contrato de câmbio (ACC). O laudo considerou regular o programa de regulação de estoques, procedente a reclamação da Argentina sobre o PROEX, de equalização da taxa de juros - com o que o Brasil já concordara - e improcedente a pretensão relativa aos adiantamentos de contratos de câmbio. Com a concordância do Brasil sobre a reclamação da Argentina relativa ao PROEX, a controvérsia deixou de existir, não havendo, dessa forma, ato posterior a ser adotado, em cumprimento ao laudo.

O Laudo III versou sobre a pretensão do Brasil contra a imposição, pela Argentina, de medidas de salvaguarda na importação de produtos têxteis brasileiros com base no Acordo de Têxteis e Vestuários, da Organização Mundial do Comércio. O objeto da controvérsia foi o entendimento da Argentina de que não existiriam normas no âmbito do Mercosul que proibissem a imposição de salvaguarda, para proteção de determinado setor industrial e, assim, ocorreria uma lacuna legal. O Brasil, por seu turno, sustentou que havia essa proibição desde 1º de janeiro de 1995, após o término do prazo estabelecido no Tratado de Assunção para esse fim. O laudo considerou que as normas editadas pela Argentina violavam o Tratado de Assunção e seu Anexo IV, que regulavam a proibição de salvaguardas após 31 de dezembro de 1994. Dispôs, em vista disso, que a Resolução 861/99 do Ministério da Economia e Obras e Serviços Públicos da Argentina e os atos administrativos complementares não são compatíveis com o Anexo IV do Tratado de Assunção e, portanto, deviam ser revogados.

O Laudo IV teve por objeto a reclamação do Brasil sobre a prática de *dumping* pela Argentina, não acolhida pelo Tribunal Arbitral. Considerou o Brasil que a Resolução ME 574/2000 e os procedimentos de investigação *antidumping* em que se baseia, não seriam compatíveis com a normativa do Mercosul sobre investigação e aplicação de direitos *antidumping* no comércio entre os Estados Partes no Mercosul. Segundo a Argentina, os procedimentos de investigação *antidumping* e a Resolução 574/2000 não estão sujeitos à normas do Mercosul e sim à legislação nacional e nenhuma norma do Mercosul ou nacional habilita o Tribunal a rever procedimentos adotados por um Estado Parte, sob sua legislação nacional.

Concluiu o Tribunal que não existem disposições convencionais no Mercosul aplicáveis ao caso reguladas no Tratado de Assunção, em seu Anexo I e no Regime de Adequação Final à União Aduaneira. Decidiu que os procedimentos de investigação e a Resolução ME 574/2000, da Argentina, não constituem descumprimento da regra de livre circulação de bens no Mercosul. Entendeu, também, que o Tribunal Arbitral possui competência para apreciar se um procedimento de investigação de *dumping* e as medidas *antidumping* constituem restrições à livre circulação de bens no âmbito do Mercosul.

O Laudo V resolveu controvérsia entre Uruguai e Argentina e versou sobre restrições de acesso ao mercado argentino de bicicletas de origem uruguaia fabricadas pela empresa Motociclo S/A. O pleito decorreu dos processos de verificação de origem dos modelos de bicicletas, com violação das normas aplicáveis em matéria de origem. A Argentina contestou essa pretensão, alegando que as normas do Regulamento de Origem não foram observadas. A decisão concluiu que a resolução da Argentina comunicada em 23 de janeiro de 2001, pela qual aplicava o tratamento tarifário extrazona às bicicletas produzidas por Motociclo S/A infringia a normativa do Mercosul, determinando sua revogação, tornando-a sem efeito, com a declaração de que a Argentina deveria permitir o livre acesso daqueles produtos ao seu mercado interno.

O Laudo VI, por sua vez, versou sobre a proibição pelo Brasil de importação de pneus recauchutados procedentes do Uruguai. Concluiu que a Portaria nº 8 de 25 de setembro de 2000, da Secretaria de Comércio Exterior do Ministério do Desenvolvimento, Indústria e Comércio Exterior do Brasil é incompatível com a normativa do Mercosul. Considerou o laudo que na década de noventa houve um fluxo comercial para o Brasil de pneumáticos recauchutados provenientes do Uruguai compatível com a legislação interna brasileira. Tais pneus não foram considerados usados e, assim, não compreendidos na proibição de importação de pneumáticos usados, o que caracterizaria o estopel, a impedir a modificação legislativa pretendida pelo Brasil.

O Laudo VII resolveu controvérsia entre Argentina e Brasil sobre obstáculos à entrada de produtos fitossanitários argentinos no mercado brasileiro. Após longa análise dos aspectos fitossanitários examinados, concluiu o Tribunal Arbitral não compartilhar a tese de que a invocação genérica da proteção da saúde humana, animal e vegetal amparada pelo artigo 50 do Tratado de Montevidéu, de 1980, possa isentar o Brasil de cumprir a obrigação específica de incorporar a sua normativa interna às disposições do Grupo do Mercado Comum. Esclareceu também que a circunstância de terem os produtos fitossanitários potencialidade de causar dano à saúde, não é argumento suficiente para opor-se à incorporação das normas de registro previamente acordadas em um tempo razoável. A falta dessa incorporação ao ordenamento brasileiro constitui restrição não tarifária à circulação de mercadorias, fato não contestado pelo Brasil.

O Laudo VIII decidiu controvérsia entre o Paraguai e Uruguai sobre aplicação do Imposto Específico Interno à comercialização de cigarros. A matéria diz respeito à alegação do Paraguai de que a forma de calcular esse imposto é discriminatória e contradiz os artigos 1º e 7º do Tratado de Assunção e seu anexo I. O Tribunal Arbitral decidiu que havia incompatibilidade de aplicação daquele imposto com a regra do tratamento nacional no Mercosul e na ALADI, esclarecendo que o Uruguai pode gravar os bens dentro de seu território, mas não pode fazê-lo de forma que um produto oriundo de outro país seja tratado com discriminação relativamente a produtos similares nacionais. Acrescentou que o tratamento discriminatório não se enquadra na lista de exceções previstas no âmbito do Mercosul e do GATT/94.

O Laudo IX foi o penúltimo emitido com base no Protocolo de Brasília, antes de sua derrogação pelo Protocolo de Olivos e versou sobre a controvérsia entre Argentina e Uruguai tendo por objeto a alegação de incompatibilidade do regime de estímulo à industrialização de lã posto em vigor pelo último país. A decisão determinou ao Uruguai que eliminasse a bonificação especial estabelecida pela Lei 13.695, e seus Decretos complementares para as exportações de produtos industrializados de lãs destinadas aos Estados-partes no Mercosul, por contrariar o artigo 12 da Decisão do Conselho do Mercado Comum nº 10/94. Essa eliminação deveria ser feita em quinze dias seguintes à notificação do Laudo Arbitral.

Por fim, o Laudo X apreciou controvérsia sobre medidas discriminatórias e restritivas ao comércio de tabaco e produtos dele derivados, adotadas pelo Brasil, que, reconhecendo a procedência do pleito, emitiu o Decreto 3.464, de 2.000 e a Resolução CAMEX 26, de 2003, com o que o laudo decidiu ter sido cumprida a normativa do Mercosul sobre o tema.

5. O cumprimento dos laudos arbitrais

Em todas as controvérsias as Partes foram Estados e o procedimento de solução de controvérsias foi o do Protocolo de Brasília. O cumprimento das decisões arbitrais deve ocorrer no prazo de 15 dias, salvo se outro for fixado pelo Tribunal. O eventual descumprimento do laudo pelo Estado vencido acarretará a adoção, pelos demais Estados, de medidas compensatórias temporárias, tais como a suspensão de concessões ou outras equivalentes, visando a obter o cumprimento da decisão, como dispõe o artigo 23 do Protocolo de Brasília, assim redigido:

> *"Artigo 23 – Se um Estado Parte não cumprir o laudo do Tribunal Arbitral, no prazo de trinta (30) dias, os outros Estados partes na controvérsia poderão adotar medidas compensatórias temporárias, tais como a suspensão de concessões ou outras equivalentes, visando a obter seu cumprimento."*

Essa disposição permite concluir que, tratando-se de controvérsia entre Estados, cabe sempre aos que dela são partes exigir o cumprimento do laudo na esfera internacional do Mercosul. E, prevendo o Protocolo de Brasília a sanção, será esta aplicável no quadro das relações do Mercosul.

Outra questão que os laudos arbitrais suscitam diz respeito ao direito dos que integram setor privado interessado de exigir do Estado vencido o cumprimento da decisão arbitral. Se, em princípio, o laudo resolve uma controvérsia entre Estados, a empresa privada ou o indivíduo estão afastados dos seus efeitos, pois a não observância de suas disposições implica a adoção de medidas compensatórias pelos demais Estados membros da organização.

Esse efeito, contudo, não esgota a questão, pois o exame da controvérsia e da norma interna considerada violadora da normativa do Mercosul pode permitir ao particular interessado a adoção de medidas no âmbito interno do próprio Estado vencido na decisão arbitral. Se houver o descumprimento do laudo e, por esse motivo, for imposta pelo vencedor medidas compensatórias que afetem outros setores privados do Estado vencido, as empresas e pessoas afetadas nesse Estado poderão reclamar indenização, na esfera interna, com fundamento no ilícito verificado. Essa é a lógica do sistema. A imposição de medidas compensatórias que afetem outros setores não envolvidos na controvérsia, como retaliação contra o descumprimento do laudo arbitral, pode conferir aos prejudicados o direito de requerer ao seu país indenizações correspondentes aos danos sofridos.

Outras considerações também se impõem. Uma primeira que, desde logo, deve-se suscitar é a de que o laudo arbitral emitido com base no Protocolo de Brasília é decisão internacional que obriga o país na órbita internacional e produz efeitos internos. A sentença internacional não se confunde com a sentença estrangeira, que é a proferida por juiz estrangeiro, no âmbito interno de seu Estado, para ser executado no território de outro. A sentença estrangeira, portanto, provém de autoridade judiciária estatal, que, para ser executada em outro Estado, deve ser por este aceita, por meio de sentença homologatória. E o que se executa é a sentença homologatória nacional da sentença estrangeira. E não a que provém de autoridade judiciária estrangeira, despida de qualquer poder e autoridade no território do outro Estado. É a sentença homologatória nacional que tem essa autoridade. Não a estrangeira.

O mesmo não ocorre com a sentença internacional, que emana de autoridade judiciária, ou arbitral, internacional reconhecida pelo país, que se obrigou a acatá-la. Possui autoridade própria e, por essa razão, executável no âmbito interno dos Estados que participaram do processo onde foi proferida.

Sentença internacional em processo do qual o país é parte não requer homologação, pois aplica-se contra o Estado parte no processo. E o Judiciário integra esse mesmo Estado, cabendo-lhe, se provocado, simplesmente dar cumprimento à decisão internacional, não possuindo, dessa forma, a prerrogativa de aceitá-la ou não. No Brasil, a Constituição confere competência ao STJ apenas para homologar sentenças *estrangeiras* nada dispondo sobre sentenças *internacionais*. Seria, a propósito, contraditório submeter uma decisão internacional proferida em processo em que o país foi parte ao reconhecimento desse mesmo país, por meio de seu judiciário.

É verdade que a lei brasileira sobre arbitragem, nº 9.307/96 (parágrafo único do artigo 34) considera estrangeiro o laudo arbitral proferido fora do território nacional. Sendo assim, a decisão proferida de acordo com o Protocolo de Brasília ou com o Protocolo de Olivos fora do Brasil poderia ser interpretada como *estrangeira*, para os efeitos da lei, que, sendo posterior àquele Protocolo, teria o efeito de derrogá-lo, uma vez que o STF entende que lei revoga tratado anterior (Acórdão 8004, in RTJ 83/809).

Todavia, esse efeito não ocorre nas decisões arbitrais proferidas no âmbito do Mercosul contra o Estado, uma vez que os Protocolos de Brasília e o de Olivos constituem norma especial, não derrogada pela lei geral sobre arbitragem (§ 2º do art. 2º da LINDB). Ademais, o *caput* do artigo 34 da lei estabelece que *"a sentença arbitral estrangeira será reconhecida ou executada no Brasil de conformidade com os tratados internacionais com eficácia no ordenamento interno e, na sua ausência, estritamente de acordo com os termos desta lei"*.

Portanto, seja por se tratar de laudo emitido com base em tratado internacional, seja pela aplicação da própria lei 9.307/96, não há que se confundir o caráter internacional do laudo proferido com base no Protocolo de Brasília ou no Protocolo de Olivos, com os de que trata a lei ordinária brasileira.

6. O verdadeiro afetado pela decisão arbitral

O indivíduo ou empresa interessados no resultado da controvérsia resolvida pelo laudo arbitral podem provocar o Poder Judiciário do Estado vencido, para que a norma tida como violadora da normativa do Mercosul seja afastada.

Tanto na arbitragem sobre o Comunicado 37, da Secretaria do Comércio Exterior, do Brasil, como na que decidiu sobre a Resolução emitida pelo Ministério da Economia da Argentina, os laudos abordaram normas editadas por autoridades administrativas, competentes para regular o comércio exterior. Em ambos os casos não se cogitou de lei, mas de normas derivadas, sem força de lei e, portanto, a ela subordinadas.

Em ambos os casos, as normas administrativas consideradas infringentes do Tratado de Assunção ou do Protocolo de Ouro Preto, ou, ainda, de normas integradas na normativa do Mercosul, tal como definidas pelos laudos arbitrais, também violaram as leis dos Estados vencidos na arbitragem e, assim, seriam ilegais e, por isso mesmo, inconstitucionais.

Examinando-se a questão sob o prisma exclusivo do direito interno do Brasil, o Comunicado 37 do DECEX violou a norma brasileira que deu vigência no país ao Tratado de Assunção. Dessa forma, poderia o Judiciário brasileiro, independentemente da provocação do sistema de solução de controvérsias do Mercosul considerá-lo ilegal, por ferir o decreto legislativo que aprovou o Tratado de Assunção, com publicidade conferida por decreto de promulgação. A ilegalidade consistiu na violação da lei brasileira que regula o comércio exterior com países do Mercosul e, assim, ser reconhecida pela própria autoridade judiciária brasileira, provocado pelo interessado na importação de produtos de outros países do Mercosul, sem a observância das condições consideradas atentatórias às normas da organização regional.

O mesmo poderia ocorrer na Argentina, se um importador ingressasse no Judiciário local pleiteando a declaração de ilegalidade da Resolução do Ministério que lhe proibia realizar importação de produtos têxteis do Brasil. Sobretudo porque naquele país as normas do Mercosul têm prevalência sobre as de direito interno.

Em ambos os casos, o Judiciário poderia apreciar diretamente a questão sob o prisma de direito interno, pois a controvérsia versou sobre norma de caráter administrativo infralegal que limitava a importação de produtos oriundos de país membro do Mercosul. O exame da legislação nacional levaria à mesma conclusão dos laudos arbitrais, que se limitaram a verificar a compatibilidade das normas contestadas, com as do Mercosul, vigentes em cada um daqueles países.

Se, todavia, os dois países, vencidos nas arbitragens em que foram partes, se recusassem a revogar as medidas administrativas tidas como violadoras das normas do Mercosul, ou, se o Judiciário, provocado por qualquer interessado, igualmente, não as considerasse ilegais ou inconstitucionais, então caracterizar-se-ia o descumprimento do laudo arbitral, autorizando o outro país a adotar medidas compensatórias.

Da mesma forma, se o laudo arbitral considerar uma lei violadora do Tratado de Assunção, ou de outra norma convencional acordada no âmbito do Mercosul, essa lei deveria ser revogada em cumprimento à decisão arbitral.

Aqui haveria que se levar em conta que, no Brasil, segundo jurisprudência do STF, como já mencionado, e que tem prevalecido, a lei revoga o tratado e é por esta revogado, pois ambas estariam no mesmo nível hierárquico.

Sendo assim, o juiz brasileiro poderia não acatar pretensão manifestada em ação judicial sobre a violação das normas do Mercosul, pela lei nacional, cabendo unicamente aos Poderes Legislativo e Executivo, por meio de outra lei, revogar a lei infratora da convenção internacional.

Neste caso, o Poder Judiciário, em virtude do entendimento que o STF confere à matéria, daria prevalência da lei interna sobre a do Mercosul, considerando-a derrogada. Caracterizar-se-ia, então o descumprimento do laudo arbitral, com a possibilidade de os outros países do Mercosul adotarem medidas compensatórias contra o Brasil.

Em tal situação, se o laudo arbitral considerar uma lei nacional em contradição com as normas abrangidas pelo Tratado de Assunção, o seu cumprimento somente poderia se dar mediante a revogação dessa lei. Enquanto isso não ocorresse, estaria o país sujeito às sanções pelos demais países que integram o acordo.

Capítulo 7 – A Arbitragem no Protocolo de Olivos

Introdução

O Protocolo de Olivos, firmado em OIivos, na Argentina, em 18 de fevereiro de 2002[173], inovou o sistema de solução de controvérsias entre os países do Mercosul. Apesar da aplicação bem-sucedida do Protocolo de Brasília, que registrou a solução de dez controvérsias entre os países do Mercosul, a pressão para sua modificação, para atender a interesses de um dos países do bloco, resultou no mal costurado Protocolo de Olivos. As inovações nele introduzidas não ajudam a fortalecer a organização regional, que já dispunha de mecanismo eficiente para resolver controvérsias regionais, formando certa tradição e jurisprudência que permitiria vislumbrar o fortalecimento do sistema. Todavia, interesses menores da política regional e a visão curta dos dirigentes governamentais fizeram soçobrar a bem-sucedida experiência alcançada pelas normas do Protocolo de Brasília.

O Protocolo de Olivos, ao inovar, quis, na verdade, lançar o germe de um tribunal judiciário regional do Mercosul, travestido de um tribunal de arbitragem com duplo grau de jurisdição, desnaturando, com isso, o conceito tradicional da arbitragem. Além disso, em vez de fortalecer o sistema regional de solução de controvérsias, abriu a possibilidade de recurso para outros sistemas.

---

[173] Ratificado pelo Brasil pelo Decreto Legislativo nº 712, de 14.10.2003 e objeto do Decreto nº 4.982 de 09.02.2004.

1. A perda da competência exclusiva do tribunal regional

Após mais de dez anos de prática do mecanismo de solução de controvérsias instituído pelo Protocolo de Brasília, aprovado em 17 de dezembro de 1991, e a solução de dez controvérsias resolvidas sob suas normas, os países do Mercosul resolveram alterar-lhe a sistemática com a adoção do Protocolo de Olivos.

Ao fazê-lo, modificaram o mecanismo acordado no Protocolo de Brasília, prevendo a possibilidade de os Estados parte em uma controvérsia optarem por submetê-la ao sistema da Organização Mundial do Comércio, ou de outros esquemas preferenciais de comércio, de que sejam partes, à escolha da parte demandante. Estabeleceu-se, assim, uma alternativa não prevista no Protocolo de Brasília, permitindo, ainda, a adoção de escolha de foro alternativo.

Com essa opção, desvirtuou-se o caráter regional do sistema de solução de controvérsias, criando confusão com a normativa geral do comércio exterior com países fora da área.

As controvérsias no âmbito do Mercosul decorrem das normas que disciplinam a organização, como, coerentemente, dispõe o inciso 1 do artigo 1º:

> *"1- As controvérsias que surjam entre os Estados Partes sobre a interpretação, a aplicação ou o não cumprimento do Tratado de Assunção, do Protocolo de Ouro Preto, dos protocolos e acordos celebrados no marco do Tratado de Assunção, das Decisões do Coelho de Mercado Comum, das Resoluções do Grupo Mercado Comum e das Diretrizes da Comissão de Comércio do Mercosul serão submetidas aos procedimentos estabelecidos no presente Protocolo."*

O sistema de solução de controvérsias destina-se a interpretação, aplicação ou não cumprimento das normas do Mercosul e não de outros organismos internacionais de que os Estados fazem ou possam fazer parte. E é natural que assim seja, pois, o Protocolo tem por objeto estabelecer mecanismo regional apropriado para resolver as questões reguladas pelos acordos e normas da organização e não outras. Ao manter dentro da área a solução de litígios, como fizera o Protocolo de Brasília, fortalece-se o sistema e permite a formação de certa jurisprudência, que os dez laudos arbitrais produzidos sob a égide daquele Protocolo revelam.

Contudo, surpreendentemente, o inciso 2 do mesmo artigo 1º, do Protocolo de Olivos, desconhecendo o fato de que as normas do Mercosul são especiais, em contraposição às de caráter geral das que vigoram para a Organização Mundial do Comércio, admite a possibilidade de as Partes submeterem controvérsias sobre a aplicação das normas do Mercosul àquela entidade, ou outra que tenha aprovado *"esquemas preferenciais de comércio"*.

Diz o inciso 2 do Artigo 1º:

> *"As controvérsias compreendidas no âmbito de aplicação do presente Protocolo que possam também se submetidas ao sistema de solução de controvérsias da Organização Mundial do Comércio ou de outros esquemas preferenciais de comércio de que sejam parte individualmente os Estados Partes do Mercosul poderão submeter-se a um ou outro foro, à escolha da parte demandante. Sem prejuízo disso, as partes na controvérsia poderão, de comum acordo, definir o foro".*

A última parte do dispositivo, que permite às partes definir o foro, prevê o óbvio e, assim dispensável, pois até à Corte Internacional de Justiça poderiam as Partes recorrer, se estiverem de acordo, já que a competência dessa corte abrange controvérsias entre Estados em geral, sobre assuntos regulados pelo Direito Internacional. Já isso demonstra a precariedade da redação do Protocolo.

Mas a primeira parte, que permite submeter ao sistema de solução de controvérsias da OMC, as que decorrem da aplicação das normas do Mercosul contrariam frontalmente a disposição de fortalecer o organismo regional e o sistema estabelecido pelo Protocolo de Brasília, em má hora derrogado. A esfera de aplicação do Protocolo de Olivos restringe-se exclusivamente às normas do Mercosul, cuja apreciação, em caso de controvérsias deve ser feita segundo os mecanismos da organização regional e de acordo com os princípios que a governam para atingir o objetivo preciso que norteou sua constituição, que não se confunde com os da OMC ou de outra entidade.

As normas do Mercosul são de caráter especial e prevalecem, entre os Estados Membros, sobre as de caráter geral da OMC, subordinada a outros princípios e com amplitude geral.

Se determinada matéria é regulada por ambas entidades de maneira diversa, prevalece – ou deve prevalecer - a regional do Mercosul, não afetada pelo tratamento divergente que possa ser conferido pela organização mundial, de âmbito universal. E, ainda que haja coincidência de normas, sua interpretação e aplicação podem ser diversas, pois diferentes são os pressupostos e objetivos que as animam.

Daí que deve sempre prevalecer a organização regional, diante do caráter especial de suas normas e do objetivo preciso que pretendem os Estados Membros alcançar, que é o de estabelecer um mercado comum.

As consequências dessa possibilidade podem significar o enfraquecimento do sistema regional. Sendo organismo regional de ampliação gradativa do comércio internacional, as normas dos acordos regionais do Mercosul são exceções às do acordo mais amplo estabelecido pela OMC. É o caso, por exemplo, das salvaguardas, proibidas no âmbito do Mercosul, mas admitidas no Acordo sobre Salvaguardas daquela organização.

A esse respeito, é de se lembrar que a controvérsia entre Brasil e Argentina sobre têxteis foi submetida inicialmente à OMC, tendo em vista que o fundamento para a imposição de salvaguardas contra produtos têxteis provenientes do Brasil foi o das normas da OMC. Acolhida a reclamação, porém não cumprida a decisão pela Argentina, provocou o Brasil a instalação do sistema do Protocolo de Brasília, agora invocando os preceitos do Tratado de Assunção e seus anexos, que havia estabelecido prazo para a imposição de salvaguardas, já expirado quando da sua adoção pela Argentina. O Tribunal Arbitral que apreciou a demanda considerou não poderem mais os países do Mercosul impor salvaguardas, pois o prazo para isso já se expirara. Todavia, de acordo com as normas da OMC, esse mecanismo de defesa comercial é ainda admitido, se presentes os pressupostos convencionais estabelecidos.

2. A proibição da escolha do melhor fôro

A utilização simultânea de dois sistemas de solução de controvérsias foi vetada pelo Protocolo de Olivos, que o proíbe expressamente, ao dizer que *"uma vez iniciado um procedimento de solução de controvérsias de acordo com o parágrafo anterior, nenhuma das partes poderá recorrer a mecanismos de solução de controvérsias estabelecidos nos outros foros com relação a um mesmo objeto definido nos termos do artigo 14 deste Protocolo".*

Pretende-se, com isso, impedir o denominado *forum shopping*, em que uma das partes recorre a diversos sistemas de solução de controvérsias, na tentativa de buscar acolhimento de suas pretensões, para a hipótese de insucesso.

Trata-se de norma saudável, que evita procedimentos incompatíveis com a boa fé que deve reger as relações entre os Estados. Sua previsão decorre das alternativas previstas no Protocolo, de recurso ao sistema de solução de controvérsias da OMC ou de outras entidades. Seria desnecessário se seu escopo se restringisse às relações específicas das atividades na área do Mercosul.

3. Mecanismos relativos a aspectos técnicos

Outra inovação do Protocolo de Olivos foi a previsão de *mecanismos relativos a aspectos técnicos*, a serem definidos pelo Conselho do Mercado Comum. Esses mecanismos têm por objeto aferir a procedência dos fundamentos para restrições ao comércio interzonal com base em diretivas técnicas, que podem resultar na imposição de barreiras não tarifárias, como é o caso de normas de caráter fitossanitário e outras do mesmo jaez. Nesse caso, o exame da pretensão será conduzido segundo padrões técnicos a serem definidos pelo Conselho do Mercosul, fato não previsto no Protocolo de Brasília.

4. As negociações preliminares

Manteve o Protocolo de Olivos a etapa preliminar das negociações diretas, antes do início do procedimento arbitral. Trata-se de etapa obrigatória, que impede os Estados iniciarem a arbitragem, sem antes esgotar entendimentos e negociações para contornar as divergências. Essa conclusão deriva da concessão do prazo de 15 dias, previsto no artigo 5º, para a conclusão dessas negociações, a exemplo do já previsto no artigo 3º do Protocolo de Brasília, mantendo-se a alternativa da intervenção do Grupo Mercado Comum, com referência expressa a essa excepcionalidade. Deixou, contudo, de fazer idêntica ressalva relativamente às negociações diretas. Essa conclusão também decorre do inciso 2 do artigo 14, segundo o qual *"as alegações que as partes apresentem nos textos mencionados no numeral anterior se basearão nas questões que foram consideradas nas etapas prévias, contempladas no presente Protocolo* e no Anexo ao *Protocolo de Ouro Preto."*

Todavia, embora o fato de as negociações serem etapas preliminares obrigatórias, cuja inobservância poderá impedir o início da arbitragem, as pretensões deduzidas no procedimento arbitral podem não coincidir exatamente com as objeto das negociações, como concluiu o laudo que decidiu a controvérsia sobre têxteis entre Brasil e Argentina, circunstância reiterada pelo Protocolo de Olivos no artigo 14, segundo o qual *"o objeto das controvérsias ficará determinado pelos textos de apresentação e de resposta apresentados ante o Tribunal Arbitral Ad Hoc, não podendo ser ampliado posteriormente"*.

Essa disposição demonstra que o objeto da controvérsia a ser resolvida pela arbitragem é determinado pelas Partes, ao apresentarem suas razões e respostas para o Tribunal. E é natural que assim seja, pois, a etapa preliminar de negociações não se confunde com o procedimento arbitral, que se inicia com a postulação de uma parte a ser resolvida pelo Tribunal Arbitral, com base em normas convencionais. O resultado das negociações pode provocar alterações nas pretensões das partes, o que justifica poderem ser diferentes das apresentadas nos entendimentos negociais

Já a intervenção do Grupo Mercado Comum é facultativa, como se depreende pelo emprego do verbo *poder* no artigo 6, a indicar-lhe o caráter opcional.

Feita a opção, contudo, deverá ser observado o procedimento estabelecido nesse mesmo artigo 6º, segundo o qual o Grupo Mercado Comum avaliará a situação, dando oportunidade para que as partes apresentem suas razões e provas, assessoradas por especialistas, respeitando o contraditório e o tratamento igualitário entre as partes. Ao final do procedimento, o Grupo Mercado Comum formulará recomendações às Partes, visando a compor a controvérsia. Tratando-se de mera recomendação, não possui caráter vinculativo ou obrigatório, podendo as Partes recorrer à arbitragem, a despeito dela.

Um terceiro Estado, que não seja parte na controvérsia, mas tiver interesse na solução da controvérsia não resolvida na fase das negociações diretas, terminadas sem êxito, pode, também, provocar a intervenção do Grupo Mercosul, intervenção essa, contudo, que não implica interrupção do procedimento arbitral. Essa circunstância não estava prevista no Protocolo de Brasília, embora não dispusesse de maneira contrária, permitindo-se concluir pelo mesmo efeito, ora tornado expresso.

5. Procedimento arbitral *ad hoc*

Não se solucionando a controvérsia pelas negociações diretas, ou pela intervenção do Grupo Mercado Comum, quando provocado, pode o Estado interessado dar início ao procedimento arbitral, mediante comunicação à Secretaria Administrativa e ao Grupo Mercado Comum, além dos demais Estados envolvidos.

O procedimento é praticamente o mesmo estabelecido no Protocolo de Brasília. A constituição do Tribunal *ad hoc* continua com a característica consensual, em que as partes escolhem os árbitros dentre os constantes da lista de 12 árbitros que cada Estado previamente apresentou à Secretaria Administrativa do Mercosul, para registro e conhecimento de todos os demais Estados, que poderão solicitar esclarecimentos sobre as pessoas designadas (artigo 11). Além dos árbitros nacionais, cada Estado proporá 4 candidatos para integrar a lista de terceiros árbitros, dos quais um não será nacional dos países membros do Mercosul, podendo os Estados, igualmente, solicitar esclarecimentos e formular objeções sobre a indicação.

O procedimento arbitral inicia-se com a designação de um árbitro titular e um suplente, para a hipótese de impedimento ou escusa. Assim, foi mantida a característica consensual da arbitragem, em que cada parte na controvérsia designa um árbitro de sua confiança, dentre os integrantes da lista que adrede fez registrar na Secretaria Administrativa.

O objeto da controvérsia é determinado pelos textos de apresentação e resposta oferecidos ao Tribunal, não podendo ser ampliado posteriormente, devendo esses textos basearem-se nas questões tratadas nas etapas anteriores, que, dessa forma, assumem a característica de providência preliminar obrigatória, cuja inobservância pode impedir o início da arbitragem.

O sistema de solução de controvérsias adotado pelo Protocolo de Brasília, mantido parcialmente pelo Protocolo de Olivos, tem, ou deveria ter, como pressuposto, a ausência de estrutura rígida e permanente e dispendiosa de corpo de juízes disponíveis para julgar controvérsias a eles submetidos, como é o caso dos tribunais judiciários nacionais. Uma das vantagens desse sistema é a de dispensar a manutenção de estrutura permanente, criando-se o tribunal apenas quando surgir uma controvérsia não solucionada por negociações diretas ou pela intervenção do Grupo Mercado Comum.

Não obstante tenha previsto a arbitragem como mecanismo de solução de litígios entre os Estados membros, o Protocolo de Olivos introduziu importante modificação à sistemática estabelecida pelo Protocolo de Brasília, que foi a criação de um Tribunal Permanente de Revisão. Retira-se, com isso a característica fundamental da arbitragem, que é a de possuir jurisdição exclusiva conferida pelas partes aos árbitros para resolver definitivamente a controvérsia entre elas. Sem o reconhecimento de que o tribunal arbitral *ad hoc* que se vier a constituir possui jurisdição exclusiva e definitiva para resolver uma contenda não se tem arbitragem, pois, para que esta exista é necessária a outorga pelos Estados de autoridade específica aos árbitros para decidir a controvérsia a eles submetida e, nos limites por eles estabelecidos. Na verdade, fica-se no meio termo. Institui-se a arbitragem *ad hoc*, mas a decisão não será definitiva, pois sujeita à recurso para um tribunal de revisão integrado por pessoas nomeadas com mandato determinado.

6. Tribunal Permanente de Revisão

De fato, o procedimento de revisão do laudo arbitral, nos moldes previstos no Protocolo de Olivos, desfigura a arbitragem, equiparando-a a uma espécie de decisão judicial, submetida ao duplo grau de jurisdição. A arbitragem, seja a nacional, seja a internacional, ainda que conduzida por meio de organismo internacional, tem como característica principal a confiança nos árbitros escolhidos pelas partes. A grande diferença entre a solução arbitral e a judicial reside principalmente na própria constituição do organismo de decisão. Enquanto que, na solução judicial, os juízes são impostos às partes, pois integram previamente o tribunal, sem qualquer intervenção delas, admitindo-se, em alguns casos a indicação de um juiz *ad hoc* nos tribunais internacionais, na arbitragem são as partes que escolhem os juízes que vão dirimir-lhe as controvérsias, definindo-lhes as atribuições e, assim, a competência específica. Pressuposto básico da arbitragem é a confiança das partes nos árbitros, enquanto que no processo judiciário prescinde-se dela, prevalecendo a obediência.

Daí porque não se entende a razão da criação de um Tribunal Permanente de Revisão, com competência para rever questões já resolvidas na sentença arbitral, sujeitando-a a um recurso de revisão.[174] Efetivamente, o inciso 1 do artigo 17 do Protocolo de Olivos diz:

---

[174] Para uma visão diversa, vide o interessante trabalho da Professora NADIA DE ARAUJO, "*O Tribunal Permanente de Revisão do Mercosul e as Opiniões Consultivas: Análise dos Laudos Arbi-*

> "Qualquer das partes na controvérsia poderá apresentar um recurso de revisão do laudo do Tribunal Arbitral Ad Hoc ao Tribunal Permanente de Revisão, em prazo não superior a quinze (15) dias a partir da notificação do mesmo".

O inciso 2 do mesmo artigo 17 define a competência desse Tribunal:

> "O recurso estará limitado a questões de direito tratadas na controvérsia e às interpretações jurídicas desenvolvidas no laudo do Tribunal Arbitral Ad Hoc."

Em outras palavras, o Tribunal Permanente não aprecia fatos, mas apenas o direito e a interpretação aprovada pelo Tribunal Arbitral. Não se trata, pois, de um órgão que examine a conformidade do laudo com os poderes conferidos aos árbitros ou com o objeto da controvérsia ou com os fatos. Restringe-se às questões de direito, tal qual, no sistema judicial brasileiro, é feito pelas cortes superiores em Brasília.

Como concebido esse Tribunal Permanente pode esvaziar as atribuições do Tribunal *ad hoc*, descaracterizando o procedimento arbitral, além de procrastinar a execução do laudo, criando zona de atrito desnecessária. Note-se que a competência do Tribunal Permanente não se restringe a verificar se o tribunal *ad hoc* foi regularmente constituído, se o laudo observou os limites da competência a ele atribuída, se houve corrupção dos árbitros ou se o laudo não apreciou inteiramente as questões a ele postas, a exemplo do previsto na Convenção que aprovou a constituição do Centro Internacional de Resolução de Controvérsias, do Banco Internacional de Reconstrução e Desenvolvimento.

Ao que parece, pretendeu-se estabelecer sistema similar ao judiciário interno, em que o processo de revisão ou de recurso encontra justificativa no fato de os juízes não gozarem da confiança das partes, por elas não escolhidos e haver necessidade de controle das decisões pela estrutura permanente do Estado.

A ideia de controlar as decisões arbitrais, não sujeitas, por sua própria natureza, à recurso de revisão de mérito, não é nova e já foi objeto de estu-

---

trais, sua ligação com o common law e algumas ideias para o futuro", in *Revista Temas de Integração*, 2º semestre de 2004, nº 18, p. 57-79.

dos para encontrar fórmulas que permitam exercer certo controle sobre a decisão dos árbitros.

Segundo esclarece W. Michael Reisman, a pretensão no passado de empregar o Tribunal Permanente de Justiça Internacional como instância de revisão das decisões arbitrais entre Estados foi inicialmente formulada por Szymon Runsdtein, membro polonês de um Comitê de Juristas da Liga das Nações[175]. Os Estados poderiam fazer uma Declaração de que eventuais reclamações contra o excesso de poder eventualmente verificado em uma arbitragem seriam examinadas pelo Tribunal, que atuaria como tribunal de cassação, anulando ou não o laudo. A atribuição do Tribunal limitar-se-ia à verificação da conformidade do laudo ao compromisso arbitral ou ao tratado que instituiu a arbitragem, sem revisão do mérito. A ideia, contudo, não prosperou.

Em 1929, o Instituto de Direito Internacional, retomando a sugestão, recomendou:

> *"Os Estados, nas suas convenções sobre arbitragem, bem como nas cláusulas compromissórias por eles firmadas, concordam em submeter à Corte Permanente de Justiça Internacional para decidir todas as controvérsias relacionadas seja à competência do tribunal arbitral, seja por excesso de poder alegado por uma das partes.*[176]*"*

George Scelle preparou para a Comissão de Direito Internacional da ONU proposta similar relativamente à Corte Internacional de Justiça, não acolhida pela Assembleia Geral, tornando-se simples normas modelo, sem aplicação[177].

Essas tentativas mostram, de um lado, a resistência em submeter as decisões arbitrais a um tribunal judiciário, como o antigo Tribunal Permanente de Justiça Internacional e a atual Tribunal Internacional de Justiça; de outro a preocupação em submeter essas decisões a alguma espécie de controle sobre a regularidade da constituição do tribunal arbitral e da conformidade do laudo com os poderes conferidos aos árbitros.

---

[175] WILLIAM MICHAEL REISMAN, The Breakdown of the Control Mechanis in ICSID Arbitration, *Duke Law Journal*, 1989, n. 4, p. 740-807.
[176] Anuário do *Institut de Droit International* (1929), vol. II, p. 304, in Reisman, p. 753.
[177] Conforme WILLIAM MICHAEL REISMAN, loc. cit.

Na ordem interna dos Estados, a participação do judiciário é exercida apenas para verificar pretensões de nulidade do laudo arbitral, como a observância da convenção de arbitragem, a regularidade da nomeação dos árbitros, a arbitrabilidade do litígio, dentre outras. Mas sempre se trata de exame sobre a regularidade do laudo e do processo de arbitragem e não o reexame do mérito da decisão.

Já o recurso de apelação para um tribunal destina-se a rever o mérito do julgamento, uma teratologia que submete o processo arbitral a um esquisito duplo grau de jurisdição.

O Tribunal Permanente de Revisão previsto no Protocolo de Olivos não se limitou a prever a revisão do laudo para efeito de verificação de sua regularidade e observância, pelos árbitros, dos poderes jurisdicionais que lhe foram conferidos. Foi além e estabeleceu a possibilidade de apelação sobre o mérito da decisão, atuando como se fora um tribunal judicial – como realmente é. De fato, apesar de integrados por julgadores denominados "árbitros", o Tribunal é judiciário e não arbitral, como se conclui pelo fato de não serem os Estados que escolhem os julgadores para apreciar o pedido de revisão da decisão arbitral. O Tribunal é previamente constituído, com competência genérica para apreciar pedidos de revisão. Sua constituição não é a de um tribunal arbitral, em que os julgadores são escolhidos pelas partes especificamente para decidir determinado litígio já ocorrido. Embora sejam os Estados que indicam os integrantes do Tribunal Permanente, não atuam estes como árbitros, mas como juízes, pois tem jurisdição genérica e prévia às controvérsias a eles submetidas. O árbitro tem jurisdição conferida pelas partes para determinada controvérsia. O juiz a tem previamente à controvérsia.

O Tribunal de Revisão é integrado por 5 "árbitros", como erroneamente denominados no Protocolo. Cada Estado designa um e um suplente, formando, assim, quatro membros, sendo o quinto escolhido por unanimidade. Se a unanimidade não for alcançada, far-se-á sorteio, dentre uma lista de oito apresentados pelos países, sendo 2 cada um (Artigo 18, inciso 3, última parte).

O Tribunal tem composição permanente e, quando a controvérsia envolver dois Estados, o Tribunal será integrado por 3 "árbitros", sendo dois de nacionalidades das partes litigantes e o terceiro designado pelo Diretor da Secretaria Administrativa, dentre os demais.

Vê-se que o Tribunal não é de arbitragem, pois não é escolhido pelas partes para examinar determinada controvérsia, para o que lhes é conferida jurisdição específica. Não é o caso. Os integrantes do Tribunal de Revisão, como os tribunais judiciários em geral, possuem competência geral para apreciar pedidos de revisão, caracterizando-se como função judicial e não arbitral.

O que se percebe é que os países que integram o Mercosul, defrontando-se com o fato de ser prematura a criação de um tribunal judiciário, a exemplo do que integra a União Europeia, ficaram a meio termo. Mantiveram o tribunal *ad hoc* para solucionar questões tópicas, mas baralharam os conceitos ao criar um tribunal de revisão, de caráter judicial.

A intenção de lançar raízes para a futura criação de um tribunal judiciário pode ser vislumbrada na possibilidade de as partes em uma controvérsia submeterem-se diretamente ao Tribunal Permanente de Revisão, como única instância, deixando de apresentá-la a um tribunal arbitral *ad hoc*. É o que dispõe o Artigo 23 do Protocolo:

> "1. As partes na controvérsia, culminado o procedimento estabelecido nos artigos 4º e 5º deste Protocolo, poderão acordar expressamente submeter-se diretamente e em única instância ao Tribunal Permanente de Revisão, caso em que este terá as mesmas competências que um Tribunal Arbitral Ad Hoc, aplicando-se, no que corresponda, os Artigos 9, 12, 13, 14, 15 e 16 do presente Protocolo."

Percebe-se que, ao criar o Tribunal Permanente de Revisão, destinado a rever laudos arbitrais, pretenderam os Estados iniciar preparativos para uma etapa posterior em que esse tribunal poderia se transformar em tribunal judiciário. Somente o desenvolvimento da integração regional e o fortalecimento do sistema é que permitirá alcançar esse estágio. A experiência adquirida com a aplicação do Protocolo de Brasília, com os laudos produzidos sob sua égide, constitui importante fator a influenciar esse desenvolvimento.

Outra atribuição do Tribunal Permanente de Revisão é a de emitir opiniões consultivas, com a definição de seu alcance e procedimentos, como estabelecido no artigo 3º do Protocolo. O Conselho do Mercado Comum tratou logo de regulamentar esse artigo, fazendo-o pelo Decreto 37/03, possibilitando sejam solicitadas pelos órgãos com capacidade decisória do Mercosul e os Tribunais Superiores dos Estados Partes com jurisdição nacional. Nesse caso, as opiniões devem versar apenas sobre a interpretação da normativa do Mercosul e relacionadas a casos concretos. Se essa possibilidade se tornar efetiva, com solicitações e consultas pelos Tribunais Superiores, abre-se o caminho para maior alargamento do processo de integração, com a aproximação das instâncias judiciárias e harmonização de jurisprudência local.

Capítulo 8 - Desenvolvimento da Arbitragem Internacional

1. Considerações gerais

Após a segunda guerra mundial, intensificaram-se os investimentos internacionais, com o Plano Marshal idealizado pelos Estados Unidos com o propósito de estimular a recuperação econômica da Europa, paralelamente ao intenso movimento de reorganização política da comunidade internacional. Quis evitar, ainda, a ampliação da influência da então União Soviética nos países europeus, além dos já submetidos ao seu poder, ao final do conflito (Polônia, Iugoslávia, Tchecoslováquia, República Democrática da Alemanha). A criação da ONU, ainda em tempos de guerra, foi apenas o primeiro ato do reordenamento do processo político internacional. Os sistemas financeiro, econômico e comercial foram objeto da conferência realizada em Bretton Woods, na qual se criaram o Fundo Monetário Internacional - FMI, o Banco Internacional de Reconstrução e Desenvolvimento – BIRD ou Banco Mundial.

A tentativa de estabelecer regras para o comportamento dos Estados no comércio internacional foi feita com a fracassada Organização Internacional do Comércio, substituída, em seus efeitos, pelo Acordo Geral de Tarifas e Comércio - GATT, de cujas rodadas de negociação, a última das quais no Uruguai e realizada em 1994, em Punta Del Este, resultou a Organização Mundial do Comércio, que completou o tripé anteriormente imaginado. A Rodada Doha sofre percalços para ser aprovada, sem solução ainda.

Foi momento de grande turbulência internacional resultante da II Guerra Mundial e o reconhecimento da necessidade de se reformular a organização dos Estados e da economia e finanças internacionais.

2. A atuação da empresa privada

Se esse movimento dos Estados, na área institucional pública, foi decisivo para a recuperação do pós-guerra, a atuação da empresa privada também foi de importância fundamental. Com a liberalização do comércio internacional, estimulada pelo GATT e pela aplicação do princípio da nação mais favorecida, que impediu os acordos bilaterais de preferência, o mundo assistiu o crescimento de investimentos sem precedentes, regidos por contratos privados. Esse crescimento coexistiu com o aparecimento da estratégia empresarial, que resultou na formação da empresa multinacional, também apodada de transnacional, organizada em múltiplas entidades econômicas, em diversos países, tendo o mundo como mercado, e não mais determinado Estado. Com isso, criou temores sobre a continuidade do sistema estatal, tal como concebido desde a Paz de Westfália, em 1648, de soberania absoluta dos Estados. A jurisdição territorial dos Estados mostrou-se incapaz de lidar com entidade privada com operações internacionais e com estrutura multinacional.

A proposta de constituição, pela ONU, da Comissão sobre as Empresas Transnacionais e o Projeto da União Europeia sobre o mesmo tema dão mostra dessa preocupação avolumada a partir dos anos 1960, de certa forma esmaecida a partir dos anos 1990. O fim da Guerra Fria foi outro fator de alteração da configuração da sociedade internacional, com a gradativa globalização da economia, provocada grandemente pelos efeitos da atuação da estratégia das empresas multinacionais.

3. O contrato como instrumento regulador de relações jurídicas

Influenciou também a modificação da estratégia das empresas privadas de não mais contar com a proteção diplomática do Estado de onde provém, mecanismo tradicional de direito internacional para defesa de interesses privados de seus nacionais. Muito utilizada no século XIX, constataram as empresas as dificuldades desse mecanismo, nem sempre concedidos, diante dos abusos verificados. A defesa desses interesses passou a ser feita por meio do contrato como instrumento regulador de negócios internacionais privados, à margem do aparato governamental e sem o apoio das autoridades governamentais. O contrato passou a ter relevância e conter normas de proteção dos investimentos, à margem da influência dos Estados de origem das empresas. As disposições contratuais relevantes para esse efeito, envolviam questões de direito aplicável, estabilidade legislativa, para evitar modificações nocivas aos investidores contratantes, além das relativas ao foro competente para resolução de controvérsias emanadas do ajuste.

A arbitragem ressurgiu como alternativa eficaz para superar a dificuldade de escolha de meio de solução de controvérsias localizado fora do território e da jurisdição dos Estados em que os investimentos eram feitos. A indicação do foro judicial de país diverso das partes e da obrigação ajustada para resolver litígios contratuais sempre se mostrou problemática, ante a possibilidade de o Judiciário do país indicado declinar da competência, por falta de contacto das partes ou do objeto do contrato com o local.

A saída encontrada foi a previsão de cláusula arbitral nos contratos internacionais, deferindo a árbitros privados jurisdição para processar e julgar controvérsias deles oriundas. Foi mecanismo gradualmente adotado, fortalecendo a tendência de afastar o Estado da regulação de assuntos privados.

A boa fé que preside os contratos em geral e, em particular, os contratos internacionais, fez com que as cláusulas arbitrais fossem honradas, registrando-se o uso da arbitragem de forma sempre crescente. Em certas áreas do comércio internacional especializado e restrito a operadores conhecidos, como o de especiarias, de *commodities*, de cereais, ou de outros produtos e serviços específicos, como os de transportes marítimos, a arbitragem prevista nos atos constitutivos das associações ou bolsas foi a forma adotada sem contestação. Quando impugnada, ou não acatada, o inadimplente geralmente sofria, como atualmente, os efeitos da perda da credibilidade, impedindo-o, praticamente, de continuar no setor. A eficácia da convenção arbitral decorria em grande parte do interesse do agente em demonstrar aos demais operadores do mesmo segmento comercial a fidelidade à palavra empenhada e, assim, a confiabilidade no cumprimento dos ajustes.

Os Estados, por sua parte, também no período do pós-guerra, tiveram mudada sua antiga estrutura e feição, deixando de ser apenas entidades organizadoras da comunidade nacional, passando a intervir no processo econômico, como agentes nacionais do desenvolvimento, noção também surgida com o término da guerra e com o sistema das Nações Unidas e a criação de outras organizações internacionais. Passaram a atuar na esfera privada, celebrando contratos econômicos, participando ativamente do comércio internacional e, com isso, perdendo parte de suas características originais de entidade organizadora da comunidade nacional. A própria União Soviética, ao instituir o monopólio estatal da atividade econômica, começou a atuar no comércio internacional por meio de empresas públicas ou entidades outras, sob seu controle. Nesse mister, celebraram essas empresas contratos internacionais, tornando-se incapazes de invocar a imunidade de jurisdição conferida ao Estado que as controlava, em virtude do caráter comercial dos ajustes celebrados.

Com o surgimento de expressivo número de organizações internacionais, deixou o Estado de ser o ator exclusivo da arena internacional. Ao criá-las, teve de abdicar de parcela de sua tão decantada soberania, gerando a noção da jurisdição territorial, em substituição à de soberania e, em algumas hipóteses restritas, a extraterritorial regulados pelo Direito Internacional. Passou a conviver com organizações internacionais, organizações não governamentais, empresas privadas multinacionais, grupos de pressão e associações transnacionais de diversas naturezas e fins, todas atuantes e ativas na esfera internacional.

O caráter transnacional das relações entre os povos e comunidades é fato reconhecido de há muito, havendo quem, como Myres S. McDougal[178] e Jessup, para mencionar apenas dois expoentes dessa tendência doutrinária, sustente a existência de um direito transnacional, em substituição ao direito internacional clássico, regulador de relações apenas entre Estados. Esse novo Direito abrange também indivíduos, atribuindo-lhes responsabilidade internacional, que motivou a assinatura do tratado que criou o Tribunal Penal Internacional.

Nesse quadro, os contratos celebrados pelos Estados com empresas privadas estrangeiras encontraram, na cláusula arbitral, mecanismo propício à solução de controvérsias, sem a sua participação como julgador de si próprio e regulamentador de relações contratuais de que é parte.

---

[178] MYRES S. MCDOUGAL, HAROLD D. LASSWELL, W. MICHAEL REISMAN, "The World Constitutive Process of Authoritative Decision", in JOURNAL OF LEGAL EDUCATION, vol. 19, n. 3, p. 253-437.

É certo que, antes da Segunda Guerra Mundial, diversos contratos internacionais entre Estado e empresa privada estrangeira foram celebrados, prevendo a arbitragem como forma de solucionar litígios. Diversas arbitragens, realizadas na década de 1950, são fruto de contratos firmados naquele período. Dentre estas se destacam as que tiveram como partes *Petroleum Development (Trucial Coast) x Xeque de Abu Dhabi; International Marie Oil Co. Ltd. x Quatar; Arabian Oil Company (Aramco) x Arabia Saudida; Saphire International Petroleum Ltd. x National Iranian Oil Company (NIOC)* e outras que seria enfadonho relacionar. Já se delineava a superação da antiga estratégia de vincular o investimento estrangeiro ao país de onde provinha, em que o Estado exportador de capitais atuava por meio da empresa privada, como sua verdadeira *longa manus*. Essa coincidência de interesses foi, paulatinamente, desaparecendo, sobretudo após a aparição da empresa multinacional, voltada para sua própria estrutura organizacional, com vinculação econômica a diversos países, e não mais a um só, de onde provinha[179].

4. Tendências da prática contratual

Os contratos de concessão para exploração de recursos minerais a partir dos anos 1950 revelam tendência que se acentuou, com o nascimento de controvérsias, em que a arbitragem foi posta em xeque, registrando-se precedentes em que foi frustrada por expedientes destinados a evitá-la. Esses incidentes serviram para pôr em evidência a necessidade de aprimorá-la tornando-a compulsória, tanto que ajustada no contrato negociado pelas partes.

Essa tendência se revela ainda na edição de leis reguladoras da arbitragem por alguns países na década de 1970, dentre os quais França, Espanha, Grécia, Inglaterra, Canadá e Austrália. Ponto comum nas modificações introduzidas foi a dispensa do compromisso como instrumento único capaz de instituir a arbitragem, conferindo a cláusula essa mesma característica.

Também na área internacional essa tendência se iniciara com a assinatura de diversas convenções, como o Protocolo Relativo a Cláusulas de Arbitragem em Matéria Comercial, firmado em 24 de setembro de 1923, em

---

[179] Para uma análise mais aprofundada sobre o tema, vide JOSÉ CARLOS DE MAGALHÃES, *Direito Econômico Internacional*, Juruá Editora, 2ª edição, 2017, p. 223/266.

Genebra[180], a Convenção sobre Reconhecimento de Sentenças Arbitrais, de 1927, em Genebra, a Convenção Sobre Reconhecimento e Execução de Laudos Arbitrais Estrangeiros, de Nova Iorque, de 1958, a Convenção de Genebra, de 1961, a Convenção Internacional para a Solução de Controvérsias Internacionais, do Banco Mundial, de 1965, a Convenção Interamericana sobre Arbitragem Comercial Internacional, concluída em 30 de janeiro de 1975, no Panamá[181], e a Convenção Interamericana Sobre Eficácia Extraterritorial de Sentenças e Laudos Arbitrais Estrangeiros, em Montevidéu[182]. A lei modelo da CNUDCI (UNCITRAL) sobre arbitragem, igualmente, reflete orientação firme de conferir à arbitragem força compulsória.

O Brasil não ficou imune a essa tendência, tendo, em 1996, aprovado a edição da Lei 9.307, que regula a arbitragem comercial no país. Diversas manifestações oficiais precederam a aprovação dessa lei. Em contratos internacionais firmados pela União, como os que regulam a composição da dívida externa brasileira, com bancos privados estrangeiros, a cláusula arbitral foi aceita, num reconhecimento de sua efetividade. No Acordo de Comunhão de Interesses entre o Estado de Minas Gerais e a empresa italiana Fiat S.p.A., bem como em contratos internacionais firmados pela Empresa Brasileira de Petróleo - Petrobras, a cláusula arbitral foi prevista como meio de solução de controvérsias, em substituição ao Judiciário. Na área legislativa, registra-se o art. 23 da lei 1628, de 20 de junho de 1952, que dispunha:

> *"Art. 23. O Tesouro Nacional, contratando diretamente ou por intermédio do Banco, poderá aceitar as cláusulas e condições usuais nas operações com organismos financiadores internacionais, sendo válido o compromisso geral e antecipado de dirimir, por arbitramento, todas as dúvidas e controvérsias".*

Posteriormente, em 15 de fevereiro de 1974, o Dec. Lei nº 1.312, em seu artigo 11, praticamente reproduz o art. 23 da lei 1.628/52, acima transcrito, ratificando, no plano internacional, o reconhecimento, pelo Brasil, do efeito

---

[180] Vigente no Brasil pelo Decreto n. 21.187, de março de 1932.

[181] Em vigor no Brasil pelo Decreto Legislativo nº 90, de 06 de junho de 1995 (Diário do Congresso Nacional, de 09 de junho de 1995).

[182] Ratificada pelo Brasil pelo Decreto Legislativo nº 93, de 20 de junho de 1995 (Diário do Congresso Nacional, de 23 de junho de 1995).

vinculativo da cláusula arbitral, ainda que circunscrito às operações com organismos financeiros internacionais.

Mas não é só. No Judiciário, registrava-se a plena aceitação, pelo STF, de sentenças arbitrais produzidas no exterior, desde que homologados no país de origem, ainda que não lastreados em compromisso, mas em cláusula arbitral. Essa homologação pelo judiciário do país de origem era necessária, em virtude de o STF ter competência para homologar sentenças judiciárias estrangeiras e não arbitrais.

Desenvolvimento e contribuição relevante sobre o tema deu o STJ, em decisão tomada em 03 de agosto de 1990, anterior, portanto, à lei 9.307/96, cuja ementa está assim redigida:

> *"Nos contratos internacionais submetidos ao Protocolo, a cláusula arbitral prescinde do ato subseqüente do compromisso e por si só é apta a instituir o juízo arbitral.*
>
> *Esses contratos têm por fim eliminar as incertezas jurídicas, de modo que os figurantes se submetem a respeito do direito, pretensão, ação ou exceção, à decisão dos árbitros, aplicando-se aos mesmos a regra do art.244 do CPC, se a finalidade foi atingida."* (Lex, vol.18, p. 108-130)

Em seu voto vencedor, o Ministro Gueiros Leite, ao destacar que nos contratos internacionais entre partes cujos países são signatários do Protocolo de Genebra, de 1923, a instituição do juízo arbitral prescinde do compromisso, salienta:

> *"Nesse terreno, a operacionalidade dos juízos arbitrais não se restringe às normas do Protocolo de Genebra de 1923, mas tem respaldo também na maioria das Convenções Internacionais, como a de New York, de 1958, e a de Genebra, de 1961.*
>
> ....
>
> *A CIAC (Comissão Interamericana de Arbitragem Comercial) foi instituída em 1934, em decorrência da Resolução XLI, da Sétima Conferência Internacional dos Estados Americanos, realizada em Montevidéu, em 1933. A partir de l. de janeiro de 1978, as Regras de Procedimento editadas pelo CIAC passaram a conter disposições básicas das Regras de Arbitragem da UNCITRAL, preparadas pela Comissão de Direito Comercial Internacional das Nações Unidas e recomendadas pela Assembléia Geral de*

15 de dezembro de 1976. A Convenção sobre o Reconhecimento e Vigência de Juízos Arbitrais Estrangeiros foi ratificada por 55 Nações em l de setembro de 1977"[183].

Essa decisão pioneira reconheceu que, nos contratos internacionais, em que as partes têm sede ou domicílio em países partes do Protocolo de Genebra, de 1923[184], não há necessidade de compromisso para instituir o juízo arbitral, bastando a cláusula arbitral para isso. Em seu voto, um dos Ministros vencedores chegou a admitir, até que, em contratos internacionais em geral, tal cláusula deveria ser suficiente para provocar a instituição do juízo arbitral, sem necessidade de ulterior compromisso.

Trata-se de avanço significativo no que concerne à arbitragem e, sobretudo, ao tratamento da cláusula arbitral que contribuiu para a formação do pensamento jurídico sobre o tema, que resultou na aprovação da Lei 9.307/96, que regula a arbitragem.

É comum a afirmação de que o Juiz não pode deixar de exercer a jurisdição para dirimir um litígio, pois cumpre um dever do Estado. Mas, é preciso lembrar de que são as partes que, no exercício de sua plena capacidade de dispor de seus bens e direitos, adotam a arbitragem como meio de solucionar controvérsias, em substituição à jurisdição estatal.

E o fazem licitamente, pois, em se tratando de relações obrigacionais que tem por objeto direitos ou bens de caráter patrimonial, em que podem renunciar a direitos, doar, ceder e abandonar seus bens, é-lhes também lícito nomear árbitros privados para dirimir-lhes as controvérsias de caráter patrimonial. Ao fazê-lo, não renunciam os contratantes à jurisdição estatal, mas adotam consensualmente forma diversa de solução de controvérsias, como alternativa à propiciada pelo Estado. A obrigatoriedade de observância da convenção arbitral e a execução específica da obrigação dela resultante provêm da lei. Não há, dessa forma, que se tratar a con-

---

[183] Recurso Especial n. 616 - RJ (8900098535), in *Lex, Jurisprudência do Superior Tribunal de Justiça*, vol.18. p. 108-130.
[184] Os seguintes países ratificaram o Protocolo de Genebra, de 1923: Albania, Alemanha, Áustria, Bélgica, Brasil, Checoslováquia, Dinamarca, Espanha, Estônia, Finlândia, França, Grécia, Índia, Irlanda, Israel, Itália, Japão, Luxemburgo, Mônaco, Noruega, Nova Zelândia, Países Baixos, Polônia, Portugal, Reino Unido da Grã-Bretanha, Rumânia, Suécia, Suiça, Tailândia, Taiwam, Yugoslávia.

venção arbitral sob o prisma ou o regime da renúncia de direito, mas da observância da palavra empenhada e do princípio da boa-fé.

5. A jurisdição dos árbitros

Por outro lado, a jurisdição conferida aos árbitros, mesmo em cláusula arbitral, ou por mecanismos nela previstos, tem a mesma qualidade e característica da jurisdição estatal. O que as diferencia é apenas e tão somente a origem. A jurisdição do juiz provém da Constituição Federal. Nesse caso, é a comunidade, dotada do poder jurisdicional originário, que delega essa jurisdição ao juiz, ou seja, a autoridade para declarar o direito em uma controvérsia. A jurisdição do árbitro, por sua vez, provém diretamente das partes, também autoridades que são para deliberar sobre bens dos quais tem disponibilidade.

Em ambos os casos, a jurisdição é delegada. A do Estado a delegação é feita pela nação, que detém a jurisdição originária. O parágrafo único do art. 1º da Constituição Federal, repetindo preceito das anteriores, com alguma modificação de redação, deixa claro que *"todo o poder emana do povo, que o exerce por meio de representantes eleitos ou diretamente, nos termos desta Constituição"*. É o povo, a nação, portanto, que detém o poder originário de estabelecer o Direito, ou seja, a jurisdição, o poder de declarar o Direito, delegado ao Estado. Já a jurisdição dos árbitros, convém repetir, tem origem na vontade das partes, que possuem autoridade para deliberar sobre seus bens, sem a intervenção do Estado e, portanto, sobre controvérsias a eles relativos.

6. A participação do Estado em arbitragens privadas

A partir da década de 1950, quando se iniciaram as rescisões unilaterais dos contratos de concessão para exploração de petróleo, com a expropriação de bens das companhias exploradoras, as arbitragens realizadas, com ou sem a participação do Estado, revelaram a efetividade dos laudos arbitrais então produzidos. De fato, desde o conhecido caso Aramco, envolvendo a empresa norte-americana Arabian American Company - Aramco e a Arábia Saudita, iniciou-se a discussão sobre o direito aplicável à arbitragem entre empresa privada e estado estrangeiro. Naquele caso, os árbitros aplicaram as normas contidas em projeto sobre arbitragem elaborado pela

Comissão de Direito Internacional da ONU, ao concluírem pela impossibilidade de adotar a lei das partes em litígio, Arábia Saudita e Delaware, dos Estados Unidos, e rejeitar a aplicação da lei suíça, para não ferir o princípio da imunidade de jurisdição. Mantendo-se como decisão isolada por muito tempo, foi considerada como indicação de tendência de superação do direito nacional em prol da aplicação do direito internacional em controvérsia entre Estado e empresa privada. Juristas como F.A. Mann e Henry Battifol, contudo, demonstraram o caráter isolado daquela decisão, não acompanhada em outras decisões arbitrais envolvendo o Estado[185]. A matéria somente foi retomada nas sentenças arbitrais dos casos Liamco, Texaco/Calasiatic e BP, todos contra a Líbia em que as arbitragens tiveram caráter verdadeiramente internacional, desde a constituição do juízo arbitral, com a designação de árbitro único pelo Presidente da Corte Internacional de Justiça[186].

Sem entrar na discussão sobre o direito aplicável às arbitragens com Estado estrangeiro, há que se lembrar a participação do Estado brasileiro em arbitragem interna privada, reconhecida como lícita pelo STF, que afastou dúvidas quanto ao caráter privado da arbitragem e a possibilidade de o Estado participar de processo arbitral. Não só considerou que a arbitragem não ofende o princípio constitucional de que a lei não pode excluir do Judiciário lesão ao direito individual, como rejeitou a conclusão de que sua instituição resultaria na criação de um tribunal de exceção ou foro privilegiado. A ementa que resumiu a decisão assim dispõe:

> *"Juízo Arbitral - Na tradição de nosso direito, o instituto do Juízo Arbitral sempre foi admitido e consagrado, até mesmo nas causas contra a Fazenda. Pensar de modo contrário é restringir a autonomia contratual do Estado, que, como toda pessoa "sui juris', pode prevenir o litígio pela via do pacto de*

---

[185] MANN, Frederick Alexander, "State Contracts and International Arbitration", in STUDIES IN INTERNATIONAL LAW, Clarendon Press, Oxford, 1973, pag. 267. No mesmo sentido, Henri Battifol, «La Sentence ARAMCO et le Droit International Privé» in Choix D'Articles Rassemblés par ses Amis, LGDJ, Paris, 1976, pg. 283. Vide também, JOSÉ CARLOS DE MAGALHÃES, *Do Estado na Arbitragem Privada*, Max Limonad, 1988 e ALAN REDEFERN e MARTIN HUNTER, *Droit et pratique de l'arbitrage commercial international*, LGDJ, 2ª edição, 1991, p. 70.

[186] Vide INTERNATIONAL LEGAL MATERIALS, vol. XX, n. 1, janeiro de 1981, p. 1/87 e JOSÉ CARLOS DE MAGALHÃES, *Do Estado na Arbitragem Privada*, Max Limonad, 1988.

compromisso, salvo nas relações em que age como Poder Público, por insusceptíveis de transação.

Natureza consensual do pacto de compromisso. O pacto de compromisso, sendo de natureza puramente consensual, não constitui foro privilegiado, nem tribunal de exceção, ainda que regulado por oleei específica"[187].

Essas considerações põem em evidência a licitude da utilização da arbitragem, como forma privada legítima de solucionar litígios de caráter patrimonial, por árbitros privados, com o reconhecimento de que o indivíduo está capacitado a ver dirimidas controvérsias nascidas de contrato com Estado, sem a interferência de seu Judiciário.

7. A arbitragem e a proteção diplomática

Na ordem internacional, a utilização frequente da arbitragem enseja a superação da antiga e problemática proteção diplomática, de tão nefastos efeitos, criadora de situações de conflitos entre países, com base em interesses privados. É claro que, em ambos os casos, se pressupõe a arbitrabilidade do litígio, pois, dispondo a lei que determinadas controvérsias devam ser submetidas necessariamente ao Judiciário, é evidente que, nessa hipótese, não se pode falar em arbitragem.

No âmbito do Mercosul, a antiga prática da proteção diplomática, tão condenada pelos países latino americanos, sobretudo pela Doutrina Calvo, foi revigorada pelo Protocolo de Brasília e o que o sucedeu, o Protocolo de Olivos. O sistema de solução de controvérsia adotado é o de cada país apresentar uma lista de oito árbitros, dentre os quais serão escolhidos os que comporão o juízo arbitral para dirimir controvérsias entre os integrantes da organização. O indivíduo que tiver pretensão contra um país membro, que não o seu, deverá requerer a intervenção da autoridade local, que decidirá se a acolhe, ou não. Em outras palavras, cabe somente ao Estado postular eventuais pretensões de seus cidadãos contra país membro do Mercosul, em autêntico revigoramento da proteção diplomática, impedindo ao indivíduo socorrer-se, ele próprio, de mecanismos de solução de litígios, envolvendo o Estado estrangeiro.

---

[187] Agravo de Instrumento n. 52181-GB, Agravante: União Federal, Agravado: Espólio de Renaud Lage e outros, in RTJ, vol. 68, p. 382.

Não se atina porque os países membros do Mercosul preferiram esse sistema ultrapassado de solução de controvérsias, impedindo ao indivíduo postular diretamente os seus direitos, em instituição com competência definida para dirimir controvérsias sobre o cumprimento do tratado. O mais lógico e coerente com os tempos atuais seria instituir mecanismo que permitisse ao indivíduo apresentar suas reclamações e reivindicações ao órgão comunitário, sem a interferência de seu Estado. Seria a maneira mais rápida para se alcançar estágio subsequente de superação das barreiras estatais, para a criação de verdadeiro mercado comum.

Esse sistema, de acesso ao órgão de solução de litígios, na verdade, é o mesmo adotado no Órgão de Solução de Controvérsias da Organização Mundial do Comércio, que também requer a participação dos Estados, vedado o acesso do indivíduo, não obstante os interesses em jogo sejam de maneira geral de setores produtivos privados.

Também foi revigorada a previsão da proteção diplomática nos acordos bilaterais de proteção de investimentos estrangeiros, celebrados, em grande parte, após o fim da guerra fria e a instalação do neoliberalismo em todo o mundo[188].

---

[188] Sobre o assunto, vide JOSÉ CARLOS DE MAGALHÃES, "Acordos bilaterais de promoção de investimentos". Revista de Arbitragem e Mediação, São Paulo, RT, jan.-mar., 2009, p. 53-65.

Capítulo 9 - A Efetividade das Sentenças Arbitrais

1. Do Cumprimento laudo arbitral

Ao proferir o laudo arbitral, o árbitro termina sua função, esgotando a jurisdição que lhe foi conferida pelas partes na convenção arbitral. Tal como na sentença judicial, em que o juiz, ao proferi-la, esgota sua competência para intervir no processo, o árbitro, com o laudo, perde a jurisdição, não mais podendo atuar no processo arbitral, já findo, salvo, como o juiz no processo judicial, em embargos de declaração, para esclarecimento da própria sentença.

Terminada a arbitragem, resta o seu cumprimento voluntário pela parte vencida, tal como ocorre também com o processo judicial, em que o vencido normalmente atende ao disposto na condenação, sem compelir o vencedor a iniciar o processo de execução.

Há, como se percebe, similitude entre a sentença judicial e a arbitral, como ato final que resolve a controvérsia submetida ao julgador. Em ambos, o litígio termina com o pronunciamento do terceiro, o juiz, no processo judicial, e o árbitro, no procedimento arbitral. Com a sentença judicial ou com a arbitral, a controvérsia encontra-se dirimida, devendo a parte vencida cumprir a decisão, na qual foi fixada sua responsabilidade ou resolvido o litígio sobre o direito anteriormente controvertido.

O não cumprimento espontâneo da decisão faz nascer outra controvérsia, com a pretensão do vencedor de dar-lhe efetividade e a resistência do vencido em acatá-la. Essa desobediência do vencido somente pode ser vencida com a intervenção do Estado, com a instauração, pelo vencedor, do processo de execução judicial do título de que se reveste a sentença judicial e o laudo arbitral. O cumprimento voluntário da decisão evita a instauração do processo de execução coativa e, portanto, prescinde-se da provocação do Estado.

Assim, o fato de uma decisão provir de árbitro ou do juiz não modifica o quadro da execução, pois em ambos os casos, havendo resistência do vencido, há necessidade da instauração de processo judicial.

A execução da sentença judiciária processa-se nos mesmos autos em que foi proferida, com a notificação do advogado do vencido para cumprir o julgado de acordo com o procedimento contido no art. 513 do CPC[189]. Já a execução do laudo arbitral requer a instauração de processo de execução, fundado na sentença arbitral, à qual a Lei 9.307/96 atribuiu os mesmos efeitos da judicial (art. 31). O CPC editado em 2015, da mesma forma, considera-a título executivo judicial.

O laudo arbitral, contudo, não é título executivo *judicial*, mas *extrajudicial*, pois proferido por árbitro, pessoa privada não integrante do Poder Judiciário, nem a ele equiparado ou equiparável. O fato de se lhe conferir os mesmos efeitos da sentença judicial não o torna judicial, pois não provindo do Poder Judiciário. Da mesma forma, ao conferir à transação os efeitos de coisa julgada, o art. 1.030 do Código Civil, de 1916, ora revogado pelo que entrou em vigor em 2002, não a transformava em sentença judicial. Note-se que todos os demais títulos executivos judiciais previstos no CPC, são sentenças judiciais, condenatórias, homologatórias e constitutivas ou homologatórias, todas, portanto, provindas do Poder Judiciário, não se justificando a confusão ora estabelecida. Aliás, a lei, ao invés de denominar a decisão arbitral de *laudo arbitral*, observando, dessa forma, a

---

[189] *"Art. 513. O cumprimento da sentença será feito segundo as regras deste Título, observando-se, no que couber e conforme a natureza da obrigação, o disposto no Livro II da Parte Especial deste Código.*
§ 1º O cumprimento da sentença que reconhece o dever de pagar quantia, provisório ou definitivo, far-se-á a requerimento do exequente.
§ 2º O devedor será intimado para cumprir a sentença:
I - pelo Diário da Justiça, na pessoa de seu advogado constituído nos autos;
II - por carta com aviso de recebimento, quando representado pela Defensoria Pública ou quando não tiver procurador constituído nos autos, ressalvada a hipótese do inciso IV;
III - por meio eletrônico, quando, no caso do § 1º do art. 246, não tiver procurador constituído nos autos;
IV - por edital, quando, citado na forma do art. 256, tiver sido revel na fase de conhecimento."

tradição jurídica brasileira sobre o tema, prefere *sentença arbitral*, à semelhança do que se faz na França e na Suíça.

Essa confusão é grave, porque desconsidera o fato de que a arbitragem é meio privado de solução de controvérsias, com afastamento da intervenção do Estado. A execução compulsória do laudo arbitral não implica a necessidade de equipara-la à sentença judicial, que não é. Os títulos executivos extrajudiciais também autorizam a execução compulsória, sem possuir o caráter de sentença ou de ato de autoridade pública. A esse propósito, o inciso VIII do art. 585 do antigo CPC (atual art. 784, XII, do CPC de 2015) já previa, como título executivo extrajudicial, *"todos os demais títulos a que, por disposição expressa, a lei atribuir força executiva"*.

Como o art. 31 da Lei 9.307/96 declara que o laudo arbitral *"constitui título executivo"*, a alteração introduzida no CPC, incluindo-o dentre os títulos executivos *judiciais*, foi tecnicamente incorreta e desnecessária para os efeitos pretendidos. Se a lei, no art. 31, já declara que o laudo arbitral constitui título executivo, e a sua execução, como título executivo extrajudicial, estava autorizada pelo referido art. 585, VIII do CPC ora substituído pelo art. 784, XII, do CPC, bastaria restringir as hipóteses de defesa na execução, utilizando os mesmos requisitos previstos para a execução da sentença judicial. Mas tratar o laudo arbitral à sentença judicial constitui equívoco grave e injustificável, além de revelar a falta de técnica legislativa do legislador.

2. Caráter privado do laudo arbitral

Não é demais sublinhar, ainda uma vez, que a jurisdição do árbitro provém das partes, sendo, portanto, privada, em contraste com a do juiz, que advém da Constituição e, assim, da comunidade nacional. Daí porque não se pode confundir laudo arbitral com sentença judicial, como ato oficial do Estado para dirimir uma demanda.

Essa confusão da lei reflete-se no tratamento que conferiu ao laudo arbitral produzido no exterior, qualificando-o como estrangeiro. Partindo do pressuposto de que o laudo se equipara à sentença judicial, com a alteração que introduziu do CPC, a lei condiciona o reconhecimento do laudo arbitral feito em outro país, à sua prévia homologação pelo Superior Tribunal de Justiça (Emenda Constitucional nº 45).

Se o laudo arbitral é ato privado, decorrente da vontade das partes, destinado a dirimir controvérsia sobre relação contratual de natureza patrimonial - e, portanto, de caráter disponível - não há intervenção de autoridade pública estrangeira que justifique sua prévia aceitação pelo órgão judiciário brasileiro[190]. Os contratos celebrados no exterior e exequíveis no Brasil não necessitam ser apresentados a qualquer poder público do país, para serem reconhecidos ou para que sua execução ou cumprimento pela parte aqui domiciliada seja autorizado. Em caso de controvérsia sobre tais contratos, o juiz somente verificará, como faria também em relação aos contratos celebrados no Brasil, se não contrariam os bons costumes, a ordem pública brasileira e a soberania nacional, como prevê o art. 17 da LINDB [191]. Não há diferença da natureza privada entre um contrato privado celebrado no exterior e um laudo arbitral elaborado também no exterior por árbitro que resolva uma controvérsia sobre esse mesmo contrato. Tanto o laudo, como o contrato, são instrumentos que decorrem de uma relação privada que tem por objeto um direito de caráter patrimonial privado e, assim, disponível.

3. Homologação de sentença judicial estrangeira

A homologação de sentença judicial estrangeira justifica-se por se tratar de ato de Estado que se pretende seja executado e cumprido em território de outro. É ato oficial emitido por Autoridade Pública, Poder Judiciário estrangeiro, que a autoridade pública do país onde deve ser cumprido pode ou não admitir, dependendo de convenções internacionais, de reciprocidade, ou da lei. O Brasil poderia deixar de reconhecer uma sentença

---

[190] A esse propósito, é oportuna a decisão da Corte de Justiça das Comunidades Europeias, que, tendo competência para dispor sobre questões de interpretação do Tratado de Roma apresentadas por Estados membros, decidiu que não possuía competência para decidir sobre atividades de um tribunal arbitral, que possui caráter privado. Segundo essa decisão, proferida no caso Nordsee, de 23 de março de 1982, apesar da similitude da arbitragem com o processo judicial, essa característica não era suficiente para conferir ao árbitro a estatura de uma jurisdição estatal, tratando-se sempre de jurisdição privada e, portanto, despida de autoridade pública. Sobre o assunto, vide CHARLES JARROSSON in *La notion de l' arbitrage*, L.G.D.J., Paris, 1987.

[191] Diz o Art. 17 da LINDB: "*As leis, atos e sentenças de outro país, **bem como quaisquer declarações de vontade**, não terão eficácia no Brasil, quando ofenderem a soberania nacional, a ordem pública e os bons costumes.*" (destaque adicionado)

judicial estrangeira se contraria sua ordem pública, soberania nacional ou a lei. Ou reconhecê-la em razão de tratado firmado com o país de onde proveio. Trata-se, sempre, de ato de autoridade pública, como é o caso da sentença judicial, cujos efeitos devem-se produzir no território subordinado à jurisdição de outro Estado. É comum, corriqueiro, até a recusa de homologação de sentença judicial estrangeira, em virtude de não observância de algum requisito da lei brasileira, ou que o Poder Judiciário considere ofensivo à ordem pública brasileira, aos bons costumes ou à soberania nacional. Em outras palavras, o ato oficial estrangeiro somente será executado e cumprido no território brasileiro, se a autoridade nacional competente o admitir. E é a decisão homologatória brasileira que será executada, não a estrangeira.

Por isso que o art. 181 da Constituição Federal, para evitar a aplicação extraterritorial de atos judiciais ou administrativos estrangeiros no território brasileiro, dispõe:

> *"Art. 181. O atendimento de requisição de documento ou informação de natureza comercial, feita por autoridade administrativa ou judiciária estrangeira, a pessoa física ou jurídica residente ou domiciliada no País dependerá de autorização do Poder competente".*

Note-se que o preceito se refere apenas a ato de *autoridade administrativa ou judiciária estrangeira* e o árbitro não se enquadra nessa definição, pois não é autoridade judiciária ou administrativa, mas pessoa comum que age em cumprimento a contrato de natureza privada.

4. Sentença judicial estrangeira e arbitral

A sentença arbitral constitui ato privado, proferido por pessoa ou pessoas naturais, despidas de autoridade pública, que não atuam em nome do país em que sua decisão é proferida, mas em nome próprio. A sua execução no Brasil tem o mesmo caráter do cumprimento de contrato internacional firmado fora do país e aqui cumprido, sem interferência do Poder Público, não se cogitando de submetê-lo à prévia apreciação do Judiciário, ou de qualquer outra autoridade administrativa, salvo quando contém previsão de ato do Poder Público, como a remessa de divisas estrangeiras para o exterior, caso em que as autoridades monetárias podem interferir, para efeito de controle e registro. Em caso de descumprimento de contrato firmado no exterior, a parte interessada poderá ingressar com ação judicial no Brasil, caso em que, e somente nesse caso, o Poder Judiciário, como faria com qualquer contrato, mesmo nacional, examinará sua adequação a princípios jurídicos do país.

Apesar dessas considerações, a lei 9.307/96 subordina o reconhecimento e execução do laudo arbitral produzido no exterior à prévia homologação judicial, agora do Superior Tribunal de Justiça. Uma interpretação possível para essa exigência é a de que, embora a lei não distinga, o art. 35 da lei estaria se referindo à sentença arbitral proveniente da arbitragem forçada, admitida em alguns sistemas jurídicos, para certas hipóteses, como ocorria no Brasil, para os litígios entre comerciantes, regulados pelo Código Comercial, antes de sua derrogação[192]. Na França a arbitragem forçada era prevista em lei para controvérsias sobre determinadas matérias, inclusive as relativas e reguladas pelo direito do trabalho[193]. Da mesma forma, a legislação trabalhista de Honduras prevê a arbitragem obrigatória nos conflitos coletivos nos serviços públicos, com a participação de um representante do Ministério do Trabalho e Assistência Social, como presidente do tribunal, um representante dos trabalhadores e outro dos empregadores[194]. A arbitragem forçada não constitui propriamente arbitragem, mas mecanismo para o exercício da jurisdição estatal delegada do Estado – e não das partes - com adoção da sistemática da arbitragem. Mas não é arbitragem privada, que pressupõe acordo de vontades livremente manifestada pelas partes e não imposta pela lei.

---

[192] A lei 1.350, de 14 de setembro de 1866, revogou os dispositivos do Regulamento 737, de 1850, que estabeleciam a arbitragem obrigatória entre comerciantes. Aquele Regulamento previa que, não querendo as Partes louvarem-se em árbitros, o Juiz de Direito do Comércio deprecaria ao Tribunal do Comércio para a nomeação dos árbitros.

[193] Conforme PHILIPPE FOUCHARD, *"L'Arbitrage commercial international"*, Librairie Dalloz, Paris, 1965, p. 9 e JEAN ROBERT, *'Traité de l'arbitrage civil et commercial"*, Paris, 3ª Ed., tomo 1, n° 6, 1961.

[194] Conforme EDGARDO CÁCERES CASTELLANOS, "El Arbitraje en la Legislacion Laboral Hondureña", in *Arbitraje comercial y laboral en America Central*, coord. por Alexjandro M. Garro, Transnational Juris Publications Inc., p. 473 e segs., 1990.

5. A arbitragem estrangeira e a internacional: distinção

Outro ponto da Lei 9.307/96 que merece exame é o parágrafo único do art. 34 que considera estrangeiro o laudo arbitral produzido fora do território nacional. O local onde foi proferido o laudo, assim, caracteriza-lhe a nacionalidade. A lei desconsidera, para esse efeito, a norma aplicável ao processo arbitral ou ao mérito do litígio. Se o laudo arbitral observar a lei brasileira, seja no que toca ao processo, seja quanto ao mérito, e se as partes forem domiciliadas no Brasil, mas, por conveniência, localizarem a sede do juízo arbitral em outro país, o laudo será estrangeiro, a despeito da observância da lei brasileira. A arbitragem é regida pelo Direito brasileiro, mas, por ser a sentença proferida no exterior, será estrangeira e, assim, sujeita à homologação do STJ.

Parece difícil explicar a diversidade de tratamento entre o conferido ao laudo produzido em território nacional e o no exterior, considerando-se que, em ambos os casos, trata-se de ato de natureza privada. Se o vencido se submeter voluntariamente à decisão arbitral estrangeira, poderá fazê-lo, ou será necessária a prévia homologação do laudo? Para ser reconhecida ou executada no Brasil, diz a lei, a sentença arbitral deve ser homologada pelo STJ, daí podendo-se concluir que não poderia ser cumprida voluntariamente pela parte vencida, sem essa homologação. Isto pode parecer absurdo, mas é o que dispõe a lei. Se a parte vencida tiver de remeter recursos ao exterior, para cumprir uma decisão arbitral proferida fora do País, poderá o Banco Central do Brasil exigir a homologação, como condição para autorizar a remessa. Da mesma forma, as autoridades do imposto de renda poderão não aceitar a contabilização de uma despesa dedutível, para cálculo do imposto de renda, se a decisão, em cumprimento da qual o pagamento foi feito, não estiver homologada. O pagamento poderia ser considerado mera liberalidade e não o cumprimento de uma prestação exigível, em virtude de decisão arbitral exequível no Brasil. Todavia, o cumprimento espontâneo do laudo arbitral produzido no exterior, de que o vencido domiciliado ou sediado no Brasil pode ser de seu interesse e conveniência, até mesmo para manter intacta sua credibilidade e reputação, afetados pela desnecessária exigência.

O que se percebe é que, embora a lei, no plano interno, tenha dado enorme passo, ao estabelecer a compulsoriedade do cumprimento da sentença arbitral, independente de homologação judicial e ter deixado para trás a necessidade da intervenção do Estado para lhe dar efetividade, no plano internacional manteve-a, desconsiderando o caráter privado do processo arbitral.

O art. 1.098 do antigo CPC, revogado pela Lei 9.307/96, dispunha ser competente para a homologação do laudo arbitral, o juiz a que originariamente tocar o julgamento da causa, o que justificava o entendimento de que a sentença arbitral estrangeira poderia ser apresentada diretamente ao juiz de primeiro grau, embora não se registre precedente desse procedimento[195].

O art. 21 do CPC, de 2015, por sua vez, disciplina a competência do juiz brasileiro para apreciar atos ou fatos ocorridos no exterior, prevendo essa competência quando o réu for domiciliado no Brasil (inciso I), aqui deva ser cumprida a obrigação (inciso II) ou a ação se originar de fato ocorrido ou de ato praticado no país (inciso III). Portanto, se o laudo deve ser cumprido no Brasil, verificando-se a hipótese do inciso II do art. 21, independentemente de estarem presentes as dos demais incisos, a competência para a homologação seria do juiz brasileiro. O preceito, todavia, não prevalece diante da norma que confere especificamente competência ao STJ.

A Lei 9.307/96, ao impor a homologação pelo judiciário brasileiro da sentença arbitral proferida no exterior, além de manter esse ultrapassado e desnecessário procedimento, optou por considerar estrangeira toda arbitragem em que o laudo seja proferido fora do território nacional (parágrafo único do art. 34) sem a diferenciar da arbitragem internacional.

---

[195] A aplicação desse dispositivo a laudos proferidos no Brasil ou no exterior era sustentada pela doutrina brasileira que examinou o assunto, destacando-se, dentre outros, LUIZ OLAVO BAPTISTA, in *Dos Contratos Internacionais - Uma Visão Teórica e Prática*, Edit. Saraiva, 1994, p. 114 e ARAMINTA DE AZEVEDO MERCADANTE, "*Contribuição ao estudo da arbitragem internacional: A Convenção Arbitral*", dissertação de tese de mestrado, apresentada na Faculdade de Direito da USP, sob orientação do Prof. Vicente Marotta Rangel. Vide também, JOSÉ CARLOS DE MAGALHÃES, "Da Execução do Laudo Arbitral", in *Arbitragem Comercial*, em colaboração com LUIZ OLAVO BAPTISTA, Freitas Bastos, 1986, pag.102 e segs. Vide também IRINEU STRENGER, *Contratos Internacionais do Comércio*, Ed. Revista dos Tribunais, p. 213-217, em que o ilustre Professor enumera diversos julgados do Supremo Tribunal Federal, anteriores à edição do vigente Código de Processo Civil, exigindo a prévia homologação do laudo arbitral feito no exterior, por autoridade judiciária local, como condição para o reconhecimento do laudo. As demais decisões mencionadas pelo Autor, de período posterior à entrada em vigor do CPC, condicionam a homologação ao atendimento de princípios de ordem pública brasileira, dentre os quais a citação válida.

É certo que nem sempre é fácil distinguir a arbitragem estrangeira da internacional. A primeira, a estrangeira, resolve um litígio subordinado inteiramente a uma ordem jurídica nacional determinada, em que todos os elementos da relação jurídica controvertida estão sujeitos a essa ordem jurídica. Um contrato regido pela lei inglesa, tendo como partes pessoas domiciliadas na Inglaterra e como objeto bem ou direito também situado naquele país, é um contrato nacional, subordinado a uma lei nacional e a arbitragem que dirimir a controvérsia dele oriunda é também nacional e, assim, estrangeira para outros países. Já a arbitragem internacional soluciona controvérsia de caráter internacional, seja porque as partes possuam domicílio em diferentes países, seja porque o objeto do contrato se situe em outra ordem jurídica, seja, ainda, porque o pagamento deva transitar de um país para outro.

Em outras palavras, a relação jurídica controvertida envolve mais de uma ordem jurídica nacional, embora possa ser regida por uma lei nacional. Assim, um contrato celebrado no Brasil, regido pela lei brasileira, mas tendo como partes pessoas domiciliadas em países diversos, ou tendo por objeto direito ou bem situado em outro país, não é um contrato nacional, mas internacional e pode ter tratamento jurídico diverso[196]. A esse propósito, Acórdão do Superior Tribunal de Justiça sobre cláusula arbitral em contrato internacional firmado no Brasil, considerando-a de execução compulsória, a despeito de a lei brasileira então vigente exigir o compromisso para a instituição do juízo arbitral, fornece exemplo ilustrativo. Como o contrato fora firmado por partes sujeitas à Convenção de Genebra sobre arbitragem, embora esta tivesse se processado no Brasil, estaria sujeita às normas da Convenção, e não da lei brasileira. O fato de a arbitragem ter sido realizada no Brasil, não significou que fosse uma arbitragem "nacional", pois se destinava a solucionar controvérsia de caráter internacional, e, assim, a arbitragem seria internacional[197].

Essa distinção foi adotada pelo decreto de 12 de maio de 1981, da França, que introduziu 16 artigos no Novo CPC (artigos. 1492 a 1507), qualificando como internacional a arbitragem que interessa ao comércio inter-

---

[196] Sobre o assunto, vide LUIZ OLAVO BAPTISTA, *Dos Contratos Internacionais - Uma Visão Teórica e Prática*, Editora Saraiva, 1994, e PHILIPPE FOUCHARD, *L'Arbitrage Commercial Internacional*, Paris, Librairie Dalloz, 1963, p. 20 e IRINEU STENGER, *Contratos Internacionais do Comércio*, Ed. Revista dos Tribunais.

[197] REsp. n° 616 - RJ, do Superior Tribunal de Justiça, de 24 de abril de 1990.

nacional, mesmo que se desenrole no país. Estabeleceu critérios diversos para reger a arbitragem interna e a internacional, impondo formalidades maiores para a primeira, dispensadas para a segunda, que tem por objeto matéria de comercio internacional[198]. Acolheu, com isso, a mesma orientação adotada pela Convenção Europeia sobre Arbitragem Internacional, firmada em Genebra de 1961, cujo artigo primeiro dispõe:

> "A presente Convenção se aplica:
>
> a-) às convenções de arbitragens concluídas para resolver litígios nascidos ou que podem surgir de operações de comércio internacional entre pessoas físicas ou jurídicas que tenham, no momento da conclusão da convenção, sua residência habitual ou sua sede em Estados contratantes diferentes;
> b-) aos procedimentos e às sentenças arbitrais fundadas nas convenções objeto do parágrafo 1, a) deste artigo."

O Protocolo Relativo à Cláusulas de Arbitragem, de Genebra de 1923, do qual o Brasil fez parte e cujas disposições estiveram em vigor no país, pela promulgação do Decreto 21.187, de 22 de março de 1932, até a ratificação da Convenção de Nova Iorque, que a substituiu, também distinguia a arbitragem interna da internacional, tomando como base não a residência habitual das partes contratantes, mas a jurisdição dos Estados a que estão submetidas:

> "1 - Cada um dos Estados contratantes reconhece a validade, entre partes submetidas respectivamente à jurisdição de Estados contratantes diferentes, do compromisso ou da cláusula compromissória pela qual as partes num contrato se obrigam, em matéria comercial ou em qualquer outra suscetível de ser resolvida por meio de arbitragem por compromisso, a submeter, no todo ou em parte, as divergências que possam resultar de tal contrato, a uma arbitragem, ainda que esta arbitragem deva verificar-se num país diferente daquele a cuja jurisdição está sujeita qualquer das pares no contrato."

Mesmo a arbitragem realizada no território do Estado onde se pretende executar o laudo arbitral é considerada internacional, se uma das partes

---

[198] YVES DERAINS, *Droit et Pratique de l'arbitrage Internacional en France*, Feduci, 1984. p. 1-10.

estiver subordinada à jurisdição de outro país, também subscritor do Protocolo, como se verifica da cláusula 3ª:

> *"3. Cada Estado contratante se compromete a garantir a execução, pelas suas autoridades e de conformidade com as disposições de sua legislação nacional, das sentenças arbitrais proferidas no seu território, em virtude dos artigos precedentes".*

A lei modelo da CNUDCI, aprovada em 21 de junho de 1985, também define a arbitragem internacional, assim a qualificando se as partes na convenção de arbitragem tiverem o seu estabelecimento em Estados diferentes ou o lugar da arbitragem ou o local onde deva ser executada parte substancial das obrigações estiver situado fora do Estado no qual as partes tem o seu estabelecimento (art. 1° n° 3)[199].

Essa distinção entre arbitragem interna e internacional não é isenta de críticas, como as formuladas por Charles Jarrosson, que entende que o fato de a relação jurídica possuir um componente internacional não altera o conceito da arbitragem, restringindo-se a influir no seu regime jurídico; a noção da arbitragem englobaria indiferentemente a arbitragem interna e a internacional[200]. A distinção, contudo, justifica-se, pois a ordem pública nacional e a internacional estão sujeitas a princípios nem sempre coincidentes, tendo-se conferido à autonomia da vontade amplitude cada vez maior.

A lei brasileira ignorou a distinção, preferindo ater-se ao conceito de arbitragem estrangeira, assim a considerando a que foi proferida fora do território nacional. E exige que o laudo observe a lei do país onde foi proferido, estabelecendo, como um dos fundamentos para a recusa da homologação, a anulação do laudo ou sua suspensão, por órgão judicial desse país (art. 38, inciso VI). Essa exigência poderá implicar a necessidade prática da dupla homologação, obrigando o vencedor a se antecipar à even-

---

[199] *"(3) Uma arbitragem é internacional se: a) As partes em uma convenção de arbitragem tiverem, no momento da sua conclusão, as suas sedes comerciais em diferentes Estados; ou b) Um dos locais a seguir referidos estiver situado fora do Estado no qual as partes têm a sua sede; (i) O local da arbitragem, se determinado na, ou de acordo com, convenção de arbitragem; (ii) Qualquer local onde deva ser cumprida uma parte substancial das obrigações resultantes da relação comercial ou o local com o qual o objeto da disputa tenha vínculos mais estreitos; c) As partes tiverem convencionado expressamente que o objeto da convenção de arbitragem envolve mais de um país."*
[200] CHARLES JARROSSON, *La Notion D'Arbitrage*, L.G.D.J., Paris, 1987, p. 22/23.

tual oposição do vencido e requerer a homologação da decisão pelo juiz do local onde foi prolatada, como forma de comprovar o cumprimento da lei do país. A lei brasileira, pois, condiciona o reconhecimento e execução do laudo à observância da lei estrangeira, mesmo que nenhum efeito venha a decisão ter no local onde foi proferida, pois destinada a ser executada no Brasil.

É evidente que, se o laudo não contrariar a ordem pública internacional ou a ordem pública brasileira, não haveria que se impedir sua execução, no Brasil, ainda que deixe de observar a lei do Estado onde foi proferida, pois a decisão, não se destinando a ser executada nesse país, nele nenhuma repercussão teria. A norma do art. 39 fornece a indicação segura sobre o assunto, ao dispor que *"a homologação para o reconhecimento ou execução da sentença arbitral estrangeira também será denegada se o Superior Tribunal de Justiça constatar que: I - segundo a lei brasileira, o objeto do litígio não é suscetível de ser resolvido por arbitragem; II - a decisão ofende a ordem pública nacional".*

Se o laudo deve ser executado no Brasil, devem prevalecer os princípios que norteiam a arbitragem no país, dentre os quais o da arbitrabilidade dos litígios – que são os que resolvem controvérsias de caráter patrimonial - e a não ofensa da ordem pública nacional, qualquer que seja o conteúdo que se dê a esse conceito.

Quanto à observância da lei do local onde o laudo foi proferido, há que se registrar desenvolvimento inovador em julgamento da *District Court for the District of Columbia*, dos Estados Unidos, que revela a intenção de preservar a arbitragem, sobretudo a que resolve litígio entre empresa estrangeira e o Estado. A empresa americana *Chromalloy Aeroservies* (CAS) instituiu um procedimento arbitral contra o Egito, relativo a controvérsia sobre o cumprimento de contrato entre eles celebrado. A lei aplicável era a do Egito, sendo Cairo o local da arbitragem. O laudo proferido foi anulado pelo Judiciário egípcio, sob o fundamento de que os árbitros teriam errado ao aplicar a lei civil do Egito. Não obstante a anulação, a empresa americana requereu o reconhecimento e execução do laudo na Corte americana, com base na Convenção de Nova Iorque, de 1958, e na própria lei dos Estados Unidos (*Federal Arbitration Act*).

A juíza de primeiro grau reconheceu que a Convenção de Nova Iorque, de 1958, permite que o reconhecimento e execução do laudo arbitral pode ser recusado, se foi anulado ou rescindido pela autoridade competente do país onde foi prolatado. Como o laudo foi proferido no Egito, com aplicação da lei egípcia, o juiz poderia deixar de reconhecê-lo. Todavia, considerou a Juíza que a própria Convenção no art. VII admite a proteção da parte interessada, ao esclarecer, que *"a Convenção não prejudicará qualquer parte interessada de qualquer direito que possa ter para dar eficácia a um laudo arbitral na forma e na extensão permitida pela lei ou tratados do país onde tal laudo seja invocado como fundamento"*[201].

Ante a possibilidade de dar efetividade ao laudo, com base na lei local, a Corte aplicou o *Federal Arbitration Act*, cujo art. 10° veda o reconhecimento de laudos arbitrais somente em alguns casos, tais como corrupção, fraude, parcialidade, má conduta ou excesso de poder dos árbitros, nada dispondo sobre a não observância da lei do local onde foi proferido. Por isso, concluiu: *"o artigo V (da Convenção de Nova Iorque) estabelece uma permissão padrão, sob a qual esta Corte pode recusar executar um laudo. O artigo VII, por outro lado, determina que esta Corte deve considerar a Convenção sob a lei aplicável dos Estados Unidos."* Sendo assim, concluiu que o laudo era válido de acordo com a lei americana, razão pela qual reconheceu-o[202].

Essa sentença inova para dar preferência à lei do país onde o laudo será executado, ainda que nulo no país onde foi proferido. E tem certa lógica, pois se a decisão não tem efetividade no país de onde proveio, destinando-se a produzir efeitos no território de outro, são as normas deste outro que devem ser tomadas em consideração. Se o Estado pode não reconhecer uma decisão validamente proferida em outro país, por contrariar princípios de sua ordem pública, porque o contrário não seria admitido, ou seja, reconhecer laudo não admitido pelas leis do país onde foi produzido? Esse raciocínio dá ênfase ao caráter privado do laudo e procura dar efetividade à autonomia da vontade das partes[203].

---

[201] GEORGES DELAUME, nota sobre *"United States District Court for the District of Columbia Order and Opinion in the Matter of the Arbitration of Certain Controversies Between Chromoalloy Aeroservices and the Arab Replublic of Egipt"*, in *International Legal Materiasl*, volume XXXV, n° 6, novembro 1996.
[202] *I.L.M.* vol. XXXV, n° 6, nov. 1996.
[203] PAULO BORBA CASELLA e DANIEL GRUENBAUM, "O problema da eficácia extraterrioal do laudo arbitral estrangeiro anulado", in *Arbitragem e Desenvolvimento*, coordenado por Maria Odete Duque Bertasi e Oscavo Cordeiro Corrêa Netto, Quartier Latin, Câmara IASP, 2009. Nesse trabalho os autores revelam que a decisão do caso Chromalloy não foi seguida em julgados posteriores, tendo prevalecido o entendimento de que a homologação de laudo arbitral proferido fora do país, ou cuja lei tenha sido aplicada só pode ser recusado com base no Artigo V da Convenção de Nova Iorque, não se aplicando a seção 10 do Federal

Outra decisão que despertou a atenção sobre o mesmo assunto foi a arbitragem que teve como partes *Hilmarton Ltd e Omnium de Traitement et Valorizarion*. A matéria versou sobre o pedido de condenação feito por Hilmarton para que Omnium pagasse comissão por assessoria prestada em concorrência pública realizada na Argélia. O árbitro único rejeitou o pedido, com fundamento no fato de a lei argelina proibir a intermediação em concorrências públicas, considerando o contrato ilegal. Essa sentença foi submetida ao judiciário do Cantão de Genebra, Suíça, que considerou não chocar o direito suíço a violação da lei da Argélia, anulando, portanto, o laudo. O Direito suíço permite a participação de intermediários para acompanhar processos administrativos, desde que não tenham o propósito de desviar funcionários públicos do cumprimento de seu dever, por atos de corrupção.

O Tribunal Federal Suíço manteve a anulação do laudo, determinando fosse outra decisão proferida, o que ocorreu em 1992, com a condenação de Omnium ao pagamento da comissão pleiteada por Hilmarton. Essa decisão confirma a orientação da juíza americana no caso Chromaloy de que a violação da lei do local onde foi proferida não impede seja reconhecida em processo de homologação por outro país.

Não obstante esse desfecho, novo ingrediente foi adicionado ao caso, com a apresentação do primeiro laudo arbitral ao Tribunal de Grande Instance de Paris, que o homologou, ou seja, ratificou a decisão do árbitro que considerou nulo o contrato por violar a lei da Argélia. Essa decisão homologatória foi confirmada pela Corte de Cassação, segundo a qual o direito francês sobre arbitragem internacional não obriga o juiz a levar em conta a anulação da sentença proferida na ordem interna estrangeira e que a inserção na ordem jurídica interna francesa de um laudo arbitral internacional anulado no exterior, com a aplicação da lei local não é contraria à ordem pública internacional. Assim, manteve o laudo do árbitro único que considerou nulo o contrato por violar a lei argelina, deixando de reconhecer a anulação do laudo pelo Tribunal Federal Suíço.

Todavia, em virtude dessa anulação, outro laudo fora produzido pelo árbitro único, registrando-se, portanto, dois laudos: o primeiro anulado na Suíça, mas reconhecido pela Corte de Cassação da França; o segundo

Arbitration Act. Anotam também aqueles autores opiniões doutrinárias contrárias à conclusão daquele julgado.

em substituição ao primeiro, levado ao Tribunal de Grande Instance de Nanterre, que o homologou.

Formou-se, com isso, um "imbróglio", com duas decisões conflitantes na ordem jurídica francesa, somente resolvido com a adoção do princípio da coisa julgada conferido ao primeiro laudo homologado anteriormente e que conferia validade à decisão do árbitro único que julgara inválido o contrato por violar a lei da Argélia.

Como quer que seja, a lei brasileira mantém o princípio de que, se o laudo for declarado nulo pelos tribunais do país onde foi elaborado, também no Brasil não será reconhecido, mesmo que não ofenda a lei brasileira. É o que se depreende dos incisos II e VI do art. 38 da lei 9.307/96. Daí que, se a lei do local da arbitragem exige o compromisso escrito, ou impõe certas formalidades não atendidas, e, mesmo assim, for produzido o laudo, a lei brasileira não permite a sua homologação. Esse tratamento, como se vê, repete o conferido pelo art. 2° do Protocolo de Genebra, de 1923, segundo o qual *"o processo da arbitragem, incluindo-se a constituição do tribunal arbitral, será regulado pela vontade das partes e pela lei do país em cujo território se efetuar."* Note-se, no entanto, que a Convenção se refere apenas ao *processo de arbitragem*, não fazendo referência à lei material que disciplina a relação jurídica controvertida. Já a Convenção Interamericana sobre Arbitragem Comercial Internacional, concluída em 30 de janeiro de 1975[204], adota o mesmo critério da lei brasileira, ao estabelecer que poderão ser denegados o reconhecimento e a execução da sentença, se a parte interessada provar que o acordo de arbitragem *"não é válido perante a lei a que as partes o tenham submetido, ou, se nada tiver sido indicado a esse respeito, em virtude da lei do país em que tenha sido proferida a sentença"* (art. 5°).

6. Da citação postal no processo arbitral

Por fim, merece destaque a norma do parágrafo único do art. 39 da Lei 9.307/96, que não considera ofensa à ordem pública brasileira a efetivação da citação da parte residente ou domiciliada no Brasil, nos moldes da convenção de arbitragem ou da lei processual do país onde se realizou a arbitragem, ainda que por via postal, com prova inequívoca de recebimento,

---

[204] Aprovada no Brasil pelo Dec. Legislativo n° 90, de 06 de junho de 1995.

desde que assegurado à parte interessada tempo hábil para o exercício do direito de defesa.

Há aqui uma consideração a fazer. O procedimento arbitral não se confunde com o processo judicial e pode prever sistemas de comunicação, ou meios de instituição do juízo arbitral, diversos dos judiciais. O art. 19 da lei 9.307/96 não estabelece a citação como ato que dá início à arbitragem e, sim, a aceitação da nomeação do árbitro ou dos árbitros. É a convenção arbitral que estabelece a forma de comunicação para a instalação do juízo arbitral, tratando-se sempre de meio contratualmente acordado.

Já *a citação*, diz o art. 238 do CPC, "*é o ato pelo qual são convocados o réu, o executado ou o interessado para integrar a relação processual.*" É, portanto, ato judicial, provindo da autoridade judiciária, para chamar o réu ao processo, o que não é o caso da arbitragem. Pode ocorrer que a convenção arbitral seja omissa quanto à forma de instituição da arbitragem e, nesse caso, aplica-se o meio previsto pela lei do local onde ela se processa, ou o estabelecido pelo árbitro, se a convenção arbitral o permitir.

Tendo em vista que a jurisprudência do STF adotou, como princípio, não reconhecer sentenças judiciais estrangeiras, mesmo as homologatórias de laudos arbitrais, em que a parte domiciliada no Brasil foi citada por via postal para o processo de homologação, a norma, ao que parece, procurou eliminar esse óbice, deixando de considerar a falta de citação judicial, como atentatória à ordem pública brasileira.

Sendo assim, permite assegurar maior flexibilidade ao processo de reconhecimento de sentenças judiciais estrangeiras, pois contém preceito que elimina o poder de interpretação do STJ de qualificar como atentatória à ordem pública brasileira a citação por via postal, determinado por juiz estrangeiro. Como o parágrafo refere-se à *citação* - meio judicial de comunicação da instauração de um processo judicial e, não arbitral - é lícito concluir que, embora integrado em lei específica sobre arbitragem, contém esclarecimento genérico sobre a matéria, ao não considerar como ofensivo à ordem pública brasileira a citação por via postal. O único requisito é o de que seja assegurado tempo hábil para o exercício do direito de defesa, atendendo, dessa forma, à garantia estabelecida no inciso LV do art. 5° da Constituição Federal.

Segundo a orientação tradicional do STF, não se admite a citação de pessoa domiciliada no Brasil, senão por meio de carta rogatória, não reconhecendo outra forma de citação, seja por meio de declaração juramentada (o *affidavit* do *common law*), seja por via consular ou postal, considerando tais formas ofensivas à ordem pública brasileira. E é compreensível esse entendimento, pois estaria o país estrangeiro fazendo valer no país ato oficial de autoridade judiciária, sem a chancela oficial do Brasil, o que somente seria admissível se houvesse tratado internacional disciplinando o assunto entre os países.

Ao deixar de considerar ofensa à ordem pública a citação por via postal determinada por autoridade pública estrangeira, o Brasil dá passo importante no quadro da colaboração judiciária internacional. Sobretudo em momento histórico, em que a abertura generalizada dos mercados nacionais, com a busca de investimentos estrangeiros e a criação de blocos econômicos, sucede ao fim da guerra fria e ao desmantelamento da União Soviética, com o surgimento de novos Estados do leste europeu, ansiosos por tais investimentos.

Ademais, a admissão da citação, por via postal, determinada por autoridade judiciária sem jurisdição no local onde deve ser cumprida, já se constituiu praxe no processo civil interno brasileiro. De fato, o art. 248 do CPC autoriza a citação postal, suprimindo a antiga regra de aplicação restrita a comerciantes e industriais, e ampliando-a para atingir não empresários[205]. Sendo o Brasil uma república federativa e determinando a Constituição Federal que os Estados organizarão sua Justiça e que a competência dos tribunais será definida na Constituição do Estado (art. 125), a jurisdição dos juízes estaduais está limitada ao território do Estado que os nomearam. Enquanto que os juízes federais e do trabalho possuem jurisdição nacional, pois estabelecida pela Constituição Federal, embora com competência para praticar atos em determinado território, a dos juízes estaduais, por provir da Constituição do Estado-membro da Federação, está limitada ao território desse Estado. Fora deste, não possuem jurisdição alguma, como é do princípio federativo.

Daí porque a citação determinada por um juiz de um Estado-membro a pessoa domiciliada ou residente em outro deva ser feita por carta precatória, como tradicionalmente observado, antes de se admitir a citação postal, novidade introduzida pelo CPC, de 1973, inicialmente restrito apenas a réus comerciantes ou industriais, com domicílio no Brasil. A refe-

---

[205] CÂNDIDO RANGEL DINAMARCO, *A Reforma do Código de Processo Civil*, Malheiros Editores, 1995, p. 85; PONTES DE MIRANDA, *Comentários ao Código de Processo Civil*, atualizados por SÉRGIO BERMUDES, Forense, 1996, p. 271.

rência do art. 247 do CPC, à citação *"para qualquer comarca do país"* e não à comarca do juiz, como limite do poder de expedir citação por via postal, levou ao entendimento de que, se o réu possuir domicílio no Brasil, o juiz está autorizado a citá-lo por via postal, mesmo que domiciliado em outra comarca ou outro Estado, deixando de considerar o princípio federativo das ordens jurídicas estaduais, mas acolhendo a cooperação judiciária entre os Estados-membros. De fato, a jurisprudência firmou-se para admitir a citação por via postal de réu domiciliado em outro Estado, dando, portanto, ênfase a essa cooperação judiciária.

O raciocínio para admitir a citação postal determinada por autoridade judiciária de outro país é o mesmo: o da colaboração judiciária, desde que, é evidente, fique assegurado o pleno direito de defesa, o que requer prazo razoável para o seu exercício.

Todavia, a jurisprudência do STJ ainda é vacilante, como anotado em interessante artigo da Professora Selma Maria Ferreira Lemes, que dá notícia de julgamento da Sentença Estrangeira Contestada nº 833, de 30/10/2006. Aquela Corte indeferiu pedido de homologação de sentença arbitral estrangeira, previamente submetida ao judiciário dos Estados Unidos, tornando-a sentença judicial. A maioria entendeu ser necessária a carta rogatória para o processo judicial, desconsiderando a norma precisa do artigo 39 da lei de arbitragem, que não mais considera ofensa à ordem pública a citação determinada por juiz estrangeiro. Como citação somente pode ser ordenada por juiz - e não por árbitro – por se tratar de ato em alguém chamado ao processo judicial, não se atina a razão dessa decisão e de outras no mesmo sentido[206].

7. A execução da sentença arbitral

A execução de laudo arbitral constitui fato exterior e posterior ao processo de arbitragem e com ele não se confunde. Ao ser proferido, exaure-se a jurisdição do árbitro ou dos árbitros, devendo as partes, ou o vencido, dar cumprimento ao que nele foi disposto. Havendo resistência, surge a necessidade de sua execução compulsória, já agora em procedimento judicial,

---

[206] SELMA MARIA FERREIRA LEMES, "Arbitragem no exterior e citação no Brasil", in *Valor*, edição 01/2007. Vide também SEC 833-US, Rel. originária Min. Eliana Calmon, Rel. para acórdão Min. Luiz Fux, julgada em 16/08/2006.

fundado na sentença arbitral, à semelhança do que se verifica com a sentença judicial não cumprida espontaneamente pelo vencido, ou nas obrigações derivadas de títulos extrajudiciais não adimplidas.

Iniciada a execução, poderá o executado opor embargos, como previsto no art. 33 da Lei 9.307/96, alegando nulidade do laudo, pela não observância de uma das formalidades essenciais previstas no art. 32 da mesma lei. Tem-se, pois, um processo de execução comum, fora do âmbito da arbitragem. Tal execução observa o mesmo rito da execução das sentenças judiciais, não cabendo, em embargos, opor defesas admitidas nos casos de execução fundada em títulos extrajudiciais.

Poderá, ainda, o vencido valer-se da ação de nulidade do laudo arbitral, fundado em uma das causas de nulidade previstas no mesmo dispositivo. Nesse caso, tem-se uma ação judicial, cujo objeto é obter do Juiz a declaração da nulidade de um ato jurídico – a sentença arbitral - ou o seu refazimento, com a observância dos requisitos legais, como previsto no § 2º do art. 33 da lei 9.307/96.

Tal ação, como se percebe, não pode versar sobre o *mérito* da decisão arbitral e tem por objeto simplesmente falta de observância de requisito de caráter procedimental. O art. 32 da lei 9.307/96 limita-se, com propriedade, a relacionar atos ou fatos processuais verificados no curso do processo arbitral, nada dispondo sobre o mérito da decisão, cuja revisão está vedada ao Juiz.

Mesmo porque, o laudo arbitral produz entre as partes o efeito de coisa julgada. E, tendo esse efeito somente pode ser rescindido por vícios de forma, com a ocorrência de uma das hipóteses previstas no art. 32 da Lei 9.307/96, a saber: se for nulo o compromisso; se o laudo emanar de quem não podia ser árbitro, se o laudo não contiver os requisitos do art. 26 da lei; se for proferido fora dos limites da convenção de arbitragem; se for comprovado que houve prevaricação, concussão ou corrupção passiva; se for proferido fora do prazo ou, ainda, desrespeitados os princípios do contraditório, da igualdade das partes, da imparcialidade do árbitro e de seu livre convencimento.

A lei procurou equiparar o laudo arbitral à sentença judicial, confundindo o ato público emanado do Judiciário, com o ato privado proveniente de árbitros privados, que não exercem qualquer função pública e cuja jurisdição - autoridade para declarar o Direito - é essencialmente privada. O efeito de coisa julgada significa que não pode ser modificado, salvo nas hipóteses de nulidade previstas na lei, tal como ocorre com a transação,[207] e, nem por isso, atribui-se a ela qualquer efeito público, tratando-se, como se trata, de ato das partes para solução de controvérsia sobre bem patrimonial disponível.

Daí que não se pode falar em ação rescisória de laudo arbitral e sim de ação ordinária de nulidade de ato jurídico, à semelhança da ação ordinária de nulidade de sentença homologatória, regida pelo art. 966, § 4º do CPC[208], em que visa a desconstituir não a sentença em si, mas o ato subjacente que ela oficializou com a homologação. A diferença entre uma e outra ação reside no fato de que a ação rescisória tem por objeto desconstituir uma sentença judicial condenatória, constitutiva ou declaratória. Ou seja, quer-se rescindir o ato judicial que produziu um fato novo e que influiu na controvérsia ao condenar ou não uma das partes; ou ao dar nascimento ou extinguir um direito ou relação, como é o caso da que reconheceu a paternidade ou rescindiu um contrato e da que declarou a existência de uma relação jurídica válida.

Já a ação de nulidade de sentença homologatória de ato jurídico refere-se ao ato jurídico que se quer desconstituir e não propriamente a sentença, que apenas o oficializou, homologando-o. Enquanto que na ação rescisória o vício atacado reside na própria sentença, ou em ato processual relevante violador da lei, na sentença homologatória de ato jurídico, o vício encontra-se no ato - e não na sentença.

O mesmo raciocínio deve ser desenvolvido para a pretensão de nulidade do laudo arbitral, ato privado, cuja desconstituição deve ser objeto de ação de nulidade, como, a propósito, prevê o art. 33 da lei 9.307/96. Nesse ponto, evidencia-se mais uma das contradições da lei, que, com o intuito de conferir executoriedade ao laudo arbitral, sem permitir embargos fundados nas hipóteses previstas para os títulos executivos extrajudiciais em geral, inclui-o dentre os títulos executivos *judiciais*, quando, na verdade, constitui um título executivo extrajudicial.

---

[207] Art. 849 do Código Civil: *"A transação só se anula por dolo, coação, ou erro essencial quanto à pessoa ou coisa controversa."*

[208] *"Art. 966. A decisão de mérito, transitada em julgado, pode ser rescindida quando: omissis § 4º Os atos de disposição de direitos, praticados pelas partes ou por outros participantes do processo e homologados pelo juízo, bem como os atos homologatórios praticados no curso da execução, estão sujeitos à anulação, nos termos da lei."*

Título executivo *judicial* é sentença judicial, seja declaratória, constitutiva, condenatória, ou, ainda, homologatória. Os demais, por não provirem do Judiciário, não poderiam ser classificados como tal, pois são títulos executivos *extrajudiciais* dotados de força executória, em processo de execução.

O fato, contudo, de a lei haver conferido a qualidade de título executivo *judicial* teria como consequência a aplicação das mesmas normas processuais relativas à execução de sentenças judiciais[209] e não as do art. 771 do CPC, que regula as execuções de título executivo extrajudicial[210].

---

[209] *"Art. 516. O cumprimento da sentença efetuar-se-á perante:*
I - os tribunais, nas causas de sua competência originária;
II - o juízo que decidiu a causa no primeiro grau de jurisdição;
III - o juízo cível competente, quando se tratar de sentença penal condenatória, de sentença arbitral, de sentença estrangeira ou de acórdão proferido pelo Tribunal Marítimo."

[210] *"Art. 771. Este Livro regula o procedimento da execução fundada em título extrajudicial, e suas disposições aplicam-se, também, no que couber, aos procedimentos especiais de execução, aos atos executivos realizados no procedimento de cumprimento de sentença, bem como aos efeitos de atos ou fatos processuais a que a lei atribuir força executiva.*
Parágrafo único. Aplicam-se subsidiariamente à execução as disposições do Livro I da Parte Especial."

Capítulo 10 – A Tutela Antecipada no Processo Arbitral[211]

Introdução

A similitude de propósitos entre o processo judicial e o arbitral justifica a tendência de se dar a um e a outro o mesmo tratamento. Ambos, com efeito, têm por objetivo final compor uma controvérsia, por meio de uma decisão prolatada por terceiro estranho às partes. É a hétero-composição do litígio, distinta da autocomposição, em que as próprias partes atuam para resolver a pendência entre elas, por meio de negociações e, assim, por transação.

1. A Autotutela

A autocomposição de controvérsia, em que os litigantes ajustam terminá-la diretamente, sem a intervenção de terceiros - do poder judiciário ou de árbitro - por meio de transação, não se confunde com a autotutela, somente permitida em número limitado de hipóteses, como é o caso da resistência ao esbulho possessório, em que o esbulhado *"pode manter-se ou restituir-se por sua própria força"*, como dispõe o § 1º do artigo 1.210 do Código Civil[212].

---

[211] Versão anterior foi publicada na *Revista de Arbitragem e Mediação*, A tutela antecipada no processo arbitral. São Paulo, RT, p.11-20, jan./mar. 2005.

[212] *"Art. 1.210. (...) § 1º O possuidor turbado, ou esbulhado, poderá manter-se ou restituir-se por sua própria força, contanto que o faça logo; os atos de defesa, ou de desforço, não podem ir além do indispensável à manutenção, ou restituição da posse."*

Da mesma forma, a autotutela é admitida na penhora pelos credores hospedeiros ou fornecedores de pousada ou de alimentos, independente de prévia autorização judicial e de contrato (art. 1.467 a 1.471 do Código Civil).

Em todos esses casos, o indivíduo atua como autoridade, na sua qualidade de integrante da sociedade, para declarar e dar efetividade à norma jurídica, independentemente da autorização do Estado. É o que ocorre também, na esfera penal em que qualquer do povo pode prender quem esteja em flagrante delito[213].

Fora das hipóteses previstas em lei, a autotutela pode ser tipificada como o crime de uso arbitrário das próprias razões (art. 345 do Código Penal), que não se confunde com a legítima defesa, em que a pessoa agredida repudia a agressão até com o uso da força (art. 23 do Código Penal).

2. A autocomposição de controvérsias

Quando se fala em autocomposição de uma controvérsia não se está a se referir à autotutela, mas à atuação de ambas as partes contendoras, por meio de negociações, sem a interferência de terceiro que a decida[214]. É o meio mais comum de solução de litígios e, por isso mesmo, não se dá ênfase, nem possui regras pré-determinadas de procedimento.

A identidade de propósitos entre o processo judicial e o arbitral faz também com que haja inclinação natural para considerar o juiz e o árbitro como sujeitos à mesma normativa processual. Pretende-se, com alguma frequência, aplicar a ambos as normas do CPC, que, no entanto, dirige-se ao juiz, que as deve observar para orientar o processo e resolver a controvérsia a ela apresentada pelas partes. O árbitro não está adstrito àquelas normas, mas às que as partes estabelecem na convenção arbitral, que pode indicar as do regulamento de uma instituição de arbitragem.

---

[213] Código de Processo Penal: *"Art. 301. Qualquer do povo poderá e as autoridades policiais e seus agentes deverão prender quem quer que seja encontrado em flagrante delito."*

[214] Mesmo na mediação, são as partes que resolvem a pendência entre elas, aceitando as propostas do mediador, que não decide a controvérsia, como ocorre na arbitragem, ou no processo judicial.

3. Jurisdição do juiz e do árbitro: diversidade de origem

Na verdade, embora juiz e árbitro resolvam, por meio de uma sentença, um litígio, o poder que lhes é atribuído para esse mister provém de fontes diversas e com amplitude também não coincidente. A jurisdição do juiz advém da Constituição, que é o instrumento pelo qual a comunidade nacional como um todo organiza o Estado e lhe delega poderes determinados para declarar o Direito em nome da mesma comunidade. E, ao organizar o Estado, limita-lhe as funções, estabelecendo competências definidas no texto constitucional, seja mediante a separação de Poderes, seja, dentro de cada Poder, delimitando esferas de competência de seus integrantes. É o que ocorre no Poder Legislativo, em que há atribuições distintas da Câmara e do Senado, e no Poder Judiciário, com previsão de competências específicas para os diversos órgãos dele integrantes e dos graus de jurisdição.

O mesmo ocorre com o Poder Executivo, detendo o Presidente da República poderes previstos no artigo 84 da Constituição Federal, distintos dos estabelecidos para os Ministros de Estados, definidos no parágrafo único do artigo 87, dentre os quais os de referendar atos e decretos assinados pelo Presidente da República, na área de sua competência. Vale dizer, mesmo sendo o chefe de Estado e ápice do Poder Executivo, os decretos que assina devem ser referendados pelo Ministro de Estado da área ou das áreas a que se destina o ato a regular. Em outras palavras, não pode decidir sozinho. É obrigado, dentro da esfera de suas atribuições, a ter a concordância do Ministro de Estado da área objeto do decreto que expedir.

Se a jurisdição do juiz, como parte de um dos Poderes do Estado, provém da Constituição, a sua competência - delimitação dessa jurisdição - é-lhe determinada pela própria Constituição ou por leis ordinárias, nas hipóteses nela previstas.

Já o poder jurisdicional do árbitro é conferido pelas partes por meio da convenção arbitral, seja a cláusula compromissória, seja o compromisso arbitral. Assim, se juiz e árbitro têm idêntica jurisdição – entendido o termo jurisdição sempre como poder ou autoridade para declarar o Direito em determinada controvérsia - a origem dessa jurisdição não é a mesma. A do juiz é pública, e emana direta ou indiretamente da Constituição; a do árbitro é privada e deriva da vontade livre das partes, circunscrita às hipóteses previstas em lei.

A autonomia das partes para conferir jurisdição a árbitros, no Brasil, está limitada à controvérsias de caráter patrimonial, não abrangendo, portanto, as de caráter indisponível, sobre as quais tem monopólio o juiz, como poder do Estado. Quer isto dizer que, mesmo estando as partes concordes, o aperfeiçoamento de determinada relação jurídica e o seu desfazimento são atribuições exclusivas do Estado, como é o caso do casamento. Somente o Estado é que tem o poder de celebrá-lo e de dissolvê-lo. A vontade das partes é insuficiente para que o ato se realize ou se desconstitua, sendo sempre necessária a intervenção estatal.

É verdade que, o desenvolvimento dos costumes sociais tem reduzido ou alterado esse poder do Estado na esfera da organização da família, com o reconhecimento da união estável de casais, com efeitos legais, sem a intervenção do Estado. As partes em uma união estável não dependem de procedimentos ou regras formais para sua configuração, salvo as necessárias para efeitos comprobatórios. Percebe-se o desenvolvimento da sociedade civil até na organização da família, antes monopólio regulador do Estado ou da religião, atualmente abrandado.

O CPC estabelece as normas do procedimento público e da atuação do juiz, cuja competência também está nele determinada, ao lado de leis de organização judiciária federal ou estadual, dependendo da origem da jurisdição do juiz (federal ou estadual). As leis de organização judiciária dos Estados estabelecem a competência dos juízes comuns no âmbito do Estado, disciplinando-lhes as matérias e o território onde devem exercer suas funções. A convenção arbitral, por sua vez, é que determina a competência do árbitro e a extensão dos poderes para decidir uma controvérsia sobre bem patrimonial disponível.

Essas considerações preliminares se justificam para se aferir a possibilidade de aplicação, no processo arbitral, da tutela de urgência ou antecipada prevista na lei processual para os processos judiciais. Foi ela introduzida na sistemática do CPC, pela Lei 8.952, de 13/12/1994, conferindo ao juiz o poder de conceder antecipadamente ao autor a tutela a ser confirmada ou não na sentença final[215]. Essa medida, antes da alteração legislativa, não podia ser deferida pelo juiz, que somente podia atender a pretensão do autor na sentença final.

---

[215] SÉRGIO MONTES DE ANDRADE fez interessante pesquisa sobre o assunto in "Tutela Antecipada", *Rev. Trib.* 740/165.

A alteração do CPC, de 2015, ratificou a tendência ao estabelecer critérios a serem observados para esse fim. Previu a tutela provisória no art. 294 em função da urgência da medida requerida pela parte:

> "Art. 294. A tutela provisória pode fundamentar-se em urgência ou evidência.
>
> Parágrafo único. A tutela provisória de urgência, cautelar ou antecipada, pode ser concedida em caráter antecedente ou incidental."

Vê-se, pois, que a tutela de urgência e a antecipada destina-se a dar acolhida ao pedido do autor, ainda que em caráter provisório, não se confundindo com o poder cautelar geral de que o juiz é dotado e que tem por objeto assegurar o cumprimento da decisão final ou a estabilidade de determinado fato, enfim, resguardar um direito, como uma providência eminentemente instrumental, processual[216]. Pois, explica CÂNDIDO DINAMARCO, com a tutela antecipada "*... não se trata de obter medida que impeça o perecimento do direito ou que assegure ao titular a possibilidade de exercê-lo no futuro; a tutela antecipatória conceder-lhe-á o exercício do próprio direito afirmado pelo autor*"[217].

Consiste essa tutela, pois, na outorga antecipada da prestação requerida pelo autor no processo de conhecimento, desde que preenchidos os pressupostos estabelecidos precisamente na lei. Como o juiz somente pode decidir o mérito da controvérsia por meio da sentença final, que é o ato processual próprio em que o resolve, foi necessária a autorização legislativa para que, provisoriamente, e desde que a procedência da pretensão do autor controvertida se mostre plausível, lhe seja possível antecipar a decisão[218].

4. Medida cautelar e tutela antecipada: distinção

Em resumo, diferencia-se a antecipação de tutela da medida cautelar pelo fato de a primeira dizer respeito ao próprio direito, que é reconhecido pelo

---

[216] É o que dispõe o artigo 297 do CPC, segundo o qual, "*O juiz poderá determinar as medidas que considerar adequdas para efetivação da tutela provisória.*"
[217] CÂNDIDO DINAMARCO, *A Reforma do CPC*, Malheiros, 1995, p. 35.
[218] Segundo SÉRGIO BERMUDES a tutela antecipada é a "*...prestação cognitiva consistente na outorga antecipada da prestação que se busca no processo de conhecimento, a qual, verificados os pressupostos da lei, é anteposta ao momento procedimental próprio*", in *A Reforma do CPC*, 2ª edição, Saraiva, 1996, p. 28.

juiz por decisão provisória a ser ou não confirmada na sentença final. A medida cautelar tem caráter apenas processual e tem por objeto assegurar o estado de fato de determinada situação ou para resguardar um direito objeto da lide. Ou seja, enquanto que a medida cautelar é de caráter instrumental, processual, a tutela antecipada, como a própria denominação indica, possui caráter de decisão de mérito, embora provisória, a ser ou não confirmada na sentença final.

Essa distinção explica a razão pela qual a tutela antecipada não se inclui no poder cautelar de que dispõe ordinariamente o juiz, ao ordenar o processo e assegurar o seu livre curso e a eficácia da decisão que irá proferir.

É de se notar que, mesmo antes da alteração da lei, podia o juiz, como ainda pode, julgar antecipadamente a lide, como autorizado pelo artigo 355 do CPC. Em outras palavras, o julgamento antecipado da lide, como o nome indica, significa que o processo é terminado antecipadamente, sem a fase instrutória subsequente à apresentação da contestação e réplica, se o juiz considerar que a matéria está suficientemente esclarecida e provada, a habilitar-lhe a decidi-la desde logo. Mas, mesmo assim, somente pode fazê--lo no momento processual próprio, ou seja, após a contestação, quando, tendo ouvido ambas as partes e examinado a prova documental produzida, entender que quaisquer outras são desnecessárias para firmar sua convicção sobre a solução da controvérsia, considerando-se apto a resolvê-la. Ou, ainda, nas hipóteses em que a matéria versa somente sobre interpretação de lei ou de contrato, em que não há provas a produzir, permitindo-lhe proferir sentença desde logo.

O julgamento antecipado pode ser favorável ou contrário ao autor e decide definitivamente a lide, o que não é o caso da tutela antecipada, que é provisória, não prescinde da continuidade do processo e, se concedida, atende a pedido do autor e não do réu. A controvérsia somente é resolvida com a decisão final, que pode ser dada por meio do julgamento antecipado a que se refere o artigo 355 do CPC, ou, em sentença final, a demonstrar a distinção entre as duas figuras processuais.

5. A autorização das partes para a tutela antecipada no processo arbitral

Diante dessa característica da tutela antecipada, indaga-se se é possível ao árbitro conceder tutela antecipada reclamada por uma das partes durante o processo arbitral. A resposta a essa questão requer a prévia análise da competência do árbitro e sua extensão.

Como esclarecido, o poder jurisdicional do árbitro decorre da convenção arbitral, pela qual as partes conferem-lhe autoridade para declarar o direito sobre o qual controvertem. Se essa possibilidade estiver prevista na convenção arbitral, poderá o árbitro dela se utilizar, concedendo a tutela antecipada requerida por uma das partes, como decisão provisória a ser ou não confirmada no laudo arbitral. Se essa autorização não for concedida, não poderá o árbitro concedê-la, precisamente por falta de jurisdição, como ocorria com o juiz, antes da alteração da lei processual.

Isto porque a antecipação de tutela constitui decisão de mérito provisória, com efeitos vinculantes para as partes, proferida antes do momento próprio, que é a sentença. E, sendo decisão de mérito, embora provisória, produz consequências imediatas, antes do término do processo.

A problemática da tutela antecipada é similar à da sentença parcial no processo arbitral, em que o árbitro decide definitivamente parte da lide, mas não a esgota, devendo prosseguir o processo, para a decisão final da parte nela não abrangida. É o caso da sentença que reconhece o direito de uma das partes receber uma indenização, resolvendo, portanto, esse ponto do litígio, continuando o processo para a verificação do valor devido (*quantum debeatur*), que pode depender de outras provas, que não as da fase anterior. O reconhecimento da responsabilidade é objeto de sentença definitiva. Todavia, a definição do montante devido requer o exame de provas de outra natureza, destinadas apenas e tão somente a apurar a extensão da indenização a ser paga pelo responsável. É a situação da sentença ilíquida do processo judicial, que depende do processo de liquidação, para a apuração do valor da indenização.

Tanto o juiz como o árbitro devem resolver inteiramente a lide a eles posta (artigo 489, III do CPC e artigos 26, III e 32, V, da lei 9.307/96). Na sistemática da lei processual, a sentença ilíquida, ou seja, a que reconhece a responsabilidade de uma parte, sem determinar o valor da condenação, pode ser objeto de execução no mesmo juízo e nos mesmos autos, com o procedimento da liquidação da sentença. Trata-se de continuação do processo, encerrada a fase anterior com a sentença definitiva (art. 509 do CPC).

Mas essa sentença não resolveu inteiramente o litígio, pois deixou de estabelecer o valor da condenação. Por isso, o CPC estabeleceu, como premissa ou prejudicial ao processo de execução, a liquidação da sentença, por meio de procedimento próprio, iniciado com a intimação do requerido na pessoa do advogado. O processo de conhecimento terminou com a sentença e com ela o juiz só pode alterá-la para corrigir inexatidões ou erros de cálculos ou por meio de embargos de declaração, esgotando-se, com isso seu ofício jurisdicional.

No entanto, a controvérsia não foi inteiramente resolvida, pois lhe falta a determinação do valor devido a ser pago pelo vencido. Nos casos em que essa determinação deve ser feita por arbitramento por procedimento comum (art. 511), inicia-se outra fase do processo, com a liquidação de sentença, integrado no processo de execução. E tanto é outro processo, distinto do anterior, que se inicia com a intimação do advogado do vencido[219], para contestar o pedido. Também esse processo termina por sentença, que, no entanto, complementa – e não modifica – a proferida no processo de conhecimento, nela se integrando.

São, portanto, duas sentenças a julgar a mesma causa: a primeira determina a responsabilidade do devedor, em caráter definitivo, tanto que não pode ser modificada na fase de liquidação (art. 509, § 4º, até em virtude da coisa julgada; a segunda estabelece o valor econômico dessa responsabilidade e constitui a base para o início do processo subsequente, que é o de execução (artigo 509 do CPC), se o vencido deixar de cumprir voluntariamente a sentença.

Na arbitragem o processo não segue, necessariamente, o mesmo critério da lei processual pública, podendo as partes estabelecer procedimento diverso (artigo 21 da Lei 9.307/96[220]), desde que respeitados os princípios fundamentais da arbitragem, dentre os quais o contraditório e a igualdade das partes (artigo 21, § 2º).

A sentença parcial, como visto, resolve definitivamente parte do litígio, deixando para o laudo final outra parte da controvérsia, que diz respeito ao valor da condenação, ou os seus efeitos, por ela não abrangidos.

---

[219] Não se pode perder de vista que citação é o ato pelo qual se chama alguém a juízo, como definido pelo artigo 238 do CPC/2015: *"citação é o ato pelo qual são convocados o réu, o executado ou o interessado para integrar a relação processual."*

[220] O caput do artigo 21 da Lei 9.307/96 dispõe: *"A arbitragem obedecerá ao procedimento estabelecido pelas partes na convenção de arbitragem, que poderá reportar-se às regras de um órgão arbitral institucional ou entidade especializada, facultando-se, ainda, às partes delegar ao próprio árbitro, ou ao tribunal arbitral, regular o procedimento."*

6. Tutela antecipada e sentença parcial: distinção

A tutela antecipada não constitui propriamente uma sentença parcial, mas decisão provisória de mérito, que pode ou não ser mantida a sentença final. Embora nem sempre seja fácil distinguir as duas, conceitualmente pode-se dizer que a sentença parcial resolve por inteiro parte do litígio, enquanto que a provisória depende de ratificação final, embora possa produzir efeitos no curso do processo. É o caso, por exemplo, da decisão que estabelece o valor dos aluguéis a ser pago durante o curso do processo que tem por objeto a revisão do seu valor. Pode ele ser mantido ou modificado na decisão final, que é a que prevalecerá depois de encerrado o processo. A primeira, provisória, vale enquanto durar o processo. A segunda substitui a primeira e é definitiva.

A decisão que impõe a tutela antecipada não decide o litígio e o faz em caráter provisório a pedido de uma das partes. Como os árbitros têm jurisdição nos estritos limites da convenção de arbitragem, é indispensável que estejam por elas autorizados para isso, até para evitar dúvidas e contestações judiciais sobre os poderes dos árbitros.

A convenção de arbitragem, por tratar de norma de procedimento, pode prever, de maneira expressa, que o árbitro está autorizado a proferir decisão parcial ou a deferir tutela antecipada a requerimento de qualquer das partes. Omissa a convenção, somente em sentença final é que poderá o árbitro decidir, salvo se a lei aplicável for expressa ao conferir essa faculdade aos árbitros. Isto porque a lei 9.307/96 não estabeleceu norma prevendo a aplicação subsidiária da lei processual, nas hipóteses de omissão da convenção de arbitragem, como fez relativamente a instituição da arbitragem. É o caso do artigo 6º da lei, ao dispor que *"não havendo acordo prévio sobre a forma de instituir a arbitragem, a parte interessada manifestará à outra parte sua intenção de dar início à arbitragem, por via postal ou por outro meio qualquer de comunicação (...)"*. Ou seja, se a convenção de arbitragem for omissa quanto à forma de instituir o processo arbitral, a lei estabeleceu mecanismo subsidiário a ser adotado. O mesmo se dá com o prazo para a apresentação da sentença, que é de seis meses, se as partes nada tiverem convencionado sobre isso (art. 23 da lei 9.307/96).

Já quanto às normas de procedimento, são as partes que as estabelecem, uma vez que a lei vigente afastou a aplicação supletiva de normas processuais, como ocorria nos artigos sobre o compromisso arbitral do CPC revogados pela lei. Pela sistemática adotada pela lei de arbitragem, essa omissão é suprida pelos árbitros, cujos poderes, todavia, são limitados à determinação das normas de procedimento.

É de se notar que, somente na ausência de disposição sobre essas normas é que os árbitros estão autorizados a determiná-las. É o que dispõe o § 1º do artigo 21 da lei 9.307/96:

> *"Não havendo estipulação acerca do procedimento, caberá ao árbitro ou ao tribunal arbitral discipliná-lo."*

Se a convenção dispuser sobre a matéria e omitir a autorização para o juízo arbitral deferir a tutela antecipada é porque não quiseram as partes conferir-lhe esse poder. O dispositivo legal se refere à ausência de estipulação, ou seja, à omissão completa sobre as normas procedimentais. E, em vez de deixar à lei essa atribuição, preferiu confiá-la aos árbitros. E, nesse caso, pode-se cogitar estarem eles autorizados a prever, como norma procedimental, a antecipação de tutela que vier a ser requerida por uma das partes. Como se trata de norma de procedimento, é possível concluir-se que, nada dispondo as partes sobre o assunto, cabe ao juízo arbitral fazê-lo, porque a lei o autoriza, e, assim, estabelece aquela faculdade.

Para evitar dúvidas e controvérsias sobre a extensão dos poderes dos árbitros é relevante a sua indicação precisa, sendo prudente que, quanto à normas de caráter processual, se estabeleça a possibilidade de aplicação subsidiária da lei processual judicial, caso em que, aí sim, poder-se-á cogitar da tutela antecipada, da sentença provisória e da parcial[221]. É de se notar que o artigo 32 da lei brasileira de arbitragem considera nula a sentença proferida fora dos limites da convenção de arbitragem. Se omissa quanto ao poder do tribunal proferir sentença provisória ou tutela antecipada, parece evidente não poder o tribunal fazê-lo, porque estaria decidindo fora dos limites da convenção.

---

[221] É o que pensam também ALAN REDFERN e MARTIN HUNTER, in *Droit et Pratique de l'Arbitrage Commercial Internacional*, traduzido para o francês por Eric Robine: Segundo esses autores, *"Em certos casos, por exemplo, quando se trata de determinar o direito aplicável ao mérito do litígio, uma sentença provisória pode economizar às partes tempo enorme e dinheiro. Mas se não existe qualquer disposição que dê explicita ou implicitamente ao tribunal arbitral o poder de emitir uma sentença provisória, seja em virtude da convenção de arbitragem, do regulamento de arbitragem ou do direito aplicável, é duvidoso que o tribunal arbitral possa fazê-lo"*, p. 305.

O Regulamento da CCI, fruto da experiência de longos anos de arbitragens internacionais, contém previsão expressa sobre a possibilidade de o tribunal arbitral proferir sentença parcial. Logo no artigo 2º, ao definir o significado da palavra "laudo" dispõe que se refere a um laudo interlocutório, parcial ou final. Da mesma forma, eliminando antigas incertezas sobre o poder de o tribunal arbitral proferir decisões provisórias ou medidas cautelares, estabeleceu, de forma expressa, no artigo 23, alínea I, da versão aprovada em 1988, que:

> *"A menos que tenha sido convencionado de forma diversa pelas partes, o tribunal pode, desde o recebimento dos autos, a pedido de uma delas, ordenar toda medida conservatória ou provisória que considere apropriada. O Tribunal pode subordiná-la à constituição de garantias adequadas pelo requerente. As medidas previstas no presente artigo são tomadas sob forma de ordem motivada, ou, se necessário, sob forma de uma sentença, se o tribunal julgar adequado."*

O Regulamento de Arbitragem da CNUDCI[222], aprovado em 28 de abril de 1976, igualmente, prevê, no artigo 32, nº I, que:

> *"Além das sentenças arbitrais definitivas, o tribunal arbitral poderá proferir igualmente sentenças arbitrais provisórias, interlocutórias ou parciais."*

Essas disposições eliminam dúvidas que possam surgir quanto ao poder dos árbitros para proferir sentenças provisórias ou parciais. Suprem, ademais, eventual omissão das partes, pois constitui a base jurídica da atribuição da jurisdição do tribunal arbitral e da extensão dos poderes a ele conferidos, devendo a arbitragem processar-se segundo as normas nele estabelecidas, como previsto no artigo 5º da lei 9.307/96.

Nos processos não conduzidos por entidades de arbitragem, devem as partes estabelecer de modo preciso essa autorização na própria convenção arbitral, seja na cláusula arbitral, seja no compromisso, ou, ainda, no termo de arbitragem, que estabelece as normas de procedimento acordadas pelas partes, após a instauração da arbitragem.

---

[222] Comissão das Nações Unidas para o Direito Comercial Internacional.

Há que se fazer, ainda, uma distinção entre a tutela antecipada no processo judicial e a eventualmente admitida na arbitragem. É que, podendo o juiz deferi-la sem audiência da parte contrária, essa possibilidade não se verifica na arbitragem, que tem, como requisito indispensável, o contraditório. Embora também no processo judiciário o contraditório seja princípio essencial, a lei processual faculta ao juiz, em determinados casos, tomar decisões sem audiência da outra parte, como ocorre em medidas cautelares, mas apenas nos casos autorizados por lei.

No processo arbitral, salvo se a convenção o autorizar – no processo judicial é a lei que autoriza - a tutela antecipada somente poderá ser concedida após audiência da parte contrária. A concessão da medida liminarmente, todavia, se assim previsto na convenção arbitral, não implica o descumprimento do princípio do contraditório, pois a parte afetada deverá pronunciar-se sobre ela, devendo ser-lhe assegurado esse direito.

Capítulo 11 - A Diversidade de Princípios do Processo Arbitral e do Judiciário

Com o amadurecimento da utilização da arbitragem, como processo privado de solução de controvérsias, torna-se cada vez mais claro de que os princípios que a governam são diversos do processo judicial, submetido a parâmetro diverso.

Esse fato causa ainda certa perplexidade diante de hábitos antigos de considerar tradicionais e de aplicação geral as normas e princípios do processo judicial, reiterados e mantidos em diversas alterações da lei processual. Essa noção deriva da convicção de a experiência antiga do processo judicial, examinada e acolhida pela jurisprudência dos tribunais, possuir universalidade, a se aplicar a qualquer meio de solução de controvérsias.

As diversas reformas e modificações da lei processual são motivadas pela necessidade de corrigir distorções e entraves observados pelos operadores do contencioso forense. Por isso, há natural tendência em considerar o rito nela estabelecido como o melhor e mais adequado para a solução de controvérsia por terceiros, seja qual for sua natureza.

O que se nota, contudo, é que o modelo processual adotado em um país nem sempre é observado em outros, não obstante as inevitáveis influências doutrinárias e mesmo de ordem prática que inspiram os formuladores das normas de procedimento. Essa influência deriva sempre da experiência do processo judiciário nacional, com visão restrita às disputas locais, sem extravasar os limites do Estado. De maneira geral, o operador do contencioso forense, seja o advogado, juiz ou membro do Ministério Público, tem como foco de atuação o direito nacional para as questões que não extravasam os limites do seu Estado. Sua formação tende a torná-los impermeáveis a modelos diversos dos que estão acostumados.

Isso explica por que soa estranho ao advogado brasileiro o papel desempenhado pelo juiz no processo judicial norte-americano, de aparente mero expectador dos depoimentos das partes e das testemunhas diante do júri em processos cíveis, limitando-se a decidir eventuais objeções formuladas pelos advogados e a estabelecer ordem nos debates. Da mesma forma, o advogado acostumado ao sistema do direito comum anglo-americano não compreende por que, nas audiências judiciais do processo dos países de direito codificado, como é o caso do Brasil, o juiz dirige a prova, toma depoimentos, nomeia peritos, que são seus auxiliares, faz perguntas às partes e às testemunhas, sem que os advogados possam fazê-lo diretamente, mas apenas por seu intermédio. Ambos consideram o sistema do outro de difícil compreensão.

O mesmo ocorre com a prova pericial, que, no sistema brasileiro, é feita por perito nomeado pelo magistrado, tendo as partes o direito de acompanhar a sua realização por assistentes técnicos. O pedido de esclarecimentos ao perito deve ser feito por escrito ao juiz, sem que se permita seu depoimento em audiência para ser sabatinado livremente pelas partes, mas tão somente para responder, se for o caso, às questões escritas preparadas de antemão pelas partes[223]. O perito goza de posição privilegiada, considerado auxiliar do juízo – e não das partes, que, não obstante, têm o ônus de produzir a prova de suas alegações - elaborando o seu laudo, sujeito às críticas dos assistentes técnicos, mas sem se submeter às perguntas e questões em audiência, salvo as que foram previamente a ele apresentadas por escrito.

Não se permite às partes formular objeções ou observações em audiência, em que poderia ser aferido o conhecimento do perito, a firmeza das conclusões de seu laudo e das informações nele contidas. Mesmo o juiz que o nomeou fica preso ao trabalho escrito apresentado, não obstante teoricamente possa desconsiderá-lo e adotar o de um dos assistentes técnicos de uma das partes. Mas, geralmente, em se tratando de matéria técnica, normalmente nele se fia, salvo se os assistentes técnicos forem capazes de demonstrar eventuais deficiências no trabalho oficial. Em última aná-

---

[223] CPC/2015 – *"Art. 361. As provas orais serão produzidas em audiência, ouvindo-se nesta ordem, preferencialmente: I - o perito e os assistentes técnicos, que responderão aos quesitos de esclarecimentos requeridos no prazo e na forma do art. 477, caso não respondidos anteriormente por escrito;"*

lise, o perito é auxiliar do juiz na apuração dos fatos e na construção da prova, não obstante essa tarefa deveria caber às partes, únicas interessadas na demonstração do direito que pretendem ver assegurado. O sistema inquisitorial adotado no Brasil transfere ao juiz o encargo de apurar fatos e dirigir o processo, resquício ou manutenção do vezo autoritário do processo judicial.

Embora a controvérsia seja privada e interessa apenas às partes, o Estado toma a si a responsabilidade, conferindo ao juiz autoridade inquisitorial para apurar fatos e comprovar alegações.

No sistema do direito comum da maioria dos Estados norte-americanos, a prova pericial é feita por meio de testemunhas técnicas arroladas pelas partes, chamadas a depor em audiências para serem inquiridas pelos advogados. Sua credibilidade é testada nessas inquirições, frequente e propositadamente ásperas, incisivas e mesmo provocativas, ao serem conduzidas pelo advogado da parte contrária, interessado em desmontar-lhe a idoneidade e, assim, as conclusões de seu trabalho. Cabe ao juiz impedir exageros que a paixão dos debates provoca.

Outra diferença significativa de *modus procedendi*, para a colheita da prova, reside na exibição de documentos. No sistema brasileiro, a parte interessada deve identificar precisamente o documento que pretende seja apresentado aos autos. Como é sabido, nem sempre é factível à parte informar ao juiz os dados precisos dos papéis, atos, cartas, mensagens que a parte contrária possui e que se destinam provar fatos que fundamentam a pretensão objeto da controvérsia. Esse meio de prova, da forma como regulada no direito processual, é precário. Se não há identificação precisa, o requerido está desobrigado de atender ao pedido judicial.

Já o sistema do direito comum norte americano dispõe de poderoso recurso que é o denominado *discovery*, em que a parte é compelida a apresentar todos os livros, documentos e papéis relativos à controvérsia, se requeridos pela parte interessada. Se não o fizer, responderá penalmente por desobediência à corte, *contempt to court*, razão pela qual os funcionários e diretores das empresas envolvidas são diligentes em fornecer tudo quanto tenha relação com o litígio, ainda que prejudiciais à posição defendida no processo, para não serem responsabilizados pessoal e criminalmente por desobediência.

Essa característica do sistema processual norte americano produz episódios curiosos, como os que cercaram o rumoroso processo em que se viu envolvido o presidente Bill Clinton, em virtude de relacionamento sexual com estagiária, objeto de investigação criminal, com perspectivas de declaração de impedimento pelo Congresso. Os advogados e demais participantes de reuniões com o presidente para tratar do caso eram instruídos a não levar caneta e lápis e a não tomarem nota alguma durante a reunião. Isto porque, dela ciente, o procurador Kenneth Star logo requeria fossem apresentadas todas as eventuais notas tomadas no encontro. Ninguém se arriscaria a desobedecer a uma ordem judicial, caso as tivessem.

A diferença de tratamento processual reflete formação e culturas fundadas em parâmetros distintos. O sistema processual brasileiro é fruto, em grande parte, da preponderância do Estado sobre a nação, por ele formada desde o período colonialista e não o contrário. As capitanias hereditárias, a vinda de D. João VI, com a elevação do Brasil à vice-reinado, mesmo o processo da independência, não decorreram de participação efetiva da nação. Foram impulsionados e realizados pelo aparato governamental, seja inicialmente o português colonial, seja pelos brasileiros que o sucederam no poder, na proclamação da república. Não resultaram de revoluções ou atos de rebeldia tendentes à formação do Estado nacional que expressasse as aspirações e valores da nação.

Foram atos que vieram de cima para baixo, como se deu com a independência do país, declarada pelo príncipe regente, em ato de inconformismo contra as determinações de Portugal, envolvendo, de certa forma, arranjo familiar entre o pai, Rei de Portugal e o filho, regente do trono no Brasil. O mesmo se deu na Constituição de 1824, outorgada pelo Imperador D. Pedro I, após a dissolução da Assembleia, renitente em lhe acatar proposições, não obstante tivesse adotado grande parte dos preceitos por ela aprovados, dentre os quais o de constatar que os poderes legislativo e executivo eram delegados pela nação. Mas, de qualquer forma, deixou a marca. Veio de cima para baixo, do Estado para a nação e não o contrário, como seria de se esperar.

A Constituição de 1891 também foi elaborada por grupo político dominante, desgostoso com o Império, sem amplo debate nacional. A Constituição de 1934, após a revolução de 1932 do Estado de São Paulo, teve vida curta, logo substituída pela outorgada em 1937 pelo regime ditatorial de Getúlio Vargas, ratificando a tendência da supremacia do Estado sobre a nação. É certo que a Constituição de 1946 teve maior participação de parte da nação, mas conviveu com crises como a de 1955, com a deposição do presidente da República e sua substituição pelo presidente do Senado, até ser definitivamente superada pelas outorgadas pelo regime militar em 1967 e 1969. Novamente o Estado impôs à nação o texto de sua própria organização.

Somente com a Constituição de 1988 é que a nação se fez presente, reduzindo o papel do Estado, impedindo-o de intervir na ordem econômica e de alterá-la por meio das chamadas cláusulas pétreas, somente possíveis de revisão ou modificação por nova assembleia constituinte. Não será despropositado concluir que a Constituinte que a aprovou tenha contado, desta vez, com a efetiva participação da nação, mais amadurecida, mais bem informada e com mais experiência do processo político, sobretudo após o longo período de regime militar autoritário a que foi submetida. Se o texto aprovado gerou críticas e discussões acerbas, das quais resultaram numerosas emendas, revela, até, mesmo por esse efeito, a atuação efetiva da nação à procura de seu próprio rumo.

Não obstante esse avanço, a presença do Estado sempre foi forte, o que talvez explique o papel preponderante do juiz na condução do processo judicial e da formação da prova. Em vez de se deixar às partes essa responsabilidade, pois delas são as pretensões a serem compostas, o sistema processual brasileiro impõe ao juiz a incumbência de determinar, de ofício, ou a requerimento da parte, as provas necessárias à instrução do processo, como dispõe o artigo 370 do CPC[224]. Há, como se percebe, inversão ilógica do *modus procedendi*. Se a parte promove uma ação, cabe-lhe o dever de comprovar o direito que sustenta sua pretensão. É dela a responsabilidade de comprovar os fatos que alega e que fundamentam sua pretensão, não se justificando que o juiz determine as que entende necessário à instrução do processo, sobretudo de ofício. Se a parte alega um fato, deve ter a incumbência de prová-lo, como, a propósito, se encarrega de dizê-lo o artigo 373[225] do CPC, em flagrante, mas saudável, contradição com o

---

[224] *"Art. 370. Caberá ao juiz, de ofício ou a requerimento da parte, determinar as provas necessárias ao julgamento do mérito.*
Parágrafo único. O juiz indeferirá, em decisão fundamentada, as diligências inúteis ou meramente protelatórias."
[225] *"Art. 373. O ônus da prova incumbe:*
I - ao autor, quanto ao fato constitutivo de seu direito;
II - ao réu, quanto à existência de fato impeditivo, modificativo ou extintivo do direito do autor.
§ 1º Nos casos previstos em lei ou diante de peculiaridades da causa relacionadas à impossibilidade ou à excessiva dificuldade de cumprir o encargo nos termos do caput ou à maior facilidade de obtenção da prova

preceito antes mencionado, que defere ao magistrado a incumbência de determinar as provas.

Essa característica explica, talvez, o estranho e inusitado costume adotado, de uns tempos para cá, no contencioso forense de considerar que uma ação judicial não é promovida pelo autor contra o réu, mas "em face" dele. A explicação da origem dessa anomalia é que seria o Estado o responsável por assegurar o direito de ação, não obstante nada tenha a ver com a controvérsia entre as partes, dispondo apenas de aparato posto à disposição da comunidade para compor litígios a ele submetidos. Trata-se, na verdade, de modismo que pode ser superado, se houver um pouco de reflexão sobre a anomalia adotada.

A utilização da estrutura judicial, contudo, é sempre facultativa e excepcional, pois o habitual é a composição de divergências por meio de negociações diretas entre os interessados, sendo a transação o mecanismo extrajudicial de uso frequente.

Em contraste com o nosso sistema, o adotado nos Estados Unidos, para mencionar país com raiz histórica diversa, reflete as aspirações dos que deixaram a Inglaterra, premidos por perseguições de natureza religiosa e ansiosos em formar uma nação em que a liberdade de expressão fosse para sempre assegurada. A nação precedeu ao Estado e o formou com base em princípios e valores que elegera.

Não é o caso de enveredar por caminhos da análise sociológicas comparativas. Essas observações, contudo, são úteis para destacar que a diversidade de princípios que governam o processo judicial em geral tem raízes que refletem concepções não uniformes nos diversos sistemas jurídicos.

Essa diversidade de princípios, com frequência, leva à incompreensões sobre o sistema processual diverso do adotado em um determinado país. A esse propósito, em debate na Georgetown University, em Washington, entre advogados europeus e americanos, em seminário sobre o sistema

---

do fato contrário, poderá o juiz atribuir o ônus da prova de modo diverso, desde que o faça por decisão fundamentada, caso em que deverá dar à parte a oportunidade de se desincumbir do ônus que lhe foi atribuído.
§ 2º A decisão prevista no § 1º deste artigo não pode gerar situação em que a desincumbência do encargo pela parte seja impossível ou excessivamente difícil.
§ 3º A distribuição diversa do ônus da prova também pode ocorrer por convenção das partes, salvo quando:
I - recair sobre direito indisponível da parte;
II - tornar excessivamente difícil a uma parte o exercício do direito.
§ 4º A convenção de que trata o § 3º pode ser celebrada antes ou durante o processo."

jurídico norte americano, aflorou a incompreensão recíproca dos sistemas jurídicos processuais dos participantes. A discussão então travada demonstrou a falta de sintonia com os princípios e pressupostos do sistema alheio. Os europeus, de países de direito codificado, não compreendiam e criticavam, dentre outras matérias, o sistema da delação premiada há muito utilizada nos Estados Unidos – agora introduzido no Brasil, ao ressuscitar antigo método processual das Ordenações Filipinas. A delação reflete comportamento ético negativo para com o grupo criminoso a que pertence o delator; pois representa a premiação da traição e da falta de fidelidade do delator. Os advogados americanos afastavam essa conclusão, ao sustentarem que a lealdade do indivíduo deve ser com a comunidade e não com seu grupo criminoso. A delação premiada constituiria forma lícita de cooperação para apuração de delitos, em benefício da sociedade e, assim, de reconciliação do delator com os valores sociais por ele infringidos. Ao delatar o companheiro, o delator redime-se parcialmente de sua culpa, por colaborar com a sociedade. O comportamento ético com princípios e valores da sociedade se sobrepõe aos vínculos que mantém com o grupo criminoso do delator.

Os americanos, por sua vez, não compreendiam o formalismo do sistema processual europeu, defendido em nome da segurança jurídica do processo, mas em prejuízo da eficiência na produção da prova e o autoritarismo do juiz na condução do processo. A agressividade do *cross examination*, que caracteriza as audiências perante o júri em matéria civil e criminal, para tomada do depoimento das partes e das testemunhas também foi acerbamente discutida e criticada. São os advogados que arguem diretamente os depoentes, sem a intermediação do juiz, podendo envolver fatos estranhos ao processo, mas destinados à testar a credibilidade do depoente. Duas mentalidades distintas, formadas em sistemas diferentes, com a natural dificuldade na mútua compreensão das características de costumes e hábitos alheios.

Essas observações têm a ver com a diversidade de princípios que governam o processo judicial e o arbitral. Se em sistemas judiciais diferentes há incompreensão, o que não se dirá de procedimentos regulados pelo mesmo ordenamento jurídico, mas submetidos a jurisdições de origens diversas, como a judicial e a arbitral. O primeiro é regido pelo rígido sistema do CPC, que disciplina a atuação pública do juiz em toda a variada gama de ações que lhe cabe examinar. É lei de ordem pública, abrigando conceitos precisos que sequer o juiz pode alterar, como é o caso dos prazos e a ordem da produção das provas. O processo arbitral, de caráter privado, interessa apenas às partes, que têm a liberdade de estabelecer o rito processual que bem entenderem, ou atribuir aos árbitros essa tarefa, ou, ainda, aderir ao regulamento de alguma instituição de arbitragem. Será sempre dos interessados a decisão sobre as normas de procedimento, ainda quando autorizem os árbitros a defini-las ou escolher instituição arbitral, a cujo regulamento se submetem voluntariamente.

A audiência, no processo judicial brasileiro, não é só de instrução, mas também de julgamento. Pelo menos em tese, já que raramente isto acontece, deixando o juiz de decidir no ato, para fazê-lo posteriormente, após estudar o processo com mais cuidado. Isto significa que todas as provas não orais devem precedê-la, dentre as quais a pericial, não obstante possa o juiz, encerrada a instrução, transformar o julgamento em diligência para determiná-la, se entender ser a prova necessária para a sua conclusão sobre as pretensões ajuizadas. Ou, quando considera provada a responsabilidade de uma das partes, determinar a liquidação da sentença em processo posterior, para apuração e comprovação de prejuízos. Profere sentença parcial, não líquida, a ser completada por outra no processo de liquidação. Não goza o juiz de flexibilidade, preso ao formalismo das normas processuais que possuem caráter genérico, abrigando diversos tipos de procedimentos e de ações. Deve o autor escolher uma dentre as diversas modalidades de processo que seja compatível com sua pretensão. A opção errada pode acarretar a extinção da ação, sem julgamento do mérito. O resultado do formalismo do processo romano, *si nec virgulam, cadet causam*, ainda persiste no processo judicial.

O formalismo impera. A publicação no diário oficial dos despachos é de rigor, para assegurar o conhecimento público do ato processual e, em particular, das partes nele interessadas. Mesmo que o advogado tome conhecimento do ato, ao compulsar os autos, a publicação deve ser feita, sob pena de nulidade. Não é a ciência real do ato que importa, mas a publicação, que implica o conhecimento ficto. A ficção prevalece sobre o real. Se o ato foi publicado no diário oficial, presume-se que todos dele têm conhecimento. É a forma que prevalece sobre a substância, em nome da segurança jurídica do processo e do direito da ampla defesa.

Há toda uma estrutura rígida que cerca o processo judicial que induz a pensar que o processo arbitral deve observá-la, como é o caso da ordem, forma e momento de produção das provas regulada na lei processual. Abandonar essa estrutura significaria prejuízo ao direito das partes à ampla defesa. Essa é a tônica que, vez ou outra, inspira manifestações em processos arbitrais. Invocam-se dispositivos da lei processual, cuja inobservância poderia levar à anulação do processo.

Todavia, assim como o processo judiciário nacional não segue os mesmos parâmetros do adotado em outros países – e nem por isso há insegurança jurídica, mas apenas diversidade de sistemas – o processo arbitral observa princípios próprios e formas diversas, nem sempre com aqueles coincidentes. A começar pelo fato de que não é governado por lei de ordem pública, salvo a que impõe o respeito aos princípios do contraditório e da ampla defesa da igualdade das partes, da imparcialidade do árbitro e de seu livre convencimento, que a lei brasileira dispôs como balisa a ser respeitada e que não pode ser ultrapassada. Depois, porque são as partes que disciplinam elas próprias o processo, seja sobre isso dispondo na convenção arbitral, ou no termo de arbitragem, acordado após a instauração da arbitragem, seja autorizando os árbitros a fazê-lo, seja, ainda, adotando as normas de uma instituição de arbitragem, como esclarece o artigo 21 da lei 9.307/96[226]. Acolhe-se, com essa norma um dos princípios fundamentais do processo arbitral, que é o respeito à vontade das partes. Não é o Estado que traça as normas procedimentais, mas as partes, que, para isso, desde que respeitados os princípios já referidos, tem ampla liberdade para dispor sobre a forma e rito a serem observados na condução da arbitragem.

Essa liberdade permite-lhes dar ao processo não só mais celeridade e menos formalismo, como eficiência e segurança, propiciando aos árbitros mecanismos eficazes de aferição das provas. É o que se verifica, por exemplo, na audiência, em que tanto o depoimento pessoal das partes, como o das testemunhas pode ser tomado diretamente pelos advogados, com ampla liberdade, sem a intervenção dos árbitros, salvo para coibir eventuais abusos. Trata-se de sistema diverso do ultrapassado e anacrônico sistema judicial brasileiro, em que o juiz ouve a pergunta feita pelo advogado, frequentemente a reformula, para transmiti-la ao depoente, que se limita a responder a repergunta do juiz e não à do advogado. Não é inusitado constatar que o juiz toma conhecimento do conteúdo do processo no

---

[226] *"Art. 21. A arbitragem obedecerá ao procedimento estabelecido pelas partes na convenção de arbitragem, que poderá reportar-se às regras de um órgão arbitral institucional ou entidade especializada, facultando-se, ainda, às partes, delegar ao próprio árbitro, ou ao tribunal arbitral, regular o procedimento."*

momento da audiência, pois a enorme sobrecarga de trabalho e diversidade de casos que preside, não lhe permite o estudo antecipado dos fatos dele objeto. Deixará para fazê-lo quando tiver de proferir a sentença, quando, irremediavelmente, já se encerrou a instrução, podendo restar dúvidas não satisfeitas pela falta de oportunidade para dirimi-las no curso da produção probatória.

Nas audiências arbitrais os árbitros normalmente já examinaram os documentos e pretensões de que trata o processo. Podem presidi-la com conhecimento mais aprofundado dos temas controvertidos. A informalidade prevalece sobre a forma rígida do processo judicial. É comum ocorrer que, após o depoimento tomado pelo adversário, o advogado volte a requerer na mesma audiência novo esclarecimento, provocado pelo depoimento posterior, o que tem sido admitido, até para permitir ampla participação das partes na construção da prova. Pois o que interessa ao processo não é a observância da forma, mas a comprovação dos fatos, ensejando aos árbitros maior compreensão da matéria controvertida.

Outra diferença significativa entre os dois processos reside na produção da prova pericial, que, no judiciário, obedece ao regulado no CPC. O perito é um auxiliar da Justiça (artigo 156 do CPC), a ratificar o vezo da apuração pública de fato de natureza técnica de interesse das partes, em vez de deixar a elas ônus da comprovação. No desempenho de sua função, o perito judicial se demora no preparo do laudo, nem sempre com a participação dos assistentes técnicos nomeados pelas partes, levando os advogados a constantes reclamações sobre esse comportamento, ou sobre o prazo excessivo para a conclusão do trabalho.

Na arbitragem essa prova pode ser substituída pelo depoimento de testemunhas técnicas sobre laudo por elas apresentado, muitas das quais pessoas que participaram dos fatos objeto da controvérsia. São elas submetidas às indagações dos advogados de ambas as partes, auxiliados por técnicos no preparo de questões a eles submetidas. O testemunho do técnico supera em rapidez e qualidade o trabalho do perito judicial, geralmente um profissional especializado em demandas judiciais, sem conhecimento preciso do tema em discussão e sobre os fatos objeto da perícia. Suas conclusões podem ser teóricas ou derivadas de posição pessoal desvinculada da realidade do caso e das partes.

Inovação salutar foi introduzida no sistema processual brasileiro, com a lei 8.455, de 24.08.1992, que permite ao juiz dispensar a prova pericial, quando as partes, na inicial e na contestação, apresentarem sobre as questões de fato pareceres técnicos ou documentos elucidativos que considerar suficientes (art. 472 do CPC). Trata-se de avanço que pode influenciar o tradicional e ineficiente sistema da perícia para ampliar o debate sobre questões técnicas. Nesse caso, a qualidade e idoneidade dos subscritores pesarão mais do que o fato de ser o perito de confiança do juiz.

Na audiência em processo arbitral a questão controvertida pode ser esclarecida com o depoimento de técnicos ou de pessoas que participaram dos fatos objeto da controvérsia. Em muitas situações em que a perícia é requerida como indispensável, após a tomada do depoimento das partes e das testemunhas, percebe-se ser desnecessária, permitindo aos árbitros decidir com apoio nos documentos ofertados pelas partes.

O que se conclui é que o processo arbitral deve pautar-se pela transparência e segurança às partes, sem os entraves rígidos que caracterizam o processo judicial, com o qual não se confunde. Há de prevalecer a vontade das partes, livres para estabelecerem o rito que desejarem, seja na convenção arbitral, seja ao escolherem a instituição especializada, seja, ainda, ao atribuírem essa tarefa aos árbitros. Os parâmetros a serem respeitados, em quaisquer situações, são os princípios que governam o processo arbitral, quais sejam o contraditório, a igualdade de tratamento das partes, a ampla defesa e a imparcialidade dos árbitros.

Essa característica do processo arbitral permite às Partes concentrar seus esforços no convencimento dos árbitros sobre a matéria de mérito em discussão, que é o que as leva a litigar. O processo, sendo mecanismo para atingir esse fim, não pode ser erigido como um fim em si. Essa a grande contribuição da arbitragem ao sistema processual como um todo, a despeito da diversidade de princípios e premissas que a distingue do processo judicial. Ou seja, a divulgação de cultura nova que confere ao mérito da controvérsia o principal foco de discussão e não as de caráter acessório e superficial, como são as normas processuais.

Outra diferença relevante entre ambos os sistemas reside na irrecorribilidade da sentença arbitral, contra a enorme variedade de recursos propiciada no sistema judicial. Na arbitragem, por não admitir recurso, o árbitro é cuidadoso no exame das provas e das alegações, ciente e cioso da responsabilidade de sua decisão irrecorrível. No sistema judicial brasileiro isto não acontece. O art. 994 do CPC prevê nada menos do que nove recursos para as mais variadas instâncias, além da reclamação regulada no art. 988.

Essa profusão de recursos tem o efeito deletério de reduzir a autoridade do juiz e mesmo do tribunal, além de beirar a afrontar a Constituição Federal por retardar – ou mesmo impedir – o efeito do trânsito em julgado. De qualquer decisão, interlocutória ou final, sempre caberá algum tipo de recurso, com o prolongamento do processo e o rebaixamento da autoridade do julgador, transferida para a instância recursal.

Capítulo 12 – A Arbitragem e o Processo Judicial[227]

Habituados às lides forenses, os advogados ainda não acostumados ao processo arbitral atuam com o mesmo comportamento que adotam nos judiciais. Levantam preliminares, requerem a carência da ação, arguem a incompetência do tribunal e a legitimidade da parte adversa, utilizam, enfim, o arsenal de argumentos processuais típicos das demandas judiciais em que o foco na regularidade processual, em diversas situações, é maior do que no mérito da questão controvertida. No processo judicial, cada decisão interlocutória é motivo para a interposição de agravo de instrumento ou mesmo embargos de declaração, que interrompem o seu curso normal, desviando-lhe o rumo para a solução da controvérsia. Com frequência esses incidentes processuais são irrelevantes para o esclarecimento do mérito. Todavia, constituem o arsenal de expedientes que os advogados se utilizam, destacados do cipoal de normas destinadas a regular o processamento das inúmeras espécies de ações judiciais. Tais expedientes, por vezes, propiciam tentativas bem sucedidas de acordo, ante a perspectiva de demora na solução da controvérsia, em que a parte pondera os riscos da manutenção da controvérsia e as vantagens em ceder para termina-la, ainda que com perdas.

Esse comportamento se explica pelo fato de a lei processual, de natureza pública, reger todas as espécies de ações judiciais, disciplinando-as genericamente, sem as particularizar, salvo em categorias também gené-

---

[227] Versão anterior foi publicada na *Revista do Advogado*, A arbitragem e o processo judicial. AASP, p. 61-66, 2006.

ricas, como ações de conhecimento, processo cautelar, execução. E dentro de cada um há também normas gerais disciplinando prazos os mais diversos, para contestação, para manifestações interlocutórias e apresentação de rol de testemunhas, requerimento de provas e interposição de recursos. Há, enfim, uma disciplina rígida a que o juiz e as partes estão submetidos, sem possibilidade de alteração. A não observância de um prazo acarreta preclusão, que, por sua vez, ao ser reconhecida, dá margem a recursos com as justificativas aplicáveis e a consequente interrupção do curso da ação.

Essa característica do processo judicial está na raiz da grande preocupação do advogado com o estudo do processo civil, frequentemente, em prejuízo do exame mais aprofundado do direito material sobre o qual controvertem as partes e que será objeto da decisão. Na verdade, a matéria de mérito fica, não raras vezes, relegada a segundo plano, ocupando-se os advogados e os juízes de questões processuais, como se fossem um fim em si mesmo, ou como estratégia para desviar o foco da questão central. O juiz, por seu turno, despende tempo considerável no seu exame, prolatando decisões interlocutórias de ordenamento processual. Tudo isso faz parte das lides forenses e da formação dos que nela militam, advogados, promotores e juízes.

Um dos efeitos negativos dessa característica e do excessivo número de recursos interlocutórios é a diminuição da autoridade do juiz para conduzir o processo. Suas decisões procedimentais podem ser revistas pela instância superior, que não é responsável pela marcha regular do processo, mas que nele intervém, sem se aperceber que essa intervenção implica a redução da autoridade do magistrado de primeiro grau.

Em virtude disso, tende o juiz a não se portar como o responsável último pelo encaminhamento do processo e pelas decisões que toma no seu desenrolar. Há sempre a possibilidade de recurso para o tribunal, que, acatando-o, deixa-o em posição secundária aos olhos das partes e mesmo da comunidade. Os desembargadores estaduais, por sua vez, têm consciência de que suas decisões também podem ser impugnadas nos tribunais federais superiores, seja o STJ, seja o STF. A denegação do seguimento de um recurso especial ou extraordinário é motivo de outro recurso, cuja decisão, no entanto, não é ainda final, pois dela cabe agravo regimental para o colegiado. Em outras palavras, diante de tais e tantas possibilidades de recurso, o advogado nunca se conforma com a decisão de caráter processual e vê-se compelido a esgotá-los até como dever profissional.

O sistema recursal brasileiro vigente fez do juiz apenas um elo na cadeia de autoridades judiciárias competentes para intervir no processo. Sendo o primeiro a decidir e a ter contacto mais próximo com os fatos, deveria ter maior autoridade e a consequente responsabilidade pelos efeitos das decisões para ordenar o processo. Os recursos interlocutórios, apreciados e julgados por quem não têm essa responsabilidade, como os magistrados de segundo grau, produzem o efeito psicológico de incerteza e de provisoriedade, prejudicando a imagem do juiz, enfraquecendo-o e desanimando-o.

É certo que o número excessivo de processos que cada um deve presidir não lhe permite vagares para maior reflexão. O juiz não tem tempo para pensar, nem oportunidade para trocar ideias sobre algum caso intrincado. Em alguns casos acaba por se comportar como funcionário subalterno, sem grande preocupação com as decisões que profere, diante da possibilidade concreta de serem revistas pela instância superior. Não é raro deparar-se o advogado com manifestação que reflete esse estado de espírito do magistrado (*doutor, se não estiver satisfeito, recorra*), a indicar conformismo e falta de disposição – ou impossibilidade - para defender convicções. Há sempre a possibilidade de a instância superior modificar uma decisão interlocutória, típica de ordenamento processual. E a cada reforma o juiz sente-se diminuído em sua autoridade para conduzir o processo, cuja decisão é de sua inteira responsabilidade.

É claro que não se está a falar das sentenças finais, estas sim sujeitas sempre ao duplo grau de jurisdição, como é normal e mesmo esperado em todos os sistemas judiciais. Mas isto se verifica ao final do processo e não durante o seu curso. A interferência antes desse estágio, com o acolhimento de recursos contra decisões interlocutórias, como o indeferimento de uma prova que o juiz considera desnecessária, ou a denegação de uma tutela de urgência, ou outra qualquer de caráter processual, tem o efeito negativo de diminuir-lhe a responsabilidade e autoridade na fase processual por ele presidida que requer maior contacto com as partes e com os fatos.

Há também que se destacar é a solidão do magistrado, que não tem a possibilidade de trocar ideias com outros sobre as controvérsias a ele submetidas. O mesmo acontece nos tribunais em que, apesar da composição colegiada das turmas ou câmaras ou dos grupos, ou ainda do plenário, essa solidão permanece. O relator examina o caso sozinho, o revisor o revê e o terceiro juiz ouve o relatório no dia do julgamento, sem exame dos autos, fiando-se na exposição que o relator fez, com a corroboração do revisor.

Pedidos de vista para exame do processo geralmente decorrem de algum interesse específico do terceiro juiz ou despertado pela sustentação oral dos advogados. Mas não há discussão maior sobre peças determinadas e dos argumentos, salvo no próprio dia do julgamento.

No processo arbitral o ritmo é diverso. Os árbitros têm sempre a possibilidade de discutir amplamente o caso em reuniões periódicas, com troca de informações e de opiniões até por mensagens eletrônicas. Não possuem centenas de casos a decidir da mais variada ordem como o juiz, o que lhes permite o exame aprofundado e demorado da controvérsia, nos aspectos que lhe são essenciais: a igualdade de tratamento das partes e o contraditório, no que diz respeito ao procedimento. Além disso, há que se lembrar as premissas que informam o processo arbitral e a atuação dos árbitros. Dentre elas sobressai o fato de que são as partes que estabelecem as normas do procedimento e escolhem os árbitros para dirimir a controvérsia específica em que contendem. Mesmo quando a arbitragem se rege por regulamentos de instituição de arbitragem, as partes podem modificá-lo para adequá-lo ao caso e à situação fática. Podem definir prazos, ordem de produção de provas, forma e local da audiência, enfim estabelecer regras de comportamento que entendem adequadas ao procedimento em que estão envolvidas.

Enquanto, no processo judicial, o juiz e as normas processuais são impostos às partes por lei, na arbitragem são elas que nomeiam os árbitros e definem as regras de procedimento, ou autorizam os árbitros a fazê-lo. Ao nomear os árbitros confiam não só na sua honorabilidade, mas também no conhecimento e aptidão especial para apreciar a questão controvertida.

Outra distinção notável é a de que as normas que regem o processo judicial abrigam litígios da mais variada ordem, desde cobranças triviais de dívidas, rescisões de contratos, locações, ações declaratórias, possessórias, societárias e uma infinidade de outras; o procedimento arbitral regula uma controvérsia específica, com características próprias. As normas procedimentais são redigidas para aquela questão e não para outras em tese, como acontece com o processo judicial. Daí porque não se pode aplicar os seus pressupostos ao arbitral. O primeiro é público e genérico. O último é privado e específico.

O que regula o processo arbitral é basicamente a convenção acordada pelas partes sobre as normas que regerão o procedimento. São elas que definem prazos, meios de prova, como a audiência deve ser conduzida, com a formulação das perguntas diretamente pelos advogados às partes e às testemunhas, a ordem dos depoimentos, a sua transcrição por meio de estenotipia ou sua gravação, enfim, todo o instrumental necessário para a instrução do caso. Se as partes indicaram uma instituição de arbitragem é o seu regulamento que se aplica, com as modificações que acordarem. É-lhes, ainda, facultado autorizar os árbitros a disporem sobre o assunto e opinar.

Em outras palavras, as características do processo arbitral nem sempre permitem sejam a ele aplicados princípios do processo judicial, salvo os que asseguram a imparcialidade do julgador, o contraditório, a imparcialidade e a igualdade de tratamento entre os litigantes, comum a ambos.

Tendo o seu fundamento na vontade das partes manifestada na convenção arbitral, o rito processual pode ser diverso do estabelecido para o processo judicial. A ordem da produção das provas, os prazos para as alegações, a condução da audiência, a ordem da tomada do depoimento das partes e das testemunhas devem observar o que as partes estabeleceram. Pois são elas que elaboram, ou autorizam os árbitros a elaborar o rito adequado para a solução da controvérsia específica a ser solucionada.

O processo civil judiciário, com a rigidez de suas disposições, não permite ao juiz e às partes estabelecer procedimentos especiais para a descoberta de fatos e a ampla produção de provas, como ocorre, por exemplo, com a exibição de documentos. O sistema brasileiro impõe à parte que pretenda fazer prova da existência de documento em poder da parte adversa a sua perfeita identificação, nem sempre possível. Sobretudo nos casos em que há intensa troca de correspondências, tornando impossível a particularização de determinada carta ou mensagem específica ou de documento pertinente ao processo ou à relação conflituosa, cujo conteúdo é desconhecido pela outra parte.

No sistema brasileiro, o juiz não tem meios para determinar a apresentação do documento, se não for identificado pela parte[228]. Já o sistema do direito comum (*common law*) adota o *discovery* que impõe o dever de a parte, se solicitado pela outra, apresentar todos os documentos relacionados ao

---

[228] *"Art. 396. O juiz pode ordenar que a parte exiba documento ou coisa que se encontre em seu poder."* O art. 397, complementa: *"O pedido formulado pela parte conterá: I - a individuação, tão completa quanto possível, do documento ou da coisa; II - a finalidade da prova, indicando os fatos que se relacionam com o documento ou a coisa; III – as circunstâncias em que se funda o requerente para afirmar que o documento ou a coisa existe e se acha em poder da parte contrária."*

caso, permitindo ao juiz amplo conhecimento dos fatos, o que não ocorre no sistema brasileiro. A exceção notável no direito processual brasileiro é a regra do artigo 420 do CPC que permite ao juiz ordenar, a requerimento da parte, a exibição integral dos livros comerciais e dos documentos do arquivo, nas hipóteses de liquidação de sociedade, sucessão por morte de sócio ou quando e como determinar a lei.

Na arbitragem as partes podem estabelecer critério mais amplo de exibição de documentos, sob cominações severas para o caso de descumprimento, bastando prevê-lo na convenção, ou autorizar os árbitros a assim proceder. É claro que os árbitros não têm o poder de coerção de que dispõe o juiz, mas podem estabelecer efeitos processuais diante da recusa injustificada na apresentação do documento, ou cominar penas para o caso de descumprimento da ordem. Se o juiz tem poder de coerção – inclusive o de qualificar a recusa como desobediência à ordem judicial, com as consequências penais decorrentes – não tem o de determinar a apresentação de todos os documentos em poder da parte não identificados pela outra, como determina a lei processual.

O que se constata é que as características de ambos os procedimentos decorrem de premissas diversas, como salientado. O processo judicial é rígido, até mesmo em função da abrangência de suas disposições, não deixando ao juiz muita flexibilidade na sua condução, nem às partes. Os prazos são definidos por lei ou, em alguns casos, pelo juiz. Mas não pelas partes, compelidas a observar as disposições genéricas da lei processual. O processo arbitral é flexível, permitindo às partes definir prazos que lhes convém, a forma e a ordem de produção da prova, em conjunto com os árbitros. A perda de um prazo no processo judicial tem consequências legais que não permitem ao juiz relevar. Há a preclusão e a revelia. O mesmo não acontece no procedimento arbitral, em que há certa flexibilidade e a revelia não autoriza o árbitro a decidir com base na confissão ficta. Em caso de revelia, a decisão deve estar suportada na prova feita. Embora o mesmo aconteça no processo judicial, em que, na apreciação dos efeitos da revelia, o juiz deve também examinar a prova produzida pelo autor, na arbitragem a regra é a decisão sempre se fundar na prova e não nos efeitos legais decorrentes da revelia e da preclusão.

Por isso que, não há que se buscar na legislação processual pública os mecanismos para a condução do processo arbitral, salvo se a isso as partes autorizaram.

E é nisto que reside a grande virtude desse meio privado de solução de controvérsias, e que permite rapidez e maior profundidade na decisão dos litígios a ela submetidos. O grande efeito que essa característica traz é a concentração da discussão sobre as questões de mérito, do direito material controvertido, que é o objeto final e precípuo da decisão esperada. É o que é relevante. No processo judicial as questões processuais tendem a tomar tempo e atenção em detrimento do mérito. Quantos processos não são extintos exclusivamente em função de irregularidades processuais, como a não autenticação de um documento, a falta de tradução de uma peça produzido em língua estrangeira, a ausência de uma procuração ou do reconhecimento de uma firma, sem a apreciação do mérito. Há inúmeras decisões do Superior Tribunal de Justiça que deixa de apreciar recurso de agravo por faltar a procuração ao advogado que a subscreve, sem lhe dar oportunidade de corrigir a omissão irrelevante. Dentre as hipóteses de extinção do processo sem julgamento do mérito, o artigo 485 do CPC prevê, dentre outros, por exemplo, a paralisação do processo durante mais de um ano por negligência das partes, ou o abandono da causa pelo autor por mais de trinta dias, ao deixar de promover os atos e diligências que lhe competem.

O processo arbitral, por não prever recursos interlocutórios, o seu andamento é conduzido normalmente sem maiores incidentes, a serem decididos pelos árbitros com observância dos princípios basilares que o informam. E, não havendo recursos, impõe aos árbitros maior responsabilidade e cuidado no encaminhamento do procedimento. Não contam os árbitros com a instância superior a lhes corroborar ou não decisões interlocutórias. As finais somente poderão ser reapreciadas em pedido de anulação, fundado em alguns dos pressupostos previstos em lei. Esse fato é relevante e o mesmo efeito poderia se verificar no Judiciário, se fossem atribuídos aos juízes de primeiro grau maiores responsabilidades, com a eliminação de recursos sobre matéria de procedimento.

A experiência adquirida desde o início de vigência da lei que regula a arbitragem confirma a rapidez, profundidade e pertinência das decisões, como podem atestar as instituições de arbitragem nas quais se tem processado grande parte das arbitragens de maior complexidade. Mesmo em casos que requerem extensa fase instrutória, a duração média pode ser estimada em menos de dois anos. Se se considerar nesse lapso de tempo o período que medeia entre a assinatura do termo de arbitragem, seguindo-

-se o prazo para as alegações das partes e respectivas respostas, a audiência para a produção da prova oral e o da prolação do laudo, conclui-se pela celeridade do processo. Se a matéria não requer dilação probatória, a decisão pode ser dada em poucos meses, como acontece nas arbitragens no sistema de solução de controvérsias do Mercosul, em que as decisões têm sido tomadas em curto espaço de tempo.

Daí que a processualização da arbitragem, com a adoção de medidas típicas do Judiciário, com sucessivos requerimentos sobre matéria processual, a invocação de preclusões, pedidos de retiradas de peças apresentadas fora de prazo, pode prejudicar o seu grande efeito, que é a atenção maior ao cerne da controvérsia: o mérito. Cabe aos árbitros impedir procrastinações desnecessárias, evitando discussões processuais impertinentes e não relevantes para a solução da questão controvertida. Na verdade, o que importa na apreciação de qualquer controvérsia é a interpretação e a aplicação do direito material – civil, comercial, societário, trabalhista, ou de outra natureza – que é o cerne da controvérsia que divide as partes.

Quanto ao processo, a lei assegura a observância dos princípios essenciais para assegurar às partes o mesmo tratamento, o contraditório, a imparcialidade do árbitro e seu livre convencimento, como, a propósito, estabelece o § 2º do artigo 21 da Lei 9.307/96.

Capítulo 13 – A Competência para Decidir sobre a Validade da Convenção Arbitral[229]

O STJ tem homologado laudos arbitrais estrangeiros, demonstrando disposição de aceitá-los, sem opor maiores entraves. Contudo, em algumas decisões, tem recusado essa homologação sob fundamento de violação da ordem pública brasileira, termo amplo que comporta o que nele se quiser colocar, à falta de melhor fundamento ou de razoabilidade. Basta o julgador entender não ter sido observado algum requisito que considera relevante, embora não previsto em lei, para abrigar-se no amplo conceito de "violação da ordem pública" do país. Se a lei não vedar ou não prever, pode sempre o julgador socorrer-se da violação da "ordem pública", para amparar seu entendimento.

Foi o que aconteceu na decisão que denegou a homologação de laudo arbitral estrangeiro, no processo Sentença Estrangeira Contestada nº 866 – GB (2005/0034926-5). A Corte Especial daquele Tribunal entendeu que não teria ficado comprovado nos autos a aceitação, pela parte vencida da cláusula compromissória que fundamentou a instituição da arbitragem, cujo laudo fora proferido no exterior. Por não encontrar aquela prova, considerou a decisão arbitral atentatória à ordem pública brasileira, "*uma vez que o reconhecimento da competência do juízo arbitral depende da existência de convenção de arbitragem (art. 37, II c/c art. 39, II, da Lei 9.307/96)."*

---

[229] Versão anterior foi publicada na *RAM,* nº 14, abril-jun, 2007, p. 211-223. Em coautoria com Debora Visconte.

A primeira das disposições invocadas diz que "*a homologação de sentença arbitral estrangeira será requerida pela parte interessada, devendo a petição inicial conter as indicações da lei processual (...) e ser instruída, necessariamente, com: (...) II - o original da convenção de arbitragem ou cópia devidamente certificada, acompanhada de tradução oficial.*" A segunda, o art. 39, II, da Lei 9.307/96, esclarece que "*a homologação para o reconhecimento ou a execução da sentença arbitral estrangeira também será denegada se o Superior Tribunal de Justiça constatar que: (...) II - a decisão ofende a ordem pública nacional*".

Considerou a Corte Especial que não havia nos autos "*elementos seguros de que a empresa requerida acordou com a cláusula compromissória, renunciando à jurisdição estatal, que impõe o reconhecimento da incompetência do juízo arbitral*". Destacou ainda, como um dos seus fundamentos, que o v. Acórdão embargado apreciado na decisão "*foi explícito ao afirmar que, na hipótese dos autos, a requerida apresentou defesa no juízo arbitral, alegando, preliminarmente, a incompetência daquela instituição...de modo que não se pode ter como aceita a convenção de arbitragem, ainda que tacitamente.*"

Interessa a esta análise a conclusão de que não havia nos autos elementos seguros de que a empresa requerida acordou com a cláusula compromissória. Essa afirmação decorre do exame do tribunal da alegação da parte vencida na arbitragem de que não teria concordado com o procedimento, ao alegar, em preliminar, a incompetência da instituição arbitral que a presidiu. Note-se que o v. Acórdão destaca que a matéria fora objeto de preliminar, sem referir à defesa do mérito e sem mencionar se essa defesa limitou-se a isso.

Pressupondo-se que a defesa do mérito tenha sido feita – e a presunção é necessária diante da falta de referência no Acórdão – haveria que se considerar se o direito de defesa foi exercido com amplitude, com observância dos princípios básicos que informam o processo arbitral, ou seja, o contraditório e a igualdade de tratamento das partes.

Apegou-se a decisão ao fato de que não ficara clara a existência da convenção de arbitragem que a parte vencedora sustentou existir, pois, havia troca de mensagens que dariam suporte a essa conclusão, acolhida pelos árbitros. Ou seja, o tribunal arbitral examinou a matéria e concluiu que a troca de mensagens configuraria a aceitação da parte à instituição do processo arbitral, tendo, portanto, decidido a matéria. Já a Corte Especial do STJ, reapreciando a mesma matéria já examinada pelos árbitros entendeu que essa aceitação não se verificara. Concluiu que havia apenas "*meras supo-*

sições de que a empresa requerida teria consentido em se submeter ao The Grain and Feed Trade Association – GAFTA". Em outras palavras, o tribunal reexaminou a prova dos autos para concluir de maneira diversa da decisão dos árbitros, ou seja, que o vencido não teria aceito a convenção arbitral.

Ao fazê-lo, rompeu com a tradição jurídica brasileira de apreciar as sentenças estrangeiras pelo sistema da delibação, restrita à verificação da competência de quem a proferiu, se há disposição contrária à ordem pública brasileira e se o vencido foi legalmente citado ou se configurou a revelia.

Entendeu o tribunal que o fato de a parte vencida ter levantado uma preliminar com a alegação de incompetência da instituição de arbitragem para julgar a controvérsia, caracterizaria sua recusa em aceitar a convenção de arbitragem. Essa preliminar, no entanto, havia sido julgada pelos árbitros, que a rejeitaram com base na prova que entenderam suficiente. E aqui reside o ponto central sobre o qual a Corte Especial não prestou a devida atenção e que diz respeito precisamente sobre a competência dos árbitros para resolver a questão prejudicial de sua falta de jurisdição arguida pela parte.

A lei brasileira disciplina a matéria no parágrafo único do art. 8º da lei 9.307/96, segundo o qual *"caberá ao árbitro decidir de ofício, ou por provocação das partes, as questões acerca da existência, validade e eficácia da convenção de arbitragem e do contrato que contenha a cláusula compromissória".* Note-se que o dispositivo confere ao árbitro competência para decidir acerca da existência, validade e eficácia da convenção da arbitragem, bem como do contrato que a contenha.

São, portanto, duas as competências outorgadas aos árbitros: (i) a que versa sobre o exame da validade da convenção arbitral e (ii) a que se refere à validade do contrato que a contenha. Sendo dos árbitros essa competência, é lícito ao Judiciário reapreciá-la, reexaminando as provas, objeto de análise pelos árbitros? Em outras palavras, tem o Judiciário competência para decidir acerca da existência, validade e eficácia da convenção de arbitragem e do contrato que a contenha, para utilizar as mesmas palavras da lei?

A pergunta tem razão de ser, pois o que está em discussão não é se a convenção de arbitragem é válida ou não, se existe ou não, mas de quem é a competência para apreciar a matéria: dos árbitros ou do Judiciário. A lei quis evitar a controvérsia e definiu claramente essa competência, ao deferi-la aos árbitros, retirando-a do Judiciário. Se o tribunal, para verificar sobre as condições necessárias para a homologação, tiver de reexaminar a matéria, estará invadindo a competência deferida ao árbitro, com violação da norma expressa no parágrafo único do art. 8º da lei 9.307/96, segundo o qual: *"Caberá ao árbitro decidir de ofício, ou por provocação das partes, as questões acerca da existência, validade e eficácia da convenção de arbitragem e do contrato que contenha a cláusula compromissória"*.

O reexame do processo arbitral infringe também o artigo 18 da lei 9.307/96, segundo o qual *"o árbitro é juiz de fato e de direito, e a sentença que proferir não fica sujeita a recurso ou a homologação pelo Poder Judiciário"*. Embora o dispositivo se refira à arbitragem interna, contém princípio basilar do processo arbitral, que é a de conferir ao árbitro a competência para decidir a controvérsia e os incidentes processuais, não sendo o Judiciário instância de recurso para rever a decisão.

É certo que a decisão versa sobre homologação de sentença arbitral estrangeira, em que há outros componentes a serem apreciados pelo Judiciário brasileiro para homologá-la para fins de execução. Daí ser necessário o exame dos dispositivos da lei que a regulam, como os artigos 34 e seguintes da lei 9.307/96, que têm, como premissa, a conformidade com os tratados internacionais com eficácia no ordenamento interno, o que leva à apreciação da Convenção de Nova Iorque, de 1958, em vigor no país.

Dentre as normas brasileiras, tem destaque a do artigo 38 da Lei 9.307/96, que delimita as hipóteses em que a sentença arbitral estrangeira não pode ser homologada. O inciso II desse artigo esclarece que nelas se inclui a demonstração pelo réu de que *"a convenção de arbitragem não era válida segundo a lei à qual as partes a submeteram, ou, na falta de indicação, em virtude da lei do país onde a sentença arbitral foi proferida."*

Assim, em primeiro lugar há que se considerar a lei do país onde foi proferido o laudo arbitral e se essa matéria não foi apreciada no Acórdão. Dele não consta qualquer referência a essa lei a ser considerada para a verificação da regularidade do processo e da decisão arbitral. E não a brasileira, pois, se trata de arbitragem estrangeira, regida por lei diversa da vigente no país onde será executada. Em segundo lugar, mesmo que se aplicasse a lei nacional, haveria que se considerar a competência para decidir sobre a validade da convenção, que é dos árbitros. O juiz, mesmo no processo doméstico, não tem essa competência. Assim, sob qualquer ótica que se aprecie a matéria, não há como concluir tenha o STJ acertado na decisão denegatória da homologação.

Por fim, não há que se deixar de abordar a norma do artigo III da Convenção de Nova Iorque, em vigor no Brasil, segundo a qual não serão impostas condições substancialmente mais onerosas ou taxas ou encargos mais elevados no reconhecimento ou execução de laudos aos quais se aplica a Convenção, do que os impostos no reconhecimento ou execução de laudos arbitrais domésticos. Como a lei brasileira não impõe a homologação dos laudos arbitrais nacionais, a condição a que estão submetidas as arbitragens estrangeiras de serem homologadas é mais gravosa e, dessa forma viola essa norma. Mas essa é outra história. Não obstante as Cortes reclamem de acúmulo de processos, não é de se esperar que venham a abdicar da competência de apreciar pedidos de homologação de laudos arbitrais estrangeiros, de mero conteúdo cartorial, que poderia ser muito bem desempenhada pelos juízes de primeiro grau, se e quando provocados para a execução da sentença arbitral.

Capítulo 14 – Características do Procedimento Arbitral[230]

1. O início do procedimento arbitral

A instituição do juízo arbitral não se confunde com o início do procedimento, sendo este logicamente anterior, embora cronologicamente possam ambas coincidir e ocorrer simultaneamente. Enquanto, na solução judicial, o Poder Judiciário preexiste à controvérsia por constituir um dos poderes do Estado, o juízo arbitral somente é criado por ato das partes interessadas, após a instauração do litígio. Antes disso, mesmo que previsto em cláusula arbitral o nome do árbitro, ou dos árbitros, somente com a aceitação da nomeação para dirimir determinada controvérsia já existente é que se pode considerar instituído o juízo arbitral.

E aí reside a grande distinção entre o juiz, integrante do Poder Judiciário, e o juízo arbitral, pois aquele possui jurisdição - autoridade genérica para dizer o Direito - mesmo que não haja litígio a resolver. O juízo arbitral não. Somente com o nascimento da controvérsia e a aceitação pelos árbitros de sua nomeação é que se institui o processo.

Por isso que a lei 9.307/96 distingue o início do procedimento arbitral da instituição do juízo arbitral. Aquele – o procedimento arbitral - se inicia com a notificação, pela parte interessada, de sua intenção de submeter a controvérsia ao juízo arbitral, segundo o que estiver previsto na convenção arbitral. Essa notificação constitui o ato inicial do procedimento, pois

---

[230] Versão parcial deste capítulo foi publicada como parecer na *Revista de Arbitragem e Mediação*, São Paulo: Ed: RT, Ano I - nº 1, jan.-abril de 2004, p. 135-148.

é a forma pela qual uma parte comunica à outra seu interesse efetivo em dirimir o litígio pela arbitragem, tal como acordada. Não é, contudo, ato que institui o juízo arbitral, que depende de providências ulteriores, dentre as quais a nomeação dos árbitros e a aceitação deles da nomeação. Não obstante, é o ato que principia o procedimento, ou, se se preferir, ao processo de arbitragem. Tudo, é claro, dependerá das normas que as partes estabeleceram na cláusula arbitral, que poderá prever a notificação às partes interessadas, simultaneamente à do árbitro único ou árbitros nomeados na própria cláusula. Como quer que seja, há sempre necessidade de um ato posterior para desencadear o processo. Na ação judicial esse ato é o protocolo da petição inicial, que, contudo, só produz efeitos para o réu depois de sua citação válida[231], que verdadeiramente dá início ao processo judicial, com o que se torna prevento o juízo e litigiosa coisa ou o direito objeto da controvérsia, induz litispendência, constitui em mora o devedor e interrompe a prescrição[232]. Assim, o simples protocolo da ação, embora dê início ao processo, considerando-se com ela proposta a ação, não produz efeito algum para o réu senão após sua citação por qualquer dos meios previstos na lei processual, dentre os quais por edital, quando não for localizado.

Na arbitragem o início do procedimento se dá com a notificação da parte para o processo arbitral, à semelhança do protocolo da ação no processo judicial. Contudo, somente com a aceitação dos árbitros indicados é que se considera instituído o processo arbitral[233].

Há, contudo, situações em que as partes resolvem celebrar um compromisso arbitral para dirimir determinada controvérsia oriunda de relacionamento obrigacional não disciplinado por contrato, nomeando árbitros que, previamente consultados, subscrevem o instrumento. Neste caso, o início do processo arbitral coincide com a instituição do juízo arbitral. Essa possibilidade pode ocorrer sempre que, a despeito de não se ter previsto a arbitragem em cláusula contratual, as partes resolvem não submeter a solução do litígio ao Judiciário. Inicia-se o processo, nesse caso, com

---

[231] Art. 312 do CPC: *"Considera-se proposta a ação, quando a petição inicial for protocolada, todavia, a propositura da ação só produz quanto ao réu os efeitos mencionados no art. 240 depois que for validamente citado."*

[232] Art. 240 do CPC.

[233] *Caput* do Art. 19 da Lei 9.307/96: *"Considera-se instituída a arbitragem quando aceita a nomeação pelo árbitro, se for único, ou por todos, se forem vários".*

o compromisso firmado pelas partes e pelos árbitros, simultaneamente à instituição do juízo arbitral.

2. A instauração do juízo arbitral no Brasil

A jurisprudência brasileira, a exemplo do tratamento conferido em outros países, considerava a cláusula compromissória, antes da edição da Lei 9.307/96, simples obrigação de fazer, sem caráter de compulsoriedade. O seu descumprimento poderia, quando muito, ensejar pretensão de perdas e danos, a ser deduzida em ação própria. Mesmo assim, essas perdas e danos seriam decorrentes da publicidade do processo judicial, que, com sua simples proposição, pode causar prejuízos à imagem e ao crédito da parte afetada. Ou a divulgação de contratos, cujo conhecimento pelos concorrentes se desejava evitar. Raras as decisões, como a que tomou o Tribunal de Justiça do Estado de São Paulo, em v. Acórdão publicado na Revista dos Tribunais 293/263, prevendo a possibilidade de a parte arguir a incompetência do Juízo comum, para instituir o juízo arbitral. Considerou o Tribunal, naquele julgamento, que, *"se alguma das partes obrigadas por cláusula compromissória em contrato, não argui, desde logo, a incompetência do Juízo comum, conclui-se que ela renunciou ou Juízo Arbitral"*[234].

Essa decisão deixa entrever o entendimento de que, se a parte apresentasse a exceção de incompetência, o Juízo comum deveria remeter o litígio à solução arbitral, dando, em consequência, execução compulsória à cláusula arbitral. Trata-se de notável decisão, reveladora de visão aguda e moderna da arbitragem que, contudo, ficou isolada e contrastante com outras da maioria dos tribunais brasileiros e do próprio Tribunal de Justiça de São Paulo, de que é exemplo ilustrativo o Acórdão publicado na Revista dos Tribunais 334/194, segundo o qual " *o juízo arbitral é o objetivo de compromisso e este de modo algum poder confundir-se com a cláusula compromissória"*. A seguir, complementa, *"o fato de constar do contrato social uma cláusula segundo a qual a solução de quaisquer questões relacionadas com o contrato caberia*

---

[234] Segundo esse Acórdão, que confirma entendimento da Primeira Câmara do Tribunal de Justiça do Distrito Federal, *"a jurisdição arbitral existe desde o momento da instituição da cláusula compromissória no contrato e cuja formação já é suficiente para derrogar, desde logo, a jurisdição ordinária natural, criando para as partes a obrigação compulsória de nomear ou de prover a nomeação dos árbitros."* Acórdão datado de 22 de outubro de 1959, publicado na *Rev. Trib.* 293/263.

a árbitros a serem indicados pelos sócios não impede que qualquer deles recorra ao Juízo ordinário".

O CPC editado em 1973 havia ratificado essa orientação, ao estabelecer, como hipótese de extinção do processo sem julgamento do mérito, a celebração de compromisso, sem mencionar a cláusula compromissória, ou arbitral. Permanecera, então, o compromisso, no entendimento da jurisprudência, como único instrumento hábil para instituir o juízo arbitral, não contemplando a cláusula arbitral, ou compromissória, considerada como obrigação de fazer, ou seja, obrigação de celebrar um compromisso arbitral, cujo descumprimento poderia ensejar a propositura de uma ação de perdas e danos, mas não sua execução compulsória.

Daí porque a lei 9.307/96, procurando alterar essa orientação e, assim, atender a reclamos da comunidade nacional, sobretudo a empresarial, conferiu execução compulsória à cláusula arbitral, embora apenas em determinadas hipóteses. Para isso, não obstante tenha mantido a necessária distinção conceitual entre cláusula compromissória e compromisso, denominou-as em conjunto "convenção de arbitragem" (art. 3º) e deu caráter compulsório à primeira, estabelecendo procedimento especial, com a intervenção do Judiciário, para dar eficácia à obrigação de resolver controvérsias contratuais, mediante arbitragem, em caso de resistência.

Existindo cláusula arbitral, o início do procedimento arbitral configura-se com a manifestação da parte interessada na instituição do juízo arbitral, cabendo a outra, ou outras partes, pronunciarem-se. Concordando em cumprir o pactuado, procede-se à nomeação dos árbitros, em consonância com o que foi estabelecido na cláusula arbitral, dispondo a lei 9.307/1996 que se considera *"instituída a arbitragem quando aceita a nomeação pelo árbitro, se for único, ou por todos, se forem vários"* (art. 19).

Tem-se, pois que o procedimento arbitral constitui ato precedente, com a manifestação da parte interessada de seu desejo de instituir o juízo arbitral, com base na obrigação prevista na cláusula compromissória. Caso a outra parte a isso se recuse, impedindo a instituição do juízo arbitral, o caminho que resta ao interessado é o de provocar o Judiciário, mediante protocolo de ação judicial, pedindo a citação da parte renitente para comparecer em juízo e firmar o compromisso arbitral.

Nesse ponto, constata-se que a lei não eliminou a necessidade do compromisso. De fato, para que a cláusula arbitral, por si só, enseje a instituição do juízo arbitral, bastaria a manifestação da parte interessada, para dar início ao procedimento arbitral, cujo primeiro ato é essa manifestação, a ela seguindo-se a da parte requerida, ou, em caso de omissão ou recusa, o desencadeamento do procedimento previsto na própria cláusula, ou, na ausência de tal previsão, da aplicação de normas legais dispositivas, ou nomeação de árbitro pelo Judiciário.

Esse regime se coaduna com a natureza da arbitragem, como percebido por Clóvis Beviláqua, no parecer que proferiu, como Consultor Jurídico do Ministério das Relações Exteriores recomendando a aprovação da Convenção de Genebra sobre Cláusulas Arbitrais, de 1923. Nesse parecer, ao propor o envio de projeto de lei ao Congresso para ampliar para o direito interno o tratamento estabelecido pela convenção, esclareceu:

> "*Subscrevendo o Brasil a convenção projetada, e aprovada esta pelo Congresso, a cláusula compromissória valerá como causa de desaforamento dos tribunais comuns. Para não haver dúvida, porém, e para que, principalmente, não se suponha que somente na ordem internacional a cláusula compromissória e o compromisso terão essa conseqüência, conviria que o Congresso votasse uma lei, na qual ficasse expressamente consignado o princípio como regra de direito interno.*
>
> *Dir-se-ia, por exemplo:*
>
> *Art. 1 – Cessará a competência dos Juízes comuns, sem prejuízo do estabelecido no art. 1046 do Código Civil, quando as partes tiverem celebrado compromisso, ou por contrato se tiverem obrigado a submeter ao julgamento de árbitros as questões, que surgirem entre eles, quanto à inteligência de suas obrigações contratuais.*
>
> *Art. 2 – Neste último caso, se as partes não tiverem nomeado os seus árbitros, nomeá-los-á o Juiz, que seria competente para conhecer da pendência, se as partes não tivessem adotado a cláusula compromissória.*
>
> *Art. 3 – Caberá também ao Juiz nomear o terceiro árbitro, quando as partes não o tiverem escolhido no compromisso, nem autorizado sua nomeação pelos outros* **árbitros**.[235]"

---

[235] CLÓVIS BEVILÁQUA, "Cláusulas de Arbitramento Comercial", in *Pareceres dos Consultores Jurídicos do Ministério das Relações Exteriores*, Ministério das Relações Exteriores, Seção de Publicações, 1962, p. 246/247.

Essa proposta, não levada avante, tinha a grande característica da simplicidade e, ao mesmo tempo, da abrangência. Equiparando a cláusula compromissória ao compromisso, eliminar-se-ia qualquer ato posterior e a intervenção do Judiciário, salvo para a nomeação dos árbitros, em caso de recusa de uma das partes em cumprir o pactuado. O processo arbitral, se não definido pelas partes, seria o da lei, cujas normas teriam caráter meramente supletivo, isto é, aplicar-se-iam, no silêncio das partes.

Tal não foi, entretanto, a via escolhida pelo legislador brasileiro, ao editar a Lei 9.307/96, que preferiu manter o compromisso arbitral como o instrumento necessário à instituição do juízo arbitral, se as partes não dispuseram diferentemente, com a intervenção compulsória do Estado. Nesse ponto, a lei nova não alterou a anterior, apegando-se ao modelo ultrapassado que procurou superar[236].

Previu a lei no art. 6º que a parte interessada em instituir o juízo arbitral, com base em uma cláusula compromissória, deverá convocar a outra *"para, em dia, hora e local certos, firmar o compromisso arbitral"*. Conclui-se, desse dispositivo, que a cláusula, em caso de recusa de sua observância, não enseja, por si só, a instituição da arbitragem, sendo necessário sempre o compromisso, salvo se estabelecer que a arbitragem observará normas de alguma entidade especializada, ou contiver previsão de outra forma para a instituição do juízo arbitral, caso em que prevalecerá o convencionado. Nada dispondo a cláusula sobre o assunto, há necessidade do compromisso, e, se houver recusa em firma-lo, aplica-se o procedimento do art. 7º, com requerimento ao Juiz para citar a parte renitente *"para comparecer em juízo a fim de lavrar-se o compromisso"*, e, mantendo a recusa, ou *"não concordando as partes com os termos do compromisso, decidirá o Juiz, após ouvir o réu, sobre o seu conteúdo"* (§ 3º).

Percebe-se, claramente, a dificuldade do legislador, ao insistir em manter a desnecessária exigência do compromisso. Não se pode convocar alguém para *firmar* um contrato – como é o caso do compromisso - cujas cláusulas não foram negociadas. Compromisso não é contrato de adesão, nem se pode obrigar uma parte a firmá-lo, se com ele não concordou; cons-

---

[236] - A esse propósito, nota o Prof. CARLOS ALBERTO CARMONA, um dos autores do anteprojeto convertido na Lei 9.307/96: "*O legislador preferiu adotar sobre o tema posição ambígua, de certo modo conservadora, já que, ao mesmo tempo em que adotou a idéia da convenção de arbitragem, não quis abrir mão do antiquado e tradicional sistema da cláusula como pré-contrato de compromisso (como se vê do no art. 7º), embora sobremaneira mitigado.*" in Arbitragem e Processo, Malheiros Editores, 1998, p. 73.

titui o compromisso instrumento resultante de negociações e de acordo de vontades. O compromisso, na verdade, é *negócio bilateral* pelo qual as partes pactuam a resolução de uma controvérsia sobre bem disponível, de caráter patrimonial, por terceiros, sem a intervenção do Judiciário.

Daí porque a infeliz redação do artigo 7º, ao prever a citação da parte renitente para "*lavrar o compromisso*", pode suscitar dúvidas quanto ao caráter voluntário da arbitragem, assumindo feições de arbitragem imposta, contrariando suas características principais. Não se diga que essa imposição não existiria, porque haveria prévia cláusula arbitral a estabelecer essa forma extrajudicial de composição de controvérsia, indicando consentimento. Esse consentimento restringe-se à arbitragem, não às normas de procedimento que a lei defere ao compromisso – também consensual - deixando de prever normas supletivas, para o caso de desacordo entre as partes sobre tal procedimento, ao revogar, imprudentemente, os dispositivos do CPC que regulavam a matéria. Deixando-se a critério do Juiz fixar tais normas, perde a arbitragem, nesse, caso seu caráter consensual.

Há, ainda que se destacar a contradição incorrida pela Lei 9.307/96, que define o compromisso arbitral como "*a convenção através da qual as partes submetem um litígio à arbitragem um litígio à arbitragem de uma ou mais pessoas, podendo ser judicial ou extrajudicial*" (art. 9º). Se compromisso é "convenção", não se compreende a disposição do § 3º do art. 7º de que, não concordando as partes sobre os termos do compromisso, o juiz decidirá sobre o seu conteúdo. Se isso ocorrer, não houve convenção – acordo de vontades – mas imposição estatal.

Se a cláusula arbitral possui compulsoriedade, não haveria, a rigor, necessidade de compromisso, somente exigível quando não exista a obrigação previamente pactuada no contrato. O compromisso destinar-se-ia apenas e tão somente a estabelecer as normas de procedimento não previstas na cláusula e, nesse caso, para suprir a lacuna, bastaria aplicar normas processuais de caráter supletivo, como as previstas nos artigos revogados do CPC, não substituídos por outros pela lei atual. Tais normas preexistem ao contrato e, assim, à cláusula arbitral; são de prévio conhecimento das partes, o que não ocorre com a decisão judicial que estabelece os termos do compromisso e com os quais podem não concordar. Em em caso de recusa de uma das partes em cooperar para a instituição do juízo arbitral, com a nomeação de seu árbitro e a determinação das normas processuais para o desenvolvimento da arbitragem, os dispositivos legais aplicar-se-iam de forma supletiva, assegurando o caráter convencional da arbitragem, com o conhecimento prévio das normas que regulam o procedimento arbitral, quando há ausência de participação de uma das partes.

Cabe ponderar, igualmente, que, dentre os requisitos obrigatórios do compromisso, não constam as normas de procedimento, limitando-se o art. 10 da Lei 9.307/96 a indicar o nome, e qualificação das partes e dos árbitros, ou a identificação da entidade à qual as partes delegaram a indicação dos árbitros, a matéria objeto da arbitragem e o lugar em que será proferida a arbitragem. O artigo seguinte, 11, admite que o compromisso possa, ainda, conter outras indicações, como o local da arbitragem, a autorização para que os árbitros julguem por equidade, o prazo para a prolação do laudo arbitral, a indicação da lei aplicável, a declaração da responsabilidade pelo pagamento dos honorários e despesas da arbitragem e a fixação dos honorários dos árbitros. Nada menciona a respeito das normas de procedimento, como prazos processuais, ordem das provas e outras providências destinadas a dar impulso ao processo. O § 1º do art. 21 parece resolver a questão, ao deferir, impositivamente, ao juízo arbitral, quando omissa a convenção arbitral, o poder de estabelecer as normas de procedimento, que observarão os princípios do contraditório, da igualdade das partes, da imparcialidade do árbitro e de seu livre convencimento (§ 2º).

Deve-se destacar, ainda, a disposição do art. 7º da lei, de que, recusando-se uma das partes a aceitar o compromisso proposto pela outra, na ação judicial intentada com o propósito de instituir o juízo arbitral, o Juiz decidirá, *"após ouvir o réu"*, deixando de fazer referência ao autor. Ora, como salientado, compromisso é instrumento consensual, bilateral, e, se seu conteúdo for imposto pelo Juiz, é evidente que também o autor deve ser ouvido. Tanto que o § 2º do mesmo art. 7º diz que o Juiz tentará conduzir as partes à celebração, de comum acordo, do compromisso arbitral. Não havendo acordo, e, devendo o Juiz decidir sobre o conteúdo do compromisso, é claro que deverá ouvir ambas as partes. Mesmo porque o autor também tem o direito de se manifestar sobre a decisão do Juiz, podendo com ela não concordar e recorrer.

3. Obstáculos à instituição do juízo arbitral

A lei considera, como ato de instituição do juízo arbitral, a aceitação, pelo árbitro ou árbitros, da nomeação feita pelas partes. Esse ato, contudo, como salientado, não se confunde com o de início do procedimento arbitral, que se dá com a manifestação da parte interessada, por meio de notificação, ou outro mecanismo previsto na convenção arbitral da intenção de submeter a controvérsia à arbitragem. O juízo arbitral não se instituiu ainda, mas o procedimento já se iniciou com a notificação, devendo-se observar as normas pré-estabelecidas na convenção ou, se inexistentes, na lei. Não deve passar despercebido que a notificação para a instituição da arbitragem produz o efeito de interromper a prescrição, pelo efeito retroativo previsto no § 2º do art. 19 da Lei 9.307/96[237].

Nem sempre a parte notificada está interessada em colaborar para a instituição do juízo arbitral, deixando, por isso, de atender à notificação e de nomear o seu árbitro, criando obstáculo que poderá ser intransponível, se a lei, ou a convenção arbitral, não dispuserem de procedimentos eficientes que o superem.

Mecanismo eficiente para evitar esse entrave é considerar que o Juiz, ao decidir sobre o conteúdo do compromisso, limita-se a nomear um árbitro único, ou o árbitro da parte faltosa, devendo os dois nomear o terceiro. O árbitro único ou os três poderiam estabelecer as normas de procedimento, se as partes o autorizarem, como previsto no artigo 21 da lei. Todavia, mesmo que as partes não deleguem aos árbitros o poder de regular o procedimento, o § 1º do mesmo art. 21 comete-lhes esse poder.

A lei inglesa, que entrou em vigor em 31 de janeiro de 1997, optou por permitir que a arbitragem seja conduzida pelo árbitro designado pela parte notificante como árbitro único, caso a outra parte se recuse a nomear seu próprio árbitro, consequência extremamente forte e eficaz para desestimular obstáculos injustificáveis à instituição do juízo arbitral[238]. Essa

---

[237] *"Art. 19. (...) § 2º A instituição da arbitragem interrompe a prescrição, retroagindo à data do requerimento de sua instauração, ainda que extinta a arbitragem por ausência de jurisdição."*

[238] O Art. 17 do Arbitration Act 1996 dispõe: *"17 (1) Salvo acordo em contrário pelas partes, quando cada uma de duas partes em um acordo de arbitragem deve nomear um árbitro e um parte ("a parte inadimplente") recusa-se a fazê-lo dentro do prazo especificado, a outra parte, tendo nomeado devidamente seu árbitro, pode notificar, por escrito, a parte inadimplente de que ela se propõe a nomear seu árbitro como árbitro único.*
(2). Se a parte inadimplente, no prazo de 7 dias da notificação que lhe foi feita não
(a) faz a nomeação exigida e
(b) não notifica a outra parte que o fez,
a outra parte pode nomear seu árbitro como árbitro único, cujo laudo será obrigatório para ambas as partes, como se tivesse sido nomeado por acordo.

mesma lei deixou às partes a decisão para dispor sobre os procedimentos a serem adotados, para a hipótese de uma delas opor óbices à instituição do juízo arbitral. Não existindo acordo, a parte interessada, se não utilizar da faculdade de considerar o seu árbitro como único, pode requerer que o Juiz estabeleça os critérios para a nomeação dos árbitros, ou a determine em conformidade com esses critérios, podendo o Juiz revogar nomeações anteriormente feitas, ou, ainda, fazer ele próprio a nomeação. Nesse caso a nomeação feita pelo Juiz é considerada como tendo sido acordada pelas partes, sendo necessária sua aquiescência, para a interposição de qualquer recurso contra sua decisão. A característica principal desse sistema inglês é a de afastar procedimentos judiciais limitando-se o Juiz a indicar o árbitro, ou definir os critérios para essa indicação.

A lei brasileira, ao contrário, não conseguiu desvincular o Poder Judiciário do procedimento da arbitragem, compelindo a parte interessada a ingressar com ação judicial, fazendo citar a outra parte para comparecer em juízo e firmar um compromisso arbitral. Ao invés de simplificar, a lei estabeleceu novo procedimento judicial, ao lado de tantos outros já existentes, impondo, até a designação de uma audiência de conciliação (art. 7°) como em qualquer ação judicial. Não havendo acordo, o Juiz exortará as partes a celebrar o compromisso arbitral. Não logrando sucesso, decidirá sobre as normas de procedimento que o juízo arbitral deve observar, estabelecendo o compromisso por sentença. Dessa decisão caberá recurso de apelação, consoante art. 1.012 § 1º, IV do CPC, com efeito suspensivo. Eis aí grave problema a entravar e a dificultar a prática da arbitragem no país.

O princípio do duplo grau da jurisdição, permitindo o recurso para a instância superior, terá, como resultado prático, a suspensão do procedimento de arbitragem, enquanto o recurso não for decidido, ainda que tivesse o recurso efeito devolutivo, o que não é o caso, pois a lei confere efeito suspensivo. Essa será a consequência inevitável de qualquer incidente com a instituição do juízo arbitral, pois é previsível que as partes não se disponham em participar da arbitragem, enfrentando os custos dela decorrentes, dentre os quais as despesas com a administração do processo, os honorários dos árbitros e dos advogados, diante do risco de decisão que

(3). Quando um árbitro único foi nomeado de acordo com o parágrafo 2, a parte inadimplente pode (mediante notificação à outra parte) peticionar à Corte, que pode suspender a nomeação.
(4) A concordância da Corte é necessária para qualquer recurso de uma sua decisão, de acordo com este parágrafo." (tradução livre do Autor).

dê provimento ao recurso. Esse inconveniente seria afastado se, em vez de recurso para a instância superior, previsse a lei o de embargos para o próprio Juiz, que julgaria em instância única e definitiva.

O simples fato de a lei prever a necessidade do compromisso e a intervenção do Poder Judiciário, nos casos de resistência de uma das partes para a instituição do juízo arbitral, é suficiente para dificultá-la e dela retirar o que tem de mais importante, que é sua instituição com base na cláusula arbitral, sem necessidade de compromisso ulterior. É de se notar que a Convenção de Genebra sobre Cláusula Arbitral, de 1923, já estabelecia a instituição do juízo arbitral independentemente de compromisso, eliminando formalidade desnecessária e que só faz entravar e dificultar, senão impedir, a arbitragem[239].

A Convenção de Nova Iorque, de 1958, estabeleceu a compulsoriedade da arbitragem, quando prevista em cláusula arbitral, dispondo também que o juiz *"remeterá as partes à arbitragem, a pedido de uma delas"*[240]. Da mesma forma a Convenção Interamericana sobre Arbitragem Comercial Internacional, celebrada em 30 de janeiro de 1975[241], admitiu a cláusula arbitral como disposição contratual de caráter obrigatório, capaz de instituir a arbitragem. O seu art. 1º assim prescreve:

> *"Art. 1 É válido o acordo das partes em virtude do qual se obrigam a submeter a decisão arbitral as divergências que possam surgir ou que hajam surgido entre elas com relação a um negócio de natureza mercantil. O respectivo acordo constará de documento assinado pelas partes, ou de troca de cartas, telegramas ou comunicações por telex".*

Além dessas convenções internacionais, destaca-se o projeto de lei modelo aprovado pela CNUDCI que confirma a mesma tendência:

---

[239] Art. 4º: *"Os tribunais dos Estados contratantes, dos quais estejam pendentes um litígio relativo a um contrato concluído entre pessoas previstas no art. 1º e que encerra um compromisso, ou uma cláusula compromissória válida em virtude do dito artigo e suscetível de ser executada, remeterão os interessados, a pedido de um deles, ao julgamento dos árbitros. Essa transferência não prejudicará a competência dos tribunais, no caso de por qualquer motivo, o compromisso, a cláusula compromissória ou a arbitragem haverem caducado ou deixado de produzir efeito."*
[240] Convenção de Nova Iorque, art. II.3.
[241] Aprovado no Brasil pelo Decreto Legislativo n. 90, de 6 de junho de 1995 (DOU 12/06/95).

> *"Artigo 8º – 1 - O tribunal no qual foi proposta uma ação relativa a uma questão abrangida por uma convenção de arbitragem, se uma das partes o solicitar até ao momento em que apresentar as suas primeiras alegações quanto ao fundo do litígio, remeterá as partes para a arbitragem, a menos que conste que a referida convenção se tornou caduca ou insusceptível de ser executada.*
>
> *2 – Quando tiver sido proposta num tribunal uma ação referida no parágrafo 1 do presente artigo, o processo arbitral pode apesar disso ser iniciado ou prosseguir, e ser proferida uma sentença, enquanto a questão estiver pendente no tribunal"*[242].

Na sistemática adotada na lei brasileira, que não prevê regras supletivas de procedimento, para o caso de uma das partes se recusar a participar da arbitragem a que se obrigara pela convenção arbitral, o Juiz decide sobre o conteúdo do compromisso, como previsto no parágrafo 3° do art. 7° da lei 9.307/96[243], abrindo-se caminho dos recursos, levando a questão para os tribunais, em processo de tramitação morosa. E, nesse caso, apenas para decidir sobre esse conteúdo, sem se cogitar do mérito da controvérsia, a ser dirimida pelos árbitros, que é o que interessa às partes. É evidente que essa possibilidade poderá dificultar a adoção da arbitragem como meio privado de solução de litígios, ante o risco de procrastinação que encerra.

4. A nomeação dos árbitros

A escolha dos árbitros pode estar sujeita a impedimentos convencionados pelas partes, com o afastamento de pessoas em razão de suas profissões, nacionalidades, ou outros fatores que lhes dificultem a imparcialidade. Além disso, há impedimentos legais que, no Brasil, são estabelecidos de forma precisa no art. 14 da Lei 9.307/96, que excluem os incapazes, os legalmente impedidos de servir como juiz e os suspeitos

---

[242] Tradução feita por Maria Ângela Coelho Bento Soares e Rui Manuel Moura Ramos, in *Arbitragem Comercial Internacional –Análise da lei-Modelo da CNUDCI*, Lisboa, 1985. p. 351.

[243] *"Art. 7º - Existindo cláusula compromissória e havendo resistência quanto à instituição da arbitragem, poderá a parte interessada requerer a citação da outra parte para comparecer em juízo a fim de lavrar-se o compromisso, designando o juiz audiência especial para tal fim. (...)*
§ 3º Não concordando as partes sobre os termos do compromisso, decidirá o juiz, após ouvir o réu, sobre seu conteúdo, na própria audiência ou no prazo de dez dias, respeitadas as disposições da cláusula compromissória e atendendo ao disposto nos art. 10 e 21, parágrafo 2º, desta lei."

de parcialidade, tal como previsto nos arts. 134 e 135 do CPC, de 1973, ora revogado e substituído pelos arts. 144 e 145, do CPC, de 2015, com maior abrangência.

Como se percebe, a lei assemelha o árbitro ao juiz nas hipóteses de impedimento e suspeição legal, sem considerar as características diversas de cada um. Enquanto para o juiz se justificam certas hipóteses de suspeição e de impedimento *"pleno jure"* - pelo fato de não ser escolhido pelas partes, mas imposto pelo Estado - para o árbitro, cuja designação é feita por acordo pelas partes, com base na confiança que nele depositam, as hipóteses de suspeição ou de impedimento deveriam fundar-se em premissas diversas. Poderá não ocorrer suspeição de árbitro único indicado por ambas partes, das quais é empregador, ou amigo, se ambos nele confiam e na sua imparcialidade.

O art. 14 da Lei 9.307/96 não atenuou esse rigor, ao reportar-se aos casos de impedimento e suspeição de juízes, embora, no que toca aos deveres e responsabilidades, faça ressalva de que se aplicam as normas destinadas aos juízes, mas apenas *"no que couber"*. Deve prevalecer, contudo, em qualquer caso, a premissa maior a presidir a nomeação do árbitro, que é o de possuir a confiança das partes (art. 13 da Lei 9.307/96: *"Pode ser árbitro qualquer pessoa capaz e que tenha a confiança das partes."*).

Outra questão relativamente aos árbitros diz respeito à sua vinculação ao compromisso em que é indicado e que lhes fixa a responsabilidade. Não basta às partes nomearem os árbitros. É preciso que estes aceitem expressamente a incumbência, mesmo porque, ao fazê-lo, assumem a grave responsabilidade de decidir no prazo fixado na convenção de arbitragem, sob pena de responderem pessoalmente pelos prejuízos que causarem às partes. Além disso, assumem implicitamente o dever de evitar compromissos e comportamentos passíveis de configurar suspeição ou impedimentos, como o de proferir pareceres sobre o tema objeto da controvérsia a ser por ele decidida. É de se observar que, dentre os requisitos essenciais do laudo arbitral, registra-se o de haver sido proferido no prazo e nos limites da convenção de arbitragem (artigo 32, incisos IV e VII da lei 9.307/96). inobservância dessas condições torna nulo o laudo arbitral.

Daí porque é mister formalizar-se a vinculação dos árbitros à convenção arbitral, onde terão seus direitos e deveres regulados. Observe-se que o árbitro, por responder, com seu patrimônio, se der motivo à nulidade do laudo, fica em posição diversa da do juiz, normalmente imune aos danos que causa às partes por decisões interlocutórias ou finais notoriamente erradas, protelatórias, ou ainda prolatadas com atraso excessivo[244].

Há que se considerar, ainda, que a parte, ao indicar o árbitro, não designa pessoa que vai esposar seu ponto de vista, necessariamente. A nomeação leva em consideração as qualidades pessoais e profissionais, a reputação e, principalmente, os conhecimentos específicos da pessoa indicada, sobre o assunto levado à arbitragem. Tratando-se de controvérsia de caráter internacional, é natural que as partes indiquem, como árbitros, não lhe vedando a convenção arbitral, nacionais do país em que se desenvolve a arbitragem, ou cuja lei seja aplicável à relação jurídica controvertida.

Por outro lado, o árbitro indicado pela parte não se confunde com seu advogado. Este é parcial, defende a pretensão da parte e com ela se identifica. O árbitro nada tem a ver com o interesse da parte que o escolheu. Sua decisão deve refletir imparcialidade e condizer com a reputação que motivou sua designação para dirimir a controvérsia. E é essa reputação que está em jogo no laudo, pois a figura do árbitro prepondera na solução do litígio e sua respeitabilidade não advém do cargo, mas de si próprio, como pessoa capaz de, com isenção e conhecimento, dirimir a controvérsia no interesse das partes.

5. O desenvolvimento do processo arbitral

Instituído o juízo arbitral, com a superação de eventuais obstáculos opostos por qualquer das partes, seguem-se os atos previstos nas normas de procedimento adotadas pelas partes, pelos árbitros ou pela instituição de arbitragem escolhida, tal como previsto na convenção arbitral, ou, ainda, pelo juiz, ao decidir sobre as normas de procedimento do compromisso arbitral.

Normalmente, após a instituição do juízo arbitral, devem as partes celebrar ato complementar para estabelecer as normas do procedimento, com o resumo de suas pretensões, definição de cronograma de atos e de prazos a serem observados, responsabilidade por despesas na condução do processo e outras que considerem relevantes. Esse ato, no Brasil, tem sido

---

[244] É notório o comportamento de Ministros do STF de pedirem vista de processos, alguns com votação configuradora da maioria, impedindo a finalização do julgamento por longo tempo, a despeito dos prazos regimentais.

denominado Termo de Arbitragem, firmado pelas partes, pelos árbitros e pela entidade de arbitragem, que corresponde à Ata de Missão da CCI.

Firmado esse ato, devem as partes, consoante cronograma por elas aprovado, produzir as razões de fato e de direito objeto da controvérsia, com resposta, réplica e tréplica, consoante estiver acordado no Termo de Arbitragem. De todos os atos do procedimento arbitral as partes devem receber cópia para acompanhamento e manifestação tempestiva, como estiver estabelecido nas normas de procedimento.

Os incidentes processuais que vierem a ocorrer serão decididos pelos árbitros, que, em caso de resistência, poderão socorrer-se do Juiz para impor eventual deliberação sobre incidente processual que dependa de intervenção coativa. É o que ocorre, por exemplo, com a recusa de testemunha em comparecer e depor em audiência convocada pelo juízo arbitral. Se o Juiz tem o poder de determinar a condução coercitiva da testemunha renitente, o mesmo poder não tem o árbitro, que deve requer tal providência ao Juiz, como previsto no § 2º do art. 22 da Lei 9.307/96[245]. Neste caso, quem requer a providência não são as partes, ou uma delas, mas o juízo arbitral, cuja pretensão, no processo judicial, é a de compelir a testemunha a comparecer e depor no juízo arbitral, sob pena de condução coercitiva.

Da mesma forma, se houver necessidade de atender a pedido de uma das partes de decretação de medida cautelar, como, o sequestro ou o depósito de um bem, haverá necessidade de recurso ao Judiciário, em caso de resistência da parte, já que se trata de medida coercitiva impositiva, a ser cumprida mediante carta arbitral, consoante disposto no art. 22-C da Lei 9.307/96, que disciplinou o *modus procedendi* para a intervenção do judiciário, requerida pelo tribunal arbitral[246]. Todavia, se a convenção arbitral

---

[245] "Art. 22. Poderá o árbitro ou o tribunal arbitral tomar o depoimento das partes, ouvir testemunhas e determinar a realização de perícias ou outras provas que julgar necessárias, mediante requerimento das partes ou de ofício. (...)
§ 2º Em caso de desatendimento, sem justa causa, da convocação para prestar depoimento pessoal, o árbitro ou o tribunal arbitral levará em consideração o comportamento da parte faltosa ao proferir sua sentença; se a ausência for de testemunha, nas mesmas circunstâncias, poderá o árbitro ou o presidente do tribunal arbitral requerer à autoridade judiciária que conduza a testemunha renitente, comprovando a existência da convenção de arbitragem."

[246] "Art. 22-C. O árbitro ou o tribunal arbitral poderá expedir carta arbitral para que o órgão jurisdicional nacional pratique ou determine o cumprimento, na área de sua competência territorial, de ato solicitado pelo árbitro. Parágrafo único. No cumprimento da carta arbitral será observado o segredo de justiça, desde que comprovada a confidencialidade estipulada na arbitragem."

dotar o juízo arbitral de tal poder, estará ele legitimado a decretar a medida cautelar, fundado na autorização prévia concedida pelas partes. Havendo resistência - e, assim, descumprimento do acordado na convenção de arbitragem - a solução será sempre o recurso ao Judiciário, pelo juízo arbitral, para fazer valer a decisão cautelar.

Se, contudo, não estiver ainda instituído o juízo arbitral e houver necessidade de medida cautelar para evitar perecimento de direito, cabe à parte interessada postulá-la no Poder Judiciário, fazendo referência à arbitragem já iniciada ou em vias de se iniciar. Não haverá, nesse caso, violação da convenção arbitral, pois o que se requer ao Poder Judiciário é simplesmente providência de natureza cautelar ou de urgência, de caráter coativo, somente ao Estado possível conceder, em fase procedimental anterior à instituição do juízo arbitral, ainda não instituído[247].

Poderá o juízo arbitral designar audiência de instrução - sempre necessária quando houver prova testemunhal ou depoimento pessoal a ser tomado - caso em que as partes deverão ser convocadas, para comparecer ao local escolhido como sede da arbitragem. A audiência deve ser objeto de ata que retrate as ocorrências nela verificadas, tal como no processo judicial.

6. A sentença arbitral

Concluída a instrução, deve o juízo arbitral prolatar decisão - que poderá ser por maioria, com declaração, ou não, de voto vencido - contendo os requisitos obrigatórios previstos no art. 26 da Lei 9.307/96, dentre os quais os fundamentos, ou seja, a motivação da decisão, o que afasta a possibilidade de emissão de laudos arbitrais, por entidades arbitrais corporativas, que se limitem a reconhecer a responsabilidade de uma das partes pelo

---

[247] Esta é, a propósito, a norma do art. 28.2 do Regulamento de Arbitragem da CCI, assim redigida:
"As *partes poderão, antes da remessa dos autos ao tribunal arbitral e posteriormente, em circunstâncias apropriadas, requerer a qualquer autoridade judicial competente que ordene as medidas cautelares ou provisórias pertinentes. O requerimento feito por uma das partes a uma autoridade judicial para obter tais medidas, ou a execução de medidas similares ordenadas por um tribunal arbitral, não será considerado como infração ou renúncia à convenção de arbitragem e não comprometerá a competência do tribunal arbitral a esse título. Quaisquer pedidos ou medidas adotadas pela autoridade judicial deverão ser notificados sem demora à Secretaria, devendo esta informar o tribunal arbitral."*

inadimplemento de uma obrigação e fixar o valor da indenização devida à parte afetada.

A exigência de motivação da sentença judicial constitui requisito constitucional considerado de ordem pública. Todavia, em se tratando de arbitragem, nem sempre essa motivação tem essa relevância, sobretudo nos casos de litígios em que, constatado o inadimplemento por uma das partes - a não entrega da mercadoria no prazo pactuado, por exemplo, em que o comprador vê-se compelido a valer-se de fornecedor alternativo para cumprir compromissos com terceiros - pode o juízo arbitral limitar-se a fixar o valor da indenização, normalmente de montante correspondente à diferença de preço a maior pago pelo comprador, se a isso autorizado pelas partes[248].

O prazo em que o laudo arbitral deve ser proferido é o estabelecido na convenção arbitral, ou, sendo esta omissa, em 6 meses contados da instituição do juízo arbitral, ou da substituição do árbitro (art. 23 da Lei 9.307/96), sob pena de nulidade (art. 32, VII, da Lei 9.307/96).

Proferido o laudo arbitral, termina o processo, mas não ainda a jurisdição dos árbitros, que a conservam para decidir eventuais pedidos de esclarecimentos, destinados a corrigir erro material ou esclarecer alguma obscuridade, dúvida ou contradição do laudo, tal como ocorre com o processo judicial, tomado como modelo pela lei 9.307/96 (art. 30).

Do laudo arbitral não cabe recurso, nem homologação pelo Poder Judiciário, corrigindo-se, nesse particular, o regime adotado nas normas do CPC revogadas pela Lei 9.307/96. Deve-se lembrar a antiga disposição do Código Civil, também revogada, que previa a possibilidade de recurso - somente possível ao Poder Judiciário - revelando estágio anterior do desenvolvimento da arbitragem no Brasil. Constituindo opção convencional das partes pela justiça privada, é evidente que o laudo arbitral não pode comportar recurso ao Poder Judiciário sobre o mérito da decisão. Nem homologação, pois, no regime da Lei 9.307/96, se trata de título executivo, cuja validade não depende do ato formal de homologação pelo Judiciário.

---

[248] Esse tem sido a prática de entidades arbitrais corporativas de determinados setores do comércio internacional, notadamente o de grãos e especiarias, tendo o STF, em diversas ocasiões, homologado sentenças estrangeiras homologatórias de laudos arbitrais emitidos sem motivação.

A necessidade de homologação de qualquer ato privado, pelo Judiciário, advém da circunstância de haver processo judicial em andamento, cuja extinção somente pode ser decretada por sentença. É o caso da transação extrajudicial, na pendência de processo judicial, em que, para terminá-lo, será necessária sentença que homologue o ato privado da transação que pôs fim ao litígio, mas não ao processo, que, para ser extinto, depende de sentença homologatória, como regulado no art. 487, III, (b) do CPC. O mesmo dá-se com a partilha amigável em processo de inventário, mas celebrada extrajudicialmente, a ser oficializada pelo Juiz, para produzir efeitos processuais, ou, ainda, do cálculo do contador, para torná-lo oficial e exequível, e assim por diante.

O mesmo não ocorre com a sentença arbitral, ato privado que prescinde da intervenção da autoridade judiciária, para ter validade. As partes devem cumpri-lo desde logo, sem aquela intervenção, somente necessária se o vencido se recusar a cumprir a decisão. E, nesse caso, não se cogita da homologação do laudo e, sim, de processo de execução, fundada na sentença arbitral.

7. A sentença arbitral parcial e sentença *citra petita*

A sentença arbitral que não decide inteiramente o litígio põe em questão os efeitos e regularidade da decisão parcial. Para se aferir a validade, no Brasil, das sentenças arbitrais parciais, é preciso ter em mente que a lei estabelece a observância obrigatória das normas do órgão arbitral institucional adotada pelas partes. É o que dispõe o artigo 5 º da Lei 9.307/96:

> *"Art. 5º Reportando-se as partes, na cláusula compromissória, às regras de algum órgão arbitral institucional ou entidade especializada, a arbitragem será instituída e processada de acordo com trais regras, podendo, igualmente, as partes estabelecer na própria cláusula, ou em outro documento, a forma convencionada para a instituição da arbitragem."*

Acolheu a lei a autonomia da vontade das partes, permitindo-lhes adotar as regras de instituição de arbitragem, desde que respeitadas as normas de ordem pública brasileira, previstas no artigo 32, incisos I, II, VI, VI e VII, da lei 9.307/96, para os laudos nacionais e artigo 38 para os laudos estrangeiros.

O Regulamento de Arbitragem da CCI prevê a prolação de sentença arbitral parcial (artigo 2.v), distinguindo-o da provisória ou da que delibera sobre medidas conservatórias (artigo 28). Estas últimas têm por objeto assegurar determinada situação jurídica, ou o bem litigioso, durante o curso do processo de arbitragem. Podem também determinar a constituição de garantias pela parte que as requereu e serem tomadas sob a forma de uma sentença motivada, sempre sujeita à apreciação da Corte, para supervisionar os requisitos essenciais do ato. Da mesma forma, o Regulamento do CAM/CCBC e da CMA – CIESP/FIESP que estabelecem a possibilidade de o Tribunal Arbitral proferir sentença parcial[249], o que pode ser, igualmente, regulado no Termo de Arbitragem em Câmaras de arbitragem cujo regulamento não a prevê.

A sentença arbitral parcial decide definitivamente uma parte do litígio, sem encerrar o processo, que continua para a apreciação de outras questões deixadas à solução final com instrução restrita aos fatos não apreciados.

A sentença parcial, nesse caso, não se pode qualificar como decisão *citra petita*, nem se enquadra na hipótese do inciso IV do artigo 38 da Lei 9.307/96, que prevê a não homologação da sentença arbitral proferida fora dos limites da convenção de arbitragem. Isto porque o laudo parcial consiste em decisão definitiva sobre parte da controvérsia submetida objeto do processo arbitral, produzindo consequências imediatas para as partes, que ficam obrigadas a cumpri-lo. Assim, uma sentença é parcial em relação ao conjunto de controvérsia objeto da arbitragem, mas é final relativamente à matéria por ela decidida, devendo, por isso, preencher os mesmos requisitos da sentença final[250].

É o caso, por exemplo, da arbitragem destinada a compor diversas pretensões sobre o descumprimento de um contrato, ou a apurar a responsabilidade por perdas e danos, em que o tribunal pode decidir primeiramente sobre essa responsabilidade e, posteriormente, na sentença final, fixar o

---

[249] Regulamento de Arbitragem do CAM/CCBC: *"10.2. A sentença arbitral poderá ser parcial ou final. 10.2.1. No caso de sentença parcial, o Tribunal Arbitral indicará as etapas processuais posteriores, necessárias para a elaboração da sentença final."*
Regulamento de Arbitragem da CMA – CIESP/FIESP: *"15.9 O Tribunal Arbitral poderá proferir sentença parcial, após a qual dará continuidade ao procedimento com instrução restrita à parte da controvérsia não resolvida pela sentença parcial."*
[250] ALAN REDFERN, MARTIN HUNTER e MURRAY SMIT, *Droit et Pratique de l'Arbitrage Commercial International*, l.G.D.J., 2ª edição, 1991, p. 308.

montante da indenização, após o exame de provas específicas sobre a matéria. Nas arbitragens que envolvem construção civil, é comum submeterem-se ao tribunal pretensões sobre o descumprimento de prazos e marcos contratuais, ao lado de outras relativas a obras realizadas sem o pagamento correspondente. São pretensões distintas, muitas vezes autônomas, embora decorram da mesma relação jurídica contratual. Nesses casos, a sentença parcial resolve uma das controvérsias em caráter definitivo, deixando as demais para a solução final, após instrução probatória específica.

É o que ocorre também com o processo judiciário, em que o juiz decide sobre a responsabilidade de uma parte pelas perdas e danos sofridos pela outra, postergando para a liquidação da sentença a decisão sobre o *quantum* indenizatório, o que pode requerer a produção de outras provas. Também nesse caso, a sentença é parcial, porque não resolveu todo o litígio, limitando-se a reconhecer a responsabilidade de uma parte, condenando-a a pagar os danos reclamados pelo autor, mas sem fixar o montante, que fica para a etapa seguinte do processo de liquidação de sentença. Note-se que o juiz, como o árbitro, ao publicar a sentença de mérito, cumpre e acaba o ofício jurisdicional. A sentença ilíquida não resolve integralmente a controvérsia e, no entanto, o juiz já esgotou seu ofício, sem dizer qual o montante da indenização. Sua decisão foi também parcial, porque compele o vencedor a dar sequência ao processo, com a liquidação da sentença para apurar o *quantum debeatur*.

O processo arbitral, reitere-se, funda-se na convenção das partes, que delimita a jurisdição conferida aos árbitros e estabelece as normas de procedimento na condução da arbitragem. Se essas normas preveem o julgamento parcial da controvérsia – como no Judiciário a sentença ilíquida, para ser liquidada em processo posterior – estão os árbitros autorizados a assim proceder.

8. Sentença parcial e decisão provisória.

Nem sempre é fácil distinguir a sentença parcial da provisória ou da decisão interlocutória. Esta última, no entanto, distingue-se da sentença parcial pelos fins e efeitos processuais que objetiva, ordenando e regulando o encaminhamento do processo, ou com a tomada de precauções para assegurar o cumprimento do laudo, ou, ainda para preservar certa situação de fato. Já a sentença parcial resolve matéria de mérito, produzindo efeitos imediatos, que as partes devem cumprir. Poderá conter decisão de ordem financeira envolvida na controvérsia entre as partes, como a determinação de pagamento de certa prestação incontroversa, ficando para a sentença final a solução de questões que demandam a produção de outras provas e, assim, de mais tempo para a decisão.

Há que se ter em conta que a arbitragem está sujeita à lei do país onde o laudo foi proferido, que define as hipóteses de nulidade do laudo, como acentuado pelo inciso VI do artigo 38 da lei 9.307/96, que reproduz a alínea "e" do inciso I do artigo V da Convenção de Nova Iorque:

> *"Art. 38. Somente poderá ser negada a homologação para o reconhecimento ou execução de sentença arbitral estrangeira, quando o réu demonstrar que:*
> *omissis*
> *VI – a sentença arbitral não se tenha, ainda, tornado obrigatória para as partes, tenha sido anulada, ou, ainda, tenha sido suspensa por órgão judicial do país onde a sentença arbitral for prolatada."*

O artigo V, inciso I, "e", repete o mesmo preceito:
> *"Artigo V*
> *1. O reconhecimento e a execução de uma sentença poderão ser indeferidos, a pedido da parte contra a qual ela é invocada, unicamente se esta parte fornecer, à autoridade competente onde se tenciona o reconhecimento e a execução, prova de que:*
> *omissis*
> *"e" – a sentença ainda não se tornou obrigatória para as partes ou foi anulada ou suspensa pela autoridade competente do país em que, ou conforme a lei do qual, a sentença tenha sido proferida."*

9. Pressupostos da sentença arbitral estrangeira.

São pressupostos específicos da sentença arbitral estrangeira que não se confundem com a nacional, regida por premissas diversas, a observância da lei local, ter transitado em julgado e observado a ordem pública local. Sendo ato provindo do exterior, a lei brasileira considera relevante a observância da ordem jurídica do país onde foi proferido, subordinada esta, no entanto, aos princípios que informam a ordem pública brasileira, a soberania nacional ou os bons costumes, como previsto na LINDB. São esses os requisitos a serem observados no processo de homologação das sentenças judiciais, ampliados pelos previstos na Lei 9.307/96 para as sentenças arbitrais estrangeiras.

10. Ação de nulidade de sentença arbitral estrangeira

Uma das mais intrincadas questões suscitadas por laudos arbitrais estrangeiros que devem ser executados no Brasil, diz respeito à competência para apreciar ação que tem por objeto a declaração de sua nulidade, antes da sua homologação pelo Superior Tribunal de Justiça.

O vencido, não se conformando com a decisão, pode pretender a anulação do laudo arbitral com base em algum dispositivo que justifique a pretensão. Nesse caso surge a questão sobre o foro competente para conhecer dessa ação, se o do local onde foi proferido ou o do domicílio da parte vencedora, no Brasil. Ou, ainda, se a matéria somente pode ser levantada como defesa no pedido de homologação.

11. Competência para apreciar pretensão de nulidade de sentença arbitral estrangeira.

Um primeiro exame é o das regras sobre competência. O artigo 21 do CPC[251] define a competência internacional do juiz brasileiro quando a obrigação deve ser cumprida no Brasil. E como o laudo foi produzido no exterior, mas deve ser executado neste país, porque aqui reside o vencido, a competência do judiciário brasileiro estaria assegurada para processar e decidir a pretensão de nulidade. Essa disposição aplica-se a todas as situações em que o réu tem domicílio no país. A jurisprudência tem acentuado o caráter relativo dessa competência, pois, se admite que, embora estejam presentes os requisitos do art. 21 do CPC, a ação pode ser promovida no exterior, se o réu a ela se submeter ou, ainda que não se submeta, os fatos

---

[251] "Art. 21. Compete à autoridade judiciária brasileira processar e julgar as ações em que:
I - o réu, qualquer que seja a sua nacionalidade, estiver domiciliado no Brasil;
II - no Brasil tiver de ser cumprida a obrigação;
III - o fundamento seja fato ocorrido ou ato praticado no Brasil.
Parágrafo único. Para o fim do disposto no inciso I, considera-se domiciliada no Brasil a pessoa jurídica estrangeira que nele tiver agência, filial ou sucursal."

que lhe deram origem ocorreram inteiramente no território do país onde foi proposta[252]. Essa regra contrasta com a competência absoluta disciplinada no art. 23 do CPC, em que não se admite a jurisdição estrangeira[253].

12. A homologação judicial da sentença arbitral estrangeira.

Assentada a competência da justiça brasileira, a sentença arbitral estrangeira deve ser previamente reconhecida no país mediante processo de homologação requerido ao STJ, como previsto pela lei 9.307/96. Ou seja, tratando-se de ato provindo do exterior, embora de árbitro privado, a lei estabeleceu que, para ser executado no país, deve ser previamente oficializado, reconhecido pelo Poder Judiciário brasileiro, mediante processo de homologação de sentença estrangeira.

A sentença arbitral produzida no território brasileiro, para ter validade, deve observar os requisitos obrigatórios previstos no Capítulo V da lei, dentre os quais reputa obrigatórios, que são o relatório, os fundamentos da decisão, o dispositivo e a data e lugar em que foi proferida. As hipóteses de nulidade são as estabelecidas no artigo 32, com a ressalva, no artigo seguinte, que o pedido para esse fim deve ser feito *"ao órgão do Poder Judiciário competente"*.

Tem-se, com isso, que a lei reputa essenciais certos requisitos do laudo arbitral nela enunciados, e do próprio processo arbitral, cuja inobservância acarreta-lhe a nulidade, a ser decretada pelo órgão do Poder Judiciário competente. Está claro que essa referência se dirige à arbitragem realizada no território nacional.

Há, todavia, que se examinar se esses requisitos essenciais se aplicam também à arbitragem estrangeira, que é a produzida fora do território

---

[252] Foi o que decidiu o STF, contrariando orientação anterior, no caso SEC 4415 - 5 (EUA), D.J. 03.04.98, relator: Francisco Rezek, Requerente: Minpeco S/A Requerido: Naji Robert Nahas. Nesse proceso encontra-se Parecer do Prof. Guido Fernando Silva Soares, acolhido pela decisão.

[253] *"Art. 23. Compete à autoridade judiciária brasileira, com exclusão de qualquer outra:*
I - conhecer de ações relativas a imóveis situados no Brasil;
II - em matéria de sucessão hereditária, proceder à confirmação de testamento particular e ao inventário e à partilha de bens situados no Brasil, ainda que o autor da herança seja de nacionalidade estrangeira ou tenha domicílio fora do território nacional;
III - em divórcio, separação judicial ou dissolução de união estável, proceder à partilha de bens situados no Brasil, ainda que o titular seja de nacionalidade estrangeira ou tenha domicílio fora do território nacional."

nacional e, portanto, sob outra ordem jurídica, mas que, para aqui ter eficácia, deve ser homologada pelo STJ.

Tendo sido realizada no território de outro país pode ter observado parâmetros diversos dos exigidos pelo direito brasileiro, que pode com eles conflitar.

Sendo a arbitragem um processo privado de composição de controvérsias, os Estados estabelecem princípios que considera de ordem pública, para lhes reger e conferir-lhes eficácia no território. Isto porque matéria de direito processual é sempre de natureza territorial[254], em que o juiz aplica as normas vigentes no território do seu país, ressalvadas às hipóteses precisas de competência extraterritorial. Esses princípios de ordem pública variam de país para país, de acordo com suas peculiaridades.

Alguns requisitos do laudo arbitral proferido no Brasil são considerados tão relevantes que, se não atendidos, a lei comina de nulidade absoluta que não comporta convalidação. É o caso das hipóteses dos incisos I, II, VI, VII e VIII, do artigo 32 da Lei 9.307/96, que se referem à nulidade do compromisso, à capacidade do árbitro, à ocorrência de prevaricação ou corrupção passiva e ao desrespeito ao princípio do contraditório, da igualdade das partes e do livre convencimento do árbitro. Regulam matéria de ordem pública essencial para a constituição e desenvolvimento válido do processo arbitral.

O mesmo dispositivo, contudo, contém outros requisitos meramente formais que não se revestem da importância dos demais e, por isso, não impedem seja o laudo arbitral emendado para sua correção. É o que ocorre com as hipóteses previstas nos incisos III (falta dos requisitos obrigatórios da sentença) e IV (julgamento *ultra petita*). A nulidade nesse caso não é absoluta, podendo ser suprida pelos árbitros, em novo laudo. A determinação da sentença para que seja proferido novo laudo pressupõe que o Juiz possui jurisdição sobre o tribunal arbitral localizado no Brasil, diante do caráter territorial da lei processual.

Essas hipóteses de nulidade referem-se às sentenças arbitrais produzidas no país, pois se trata de requisitos a serem observados no território e tem a ver com a observância da ordem pública brasileira quanto ao processo de composição de controvérsias.

---

[254] OSCAR TENÓRIO, *Direito Processual Internacional*, Freitas Bastos, 9ª edição, 1970, vol. II, p. 357 e 397; Adolfo Miaja de la Muela, *De la Territorialidad de las Leyes a la Nueva Técnica Del Derecho Internacional Privado*, Cadernos de la Cátedra F.B. Scot, Universidad Valladolid, 1977, p. 34.

Já a arbitragem realizada no exterior, sob outra ordem jurídica, a lei brasileira deu tratamento diverso e específico, fazendo-o no Capítulo VI da Lei 9.307/96. Regulam os artigos nele inscritos o tratamento conferido às sentenças arbitrais estrangeiras, assim consideradas as que tenham sido proferidas fora do território nacional (parágrafo único do artigo 34).

Não estão abrangidas pelas disposições do Capítulo V da Lei 9.307/96, que se referem unicamente aos laudos arbitrais produzidos no país, mesmo porque o princípio *lócus regit actum* é acolhido no sistema jurídico brasileiro. O artigo 9º da LINDB fornece a baliza para esse entendimento, relativamente ao direito aplicável às obrigações, ao dispor que *"para qualificar e reger as obrigações, aplicar-se-á a lei do país em que se constituírem"*. Não obstante esse dispositivo refira-se à matéria de direito privado, o princípio nele contido aplica-se também ao processo, este com maior razão, por se tratar de direito público a que o juiz está sujeito.

Enquanto as sentenças arbitrais nacionais devem observar os requisitos obrigatórios do artigo 26 da lei, podendo ser anulada se ocorrerem as hipóteses do artigo 32, o mesmo não ocorre com as proferidas fora do país. As condições de validade, para efeito de seu reconhecimento no Brasil, são as do artigo 38, a saber, a capacidade das partes, validade da convenção da arbitragem segundo a lei à qual as partes a submeteram, ou à do país onde foi proferida, notificação das partes para participar do procedimento arbitral, observância dos limites estabelecidos pela convenção arbitral; o trânsito em julgado da sentença e sua não suspensão ou anulação por órgão judicial do país onde foi prolatada.

Essas condições de validade somente podem ser apreciadas pelo STJ, em virtude da norma do artigo 35 da lei, segundo a qual *"para ser reconhecida ou executada no Brasil, a sentença arbitral estrangeira está sujeita, unicamente, à homologação do Superior Tribunal de Justiça"*.

É de se notar que, ao tratar do laudo arbitral nacional, o artigo 33 da lei dispõe que *"a parte interessada poderá pleitear ao órgão do Poder Judiciário competente a declaração de nulidade da sentença arbitral, nos casos previstos nesta Lei"*. Esse órgão competente no Brasil, para apreciar pretensões de nulidade dos laudos estrangeiros é o STJ, como matéria de defesa no processo de homologação a ele submetido, regido pelos artigos 34 e seguintes da lei. E o reconhecimento poderá ser recusado apenas nas hipóteses previstas nos artigos 38 e 39 da lei 9.307/96.

Pelo regime estabelecido pela lei 9.307/96, a recusa de homologação torna ineficaz o laudo estrangeiro, impedindo a sua execução no Brasil. Poderá o interessado, contudo, em virtude do caráter territorial das normas processuais, proceder-lhe a execução em outros países em que a parte vencida possua bens capazes de garantir a execução ou onde se pretenda que os efeitos da sentença devam ser produzidos.

O artigo 35 da Lei 9.307/96 estabelece critério preciso para o reconhecimento e execução do laudo arbitral estrangeiro, que é a sua homologação pelo STJ. Vale dizer, enquanto não reconhecido por aquela Corte, o laudo arbitral estrangeiro é um nada no Brasil. Não pode ser executado, nem contra ele se pode opor qualquer objeção, pois é ato estranho à ordem jurídica brasileira.

Sendo primordialmente um ato jurídico privado, o laudo arbitral estrangeiro, a rigor, poderia ser considerado título executivo extrajudicial produzido no exterior, como os contratos internacionais entre particulares. E, como tal, servir de base para uma execução fundada em título executivo extrajudicial. Contudo, o fato de a lei exigir-lhe o reconhecimento prévio pelo Judiciário brasileiro, nem esse efeito pode produzir. Dir-se-á que se trata de ato incompleto, dependente de providência ou formalidade posterior que o aperfeiçoa e que lhe confere validade. Na verdade, como diz Pontes de Miranda, a ação de homologação visa *"a introdução da sentença estrangeira dentro do país. Tal ação é, portanto, constitutiva integrativa"*. Isto porque, continua, *"a importação da eficácia (da sentença) depende de ato integrativo, que é a homologação da sentença estrangeira, o ato integrativo pode ser total (para a importação de toda a eficácia sentencial), ou parcial (para algum ou alguns dos efeitos sentenciais)*[255]*"*.

Há certa similitude, embora não identidade, de hipóteses de nulidade do laudo previstas no artigo 32[256] que se refere à sentença nacional com as do artigo 38, que trata da sentença arbitral estrangeira, o que ratifica

---

[255] PONTES DE MIRANDA, *Comentários ao Código de Processo Civil*, tomo VI, Forense, 3ª edição, 1998, p. 72/73, atualizado por Sérgio Bermudes.

[256] "Art. 32 – *É nula a sentença arbitral se: I – for nulo o compromisso; II – emanou de quem não podia ser árbitro; III – não contiver os requisitos do art. 26 desta lei; IV – for proferida fora dos limites da convenção de arbitragem; V – (revogado pela lei 13.129/2015); VI – comprovado que foi proferida por prevaricação, concussão ou corrupção passiva; VII – proferida fora do prazo, respeitado o disposto no art. 12, inciso III, desta lei; VIII – forem desrespeitados os princípios de que trata o art. 21, § 2º, desta lei.*"

a conclusão de competências distintas para examinar o laudo nacional e o estrangeiro.

É certo, por outro lado, que a Convenção para o Reconhecimento e Execução de Sentenças Arbitrais Estrangeiras, firmada em Nova Iorque, em 10 de junho de 1958, foi ratificada pelo Brasil, o que pode importar em alteração do tratamento das sentenças arbitrais estrangeiras, de que adiante se falará, mas que não altera a conclusão da diversidade de tratamento.

Como se acentuou, a lei 9.307/96 optou por considerar estrangeira a sentença arbitral proferida fora do território nacional. Sendo assim, a competência para examinar pretensões de nulidade é a do juiz do país onde foi proferida, em virtude da territorialidade do processo, e não a do juiz brasileiro. Embora o laudo arbitral seja ato de natureza privada, despido de autoridade pública, como é o caso da sentença judicial, que provém de outro Estado, a lei brasileira conferiu-lhe a estatura de sentença judicial, tanto que a incluiu dentre os títulos executivos judiciais, ao modificar o artigo 584 do CPC, de 1973. Só isso bastaria para concluir que pretensão de nulidade da sentença arbitral deve ser deduzida no foro onde foi proferida e onde serão examinados os pressupostos e requisitos legais que informaram o processo arbitral e a sentença que o decidiu.

Pela sistemática adotada pela lei 9.307/96, concorde-se com ela ou não[257], a sentença arbitral estrangeira equipara-se à sentença judicial. A exigência de homologação prévia, para a execução de sentença judicial proferida por juiz de outro país, reside no fato de provir de uma autoridade pública que, para ter efetividade no território brasileiro precisa ser aceita, homologada pelo Poder Judiciário. Antes disso, constitui mero fato despido de valor no país. Ou, como diz Amílcar de Castro, *"a sentença estrangeira é fato ocorrido em jurisdição estrangeira que no forum é tomado em consideração para se lhe atribuir nova eficácia, esta, por sua vez restrita ao fórum. Vinda do estrangeiro para o fórum, a sentença não traz em si qualquer valor jurídico, que não possa deixar*

---

[257] A sentença arbitral não é uma sentença judicial e o fato de a lei assim a considerrar não lhe muda a característica de ato privado, proveniente de árbitros nomeados pelas partes, em caráter privado. O árbitro não atua como delegado do Estado, como se entendia no passado, pois age autorizado apenas pelas partes. Ademais, a lei não pode transformar o preto em branco e o quadrado em redondo. Embora tenha efetividade falta-lhe autoridade, por estar dissociada de princípios aceitos pela comunidade.

de ser reconhecido com força executória, nem eficácia de coisa julgada substancial, nem valor probatório, pelo que, no forum podem ou não ser atribuídos tais efeitos.[258]"

Conclui-se que, de acordo com a lei 9.307/96, a sentença arbitral estrangeira somente pode ser executada no Brasil depois de homologada pelo Poder Judiciário. Antes disso, não produz qualquer efeito, o que por si só torna evidente que falta de interesse processual da parte vencida em pleitear-lhe a anulação, mediante ação promovida no juízo comum.

O interesse de agir importa na necessidade e adequação da tutela jurisdicional, como esclarecem Araújo Cintra, Ada Pellegrini Grinover e Cândido Dinamarco, que acrescentam:

> "*Interesse de agir – Essa condição da ação assenta-se na premissa de que, tendo embora o Estado interesse no exercício da jurisdição (função indispensável para manter a paz e a ordem na sociedade), não lhe convém acionar o aparato judiciário sem que dessa atividade se possa extrair algum resultado útil. É preciso, pois, sob esse prisma, que, em cada caso concreto, a pretensão jurisdicional solicitada seja necessária e adequada.*"
>
> ....
>
> "*Adequada é a relação existente entre a situação lamentada pelo autor ao vir a juízo e o provimento jurisdicional concretamente solicitado. O provimento, evidentemente, deve ser apto a corrigir o mal de que o autor se queixa.*[259]"

Em outras palavras, não tem o vencido interesse processual para promover no Brasil uma ação que vise a anulação ou a rescisão do laudo arbitral estrangeiro não apresentado à homologação do STJ. E, se proposta a ação de homologação de sentença estrangeira naquela Corte, nela é que haverá que ser discutida a pretensão de nulidade do laudo, como matéria de defesa destinada a evitar a homologação.

Por outro lado, se é condição de exequibilidade a prévia homologação da sentença, o que se executa no Brasil, na verdade, não é a sentença arbitral estrangeira, mas a sentença homologatória do STJ, que é o ato que torna oficial e exequível no país o emanado de autoridade judicial estrangeira ou do tribunal arbitral que decide uma arbitragem estrangeira. A homo-

---

[258] AMÍLCAR DE CASTRO, *Direito Internacional Privado*, Forense, Rio, 2º volume, 1968, p. 240.

[259] ANTONIO CARLOS DE ARAÚJO CINTRA, ADA PELLEGRINI GRINOVER e CÂNDIDO DINAMARCO, *Teoria Geral do Processo*, 11ª edição, Malheiros Editores, 1995, p. 258.

logação da sentença tem, pois, efeito constitutivo, conferindo condição para a execução do que nela foi disposto[260].

Sendo assim, somente o juiz do país em que a sentença arbitral foi proferida tem competência para apreciar pretensões de nulidade. É o que também ensina Irineu Strenger, ao discorrer sobre a anulação de sentença arbitral: *"Claramente a sentença anulada perde sua identidade, passa a não existir, mas somente os tribunais da sede da arbitragem ou do Estado cuja lei rege a arbitragem, isto é, a lei escolhida pelas partes para reger o procedimento arbitral, podem legitimamente preservar sua competência para anular uma sentença.[261]"*

Ao examinarem a lei modelo da CNUDCI, de 1985, Maria Ângela Coelho Bento Soares e Rui Manuel Moura Ramos abordam a problemática da anulação das sentenças arbitrais, fazendo a seguinte observação: *"Procura-se assim que, tornados concordantes os motivos da anulação e da recusa do reconhecimento, a eficácia da sentença arbitral seja a mesma tanto no Estado onde foi proferida como nos demais Estados que incorporem a Lei Modelo. A não ser assim, poderiam, de facto, verificar-se casos em que uma sentença eivada de um determinado vício não fosse suceptível de anulação (no Estado, claro, onde é pronunciada) por tal vício não constituir fundamento bastante para isso, mas o seu reconhecimento e execução pudessem ser recusados, mediante a invocação da existência desse mesmo vício. Numa hipótese dessas poderia uma sentença ser perfeitamente válida no Estado em que foi proferida e ser-lhe negado o reconhecimento, não só noutros Estados ...como no próprio Estado onde fora proferida[262]*.

Pode ocorrer que o laudo seja proferido em um país, mas a lei aplicável ao processo de arbitragem seja de outro escolhido pelas partes na convenção de arbitragem, como previsto no artigo 38, II da Lei 9.307/96. Esse dispositivo reproduz o artigo V, alínea "a" da Convenção de Nova Iorque[263].

---

[260] Como destacou Pedro Batista Martins, em passagem reproduzida por Amílcar de Castro (op. cit., p. 240): *"ainda que homologatória a sentença estrangeira, não é ela, propriamente, que se executa no Brasil, mas a decisão homologatória, porque ela é que e a criadora da prestação jurisdicional do Estado. O seu conteúdo é a sentença estrangeira por ela assimilada. A Sentença estrangeira não extralimita a sua eficácia ao território brasileiro, porque a executoriedade é inerente à sentença do Tribunal brasileiro que a absorve pela homologação"*. Recursos e Processos da Competência Originária dos Tribunais nº 36, p. 56".
[261] IRINEU STRENGER, *Comentários à Lei Brasileira de Arbitragem*, LTr, S. Paulo, 1998, p. 196.
[262] *Arbitragem Comercial Internacional*, Lisboa, 1986, p. 314.
[263] Diz Artigo V.1 da Convenção de Nova Iorque de 1958, *"O reconhecimento e a execução de uma sentença poderão ser indeferidos, a pedido da parte contra a qual ela é invocada, unicamente se esta parte fornecer, à autoridade competente onde se tenciona o reconhecimento e a execução, prova de que: a) as partes do acordo a que se refere o artigo II estavam, em conformidade com a lei a elas aplicável, de*

Nesse caso, a competência para anular o laudo pode também caber ao país cuja lei foi aplicada no processo de arbitragem.

A esse respeito, é oportuna a observação de José Maria Chillón Medina e José F. Merino Merchán, que, embora um tanto extensa, sua transcrição é apropriada à matéria ora examinada:

> "*La Convención (de Nova Iorque) exige que la anulacion o suspénsión se lleve a cabo necessariamente en uno de esos dos países. El problema que ahora se plantea es el de precisar si puede entrar en esta composición de lugar el país receptor, en el que la ejecución se solicita; en segundo lugar, si las causas de anulación deben ser entendidas en un amplio sentido, o, por el contrario, se deben limitar en cuanto a la producción de los efectos de denegación del exequatur.*
>
> *Respecto del primer punto, la solución vendría dada por la apreciacion de que la Convención solo alude a la anulación que se ha llevado a cabo en alguno de esos dos paises. El efecto pretendido por la parte que impugna la validez de la sentencia puede conseguirse simplemente con la denegación del exequatur, dentro de cuyo procedimento el Juez examinará, por outra parte, la regularidad formal de la sentencia, con efectos análogos – aunque limitados territorialmente – a los de un enjuiciamiento sobre su anulación.*
>
> *Respecto del segundo punto, la Convención es mas restrictiva que su predecesor, el Convenio de Ginebra de 1927. Es necessário siempre que la sentencia haya sido anulada. Se suprime, en todo caso, la causa potestativa de denegación o de suspensión del exequatur que contenia el articulo III de aquel Convenio. Tan solo se permite que la Autoridad competente del país receptor aplace, si lo considera procedente, la decisión sobre la ejecución de la sentencia; y a instancia de la parte que pida la ejecución, podría también ordenar a la outra parte que dê las garantrias apropiadas (art. VI)*[264]"

Assim, de acordo com a sistemática da Convenção de Nova Iorque, adotada pela lei brasileira, a anulação do laudo arbitral estrangeiro somente pode ser feita no país onde foi proferida ou no país cuja lei as partes ele-

---

algum modo incapacitadas, ou que tal acordo não é válido nos termos da lei à qual as partes o submeteram, ou, na ausência de indicação sobre a matéria, nos termos da lei do país onde a sentença foi proferida;"
[264] JOSÉ MARIA CHILLÓN MEDINA e JOSÉ FEDERICO MERINO MERCÁN: *Tratado de Arbitraje Interno e Internacional*, Civitas, Madrid, 1978, p. 508.

geram para regular o procedimento arbitral. À parte vencida cabe unicamente opor-se no processo de homologação, como matéria de defesa.[265]

Poderá, nesse caso, invocar a disposição do artigo VI da Convenção e requerer a suspensão do processo de homologação, caso tenha promovido uma ação visando a anulação do laudo perante a autoridade judiciária competente. Em tal situação, a parte vencedora poderá exigir a prestação de caução apropriada. Essa norma ratifica a territorialidade do laudo, ao fazer referência ao art. V,1.(e), que dispõe à *"autoridade competente do país em que, ou conforme a lei do qual, a sentença tenha sido proferido"*.

A denegação da homologação, por qualquer dos motivos previstos na lei brasileira, tornará o laudo ineficaz no país, pois se trata de providência necessária para o reconhecimento e execução do laudo estrangeiro. Sem essa homologação, o laudo não poderá ser executado no território brasileiro, não obstante possa ser reconhecido em outra ordem jurídica, que lhe venha a reconhecer.

Embora a competência para declarar a nulidade da sentença seja dos tribunais da sede da arbitragem, essa nulidade pode não ser acolhida pelos tribunais de outros países, onde se requer a execução do laudo, se não houver ofensa a suas leis ou sua ordem pública, como previsto na Convenção de Nova Iorque[266]. Em outras palavras, a competência para conhecer de ação de nulidade do laudo é do local onde foi proferido, ou do país cuja lei processual foi adotada na convenção arbitral. Todavia a sentença que a tiver acolhido tem caráter territorial e efetividade apenas no Estado onde foi proferida.

Não obstante, a nulidade decretada em um país não importa nulidade per si do laudo, pois, pode ser acolhido em outras ordens jurídicas que

---

[265] A lição do clássico JEAN ROBERT corrobora essa conclusão, ao comentar as hipóteses de recusa do laudo arbitral de acordo com a Convenção de Nova Iorque, de 1958: *"...il faut que cette procédure d'annulation ou de suspension ait été pursuivie dans l'un des deux pays, de celui oú la sentence a été rendue, ou de celui selon la loi duquel elle a été rendue"*, in Arbitrage Civil et Commercial, Librairie Dalloz, Paris, 4ª edição, 1967, p. 539.

[266] Em decisão de 14 de janeiro de 1997, a Corte de Apelação de Paris concluiu que *"une sentence internationale reundue à l'étranger n'est pas integrée à l'ordre juridique de cet État et, malgré son annulation, a une existence qui demeure établie et peut être reonnue em france dês lors qu'elle n'est pas contraire à l'ordre public internatioale"* in Journal de Droit International, 1998, p. 750-754. A mesma orientação foi adotada pela District Court for the District of Columbia, no caso Chromalloy Aerioservices, em que o laudo anulado pelo judiciário do Egito foi reconhecido como válido e passível de execução nos Estados Unidos.

não o consideram atentatório a suas leis ou à sua ordem pública. Mesmo porque as hipóteses de nulidade podem referir-se a requisitos essenciais em um país e não em outro.

Já se viu que a lei estabeleceu dois regimes para os laudos arbitrais, distinguindo os preferidos no Brasil dos estrangeiros, estes sujeitos à lei processual do país onde foi emitido, em virtude do princípio da territorialidade dos atos processuais.

A lei brasileira, ao conferir aos laudos arbitrais os efeitos de sentença judicial, não requer mais a homologação, para sua execução. Sendo assim, a nulidade do laudo arbitral proferido no Brasil somente pode ser obtida por meio de ação de nulidade regulada no artigo 33 da lei de arbitragem, não se aplicando o regime regulado no CPC.

O art. 33 da lei refere-se à *"nulidade da sentença arbitral"*, ato privado, mas que a lei qualificou como *"título executivo judicial"*, e, assim, poderia levar ao entendimento de que a ação própria para obter o decreto de anulação seria a rescisória de que trata o artigo 966 do CPC, e não a ação anulatória de ato jurídico, regida pelo § 4º do artigo 966, segundo o qual *"os atos de disposição de direitos, praticados pelas partes ou por outros participantes do processo e homologados pelo juízo, bem como os atos homologatórios praticados no curso da execução, estão sujeitos à anulação, nos termos da lei."*

A ação anulatória refere-se a (i) *atos judiciais que não dependem de sentença*, o que não é o caso do laudo arbitral, que não é judicial e sim privado e constitui sentença e (ii) *sentenças homologatórias*, que também não se aplicam à arbitral, que delas não dependem para sua execução. A ação cabível, portanto, seria, em tese, a rescisória, que tem por finalidade rescindir uma sentença judicial, como assim a qualifica a lei a proferida na arbitragem.

Todavia, como o art. 33 lei 9.307/96 estabeleceu que a decretação da nulidade será feita por meio de ação de nulidade da sentença arbitral, fundada em uma das hipóteses do art. 32 da lei, a antiga polêmica sobre o assunto perdeu objeto. Pois, como observa o Prof. ARNOLDO WALD a *"...ação rescisória não tem qualquer utilidade, porquanto a Lei de Arbitragem já dispõe que o controle da sentença arbitral será feito por meio de ação de anulação"*[267].

Por outro lado, o art. 33 da lei, esclarece que a parte interessada pode pleitear ao órgão do Poder Judiciário competente a declaração de nuli-

---

[267] ARNOLDO WALD, Os meios judiciais do controle da sentença arbitral", in *Revista de Arbitragem e Mediação*, Ed. Ver. Trib. São Paulo, nº 1, jan-abril 2004, p. 40-65.

dade da sentença arbitral, nos casos previstos em lei, dizendo, ainda que a demanda seguirá o procedimento comum previsto no CPC. O prazo é de noventa dias contados do recebimento da notificação da sentença arbitral ou seu aditamento.

Esse fato ratifica o caráter da territorialidade do processo arbitral, sendo a sentença arbitral somente rescindível pela ordem jurídica onde foi proferida.

Com a ratificação, pelo Brasil, da Convenção de Nova Iorque, de 1958, foi alterada a lei 9.307/96, haveria que se aplicar o artigo III da Convenção, segundo o qual não se dará tratamento mais gravoso à sentença arbitral estrangeira que a nacional:

> *"III – Cada Estados signatário reconhecerá as sentenças como obrigatórias e as executará em conformidade com as regras de procedimento do território o qual a sentença é invocada, de acordo com as condições estabelecidas nos artigos que se seguem. Para fins de reconhecimento ou de execução das sentenças arbitrais às quais a presente Convenção se aplica, não serão impostas condições substancialmente mais onerosas ou taxas ou cobranças mais altas do que as impostas para o reconhecimento ou a execução das sentenças arbitrais domésticas."*

Como as sentenças arbitrais nacionais não dependem mais de homologação pelo judiciário para sua execução, parece lógico concluir que, com a entrada em vigor no Brasil da Convenção de Nova Iorque, não haveria mais necessidade dessa homologação judicial, pois, do contrário, será impor a elas *"condições sensivelmente mais rigorosas"* do que as adotadas para o laudo arbitral nacional[268]. O intuito da Convenção foi facilitar o reconhecimento e execução das sentenças arbitrais, eliminando tratamento diferenciado entre as nacionais e estrangeiras. Contudo, ainda prevalece o entendimento do STJ que mantém a exigência.

Os requisitos e regularidade da arbitragem continuam a ser regidos pelo direito do país em que se processou ou cuja lei foi aplicada, recebendo-o o juiz brasileiro como título formado de acordo com o direito estrangeiro.

---

[268] Segundo JEAN ROBERT, *"La Convention de 1958 consacre donc aussi l'assimilation de la sentence étrangère à la sentence nationale, systeme dont le principe découle du caractère contractuel de l'arbitrage et qui justifie son traitement différent de celui de la décision publique étrangère"*, in *Aritrage Civil et Commercial*, Librairie Dalloz, Paris, 4ª edição, 1967, p. 535.

Tanto no processo de homologação, como no de execução, a autoridade judiciária brasileira irá verificar se os requisitos de ordem pública foram observados no laudo, bem como os contidos no artigo 38 da Lei 9.307/96, dentre os quais o ter sido proferido fora dos limites da convenção de arbitragem e não ter sido possível separar a parte excedente daquela submetida à arbitragem.

Verifica-se que há distinção entre as hipóteses do artigo 38, e as do artigo 32, quanto aos requisitos a serem observados. Neste último, que trata das arbitragens nacionais, o inciso V, antes de sua revogação, impunha a nulidade se a sentença arbitral *"não decidir todo o litígio submetido à arbitragem"*, atenuando seus efeitos ao permitir a emenda do laudo, como se vê do § 2º do artigo 33. Não se tratava, portanto, de nulidade absoluta, como ocorre com os previstos nos incisos I, II, VI, VII, e VIII do mesmo artigo (artigo 32), o que pode ter sido causa de sua revogação pela lei 13.129/2015. O artigo 38 sobre o laudo estrangeiro proíbe apenas o julgamento *ultra petita* (sentença arbitral proferida fora dos limites da convenção de arbitragem), o que é relevante para o exame das sentenças parciais, quando admitidas pela convenção de arbitragem ou da instituição de arbitragem, cujo regulamento as admite.

Capítulo 15 - Os Deveres do Árbitro[269]

DEVERES LEGAIS: imparcialidade; independência; competência; diligência; discrição; tratamento igualitário das partes e o contraditório; revelação; observância da ordem púbica.

DEVERES ÉTICOS: clareza; preservação da confiança das partes; exame de todos os fundamentos das pretensões das partes; julgamento da controvérsia com liberdade e o *jura novit curiae.*

Os deveres do árbitro devem ser examinados de acordo com a Lei, a Ética e as disposições estabelecidas na convenção arbitral. Cada uma obedece a princípios e pressupostos próprios, alguns se interpenetrando com outros.

A esfera legal constitui o aparato legislativo a governar de forma ampla a nomeação e os principais princípios que governam a função dos árbitros, impondo limites e deveres a serem observados. Seu escopo é conferir legitimidade estatal à atividade arbitral privada, reconhecendo-a como uma das formas de solução de controvérsias, sem a utilização da estrutura do Estado. Já a Ética possui amplitude maior, abrangendo comportamentos e atitudes fora dos limites legais, mas igualmente compulsórios. A convenção arbitral, por sua vez, destina-se a estabelecer parâmetros específicos para a relação contratual por ela disciplinada e se inscreve na tendência internacional da contratualização das relações econômicas e comerciais,

---

[269] Versão anterior deste capítulo foi publicada no livro *20 Anos da Lei de Arbitragem: Homenagem a Petrônio R. Muniz*, CARMONA, Carlos Alberto, LEMES, Selma Lemes, MARTINS, Pedro Batista (cood.), 1º ed. - São Paulo: Atlas, 2017, p. 227-238.

não abrangidas pela regulação estatal, excluindo-a por deliberação das partes, fundadas na autonomia da vontade.

Impõe-se o exame de cada uma delas.

1. Deveres legais

Ao dispor sobre o exercício da função do árbitro, o § 6º do art. 13, da Lei nº 9.307/96 limita-se a dizer que deve ele proceder com imparcialidade, independência, competência, diligência e discrição. Cada um desses requisitos comporta um sem-número de outros deveres nele integrados.

2. Dever de imparcialidade

O primeiro deles, comum a toda a atividade de julgar controvérsias entre terceiros, é o da imparcialidade, que impõe o dever de não proceder com tendenciosidade em favor de uma das partes. Imparcialidade, contudo, não significa neutralidade, pois o árbitro, como qualquer pessoa, carrega conteúdo próprio de sua formação, cultura, religião, profissão, meio social, enfim todo um universo de fatores que o cerca e do qual não se aparta, ainda que atue com imparcialidade relativamente às partes em litígio.

Quem provém de meio familiar ou social relacionado ao aparato governamental pode estar propenso a entender considerações de autoridades públicas com mais acuidade do que outros. O mesmo pode ocorrer com os que se inclinam à iniciativa privada e, assim, sensíveis a problemas empresariais. A decisão proferida é imparcial, mas não neutra, pois reflete a formação do julgador, seja ele juiz ou árbitro.

Esse requisito é de grande relevância nas arbitragens internacionais, em que pessoas de culturas e civilizações diversas podem estar envolvidas no processo, seja como partes, seja como árbitros. O árbitro muçulmano pode ter dificuldade de decidir controvérsia sobre contrato de venda e compra de bebidas alcoólicas ou o árbitro em processo arbitral em que atua, como advogado, professor de Direito, jurista de sua admiração e cujas obras influenciaram em sua formação.

Da mesma forma, a imparcialidade pode ser influenciada em controvérsias em que o árbitro já tem opinião formada sobre os princípios jurídicos e éticos que regem a pretensão de uma das partes, ainda que não tenha examinado em maior profundidade a controvérsia. Nesse caso, o seu dever é de abster-se de atuar, por estar propenso, de antemão, a acolher a pretensão que se concilia com suas convicções sobre o tema objeto da controvérsia. Não há impedimento legal, mas ético.

3. Dever de independência

Da mesma forma, a independência do árbitro não se limita aos aspectos econômicos. Pode ter outros componentes, como o acadêmico, religioso, social, profissional, financeiro ou de outra ordem. Cada caso deve ser examinado com mais profundidade a depender das circunstâncias. O árbitro que é indicado reiteradamente pelo mesmo escritório de advocacia não significa que tenha dependência econômica, mas pode levantar suspeita de favorecimento na condução de processos em benefício dos clientes do escritório, que o leva a sempre contar com o concurso desse árbitro.

Todavia, pode ele ser economicamente independente das partes e de seus advogados, mas seu envolvimento pessoal pode revelar certa inclinação a uma delas ou a seus advogados, em determinado setor de atividades de seu interesse, social, profissional, acadêmico, ou de outra ordem.

4. Dever de competência

O dever de competência está relacionado ao tema da controvérsia. O árbitro pode ser renomado jurista, mas jejuno em determinada matéria que requer certa especialização e experiência na área, ao contrário de outro não jurista, mas versado no tema, como é o caso de controvérsia sobre emprego de técnicas relativas a setor especializado de atividades. Ainda que o árbitro possa valer-se da contribuição de peritos que assistam as partes ou a ele próprio, sua decisão estará baseada na opinião de terceiros que não são por ela responsáveis. Ainda que assim seja, o árbitro, ao valer-se das informações técnicas de peritos, o que é comum, deve ter a capacidade de compreensão dos fatos sob sua apreciação e dos demais elementos probatórios para adotar a conclusão técnica que considere adequada à solução da controvérsia, em conjunto com outros fatores não técnicos que nele influem. Por essa razão tem sido boa prática a de convocar peritos para depor em audiência, ocasião em que lhes é conferida oportunidade de aprofundar suas conclusões e esclarecer dúvidas sobre seu trabalho.

Afinal, ainda que a matéria seja de extrema especialização, a explanação do perito destina-se a esclarecê-la, permitindo que os advogados, assessorados por seus próprios peritos, façam indagações e considerações que permitam a melhor compreensão do tema. O sistema do processo judicial de considerar o perito um auxiliar do juiz traz o grave inconveniente de retirar do magistrado o encargo de se aprofundar no exame técnico da matéria controvertida. A longa experiência dos processos judiciais instruídos com perícia mostra essa conclusão. O juiz tende a se valer da opinião do perito por ele indicado, sendo ele seu auxiliar, no sistema inquisitorial adotado no Brasil, tornando-se o perito o verdadeiro julgador da controvérsia.

No processo arbitral, ao contrário, afastando-se do modelo inquisitorial do processo judicial, confere-se às partes a responsabilidade pela produção da prova dos fatos por ele alegados, impondo ao árbitro maior cuidado e responsabilidade na análise dos fatos e das provas.

5. Dever de diligência

O dever de diligência refere-se à presteza e o cuidado na condução do processo arbitral, com a tomada de decisões apropriadas e tempestivas, evitando delongas ou ausência de providências que lhe competem. É o caso do árbitro sobrecarregado de trabalhos que lhe impedem agir com a celeridade dele esperada na tomada de decisões ou de resolver incidentes que interferem com o seu curso normal. É com esse propósito que algumas entidades de arbitragem pedem ao árbitro que indique sua disponibilidade para aceitar o encargo, bem como datas de compromissos agendados que lhe impedem participar de audiências ou de outros atos processuais. Afinal, as partes têm o direito de saber, com antecedência, quando possível, o programa de atividades do árbitro e de datas de eventuais compromissos que podem afetar a condução do processo sob sua responsabilidade.

6. Dever de discrição

O dever de discrição situa-se no âmbito da confidencialidade que cerca o procedimento arbitral e, mais do que isso, a conduta do árbitro, que deve estar sempre cioso em resguardar as partes e a controvérsia a ele submetida de qualquer divulgação dos fatos litigiosos. Tem o dever de evitar comentários ou observações que possam revelar a existência do processo ou indicar sua inclinação sobre o tema controvertido ou sobre as partes. Esse dever é comum aos magistrados togados, pois, embora o processo judicial seja público, o julgador deve evitar comentários ou considerações sobre os fatos sob sua análise. No Brasil, tem-se registrado o desrespeito a esse requisito por ministros do STF, que não se furtam em dar entrevistas à imprensa, ansiosos por publicidade, em que, não raro, adiantam seus pontos de vistas sobre temas objeto de ações a serem julgadas. Encastelados em Brasília, não percebem o desprestígio que sofrem dessa atitude.

7. Dever de tratamento igualitário das partes e o contraditório

Dentre os deveres legais dos árbitros deve-se, ainda, destacar o de assegurar o tratamento igualitário das partes e a preservação do contraditório, dois princípios essenciais do processo arbitral, inscritos no § 2º do artigo 21 da Lei nº 9.307/96. Esse dever tem, como fundamento, dar às partes igual oportunidade de se manifestar sobre todo o processado, provas, argumentos, enfim, tudo o que for por elas considerado relevante para a sua ampla defesa. Isso implica assegurar-lhes a participação das audiências, o arrolamento de testemunhas, a tomada dos depoimentos, circunscrita ao objeto do litígio, enfim a todo o conjunto de atos pertinentes à controvérsia. Para isso, tem o árbitro o dever de manter o rito processual aprovado pelas partes, evitando desvios que prejudiquem o curso do procedimento e coibindo comportamentos inadequados ou procrastinatórios, para o que deve usar de sua prudente discrição na avaliação sobre a pertinência e oportunidade de providências pretendidas. Ao ser assegurada ampla liberdade de ação às partes, há que se observar, todavia, os limites na apuração dos fatos, para o que se impõe ao árbitro diligência e firmeza na condução do procedimento.

8. Dever de revelação

O § 1º do art. 14 da Lei nº 9.307/96 diz: *"As pessoas indicadas para funcionar como árbitro têm o dever de revelar, antes da aceitação da função, qualquer fato que denote dúvida justificada quanto à sua imparcialidade e independência."*

O dever de revelação, pois, tem por objeto informar as partes sobre fatos que possam interferir com a confiança nele depositada. A redação da lei faz pressupor que os fatos revelados podem gerar dúvidas *justificadas* sobre a imparcialidade e independência. Ora, se a dúvida é justificada é porque a confiança foi afetada e, sendo assim, o pressuposto essencial para a nomeação do árbitro deixou de existir. O que se pretende é eliminar dúvidas e permitir às partes, conhecendo os fatos revelados, ratificar a confiança nele depositada.

Esse dever de revelação tem, como contrapartida, o das partes de informar todas as circunstâncias, pessoas, relações, diretas ou indiretas, que tenham a ver com a controvérsia e com as partes.

9. Dever de observância da ordem pública

Nas arbitragens internacionais há o componente da ordem pública dos Estados de que provêm as partes e da sede da arbitragem, diante de divergências legislativas, além da ordem pública internacional, que pode ser diversa das acolhidas pelo Estado em que a arbitragem se processa. Os princípios configuradores da ordem pública nacional devem prevalecer sobre os da ordem pública internacional, que podem, no entanto, ser acolhidos se não conflitarem com os da ordem pública interna.

Nesse ponto, é relevante a apreciação de eventual contraste entre a ordem pública nacional do país em que a sentença foi proferida e a do país de sua execução, hipótese adotada no art. 39, II, da Lei nº 9.307/96[270]. Se a sentença deve ser executada no Brasil, é lógico que a ordem pública brasileira, tal como entendida pelas autoridades brasileiras, deve ser respeitada, ainda que no local em que foi proferida isso não ocorra. Afinal, a repercussão social da decisão se verifica no local de sua execução e não no local da sua prolação, que pode ser irrelevante.

A matéria tem a ver com outro requisito imposto pelo inciso VI do art. 38 da Lei nº 9.307/96, segundo o qual não será homologada a sentença arbitral proferida no exterior se tiver sido anulada ou suspensa por órgão judicial do país onde foi prolatada. A ordem jurídica do país onde o processo arbitral tramitou e onde a sentença foi proferida pode ser irrele-

---

[270] *"Art. 39. A homologação para o reconhecimento ou a execução da sentença arbitral estrangeira também será denegada se o Superior Tribunal de Justiça constatar que: (...) II - a decisão ofende a ordem pública nacional."*

vante se os seus efeitos ocorrem em outro país, subordinado a princípios e normas diversas.

Se os fatos que levaram à anulação da sentença pelo Poder Judiciário do local em que foi proferida não interferirem com os princípios e normas acolhidos no país de sua execução, parece ilógico estender a aplicação da lei estrangeira ao local de execução. Haveria, nesse caso, aplicação extraterritorial de leis estrangeiras no país da execução. Em outras palavras, anulada a sentença arbitral por violação da lei local onde foi proferida, não havendo nulidade no país de execução, a lei estrangeira invade a jurisdição territorial do país de execução.

A aplicação extraterritorial da lei nacional, contudo, está subordinada a princípios bem sedimentados na ordem internacional, qual sejam o da nacionalidade (a lei aplica-se ao nacional mesmo que esteja no exterior[271]), da personalidade passiva (a lei nacional aplica-se ao sujeito passivo do ato[272]), da universalidade do ato[273] e dos efeitos no território do ato produzido no exterior[274].

Em qualquer desses casos, há ligação estreita entre o ato realizado no exterior ou os seus participantes e o território do Estado, a justificar a aplicação da lei nacional. Esse pressuposto não existe na sentença arbitral produzida no exterior, se os seus efeitos se verificarem no país da execução. Haveria que prevalecer, no caso do Brasil, a norma do inciso II do art. 39 da Lei nº 9.307/96, que impõe o não reconhecimento da sentença arbitral estrangeira se ofender a ordem pública brasileira. Da mesma forma,

---

[271] Art. 7º do Código Penal brasileiro: "*Ficam sujeitos à lei brasileira, embora cometidos no estrangeiro: I - os crimes: a) contra a vida ou a liberdade do Presidente da República; b) contra o patrimônio ou a fé pública da União, do Distrito Federal, de Estado, de Território, de Município, de empresa pública, sociedade de economia mista, autarquia ou fundação instituída pelo Poder Público; c) contra a administração pública, por quem está a seu serviço; d) de genocídio, quando o agente for brasileiro ou domiciliado no Brasil; II - os crimes: a) que, por tratado ou convenção, o Brasil se obrigou a reprimir; b) praticados por brasileiro; (...)*"

[272] Art. 7º, § 3º, do Código Penal brasileiro: "*A lei brasileira aplica-se também ao crime cometido por estrangeiro contra brasileiro fora do Brasil, se, reunidas as condições previstas no parágrafo anterior: a) não foi pedida ou foi negada a extradição; b) houve requisição do Ministro da Justiça.*"

[273] Como é o caso do genocídio, crimes contra a humanidade e outros assim qualificados no Tratado que aprovou a constituição do Tribunal Penal Internacional.

[274] Art. 2º da Lei nº 12.529, de 30/11/2011: "*Aplica-se esta Lei, sem prejuízo de convenções e tratados de que seja signatário o Brasil, às práticas cometidas no todo ou em parte no território nacional ou que nele produzam ou possam produzir efeitos.*"

os pressupostos do art. 17 da LINDB[275] têm aplicação, havendo que prevalecer sobre a lei estrangeira e sobre a decisão judicial estrangeira que anulou sentença arbitral não homologada no Brasil.

Não se pode perder de vista que o processo arbitral é privado o que limita a interferência de autoridades públicas, judiciais ou não, no resultado e no andamento do processo arbitral, cuja sentença não está sujeita à homologação estatal. Se assim é, a sentença arbitral deveria ser considerada por si só e não vinculada às disposições legais do local em que foi proferida, se os seus efeitos devem ocorrer em outro país, onde vai ser executada. É neste que os pressupostos sobre a regularidade do processo arbitral devem ser examinados, independentemente da normativa legal do país em que foi proferida e no qual não haverá repercussão.

Todavia, não foi esse o critério adotado pela lei brasileira, que acolheu o mesmo princípio da Convenção de Nova Iorque, de 1958. O fundamento aceitável para o critério pode ser o de que a não observância da lei do local da arbitragem configura violação da vontade das partes expressa na convenção de arbitragem.

Diz, efetivamente, o art. 38, VI da Lei nº 9.307/96, que não será homologada a sentença arbitral estrangeira que tiver sido anulada ou suspensa por órgão judicial do país onde for prolatada. A aplicação desse preceito, contudo, subentende – embora sem o dizer, por desnecessário - que a decisão judicial estrangeira que anulou ou suspendeu a sentença arbitral foi previamente homologada pelo STJ e, assim, dotada de efetividade no país. A entender-se diversamente estar-se-ia conferindo eficácia no Brasil à decisão judicial estrangeira não homologada pelo judiciário brasileiro, o que contraria o art. 1º, I, e o art. 105, inciso I, (i), da Constituição Federal brasileira[276].

A exigência da homologação da sentença judicial estrangeira baseia-se no fato de se tratar de ato oficial de outro Estado que somente pode ser aceito e ter validade em qualquer outro país onde se pretende dar-lhe

---

[275] *"Art. 17. As leis, atos e sentenças de outro país, bem como quaisquer declarações de vontade, não terão eficácia no Brasil, quando ofenderem a soberania nacional, a ordem pública e os bons costumes."*
[276] *"Art. 1º A República Federativa do Brasil, formada pela união indissolúvel dos Estados e Municípios e do Distrito Federal, constitui-se em Estado Democrático de Direito e tem como fundamentos: I – a soberania."*
"Art. 105. Compete ao Superior Tribunal de Justiça: I – processar e julgar, originariamente: i) a homologação de sentenças estrangeiras e a concessão de exequatur às cartas rogatórias;"

eficácia, se for confirmado pela autoridade judiciária do país de execução. Até porque, o que se executa não é a sentença estrangeira, ato estranho ao país, mas a decisão nacional que a confirma, por meio da homologação, reconhecendo-a e lhe conferindo efetividade.

Em resumo, a sentença judicial estrangeira que anula sentença arbitral somente pode ser considerada para os efeitos do art. 38, VI da Lei nº 9.307/96, se tiver sido previamente homologada pelo STJ.

Por outro lado, o conceito de ordem pública é fluido e sujeito à interpretações nem sempre uniformes, seja na ordem interna, seja na internacional. A matéria tem a ver com o momento em que o processo arbitral é instaurado e com a matéria nele tratada, tendo implicações com o conjunto normativo que rege a sociedade em determinado momento. A ordem pública relevante a ser considerada deve ser a do local de execução da sentença arbitral e não ao da sua prolação, que pode ser circunstancial. O local onde se situa a sede do tribunal arbitral ou onde o processo tramita pode não ter qualquer influência na controvérsia, cujos efeitos se farão notar em outra ordem jurídica em que a sentença deve ser cumprida e executada.

A norma do art. 38, II, da Lei nº 9.307/96, todavia, confere primazia à lei que rege a arbitragem ou a do país onde a sentença foi proferida, o que está de acordo com o art. 9º da LINDB[277].

Já a questão da denegação de reconhecimento da sentença arbitral estrangeira que tenha sido anulada no país onde for proferida, padece de lógica, salvo se homologada pelo STJ, como já dito. O que importa, na verdade, é se a decisão ofende, ou não, a ordem pública brasileira, a soberania nacional e os bons costumes, como estabelecido no já referido art. 17 da LINDB. Isto porque é no país que a sentença tem repercussão, por ser nele que deve ser cumprida e executada.

10. Dever de motivação

O ofício de decidir controvérsias alheias requer prudência e a percepção da grave responsabilidade assumida pelo julgador. Se as partes controvertem sobre o que entendem ser de seu direito, o julgador deve ter em

---

[277] "Art. 9º Para qualificar e reger as obrigações, aplicar-se-á a lei do país em que se constituírem.

§ 1º Destinando-se a obrigação a ser executada no Brasil e dependendo de forma essencial, será esta observada, admitidas as peculiaridades da lei estrangeira quanto aos requisitos extrínsecos do ato.

§ 2º A obrigação resultante do contrato reputa-se constituída no lugar em que residir o proponente."

mente que, ao decidir em favor de uma delas, nega a pretensão da outra. A repercussão na esfera pessoal e patrimonial do vencido pode ser grande, não apenas sob o prisma econômico, mas também moral e psicológico. A motivação, por isso, é dever a ser observado em toda decisão, pois se destina a convencer os litigantes das razões que levaram o julgador a tomá--la. Não se trata de requisito meramente formal, mas substancial. Tem por objetivo atingir o âmago da controvérsia, com razões que permitam convencer as partes e, no caso do juiz, também a comunidade, da justiça da decisão e dos motivos para adotá-la.

Esse dever dos árbitros compreende o de apreciar, na decisão, todos os fundamentos, fatos e provas apresentados pelas partes, denotando amplo e preciso conhecimento da controvérsia e das circunstâncias que os levaram a acolher ou rejeitar as pretensões formuladas, nos termos do art. 26 da Lei 9.307/96. No processo judicial, o CPC de 2015 diz, no art. 489, II, ser um dos elementos essenciais da sentença judicial "*os fundamentos, em que o juiz analisará as questões de fato e de direito*".

Trata-se da motivação, sem a qual a sentença judicial será nula. Todavia, o processo arbitral não se rege pelas normas do processo judicial, podendo as partes autorizar os árbitros decidir a controvérsia sem motivação. Prevalece, nesse caso, a vontade das partes expressa na convenção arbitral. Isto porque nem todo litígio requer motivação da sentença que o resolve, como é o caso da fixação do valor da diferença de preço pago pelo comprador de determinado produto não entregue pelo vendedor e adquirido pelo comprador de terceiros por preço maior. Nesse caso, se as partes anuíram não ser necessária a motivação da decisão, mas tão somente a constatação da diferença de preço do mesmo produto, paga pelo comprador, trata-se de dado objetivo que não requer fundamentação. Ou quando, pela singularidade do caso verifica-se a desnecessidade da motivação.

É justamente a questão abordada em decisão do STF[278] que homologou sentença arbitral estrangeira, com base no fato de não haver o pedido sido contestado. Diz a Ementa: "*O judiciário há de motivar sua decisão convalidatória de sentença arbitral quando, citada a parte adversa, houver contestação, em juízo, da validade daquela. Não tendo havido semelhante controvérsia, a decisão judiciária prescindia de motivação específica. Ação homologatória procedente.*"

---

[278] Sentença Estrangeira 3397-6 – Reino Unido da Grã-Bretanha e Irlanda do Norte - Sessão Plenária – STF – j. 11.11.1993 – rel. p/ o acórdão Min. Francisco Rezek - DJU 05.05.1995, in *Revista de Arbitragem e Mediação*, nº 4, 2005, p. 267.

A matéria tem relevância maior em regulamentos de entidades corporativas de empresas que vendem e compram *commodities*, em que é costume geral o do pagamento do valor da diferença de preço vigente do produto no mercado, em caso de inadimplemento de uma das partes.

11. Deveres éticos

Os deveres éticos são mais abrangentes do que os legais, mas tão efetivos e eficazes quanto estes. Em alguns casos, o dever ético se confunde com o legal, mas ambos são dotados de efetividade. A Ética tem a ver com a sociedade, com comportamento social, com costumes arraigados, nem sempre regulados por lei, ato de autoridade governamental, mas de observância geral. O devedor costumeiramente inadimplente não comete crime, mas é punido pelo descrédito social. É a Ética a prevalecer sobre a Lei.

12. Dever de clareza

Um dos deveres éticos é o de produzir decisões inteligíveis para as partes, a quem se destinam. A sentença deve ser clara, bem redigida, em linguagem não rebuscada e sem a erudição própria de trabalhos acadêmicos, recheados de citações em idioma nacional ou estrangeiro, que nada significam para as partes e para a comunidade. O juiz e o árbitro decidem controvérsias concretas, reais e não tese acadêmica de Direito abstrata e conceitual, para ser examinada por doutos no assunto. A decisão do árbitro, como a do juiz, ela própria, é ato de autoridade – a de julgar a controvérsia, como fundamento na jurisdição conferida pelas partes ou, no caso do juiz, pela lei. Por isso importa mais o argumento, a análise das provas e dos fundamentos adotados do que a invocação de doutrinas genéricas.

O julgador decide caso concreto, fundado no seu prudente critério na apreciação das provas e nos argumentos das partes. É claro que a doutrina e a jurisprudência podem ser úteis - por vezes necessárias - para demonstrar a pertinência da conclusão a que chegou o árbitro para demonstrar pertinência de suas conclusões com tendências acolhidas pela comunidade sobre a matéria controvertida. Afinal, a sentença arbitral, sendo ato de autoridade privada constituída pelas partes, resulta de um processo de decisão que retrata – ou deve retratar - as expectativas da comunidade. Para as apurar é que se impõe ao julgador a pesquisa da doutrina dominante, da jurisprudência, das manifestações da sociedade civil, enfim do conjunto de fatos em que se insere a controvérsia.

13. Dever de manter confiança das partes

Já se disse que o judiciário vive da obediência das partes e a arbitragem da confiança. Essa distinção, consagrada na lei de arbitragem brasileira, ao dizer que pode ser árbitro quem possua confiança das partes (art. 13 da Lei nº 9.307/96), revela a necessidade de preservação dessa confiança não apenas quando da nomeação, mas durante todo o processo arbitral e mesmo depois do seu término.

O Juiz prescinde dessa confiança, mas está adstrito a observar o que a lei dispõe sobre os interesses envolvidos na controvérsia. O juiz não pode decidir *contra legem*. Mas pode identificar normas legais que se ajustam à solução da controvérsia, com base em princípios que lhe permitem decidir com segurança e com justiça. Pode o julgador deixar de aplicar uma norma legal determinada e adotar outra que lhe permite atender o que considera justo aplicável à solução da controvérsia sob sua análise.

Há situações na jurisprudência judicial que revelam a ação criativa do juiz na apreciação de caso concreto, sem, contudo, deixar de aplicar a lei. É o caso das ações reivindicatórias ou de reintegração de posse contra o Estado invasor de propriedade privada, na qual fez construir, ilegalmente, obra pública, sem prévia desapropriação. Ao Julgar procedente a ação, em vez de determinar o retorno do imóvel objeto da ação ao proprietário, com a demolição da obra pública, o juiz, reconhecendo o fato consumado, converte a reintegração da propriedade em indenização ao proprietário. É o que se passou a denominar "desapropriação indireta", não prevista em lei, até porque envolve um ato ilícito do Estado invasor da propriedade privada para nela construir obra pública, cometendo esbulho possessório.

O juiz cumpre o dever de decidir com base na lei, ao reconhecer o ato ilícito do Estado e resguardar o direito de propriedade assegurado pela Constituição. Deixa, contudo, de aplicar a norma legal que reconhece o direito de o proprietário reaver o bem esbulhado, e lhe aplica a norma de Direito de receber a indenização justa. Se o Estado pode expropriar o imóvel para construir a obra pública e não o faz, comete uma falta, um ato ilícito, suprido pela decisão do juiz ao impor a indenização correspondente. Se não aplicou estritamente a lei, com a reintegração da posse do proprietário, observou uma norma de Direito, ao condenar o Estado a pagar indenização e preservar a obra.

Essa característica da atividade do juiz não pode, no entanto, ser estendida ao árbitro, cuja jurisdição é limitada à vontade das partes. Seu dever de decidir está vinculado a essa vontade expressa na convenção arbitral, não lhe sendo possível extrapolar. O árbitro não decide para a comunidade. Sua decisão restringe-se às partes e não tem repercussão pública, até pela confidencialidade que envolve o processo arbitral.

Por outro lado, se a confiança é o pressuposto da atuação do árbitro, tem ele o dever de preservá-la não só quando da sua nomeação, mas durante todo o curso do processo e mesmo depois de seu término, como já referido. Daí o dever legal de revelação de qualquer ato ou fato que possa afetar essa confiança. Todavia, não basta o árbitro afirmar que o fato revelado não afeta sua independência e imparcialidade, pois não são apenas esses requisitos que estão em jogo e sim o da confiança. Se, apesar de não interferir com a independência e a imparcialidade do árbitro, o fato gerar insegurança à parte, é aconselhável, nesse caso, retirar-se ele do caso, por falta do pressuposto fundamental de sua atuação.

Em outras palavras o dever de revelação tem o propósito de informar as partes fato que pode interferir com a confiança nele depositada, não obstante sua declaração de imparcialidade e de independência. A aparência, nesse caso, prevalece sobre a substância ao influir no requisito da confiança no árbitro, afetada pela imagem projetada pelo comportamento do árbitro durante o curso, ou mesmo após o término do procedimento arbitral. É o que pode ocorrer com a demonstração de grande familiaridade entre o árbitro e a parte contrária ou seu advogado denotando certa intimidade entre ambos. Embora não constitua ato que interfira com a independência e imparcialidade do árbitro, nem impedimento legal, fica a imagem negativa de que essa familiaridade possa ser indício de tendência favorável ao adversário. Se o advogado é capaz de compreender o fato e reconhecer o comportamento isento do árbitro, a parte pode sentir-se insegura, o que aconselha a observância de certa formalidade na condução do processo, sobretudo nas audiências. Não é por acaso que a formalidade impera nos processos judiciais, como o uso obrigatório nos tribunais da beca pelos advogados nas sustentações orais e da toga pelos desembargadores e ministros e no tratamento protocolar exigido entre juízes e advogados.

Mesmo após o término do processo, tem o árbitro o dever de preservar a confiança, evitando comportamento que induza suspeitas, como o de não aceitar receber procuração de uma das partes para representá-la em outro processo, ou para lhe prestar assessoria ou outro serviço jurídico. Não há impedimento legal algum no ato, nem caracteriza suspeição, mesmo porque o processo em que o árbitro atuou já terminou. Mas fica no ar ideia de envolvimento anterior ou de recompensa pela atuação na arbitragem, enfim, nebulosidade a pairar sobre o comportamento do árbitro a ser evitada.

A esse dever dos árbitros corresponde ao das Partes de informar eventuais fatos, circunstâncias e pessoas, direta ou indiretamente, a elas vinculadas ou relacionadas, para que possam eles aferir se devem ou não aceitar a indicação para atuar. Não tem os árbitros o dever de pesquisar relacionamentos das partes ou a composição societária da empresa envolvida, ou, ainda, eventuais vínculos societários e contratuais relacionados ou não com a controvérsia a ser decidida. É delas esse dever de informação. Se omitem, não podem disso se prevalecer para arguir, quando lhes convier, o eventual impedimento ou suspeição do árbitro.

Há, ainda, que se observar que não basta a simples alegação de falta de confiança no árbitro, como motivo para afastar ou impedir a sua atuação. Há que ser séria e fundada em fato que a justifique. Até porque também as partes devem observar padrões éticos de comportamento, não lhes sendo lícito arguir impedimentos fundado em fatos não informados ao árbitro. Nesse caso, não se trata de mera aparência, mas de substância, sendo dever da parte esclarecer com fundamentos sérios, os fatos que possam afetar a confiança no árbitro.

14. Dever de examinar todos os fundamentos das pretensões das partes

A jurisprudência judicial brasileira acolhia o princípio segundo o qual se um dos fundamentos alegados por uma das partes fosse suficiente para decidir o litígio, não seria necessário examinar os demais. A lógica dessa conclusão é a de que, se um fundamento é capaz, por si só, de concluir pelo acolhimento ou rejeição de uma pretensão, não haveria necessidade de examinar os demais alegados pelas partes. É o caso do reconhecimento da prescrição da ação ou da decadência do direito. Ainda que outros fundamentos possam levar a conclusão diversa, se há o reconhecimento da prescrição da ação ou da decadência, não se justifica o exame de outros versados pelas partes, que se tornam irrelevantes, pois, ainda que procedentes, prevalece o que extingue a pretensão, qualquer que ela seja, como expresso no art. 189 do Código Civil[279].

O art. 489, § 1º, IV do CPC, alterou essa conclusão, no plano judicial, ao consagrar princípio segundo o qual a sentença não se considera fundamentada se não enfrentar todos os fundamentos deduzidos no processo capazes, em tese, de infirmar a conclusão do julgador. A norma, como se vê, limita-se a exigir do juiz que aprecie os fundamentos que, em tese, podem contrariar sua conclusão. Se há argumentos outros que não atingem o cerne da conclusão da sentença, não se exige sejam analisados na sentença, fundada em outras bases.

Se um dos fundamentos da sentença é suficiente para decidir a controvérsia não se justifica tenha a decisão de abordar todos os que tenham sido formulados no processo incapazes de alterar a conclusão.

O exame dos fundamentos invocados pelas partes pode demonstrar o cuidado do julgador na apreciação do processado e das provas produzidas que dão suporte a conclusão do árbitro. Assim, não bastaria apenas examiná-los, mas, também, as provas que lhes deem suporte, pois a decisão deve ser sempre fundada na prova do fato e no conjunto probatório.

15. O dever de julgar a controvérsia com liberdade e o *iura novit curia*

Se o julgador considerar fundamento diverso não examinado pelas partes, deve dar-lhes oportunidade de sobre ele se manifestar, evitando-se o efeito surpresa. A questão tem a ver com o princípio de que as partes devem ter oportunidade de apreciar os fundamentos que o julgador considera relevantes para a decisão da causa. E aí surge a questão de possuir ou não o julgador liberdade de deixar de lado os fundamentos desenvolvidos pelas partes e adotar outro por elas não indicados e que lhe parece apropriado. É a aplicação do princípio conhecido como *iura novit curia*, que confere ao julgador autoridade para aplicar a norma de direito, com base nos fatos a ele fornecidos. Dá-me os fatos e dar-te-ei o Direito.

---

[279] *"Art. 189. Violado o direito, nasce para o titular a pretensão, a qual se extingue, pela prescrição, nos prazos a que aludem os arts. 205 e 206."*

A matéria é polêmica e o CPC, de 2015, a eliminou, no âmbito do processo judicial, com a previsão, no art. 10, de que *"O juiz não pode decidir, em grau algum de jurisdição, com base em fundamento a respeito do qual não se tenha dado às partes oportunidade de se manifestar, ainda que se trate de matéria sobre a qual deva decidir de ofício."* O que se procura é evitar o efeito surpresa às partes, que não teriam tido oportunidade de apreciar o fundamento considerado essencial pelo julgador para o julgamento da controvérsia e que poderia ser alterado, se lhes dessem oportunidade de sobre ele se manifestar ou produzir prova relativamente ao tema.

Todavia, deve-se ter em mente que o julgador não pode decidir sobre fato – e sua prova - não abordado pelas partes e que considera relevante para a decisão. Não o fundamento. O julgador não pode ser compelido a decidir apenas com base nos fundamentos de que se valeram as partes, se com eles não concordar, ou concluir ser outro a ser adotado na solução do litígio. O que é relevante para o julgamento é a prova do fato produzida como suporte da pretensão das partes. O que se pede ao Julgador é que decida a controvérsia com base em normas de Direito e na prova produzida.

Se os fundamentos das partes são, na sua visão, equivocados, deve o julgador, árbitro ou juiz, decidir a pretensão das partes com base nos fatos e nas provas do processo e na apreciação que desse conjunto faz. Em outras palavras, o julgador deve decidir a controvérsia e não se os fundamentos invocados são procedentes ou não.

Mas, o que a norma processual dispõe é o dever de dar as partes a oportunidade de examinar fundamento outro que não os por elas abordados e que o julgador considera relevante para o deslinde do litígio. O árbitro deve decidir com base nos fundamentos que considera apropriado para a resolução da controvérsia e não os defendidos pelas partes.

Por outro lado, deve-se ter em mente que, se a convenção das partes e o regulamento da instituição de arbitragem, nada dispuserem sobre a matéria, o árbitro deve observar o que dispõe a lei civil e não a processual, aplicável apenas ao contencioso forense.

Ao tratar da decadência, por exemplo, diz o art. 210 do Código Civil: que *"deve o juiz, de ofício, conhecer da decadência, quando estabelecido por lei."* Note-se que a disposição não faculta ao juiz reconhecer a decadência, não diz "pode o juiz" e sim "deve", impondo-lhe reconhecê-la de ofício, se prevista em lei. A norma que impõe o dever de ouvir as partes é do CPC, não aplicável ao processo arbitral, salvo se assim acordarem as partes. Conclui-se dessa análise que o árbitro deve reconhecer a decadência estabelecida por lei, quando existente, mesmo que as partes a ela não se refiram, pois está adstrito a dar cumprimento ao preceito da lei material, que lhe impõe esse dever.

Por outro lado, a questão do *iura novit curia* impõe cautela na aplicação do princípio estabelecido pela lei processual, pois, se as partes examinaram a matéria controvertida e deixaram de desenvolver determinado fundamento sobre o mesmo tema, não se pode dizer tenha faltado o dever do árbitro de lhes provocar a manifestação. O artigo 10 do CPC procura, na verdade, propiciar às partes oportunidade de se manifestar sobre fundamento não desenvolvido no curso do processo e que o julgador considera relevante para a decisão.

Conclusão

O exercício da função de julgador, em especial na qualidade de árbitro, requer a observância de deveres legais e éticos durante e após o encerramento da arbitragem.

Os deveres previstos em lei de imparcialidade, independência, competência, diligência, discrição e motivação são complementados por deveres éticos de conduta que contemplam os deveres morais, os de clareza, confiança e de exame das pretensões. Deve o árbitro observar a missão que lhe foi conferida na convenção de arbitragem. Nem mais, nem menos.

A essência da jurisdição arbitral é a convenção de arbitragem que traz em seu bojo o requisito de observância desses deveres. Aquele que aceita o múnus deve manter a equidistância necessária das partes e da disputa, deve analisar os fatos e fundamentos para alcançar sua conclusão, conferindo às partes o verdadeiro contraditório. Deve proferir uma decisão justa e eficaz do litígio.

A confiança das partes, depositada no árbitro, deve ser retribuída com a observância de seu ofício.

Capítulo 16 – A Ética das Partes na Arbitragem[280]

Em todo o agrupamento humano, além das normas jurídicas que disciplinam a conduta dos seus integrantes, há também as da Ética que condicionam e inspiram comportamentos. A conduta antiética não é necessariamente antijurídica, pois não caracterizada na lei como infração. O comportamento ético está direcionado a atingir o *bem*, como valor da ação ou da conduta, diverso do almejado pelo Direito, que é a *justiça*. Tanto um, como outro, presidem os comportamentos dos integrantes de determinado grupo social, de uma sociedade ou de um Estado e retratam o tempo histórico em que atuam.

O conceito de *justo*, como o de *bem*, varia de uma época para outra, em conformidade com o estágio do grupo social sobre comportamentos aceitáveis ou condenáveis. Se, no passado, o Direito assegurava como lícita a prática da escravidão, nos dias atuais é condenada universalmente. Da mesma forma, o *bem* a ser alcançado em um momento pode também não ter a mesma configuração de épocas anteriores. Direito e Ética, portanto, têm por objeto a conduta humana em planos diversos, tendo a primeira, a Ética, abrangência maior, ou, como acentua Miguel Reale, ao afirmar que *"O Direito, como experiência humana, situa-se no plano da Ética, referindo-se a toda a problemática da conduta humana subordinada a normas de caráter obrigatório"*[281].

---

[280] Versão anterior deste capítulo foi publicada na **Revista do Advogado,** AASP, abril/2013, p. 54/57.
[281] Filosofia do Direito, Saraiva, 12ª edição, 1987, p. 37.

O comportamento ético preside as relações humanas de maneira geral e é observado pelo homem comum em suas atitudes e nos relacionamentos de que faz parte. É o que se nota nas situações em que, envolvido em controvérsia, soluciona-as mediante negociações e em boa fé, que governa as relações sociais. O art. 422 do Código Civil sanciona essa norma de comportamento ao determinar a observância dos princípios da boa fé e da probidade nos negócios. Esse é o padrão geral de comportamento social.

Em certos casos, todavia, a falta de compromisso com a ética faz aflorar procedimentos atentatórios contra princípios que presidem essas relações. É o que se verifica quando partícipes de convenções de arbitragens livremente pactuadas para dirimir controvérsias por aquele meio privado de solução de litígios, tergiversam, opondo obstáculos à constituição do tribunal arbitral ou, vencidos na refrega, procuram o Poder Judiciário para tentar escapar dos ditames da decisão que lhes é contrária. Nessas duas situações, aflora o comportamento antiético da parte, que, tendo-se obrigado a cumprir a sentença arbitral, recorre ao Poder Judiciário, com intuito protelatório que, em certos casos, resvala para o abuso de direito, a que se refere o art. 187 do Código Civil[282].

Em um primeiro momento, a parte que não deseja a instauração da arbitragem, certamente por preferir a morosidade da solução Judiciária, cria obstáculos à constituição do tribunal arbitral, com a impugnação de árbitros sob pretextos nem sempre sérios e, algumas vezes, até extravagantes. Se um dos árbitros escreveu um artigo em livro de obra coletiva do qual participou também o advogado da parte contrária, ou, se ambos são professores da mesma faculdade, ou, ainda, se integram o conselho editorial de uma revista ou participam da mesma entidade científica ou profissional, esses fatos são levantados como impeditivo da atuação do árbitro. O fundamento da falta de imparcialidade ou de independência do árbitro serve de pretexto para a impugnação.

A improcedência da imputação nesses casos pode ser evidente, mas serve ao propósito procrastinatório da parte que a invoca, produzindo, todavia, não raras vezes, o resultado esperado de - afastada a impugnação, com o seu não acatamento - fazer com que o árbitro impugnado venha a renunciar a investidura. A atitude antiética da parte atingiu o objetivo de

---

[282] *"Art. 187. Também comete ato ilícito o titular de um direito que, ao exercê-lo, excede manifestamente os limites impostos pelo seu fim econômico ou social, pela boa-fé ou pelos bons costumes."*

ganhar tempo, procrastinar a solução do processo e, ao mesmo tempo, afastar o árbitro, sem fundamento válido.

Outro comportamento antiético registra-se nos casos em que o vencido no processo arbitral se socorre do Poder Judiciário para pleitear a anulação da sentença que lhe foi contrária, com fundamentos artificialmente construídos e notoriamente improcedentes. A lei confere-lhe essa prerrogativa dentro dos parâmetros e condições nela estabelecidas (art. 32 da Lei 9.307/96). Ao recorrer ao Judiciário, está o vencido no processo arbitral agindo dentro dos limites que lhe confere a lei. Todavia, nem sempre essa conduta pode ser considerada ética. É legal, mas não ética.

A arbitragem, como método privado de solução de controvérsia, tem como base a confiança das partes nos árbitros. É essa confiança que as anima a escolher a pessoa ou pessoas a quem conferem o poder de resolver a controvérsia em que são partícipes. Daí que a decisão proferida é a prestação dos árbitros da tarefa a eles confiada, com a prolação da sentença arbitral, cujo acatamento é a premissa que inspirou a instauração do processo, a nomeação dos árbitros e a participação das partes no seu desenvolvimento.

Essa premissa é diversa da que preside o processo judicial, em que não são as partes que escolhem os juízes e sim o Estado. O sistema processual público precede a instauração da controvérsia e contém normas precisas adotadas pelo Estado, sem a participação das partes, compelidas a observá-las, prevendo a reapreciação da sentença do juiz por um Tribunal, que pode manter a decisão ou reformá-la. Essa decisão, por sua vez, pode divergir de outra da mesma Corte e ser também modificada por outras instancias.

O juiz e os tribunais superiores não são escolhidos para julgar uma controvérsia porque gozem da confiança dos litigantes, mas porque são impostos pelo Estado e suas decisões são dotadas da autoridade que a lei lhes confere. As partes, ao optarem pelo sistema público de solução de controvérsias, aderem às normas processuais e ao sistema intrincado de recursos que oferece, com incidentes processuais que se multiplicam e são apreciados em diversos graus de jurisdição, a partir do juiz singular e a culminar nas instâncias superiores, com decisões que, não raro, são contraditórias e conflitantes com outras do mesmo ou de outros tribunais.

A decisão do juiz pode ser modificada pelo Tribunal de Justiça do Estado cujo julgamento pode ser também alterado pelo STJ, sem considerar as divergências frequentes entre turmas ou câmaras do mesmo tribunal. Nesse emaranhado de decisões sobre a mesma controvérsia, ou o mesmo tema, qual fez justiça? A do juiz, que teve contato direto com as partes em audiência? A modificada pela do Tribunal de Justiça que aprecia o recurso? Esta última, alterada pelo STJ, ou pelo STF? Como aferir?

A arbitragem, por sua vez, conta com a participação ativa das partes na formulação das normas processuais, definição de prazos, meios de prova e, sobretudo, na escolha dos árbitros. As premissas que presidem essa escolha são a confiança das partes e a de que os contratos devem ser cumpridos (*pacta sunt servanda*).

O art. 13 da lei 9.307/96 (*"pode ser árbitro qualquer pessoa capaz e que tenha a confiança das partes"*) reitera o princípio consagrado no Código Civil, de 1916, há mais de um século, portanto. Se as partes definem as normas processuais, se participam do processo, se escolheram os árbitros, é natural que estejam comprometidas com o acatamento da decisão que vier a ser proferida, ainda que contrária aos seus interesses. Afinal, se há controvérsia é porque há divergência sobre pretensões de cada parte.

O comportamento de partes vencidas, quando antiético, tem sido repudiado pelo Poder Judiciário em diversas ocasiões. Em algumas situações constituem expediente do vencido para procrastinar o cumprimento da decisão, tentando valer-se da morosidade da solução judicial, frustrando a celeridade da solução privada da arbitragem por ele escolhida[283].

A convenção arbitral contém o compromisso das partes de acatar a decisão que vier a ser proferida. Trata-se de acatamento do princípio de que os *pacta sunt servanda*, os contratos devem ser cumpridos. Se a parte aceitou e participou do processo arbitral como meio de composição de litígios, é de se esperar que cumpra o compromisso que assumiu de observar o que vier a ser decidido. Se, em vez disso, rebela-se, indo ao Judiciário pleitear a nulidade da sentença, sem fundamento sério, exerceu seu direito de ação, mas atuou contra a ética, senão mesmo com abuso de direito, como definido no art. 187 do Código Civil.

O CPC, não obstante não aplicável ao processo arbitral, subordinado a premissas diversas, inscreve princípios gerais sobre os deveres das partes e dos que participam do processo, dentre os quais o de proceder com lealdade e boa fé e o de não formular pretensões nem alegar defesa, cientes

---

[283] Vide jurisprudência *in* cbar.org.br/PDF/Execucao_e_Cumprimento_da_Sentenca_Arbitral.pdf.

de que são destituídas de fundamento. A matéria, disciplinada no art. 77 e seguintes daquele Código, contém previsão de penalidade ao responsável pela conduta irregular, em montante a ser fixado de acordo com a conduta do agente.

Essa norma constitui premissa a ser observada nos pedidos de anulação de sentença arbitral nos casos inspirados em motivos não condizentes com os princípios que governam os dispositivos que permitem essa anulação.

Há que se observar que a ética na arbitragem tem amplitude maior do que as normas legais, que disciplinam condutas dentro dos limites da lei. Os parâmetros para a atuação dos árbitros não se esgotam nas hipóteses de impedimento e suspeição previstos na lei. São diversos e muito mais amplos dos aplicáveis aos juízes. Mesmo a estes é assegurado o comportamento ético de afastar-se do processo se vierem a se considerar suspeito por motivo íntimo (art. 145, parágrafo único do CPC), ou à moralidade de que trata o art. 37 da Constituição Federal, a incorporar a ética como dever a nortear o comportamento de pessoas no exercício de funções públicas.

O mesmo princípio deve se aplicar às partes. Se o processo judicial prescinde da aceitação voluntária da parte a ele chamada e do seu desenvolvimento, por ser imposto pelo Estado como forma compulsória e genérica de solução de litígios privados, o processo arbitral é fundado na vontade das partes livremente manifestada. Impõe-se, por isso, assegurar o cumprimento dessa vontade e a boa-fé que preside os contratos. Estão as partes, portanto, também adstritas a observar a ética que preside a arbitragem como um todo.

Por isso que, atento a esse comportamento, é de se esperar que o Judiciário continue a impedir expedientes da parte vencida, cujo propósito, menos do que submeter pretensões legítimas de nulidade da sentença arbitral, é o de procrastinar o cumprimento da prestação a eles imposta no processo arbitral.

Seria de se esperar que a norma do art. 77 e seguintes do CPC, acima referida, fosse aplicada com maior rigor, para desestimular aventuras judiciais para postergar o cumprimento de sentenças arbitrais.

Capítulo 17 – A Nomeação de Árbitros em Arbitragens Multipartes[284]

Introdução

Nos processos arbitrais em que em um dos polos, ativo ou passivo, há mais de uma parte que não possuem interesses comuns, pode surgir controvérsia quando não há consenso entre elas sobre a nomeação de árbitro comum a ambas. Tem sido mais comum surgir o problema quando o requerente pede a instauração da arbitragem contra mais de um requerido que, por não terem interesses idênticos, ou, por vezes, até conflitantes em relação ao requerente, querem nomear árbitro próprio e não concordam com solicitação da entidade de arbitragem para harmonizarem-se para indicação de um único árbitro, que, em conjunto com o nomeado pelo requerente, formarão o tribunal arbitral com a nomeação do terceiro.

Tem sido prática adotada pelas entidades arbitrais brasileiras a de o seu presidente convidar os requeridos a se porem de acordo para nomear árbitro comum. Quando não alcançam consenso, até por existirem interesses conflitantes e opostos, o presidente nomeia o mesmo árbitro para ambos. O tribunal arbitral, nessas situações, tem, em sua constituição, árbitro indicado pelo requerente. Os requeridos, incapazes de acordar na indicação de árbitro comum, ficam privados de o indicar, fazendo-o a instituição. Os árbitros indicados, nomeiam o terceiro.

---

[284] Versão anterior foi publicada in *Arbitragem – temas Contemporâneos*, coord. Selma Ferreira Lemes e Inez Banbino, Quartier Latin, 2012, p. 283-296. Em coautoria com Debora Visconte.

Se os requeridos, embora sem interesses comuns, não se opõem e aceitam a nomeação, o tribunal arbitral se constitui validamente e não poderão reclamar posteriormente do ato que os privou de nomear árbitro, pois acolheram a indicação feita pela entidade de arbitragem. Nem sempre, contudo, isso ocorre, havendo situações em que essa prática tem sido contestada por conferir às partes tratamento desigual, assegurado ao requerente o direito de nomear seu próprio árbitro, impedindo que os requeridos façam o mesmo.

O fundamento das entidades de arbitragens é o do poder a elas conferido de nomear árbitro sempre que as partes não o façam ou não cheguem à na indicação do presidente do tribunal arbitral, ou, ainda, se, havendo mais de um indicado pelos requeridos, não possam nomear um de comum acordo.

Os árbitros não representam as partes, nem são escolhidos para defender-lhes os interesses no tribunal arbitral. É requisito essencial que sejam independentes e imparciais, o que tornaria a decisão da instituição arbitral de nomear árbitro naquelas situações irrelevante, pois é de se esperar que os árbitros sejam sempre independentes e atuem imparcialmente.

Todavia, ao impedir que os requeridos escolham um árbitro para compor o Tribunal Arbitral, permitindo que somente o requerente o faça, confere-se tratamento desigual às partes, o que impõe seja a matéria examinada com maior profundidade. Mais ainda, viola-se a vontade da parte, um dos fundamentos essenciais da arbitragem.

1. A igualdade das partes: princípio fundamental da arbitragem

A solução de controvérsias, seja por meio do Poder Judiciário, seja por meio privado da arbitragem, rege-se por princípios de ordem pública que, se não observados, viciam o processo dela objeto. Sendo de ordem pública, não podem ser derrogados pela vontade das partes, menos ainda por decisão do órgão julgador. Dentre eles destaca-se o contraditório e a ampla defesa, assegurados pelo art. 5º, LV, da Constituição Federal.

No processo judicial, além dos direitos previstos na Constituição Federal, encontra-se o da igualdade de tratamento das partes, que o art. 139 do CPC, logo no seu inciso primeiro, eleva-o à condição de norma legal positiva[285].

---

[285] *"Art. 139. O juiz dirigirá o processo conforme as disposições deste Código, incumbindo-lhe: I – assegurar às partes igualdade de tratamento; (...)"*

No processo arbitral, o caráter compulsório de sua observância foi, igualmente, positivado no § 2º do art. 21 da Lei 9.307/96, segundo o qual *"serão, sempre, respeitados no procedimento arbitral os princípios do contraditório, da igualdade das partes, da imparcialidade do árbitro e de seu livre convencimento."*

Tem-se, pois, que se pode considerar princípio de ordem pública e, mais do que isso, norma legal fundamental em ambos os sistemas de solução de controvérsia, o judicial e o arbitral, a necessidade imperiosa de respeitar a igualdade das partes.

Embora comum em ambos os sistemas de solução de litígios, outros princípios decorrem das peculiaridades de cada um. No processo judicial, que se inicia por provocação voluntária da parte, a participação do réu é compulsória e não depende de sua vontade, desde que validamente citado (art. 239 do CPC). Se deixar de intervir no processo, sofrerá as graves consequências da revelia.

Já no processo arbitral, prevalece a vontade das partes que, ao optarem por esse sistema na convenção de arbitragem, comprometem-se, nos limites do ajustado, a submeter a esse sistema os litígios advindos de determinada relação jurídica. A convenção de arbitragem é, pois, o ato fundamental para legitimar e autorizar a utilização desse sistema, estando, pois, lastreado na vontade das partes.

É ela que permite a instauração do processo arbitral por meio de entidade de arbitragem a cujas regras aderem, como assegurado pelo art. 5º da Lei 9.307/96[286] e que tem, como pressuposto, o acatamento fiel da vontade das partes e da igualdade entre elas.

2. Vontade das partes: fundamento da arbitragem

Diferentemente do processo judicial, que decorre da iniciativa do autor, compelindo o réu a dele participar, ou sofrer os efeitos da revelia, na arbitragem prevalece a vontade das partes expressa na convenção arbitral.

De tal forma essa vontade prepondera que a lei 9.307/96 estabelece, como requisito para a sua validade, a forma escrita da cláusula compromissória e, nos contratos de adesão, a condição de o aderente tomar a iniciativa

---

[286] *"Art. 5º Reportando-se as partes, na cláusula compromissória, às regras de algum órgão arbitral institucional ou entidade especializada, a arbitragem será instituída e processada de acordo com tais regras, podendo, igualmente, as partes estabelecer na própria cláusula, ou em outro documento, a forma convencionada para a instituição da arbitragem."*

de instituir a arbitragem ou concordar expressamente com sua instituição, também por escrito, ou em negrito, com visto especial na cláusula.

Essas formalidades são essenciais e se destinam a assegurar a manifestação livre da vontade da parte, pois, como afirma Irineu Strenger, *"Entre as diversas funções da cláusula compromissória ressalta a de constituir-se prova de que as partes admitiram submeter-se ao regime arbitral para solver suas pendências na execução de contrato. Este é o elemento consensual, sem qual a arbitragem não pode existir validamente. O procedimento arbitral é considerado, assim, como expressão da vontade das partes...*[287]"

O mesmo ocorre na hipótese em que as partes se reportam a regras de algum órgão ou entidade arbitral, em que a arbitragem será instituída e processada de acordo com tais regras (art. 5º da lei 9.307/96). Essa indicação decorre da livre manifestação da vontade das partes que, assim, acatam as disposições do regulamento da entidade, tornando-as de observância obrigatória.

3. O caso DUTCO

O princípio de ordem pública de igualdade das partes, associado ao da vontade por elas expressa, foi examinado em caso que se tornou paradigmático e cuja decisão provocou a modificação da forma como a nomeação de árbitros em processos com mais de uma parte em um dos polos vinha sendo adotada.

Trata-se do conhecido caso DUTCO, em que uma sociedade requerera a instalação de arbitragem contra duas consorciadas que não eram solidariamente responsáveis pelo cumprimento das obrigações reguladas no contrato.

DUTCO alegou haver unicidade no acordo de consórcio de que faziam partes as demandadas, o que justificava incluírem ambas no polo passivo. Havia a possibilidade de que, no curso do processo, os fatos relativos às relações entre as duas demandadas fossem desenvolvidos por uma contra a outra e não apenas contra a demandante. Ou seja, a requerente tinha consciência de que as demandadas não possuíam posição uniforme relativamente a ela, mas poderiam ter pretensões de uma contra a outra, fundadas no contrato de consórcio.

Era o caso típico de arbitragem com diversas partes no mesmo polo em que o requerente atua contra ambos os demandados, mas estes possuem,

---

[287] Comentários à Lei Brasileira de Arbitragem, LTr, 1998, p. 36.

ou poderiam possuir, interesses conflitantes contra as demais partes, seja a co-demandada, seja a demandante.

As demandadas contestaram o procedimento arbitral e sustentaram que DUTCO deveria promover arbitragens separadas contra cada uma e se opuseram à indicação de árbitro comum.

A Corte da CCI, ao aplicar Regulamento então vigente – que não previa essa situação - convidou as demandadas a nomear árbitro único, o que fizeram sob protesto. Este e o árbitro indicado pela demandante nomearam o terceiro que atuou como presidente do tribunal arbitral.

Terminado o processo, uma das demandadas requereu a anulação da sentença, sob fundamento de que, ao ser impedida de nomear árbitro, tendo-o feito apenas a demandante, houve tratamento desigual das partes, o que importava nulidade do processo arbitral, que pedia fosse reconhecida.

A decisão do juiz de primeiro grau negou o pedido, tendo a Corte de Apelação, mantido a sentença denegatória. Todavia, a Corte de Cassação cassou e anulou a decisão, destacando, dentre os seus fundamentos, a violação do princípio da igualdade das partes e da cláusula arbitral, que previa a constituição do tribunal arbitral por três árbitros.[288]

A relevância dessa decisão para a análise ora empreendida reside no fato, destacado pela Advogada Geral que atuou na Corte de Cassação, de que a Corte da CCI, tendo consciência de que seu regulamento à época dos fatos não regulava a arbitragem multipartes, aprovou posteriormente, no Congresso de Manilha, em 1981, um Guia publicado em 1982, suprindo aquela omissão.

A partir de então, há norma precisa que prevê essa situação, de conhecimento geral, pois publicada e com ampla divulgação, conferindo competência à Corte de nomear todos os árbitros para compor o Tribunal Arbitral, caso não cheguem as partes a consenso sobre essa composição.

---

[288] É significativa a observação da Advogada Geral, acolhida pela Corte de Cassação, no trecho que se ora reproduz, em tradução livre: *"A Corte de Apelação não teria podido, sem incorrer em censuras, decidir que as partes em uma cláusula compromissória teriam tacitamente convencionar que o demandante designaria somente um árbitro, enquanto que os demandados deveriam se acordar na nomeação de um segundo árbitro e que esta renúncia antecipada ao princípio de ordem pública de igualdade entre as partes poderia ser deduzido da única natureza multiparte do contrato. Além disso, ao estatuir como fez, a Corte de Apelação desnaturou a cláusula compromissória."*

4. O Regulamento da CCI sobre a matéria

De fato, o Regulamento da CCI, em vigor desde 1º de março de 2017, ratifica a norma aprovada na Diretriz publicada em 1982, mantendo o mesmo critério, de conhecimento geral, que evita surpresas, como se verifica dos incisos 7 e 8 do artigo 12:

> *"7 Quando uma parte adicional tiver sito integrada e o litígio for submetido a três árbitros, a parte adicional poderá, conjuntamente com o(s) requerente(s) ou com o(s) requerido(s), designar um árbitro para confirmação nos termos do artigo 13.*
>
> *8 Na falta de designação conjunta nos termos dos artigos 12(6) e 12(7) e não havendo acordo das partes a respeito do método de constituição do tribunal arbitral, a Corte poderá nomear todos os membros do tribunal arbitral, indicando um deles para atuar como presidente. Neste caso, a Corte terá liberdade para escolher qualquer pessoa que julgue competente para atuar como árbitro, aplicando o artigo 13, quando julgar apropriado."*

Essas disposições repetem a ideia contida no artigo 10 do Regulamento de 1998, cujo inciso 2 dispõe que a Corte nomeará todos os árbitros na falta de designação conjunta pelas partes do mesmo polo processual.

O critério adotado pela Corte respeita a igualdade das partes, pois prevê a nomeação de **todos** os árbitros para compor o tribunal e não apenas os das partes integradas no mesmo polo, ativo ou passivo, do processo. Ademais, por se tratar de norma conhecida, os que adotam o Regulamento da CCI têm ciência de que, em havendo controvérsia envolvendo mais de duas partes em um único polo processual, devem nomear árbitro comum e, se não conseguirem, será a Corte que o fará, não havendo, portanto, surpresas.

5. Regulamentos de outras entidades internacionais de arbitragem

Além das regras da CCI ora apontadas, pode-se lembrar o art. 6 (5) do International Center for Dispute Resolution (ICDR) que assim dispõe:

> *"Unless the parties have agreed otherwise no later than 45 days the commencement of the arbitration, if the notice of arbitration names two or more claimants or two or more respondents, the administrator shall appoint all the arbitrators."*

Da mesma forma, o artigo 8,1 da London Court of International Arbitration também estabelece que, na falta de consenso de uma das partes em arbitragens multipartes, a Câmara indicará os três árbitros.

Na mesma linha encontra-se o artigo 10 das normas da CNUDCI revistas em 2010:

> *"Article 10*
> *1. For the purposes of article 9, paragraph 1, where three Arbitrators are to be appointed and there are multiple parties as claimant or as respondent, unless the parties have agreed to another method of appointment of arbitrators, the multiple parties jointly, whether as claimant or as respondent, shall appoint an arbitrator.*
> *2. If the parties have agreed that the arbitral tribunal is to be composed of a number of arbitrators other than one or three, the arbitrators shall be appointed according to the method agreed upon by the parties.*
> *3. In the event of any failure to constitute the arbitral tribunal under these Rules, the appointing authority shall, at the request of any party, constitute the arbitral tribunal and, in doing so, may revoke any appointment already made and appoint or reappoint each of the arbitrators and designate one of them as the presiding arbitrator."*

A uniformidade de tratamento sobre o assunto é suficiente para concluir que em arbitragens com diversas partes no mesmo polo processual há que se respeitar a igualdade das partes, evitando-se que apenas uma delas usufrua da prerrogativa de indicar um árbitro, retirando-se às demais o mesmo tratamento.

6. Os regulamentos de entidades brasileiras

As principais câmaras de arbitragem brasileiras se alinharam à tendência de regular as arbitragens multipartes em consonância com a decisão do caso DUCTO e à adoção da norma acolhida pela CCI.

É o caso do regulamento do CAM/CCBC que prevê a matéria, regulando-a no artigo 4.16 com a seguinte redação:

> *"4.16. No caso de arbitragem com múltiplas partes, como requerentes e/ou requeridas, não havendo consenso sobre a forma de indicação de árbitro*

pelas partes, o Presidente do CAM/CCBC deverá nomear todos os membros do Tribunal Arbitral, indicando um deles para atuar como presidente, observados os requisitos do artigo 4.12 deste Regulamento."

Da mesma forma, o Regulamento da CMA - CIESP/FIESP alinhou-se à regra ao dispor no Capítulo 3:

"3. Da Arbitragem de Múltiplas Partes

3.1 Quando forem vários demandantes ou demandados (arbitragem de partes múltiplas), as partes integrantes do mesmo polo no processo indicarão de comum acordo um árbitro, observando-se o estabelecido nos itens 2.1 a 2.5. Na ausência de acordo, o Presidente da Câmara nomeará todos os árbitros que integrarão o Tribunal Arbitral."

O Centro de Mediação e Arbitragem da Câmara Portuguesa de Comércio do Brasil, também prevê a mesma regra em seu Regulamento, no artigo 7º assim redigido:

"7.3. Quando as partes tiverem acordado que a arbitragem será conduzida por três árbitros, as mesmas indicarão, respectivamente, no Requerimento de Arbitragem e na Resposta ao Requerimento. Se uma das partes deixar de designar um árbitro conforme previsto acima, caberá ao Presidente do Centro de Arbitragem poderá indicar os três membros do Tribunal Arbitral."

A uniformidade de tratamento da matéria indica critério adequado que respeita a vontade das partes e confere igualdade de tratamento, evitando desajustes e situações em que um dos litigantes tem a faculdade de nomear árbitros, sem que os demais, por estarem no mesmo polo processual tenham o mesmo tratamento.

7. Reprodução do caso DUCTO no Brasil

Em processo conduzido pelo CAM/CCBC, duas partes no polo passivo insistiram em nomear árbitro próprio, o que resultaria na constituição do tribunal arbitral por três árbitros, como previsto na cláusula arbitral.

Competiria a estes nomear, dentre eles, o presidente, como previsto na lei de arbitragem. Esse procedimento, contudo, não foi observado, gerando dúvida quanto ao que foi adotado pelo presidente da entidade, que decidiu nomear ele próprio o árbitro para os requeridos.

Ao firmarem o termo de arbitragem, as requeridas objetaram contra a nomeação do árbitro comum pelo presidente, insistindo no direito de fazê-lo, deixando ressalvado, portanto, sua contrariedade com a constituição do tribunal arbitral daquela forma.

O Regulamento do CAM/CCBC, antes de ser modificado, previa normas que autorizavam o seu presidente a indicar árbitros apenas em duas situações, (a) se as partes não o fizerem dentro do prazo regulamentar ou (b) se árbitros nomeados não nomearem o terceiro.

A matéria era regulada no artigo 5.5 do Regulamento:

> *"5.5 Se qualquer das partes deixar de indicar árbitro e/ou seu suplente, o presidente do Centro fará essa nomeação. Caberá ao presidente do Centro, também, na falta de tal indicação na forma prevista no artigo 5.4, indicar o árbitro que funcionara como presidente do Tribunal Arbitral".*

Essa norma estava ancorada na do artigo 5.4, assim redigida:

> *"5.4 – Os árbitros indicados pelas partes deverão, por sua vez, escolher o terceiro árbitro dentre os membros integrantes do Corpo de Árbitros, o qual presidirá o Tribunal Arbitral, os nomes indicados serão submetidos à aprovação do presidente do Centro. Aprovados serão os árbitros instados a manifestar sua aceitação, firmando o Termo de Independência, com o qual se dará por instituído o processo arbitral, com a intimação das partes para a elaboração do Termo de Arbitragem."*

O Regulamento do CAM/CCBC estabelecia a competência do presidente para suprir a omissão das partes na indicação dos árbitros e destes para nomear o presidente do tribunal arbitral, limitando-a às duas hipóteses, ou seja, se as partes, ou uma delas, não nomearem árbitro no prazo regulamentar, ou se os árbitros indicados deixarem de nomear o terceiro.

Não havia previsão para a nomeação de árbitros em arbitragem multipartes, ora em análise, em que duas partes demandadas indicam árbitros e se recusam ou não se acordam na nomeação de árbitro comum, como solicitado pelo presidente do Centro.

Embora a lei 9.307/96 estabeleça parâmetros para resolver a questão, a entidade de arbitragem adotou comportamento diverso. Invocou o artigo 2.6 do Regulamento, segundo o qual o presidente do Centro pode emitir normas para regular casos omissos. A redação desse dispositivo, contudo, não conferia poderes ao presidente do Centro para nomear árbitros se, havendo mais de um requerido, não escolherem árbitro comum. Confira-se:

> "2.6 – *Compete ao Presidente:*
> *(d) expedir normas complementares administrativas e de procedimento, visando dirimir dúvidas, orientar a aplicação deste regulamento, inclusive quanto aos casos omissos;*"

Esse dispositivo conferia competência ao presidente do Centro de Arbitragem para **expedir normas complementares,** dentre as quais as relativas a hipóteses não previstas no Regulamento. Vale repisar que a competência estabelecida era para *expedir normas* e não para tomar decisões pontuais sobre determinados assuntos objeto de processo arbitral *in concreto*, muito menos para interferir com a vontade das partes e impor a substituição de árbitros nomeados.

A expedição de normas complementares tem caráter geral. Complementam as normas do Regulamento. E, por terem esse caráter, devem ser levadas ao conhecimento de todos os que optem pela sua adoção, para que não sejam surpreendidos com a imposição de decisões nele não previstas e que afetem os direitos das partes, sobretudo o fundamental, como é o da livre escolha dos árbitros, dentro dos padrões e normas nele estabelecidas.

A norma complementar a que se refere o artigo 2.6 do Regulamento deveria, portanto, ser objeto de ato público a permitir o conhecimento geral sobre matéria nele não prevista. Se há caso omisso, a norma a ser expedida pelo presidente do Centro deve ser divulgada para evitar surpresas, devendo, a rigor, ser incluída como anexo ao Regulamento.

A competência para expedir normas complementares, portanto, não é a mesma coisa que nomear árbitros impositivamente. A indicação de árbitro não decorre de norma complementar administrativa ou procedimental e não se inclui na esfera de atribuições do presidente, restrita às matérias estabelecidas no Regulamento.

A competência do presidente para indicar árbitros está prevista no Regulamento sempre com precisão e clareza, como ocorre na alínea (e) do mesmo item 2.6[289], em que o presidente nomeia árbitro "*mediante solicitação dos interessados*", ou seja, são as partes que lhe pedem essa providência. Outra hipótese distinta, que não requer a manifestação expressa da parte, mas decorre de sua omissão, é a estabelecida no item 5.5 do Regulamento, já referida.

As partes, ao decidirem submeter suas controvérsias ao Regulamento do Centro de Arbitragem, têm consciência das atribuições do presidente e a aceitam, como ato de vontade manifestado na convenção arbitral.

A hipótese em discussão não versa sobre qualquer dessas situações e não havia norma complementar a que se refere o artigo 2.6 do Regulamento divulgada pelo Centro, a autorizar o presidente a fazer indicação de árbitro, com o afastamento dos eleitos pelas partes no mesmo polo processual que não se omitiram, pois cada um nomeou árbitro. Manifestaram sua vontade de nomear árbitro próprio para compor o trio do Tribunal de Arbitragem, como acordado na cláusula arbitral.

Assim, tendo cada um dos requeridos indicado árbitro, estava assegurada a composição trina do Tribunal Arbitral, como regulado na cláusula arbitral. Não havendo omissão da parte, não poderia o presidente da entidade ignorar a nomeação do árbitro e substituí-lo por outro, invadindo lhe a esfera da vontade.

Ao considerar que deveriam os requeridos, obrigatoriamente, selecionar árbitro comum, para que este, em conjunto com o nomeado pelo requerente, escolhesse o terceiro, o presidente do Centro e, depois dele, o Tribunal Arbitral, que lhe corroborou a decisão, violaram a autonomia da vontade das partes, o princípio da igualdade das partes e o art. 13, § 3º, da Lei 9.307/96, viciando a formação do Tribunal Arbitral.

Trata-se de reprodução do caso DUTCO acima referido e que produziu os mesmos efeitos, levando a entidade a alterar seu regulamento para incluir norma específica, como acima esclarecido. De fato, o caso ora relatado foi objeto de ação judicial promovida na 18ª Vara Cível da Comarca de São Paulo (Proc. nº 0002163.90.2013.8260100) e do Agravo de Instrumento nº 0036343-44.2013.8.26.000, apreciado pelo Relator Dr. Gilberto dos Santos, da 11ª Câmara de Direito Privado do Tribunal de Justiça do Estado de São Paulo.

---

[289] "*2.6 – Compete ao Presidente: (e) indicar árbitros em arbitragens ad hoc, mediante solicitação dos interessados.*"

Capítulo 18 – Comentário sobre Decisão Denegatória de Homologação de Sentença Arbitral Estrangeira

EDcl na Sentença Estrangeira Contestada nº 866 – GB (2005/--34026-S) do STJ

Ao decidir os Embargos de Declaração na Sentença Estrangeira Contestada nº 866–GB (2005/0034926-5), o STJ aborda questões que requerem apreciação mais aprofundada. Ressalta da decisão o entendimento da Corte Especial de que não teria ficado comprovada a aceitação da cláusula compromissória a fundamentar a instituição da arbitragem processada no exterior. Por não encontrar aquela prova, considerou o laudo arbitral atentatório à ordem pública brasileira, *"uma vez que o reconhecimento da competência do juízo arbitral depende da existência de convenção de arbitragem (art. 37, II c/c art. 39, II, da Lei 9.307/96)."*

A primeira das disposições invocadas diz que *"a homologação de sentença arbitral estrangeira será requerida pela parte interessada, devendo a petição inicial conter as indicações da lei processual (...) e ser instruída, necessariamente, com (...). II - o original da convenção de arbitragem ou cópia devidamente certificada, acompanhada de tradução oficial."* A segunda, o art. 39, II da Lei 9.307/96, esclarece que *"também será denegada se o Superior Tribunal de Justiça constatar que: (...) II - a decisão ofende a ordem pública nacional"*.

Considerou a Corte Especial que não havia nos autos *"elementos seguros de que a empresa requerida acordou com a cláusula compromissória, renunciando à jurisdição estatal, que impõe o reconhecimento da incompetência do juízo arbi-*

tral". Destacou ainda, como um dos seus fundamentos que o v. Acórdão embargado *"foi explícito ao afirmar que, na hipótese dos autos, a requerida apresentou defesa no juízo arbitral, alegando, preliminarmente, a incompetência daquela instituição...de modo que não se pode ter como aceita a convenção de arbitragem, ainda que tacitamente."*

Sem entrar na discussão sobre o cabimento ou não dos embargos de declaração, interessa a esta análise a conclusão de que não havia nos autos elementos seguros de que a empresa requerida acordou com a cláusula compromissória. Essa afirmação decorre do exame pelo STJ da alegação da parte vencida na arbitragem de que não teria concordado com o procedimento, ao alegar, em preliminar, a incompetência da instituição arbitral que a presidiu. Note-se que o v. Acórdão destaca que a matéria fora objeto de preliminar, sem referir à defesa do mérito e sem mencionar se essa defesa se limitou a isso. Pressupondo ter o mérito sido abordado pela parte vencida – e a presunção é plausível, pois a alegação foi feita em preliminar e não como única alegação - haveria que se considerar se o direito de defesa foi exercido com amplitude, com observância dos princípios básicos que informam o processo arbitral, ou seja, o contraditório e a igualdade de tratamento das partes. Não há referência sobre isso.

Apegou-se o Tribunal ao fato de que não ficara clara a existência da convenção de arbitragem, que a parte vencedora sustentou existir, pois, havia troca de mensagens que dariam suporte a essa conclusão, acolhida pelos árbitros. O STJ entendeu que essa situação não se verificou, havendo *"meras suposições de que a empresa requerida teria consentido em se submeter ao The Grain and Feed Trade Association – GAFTA"*. Em outras palavras, examinou a prova dos autos para concluir pela negativa e, ao fazê-lo, rompeu com a tradição jurídica brasileira de apreciar as sentenças estrangeiras pelo sistema da delibação, em que a apreciação se cinge à verificação da competência de quem a proferiu, se há disposição contrária à ordem pública brasileira e se o vencido foi legalmente citado ou foi revel.

Entendeu o tribunal que a parte vencida não se teria submetido à arbitragem, pois levantara uma preliminar de incompetência da instituição, o que configuraria recusa em aceitar a convenção de arbitragem. Essa preliminar foi julgada pelos árbitros e rejeitada com base na prova que entenderam suficiente para tanto. Tinham competência para isso, ou a matéria deveria ser resolvida pelo Judiciário? A lei brasileira disciplina a matéria no parágrafo único do art. 8º da lei 9.307/96, segundo o qual *"caberá ao árbitro decidir de ofício, ou por provocação das partes, as questões acerca da existência, validade e eficácia da convenção de arbitragem e do contrato que contenha a cláusula compromissória".*

Note-se que o dispositivo confere ao árbitro competência para decidir acerca da existência, validade e eficácia da convenção da arbitragem, bem como do contrato que a contenha. São, portanto, duas as competências outorgadas aos árbitros: (i) a que versa sobre o exame da validade da convenção arbitral e (ii) a que se refere à validade do contrato que a contenha. Sendo dos árbitros essa competência, é o caso de indagar se é lícito ao Judiciário reapreciá-la, examinando as provas, já objeto de análise pelos árbitros. Em outras palavras, tem o Judiciário competência para decidir acerca da existência, validade e eficácia da convenção de arbitragem e do contrato que a contenha, para utilizar as mesmas palavras da lei?

A pergunta tem razão de ser, pois, o que está em discussão não é se a convenção de arbitragem é válida ou não, se existe ou não, ou, ainda, se o contrato é ou não válido, mas de quem é a competência para apreciar a matéria: dos árbitros ou do Judiciário? A lei quis evitar a controvérsia e definiu claramente essa competência, ao deferi-la aos árbitros, retirando-a do Judiciário. Se o STJ, para verificar sobre as condições necessárias para a homologação, tiver de reexaminar a matéria, estará invadindo a competência deferida ao árbitro, com violação da norma expressa no parágrafo único do art. 8º da lei 9.307/96.

O reexame do processo arbitral importa, ainda, na violação do artigo 18 da lei 9.307/96, segundo o qual *"o árbitro é juiz de fato e de direito, e a sentença que proferir não fica sujeita a recurso ou a homologação pelo Poder Judiciário".* Embora o dispositivo se refira à arbitragem interna, contém princípio básico do processo arbitral, que é a de conferir ao árbitro a competência para decidir a controvérsia e os incidentes processuais, não sendo o Judiciário instância de recurso para rever a decisão. É o princípio da competência sobre a competência.

É certo que a decisão versa sobre homologação de sentença arbitral estrangeira, em que há outros componentes a serem apreciados, com o pedido ao Judiciário brasileiro a homologação para fins de execução. Daí que se deve examinar os dispositivos da lei que a regulam, como são os artigos 34 e seguintes da Lei 9.307/96, que têm, como premissa, a conformidade com os tratados internacionais com eficácia no ordenamento interno, o que leva à apreciação da Convenção de Nova Iorque, de 1958, em vigor no país.

Dentre as normas brasileiras, tem destaque a do artigo 38 da Lei 9.307/96, que delimita as hipóteses em que a sentença arbitral estrangeira não pode ser homologada. O inciso II desse artigo esclarece que se inclui nessas hipóteses de recusa da homologação a demonstração pelo réu de que *"a convenção de arbitragem não era válida segundo a lei à qual as partes a submeteram, ou, na falta de indicação, em virtude da lei do país onde a sentença arbitral foi proferida."* Assim, em primeiro lugar haveria que se considerar a lei do país que rege o processo arbitral e essa matéria não foi apreciada na decisão. Dela não consta qualquer referência à lei do local em que foi proferida, que é a aplicável ao processo arbitral e que deve ser considerada para a verificação da sua regularidade. E não a brasileira, pois se trata de arbitragem estrangeira. Em segundo lugar, mesmo que se aplicasse a lei nacional, haveria que se considerar a competência para decidir sobre a validade da convenção, que é a dos árbitros. O juiz, mesmo no processo doméstico, não tem essa competência. Ademais, segundo o artigo 38 da lei 9.307/96 somente nas hipóteses relacionadas nos seus incisos é que deve ser denegada a homologação, não tendo a decisão que indeferiu a homologação indicado qualquer deles. Alegou ofensa à ordem pública brasileira. Mas esse fundamento não decorre da decisão de mérito e sim de um pressuposto processual, que diz respeito à existência ou não da convenção arbitral. Não se indica que o teor da decisão fere a ordem pública nacional, que impede o reconhecimento de qualquer ato produzido no exterior, em virtude do artigo 17 da LINDB. A questão se refere única e exclusivamente à convenção arbitral, sujeita à lei do local onde a sentença foi proferida (artigo 38, II, já referido) e à competência dos árbitros.

A denegação da homologação requerida denota certo vezo de setores do Judiciário de considerar passível de reexame as sentenças arbitrais, felizmente minoritário, como se percebe em diversos julgados que impedem seja o Judiciário utilizado como estratégia para evitar ou retardar o cumprimento de laudos arbitrais.

Por fim, há que se examinar a norma do artigo III da Convenção de Nova Iorque, em vigor no Brasil, segundo a qual não serão impostas condições substancialmente mais onerosas ou taxas ou encargos mais elevados no reconhecimento ou execução de laudos aos quais se aplica a Convenção, do que os aplicáveis no reconhecimento ou execução de laudos arbitrais domésticos. Como a lei brasileira confia aos árbitros a competência para decidir sobre a validade da convenção arbitral e como os árbitros a exerceram, ao considerá-la válida, deveria o laudo ser homologado, até para dar tratamento igual às sentenças arbitrais domésticas.

Uma última observação colateral se impõe: a lei brasileira não exige a homologação de laudos arbitrais nacionais. Sendo assim, a condição imposta às arbitragens estrangeiras é mais gravosa e, dessa forma, viola o artigo III da Convenção de Nova Iorque, que impõe igualdade de tratamento. Todavia, trata-se de matéria estranha ao Acórdão ora comentado e que se inclui nesta apreciação apenas para provocar maiores reflexões sobre o assunto. Afinal a arbitragem, sendo meio privado de solução de controvérsias, deve ser assim entendido e considerado, não se podendo a ela aplicar pressupostos próprios de decisões de autoridades públicas.

Capítulo 19 - O Risco da Processualização da Arbitragem

Habituados às lides forenses, os advogados atuam nos processos arbitrais com a mesma postura que adotam nos processos judiciais. Levantam preliminares, requerem a carência da ação, arguem a incompetência do tribunal e a legitimidade da parte adversa, utilizam, enfim, o arsenal de argumentos processuais típicos das demandas judiciais. O foco na regularidade processual, em diversas situações, é maior do que no mérito da questão controvertida.

De um lado, esse comportamento advém da formação voltada ao debate forense, em que o rito processual assume importância, até em função do excessivo número de recursos que retirou ao juiz parte de sua autoridade, pois suas decisões, mesmo interlocutórias e de mero procedimento, podem ser revistas pela instância superior. De outro, da falta de percepção de que a arbitragem se rege pela convenção arbitral – e não pelo CPC – e que não há instância superior.

O processo arbitral não é judicial e tem pressupostos distintos. Enquanto o último é público e decorre do direito constitucional de acesso ao Judiciário, o primeiro é privado e tem seu fundamento na vontade das partes, que podem, a seu talante, estabelecer o rito que desejarem para a composição de suas controvérsias, respeitadas as diretrizes maiores impostas pela lei, como o contraditório, a igualdade de tratamento e a imparcialidade dos árbitros. Se o procedimento é fixado na convenção de arbitragem – nela se incluindo o regulamento da instituição de arbitragem, quando nela corre o processo – não há que se buscar na legislação processual pública mecanismos para a condução do processo, salvo se a isso as partes autorizarem.

E é nisto que reside a grande virtude da arbitragem e que permite a solução rápida dos litígios a ela submetidos, sem os entraves das discussões paralelas de caráter processual. Mais do que a simples rapidez, a redução ou eliminação de controvérsias sobre temas processuais permite às partes concentrarem-se na discussão do mérito, que envolve matérias de direito civil, comercial, societário, enfim, o cerne do litígio submetido à arbitragem. Essa peculiaridade explica em parte a maior possibilidade de transação, pois o que leva as partes à intervenção de terceiro na solução de uma controvérsia consiste, em grande número de casos, na divergência sobre interpretação e execução de contratos.

As discussões de natureza processual somente aumentam o foco da polêmica e não contribuem para a solução do que mais interessa aos litigantes, que é a solução do mérito.

É claro que o rito processual se destina a assegurar o contraditório e o tratamento igualitário das partes. Todavia, incidentes processuais típicos das ações judiciais, com a miríade de recursos previstos nas leis processuais, não se ajustam a um procedimento que transcorre sob outros princípios. Se a preclusão e a revelia, por exemplo, constituem consequências processuais necessárias ao bom desenvolvimento do processo judicial, o mesmo não ocorre com a arbitragem, em que prevalece o fundo sobre a forma, o mérito sobre o processual.

Daí que a processualização da arbitragem, com a adoção de medidas processuais típicas do Judiciário, pode retirar-lhe o grande mérito, que é a objetividade com que atuam os árbitros, interessados em solucionar o mérito e não questões de processo. Como é sabido, o formalismo processual tende ao exagero, como verificado no direito romano no emblemático *si nec virgulam, cadet causam*, ainda não abandonado no sistema processual brasileiro. Após anos de transcurso do processo, pode-se concluir que a ação proposta deveria ser outra, apesar de já haver sido discutido o mérito. A questão preliminar do cabimento da ação a prevalecer sobre o mérito da controvérsia.

Capítulo 20 – Litispendência entre o Processo Judicial e o Arbitral

O desenvolvimento da arbitragem tem feito surgir questões de natureza processual das mais intrincadas. Uma delas é a da litispendência entre o processo judicial e o arbitral. Se a mesma controvérsia for levada ao exame do judiciário e da arbitragem, como proceder? Essa situação pode se configurar quando uma das partes ingressa em juízo, a despeito de o contrato sobre o qual se controverte possuir cláusula arbitral e a adversária resolver instaurar o processo arbitral.

Segundo o artigo 485, VII do CPC extingue-se o processo pela convenção arbitral. Essa disposição permite concluir que, havendo em um contrato, uma cláusula arbitral, o juiz deve extinguir o processo, sem julgamento do mérito. A competência para resolver a controvérsia é do juízo arbitral. A Convenção de Nova Iorque, ratificada pelo Brasil, e, portanto, lei interna que derrogou algumas disposições da lei de arbitragem, diz que, diante de uma convenção de arbitragem incluída em um contrato, se provocado, o juiz deve enviar as partes à arbitragem, *"a menos que verifique a existência de nulidade"*. Ou seja, mesmo havendo cláusula arbitral, se for promovida ação judicial sobre contrato que contenha cláusula arbitral e uma das partes alegue nulidade do ajuste, o juiz pode decidir em exame preliminar, seja reconhecendo a nulidade, seja afastando-a.

Se, a despeito disso, a ação for admitida sem decisão sobre a nulidade alegada por uma das partes e for instaurada a arbitragem pela outra parte, surge a problemática da litispendência entre os dois processos, o judicial e o arbitral. Nesse caso, há que se considerar que cada um corre em sistema de solução de controvérsia próprio, que não se comunicam.

A litispendência constitui figura processual que impede que um segundo processo tramite, quando se instaure outro entre as mesmas partes, tendo o mesmo objeto e mesma causa de pedir. Mas isso dentro do mesmo sistema de solução de controvérsias. Seu objetivo é evitar decisões conflitantes e a duplicidade de processos para resolver a mesma controvérsia, na mesma ordem jurídica.

No sistema judicial, em processo internacional, o artigo 24 do CPC estabelece norma que reflete esse princípio ao dizer: *"A ação proposta perante tribunal estrangeiro não induz litispendência e não obsta a que a autoridade judiciária brasileira conheça da mesma causa e das que lhe são conexas, ressalvadas as disposições e contrário de tratados internacionais e acordos bilaterais em vigor no Brasil."* Não há, portanto, litispendência em processos que tramitam em diferentes ordens jurídicas.

Essa norma tem razão de ser. Ao afastar a litispendência em processo internacional, expressa o princípio de que cada ordem jurídica é autônoma em relação a outra. O parágrafo único desse dispositivo confirma-o, ao dispor que: *"A pendência de causa perante a jurisdição brasileira não impede a homologação de sentença judicial estrangeira quando exigida para produzir efeitos no Brasil."*

Há coerência nessa disposição, pois, a homologação de sentença estrangeira tem por objetivo tornar oficial no país ato de autoridade judicial estrangeira. Somente após essa homologação é que se poderá configurar a hipótese de litispendência, pois, nesse caso, poderá haver duplicidade, no mesmo sistema judicial, de ações. Não antes, pois a sentença estrangeira não homologada não existe como ato oficial no país.

O mesmo raciocínio se aplica ao processo judicial e ao arbitral. São sistemas de solução de controvérsias distintos, que não se confundem, regidos por leis próprias, com atribuição de competências também específicas.

A Lei 9.307/96 diz que compete ao árbitro decidir *"acerca da existência, validade e eficácia da convenção de arbitragem e do contrato que contenha a cláusula compromissória"* (parágrafo único do artigo 8º). Concentrou, pois, no árbitro a competência para decidir sobre a validade da convenção arbitral e do contrato que a contenha. Essa disposição se concilia com a do artigo 485, VII, do CPC, que impõe a extinção do processo, se houver convenção arbitral. Ou seja, se a parte alegar em juízo a nulidade do contrato ou da convenção arbitral nele contida, deve o juiz extinguir o processo, devendo a parte postular essa pretensão no juízo arbitral, competente para tomar essa decisão. A lei processual prevê o término do processo sem julgamento do mérito e a lei de arbitragem confere ao árbitro essa competência.

Todavia, a Convenção de Nova Iorque, de 1958, regulava a matéria de maneira diversa, ao dispor que o juiz, em exame preliminar, poderia decidir pretensões de nulidade do contrato ou da convenção de arbitragem. Com a vigência do CPC de 2015, essa disposição da Convenção foi alterada[290], mantendo-se a competência do árbitro para decidir sobre a nulidade ou validade, devendo o juiz extinguir o processo, se acolher a alegação de existência de convenção de arbitragem ou quando o juízo arbitral reconhecer sua competência (art. 485, VII do CPC).

Mesmo que o juiz não decida de plano sobre a validade do contrato e da cláusula arbitral, e determine o prosseguimento do processo, a arbitragem instaurada pela outra parte pode e deve prosseguir. Os dois processos, o judicial e o arbitral, passam a correr paralelamente. Não há, nesse caso, que se cogitar de litispendência, pois são processos que tramitam em sistemas de solução de controvérsia distintos, um público, outro privado.

A decisão que deve prevalecer é a do árbitro, competente para decidir sobre a validade ou nulidade da convenção arbitral. Se essa regra não for observada e houver prosseguimento ao processo judicial e a arbitragem for instaurada pela outra parte, não há litispendência. A competência do árbitro, nesse caso, está assegurada pela lei de arbitragem e pela lei processual.

---

[290] O STF no Acórdão 80004 examinou o tema, constando da ementa: *"Embora a Convenção de Genebra que previu uma lei uniforme sobre letras de câmbio e notas promissórias tenha aplicabilidade no direito interno brasileiro, não se sobrepõe ela às leis do país, disso decorrendo a constitucionalidade e consequente validade do Dec. Lei 427-69, que instituiu o registro obrigatório da nota promissória em repartição fazendária, sob pena de nulidade do título. Sendo o aval um instituto do direito cambiário inexistente será ele, se reconhecida a nulidade do título cambial a que foi aposto".*

Capítulo 21 – Entrevista[291]

Primeiros contatos com arbitragem

1. O que despertou seu interesse sobre a arbitragem? Quais foram os seus primeiros contatos com o instituto da arbitragem? Quando isto ocorreu? Eles se deram primeiramente no âmbito acadêmico? Tiveram relação com o seu mestrado realizado na universidade de *Yale*?

Resposta: Os meus primeiros contatos com a arbitragem ocorreram quando ministramos a disciplina Soluções Pacíficas de Controvérsias - Técnicas das Negociações e Arbitragem, no último semestre do curso de bacharelado da Faculdade de Direito da USP. Dentre os meios de solução pacífica de controvérsias internacionais, destacava-se a arbitragem pública entre Estados, como solução jurídica, juntamente com a judicial da Corte Internacional de Justiça. A Carta da ONU as prevê, ao lado das soluções políticas, como os bons ofícios, mediação, comissões de investigação. A arbitragem entre Estados era muito utilizada no século XIX e motivou a criação do Tribunal Permanente de Arbitragem, na Conferência de Paz de Haia de 1899. Aos poucos começou a ser utilizada em contratos internacionais, com a participação de empresas privadas, migrando para o direito interno. Mas, fundamentalmente, a arbitragem se desenvolveu na área internacional. No curso de mestrado que fizemos na Universidade de

---

[291] NEVES, Flávia Bittar, NETO, Francisco Maia, MUNIZ, Joaquim de Paiva e RANZOLIN, Ricardo (org).Entrevista à Dra. Flávia Bittar Neves, publicada em *Memórias do desenvolvimento da arbitragem no Brasil*, Brasília, OAB, 2018, p. 179/198.

Yale, o tema não era examinado e o foco de nosso trabalho de então era o das empresas multinacionais, que despertavam grande atenção do mundo político e jurídico, o que me levou a escrever o artigo A Empresa Multinacional – Descrição Analítica de um Fenômeno Contemporâneo, em 1974.

2. O que o motivou, em 1975 a ingressar no doutorado da Faculdade de Direito da Universidade de São Paulo, Largo de São Francisco, com tema de tese de doutoramento relacionado à arbitragem ("Arbitragem entre Estado e Particular")?

Resposta: Ao estudar a arbitragem entre Estados, surgiu a problemática de empresas sob controle estatal, com pretensões de se equiparar aos Estados que as controlava, em disputas com países em que possuíam investimentos. Nas décadas de 1950 a 1970 e até mesmo depois, contratos de concessão para exploração de recursos naturais, especialmente petróleo, firmados por Estados com empresas estrangeiras, que continham cláusula arbitral começaram a ser rescindidos unilateralmente pelos Estados hospedeiros. Um dos pontos polêmicos era o da imunidade de jurisdição do Estado, como fundamento para a recusa em participar do processo arbitral, juntamente com a empresa privada. Em alguns casos, como o conhecido caso NIOC (National Iranian Oil Co,) sob controle do Reino Unido, contra o Irã, a pretensão da empresa era a de equiparar o contrato de concessão a um tratado internacional, por se tratar de empresa sob controle estatal e, assim, o contrato não poderia ser rescindido unilateralmente pelo Irã. A matéria foi submetida à Corte Internacional de Justiça que rejeitou a pretensão do Reino Unido e considerou o contrato como tal, sujeito às leis nacionais e não do Direito Internacional.

As empresas privadas com investimentos no exterior haviam deixado de se valer da proteção diplomática, instrumento de Direito Internacional pelo qual o país da empresa arrogava-se o direito de postular, como direito próprio, o das empresas de sua nacionalidade, mecanismo muito usado no século XIX, sobretudo contra países latino americanos. Tal mecanismo, na verdade, passou a ser nocivo para as empresas, pois os Estados nem sempre concediam a proteção diplomática requerida e, quando o faziam, por vezes não repassavam para a interessada os eventuais resultados de sua intervenção.

Ademais, procurando ver-se livres da tutela dos Estados, as empresas começaram a se valer do contrato, como instrumento para lhes resguardar os interesses. A cláusula arbitral era a segurança de que dispunham de prover mecanismo extra estatal para resolver controvérsias contratuais. Nos contratos de concessão para exploração de recursos naturais firmados por empresas privadas com Estados estrangeiros, ao provocar a instauração da arbitragem, surgiram pretensões e recusas de alguns Estados em participar do processo. É o que ocorreu com a Líbia, após ter rescindido unilateralmente contratos de concessão para a exploração de petróleo e expropriado diversas empresas estrangeiras que atuavam no setor. Ao alterar sua constituição, o Estado ficou impedido de participar de arbitragens privadas, do que resultou a instauração de algumas arbitragens internacionais, das quais não participou, mas que, mesmo assim, se processaram à sua revelia e com sua condenação e posterior execução dos laudos arbitrais em diversos países.

Assim, o tema era de grande interesse jurídico, político e empresarial na época, com pretensões de Estados à imunidade de jurisdição e de execução a pairar sobre as relações com empresas privadas. No Brasil o tema era também relevante diante de contratos celebrados com instituições financeiras pelo Banco Central, que continham cláusula arbitral, havendo dúvida sobre sua legalidade. O fato levou o país a editar decreto considerando regular a aceitação da cláusula em contratos de financiamento.

3. Como foi a sua experiência como o primeiro Presidente do CAM-CCBC, de 1979 a 1984? Havia naquela época algum caso em andamento ou alguma iniciativa para estimular o estudo e a utilização da arbitragem?

Resposta: O CAM-CCBC foi idealizado como Comissão de Arbitragem da CCBC, por iniciativa do advogado João Caio Goulart Penteado, que desejava constituir no Brasil uma entidade arbitral para ser incluída em contratos internacionais, como alternativa às comumente adotadas com sede em outros países. Ademais, estamos falando de 1979, a cláusula arbitral era considerada no Brasil como simples obrigação de fazer, sem eficácia para instituir diretamente uma arbitragem. Daí que a primeira tarefa foi a de divulgá-la, como meio alternativo de solução de controvérsias, por meio de seminários, reuniões, palestras e cursos, tendo como público alvo advogados de escritórios envolvidos com investimentos internacionais. Foi trabalho de resultado lento, pois somos formados nos cursos jurídicos com a ideia de que todas controvérsias eram necessariamente resolvidas pelo Poder Judiciário, sob as regras do CPC. Era difícil ao advogado perceber a aplicação de outras regras processuais que não as estatais, mas advindas do contrato e da vontade das partes.

4. Qual foi sua primeira experiência profissional com arbitragem? Foi como advogado ou como árbitro? Atendeu às suas expectativas como método adequado de resolução de conflitos?

Resposta: Minha primeira experiencia na arbitragem foi como árbitro único em processo arbitral anterior à lei da arbitragem, em que as Partes desejavam evitar que terceiros que não tinham relação com a controvérsia tivessem dela ciência. Havia também envolvimento de entidade pública. Se a questão fosse objeto de ação judicial, esses terceiros poderiam ser atingidos, com graves prejuízos para as relações com as partes. Daí o interesse comum em experimentar o processo arbitral. Como não havia regulamento a ser observado, redigimos as normas processuais específicas para o caso, com as quais as partes acordaram, tendo-se concluído o processo com aceitação e cumprimento do laudo arbitral, sem resistência da parte vencida. A boa fé de todos prevaleceu.

Em outra arbitragem também anterior à lei, o processo foi instaurado no CAM-CCBC, ainda sob a denominação de Comissão de Arbitragem, sob a presidência de João Caio Goulart Penteado, que solicitou às Partes autorização para publicar o laudo arbitral. A intenção era de divulgar a arbitragem e mostrar aos advogados sua eficácia e a rapidez com que a controvérsia fora solucionada. O laudo foi publicado na Revista dos Tribunais, tendo o tribunal arbitral sido constituído pelos professores Alcides Jorge Costa, Luiz Gastão de Paes de Barros Leães e por mim.

Dificuldades e desafios iniciais

5. As primeiras arbitragens no Brasil surgiram por iniciativas de advogados e empresários nacionais ou estrangeiros? Os procedimentos contavam com a atuação de advogados brasileiros?

Resposta: As primeiras arbitragens de que participei tinham como partes empresas brasileiras sob controle de pessoas jurídicas com sede no exterior, assistidas por advogados estrangeiros, ao lado de brasileiros integrantes de escritórios locais. Não eram arbitragens internacionais, pois as empresas tinham sede no Brasil, os fatos aqui ocorreram e aplicava-se o direito brasileiro. Todavia, como uma das partes era controlada por empresa com sede no exterior, advogados da controladora participavam como assistentes. Lembro-me particularmente de uma em que claramente as peças tinham sido redigidas por advogado americano e traduzidas para o português. Eram peças inadequadas, segundo nosso sistema processual. Quando os advogados brasileiros assumiram a tarefa, houve significativa mudança de estilo e de qualidade das peças, então afeiçoadas ao nosso padrão.

6. Qual era a visão do advogado e dos magistrados sobre a arbitragem quando o Sr. começou a atuar neste mercado? Como percebe a evolução da percepção desses profissionais quanto à importância da arbitragem, quanto à sua eficiência para resolver conflitos e quanto à abertura de novas oportunidades no mercado de trabalho para os advogados?

Resposta: Sem querer ser impertinente, devo dizer que não há "mercado" de arbitragem, mas área de atuação profissional de advogados e de árbitros. Creio ser inadequada à referência à "mercado" para designar uma atividade em que nada se vende, nem se compra, mas se presta serviços. Tanto a advocacia, como a arbitragem não constituem atividade mercantil – como sugere a vocábulo "mercado" - e se rege fundamentalmente por padrões éticos de prestação de serviços.

Os juízes sempre acolheram com boa vontade a arbitragem. Nunca houve, na minha experiência, qualquer resistência do Poder Judiciário ao processo arbitral. Pelo contrário, sempre havia, como hoje ainda há, reconhecimento da arbitragem como alternativa eficaz para a solução de controvérsias privadas, com a participação de árbitros com bons conhecimentos jurídicos e grande experiência como advogados atuantes na esfera contenciosa e contratual. O Poder Judiciário tem reconhecido os laudos arbitrais e, de maneira geral, deixado de atender a pedidos de anulação, por vezes apresentados como forma de postergar o cumprimento do julgado.

7. Durante a tramitação do Projeto de Lei que originou a Lei de arbitragem (Lei 9.307/96) e logo após sua promulgação, alguns grupos de profissionais, eminentemente formados de advogados e acadêmicos, mobilizaram-se junto a instituições relevantes, tais como associações comerciais/industriais ou de advogados, para promover iniciativas voltadas à difusão do instituto da arbitragem para estimular a utilização da arbitragem no Brasil. Você fez parte desse movimento? O que diz da importância desse trabalho feito àquela época?

Resposta: Foi iniciativa das mais valiosas, pois a arbitragem nunca havia sido praticada no Brasil, tendo sido necessária sua divulgação e estímulo para sua utilização. É preciso lembrar que, sendo novidade, o processo de disseminação do conhecimento desse mecanismo foi lento. Começou nos cursos de arbitragem ministrados na Faculdade de Direito da USP por volta de 1975, muito antes, portanto, da aprovação da lei, em que estudantes, acostumados a pensar apenas em processo judicial, começaram a descobrir a alternativa privada da arbitragem. Fizemos muitas palestras e seminários sobre o tema. Desses cursos saíram advogados que ajudaram muito na divulgação e, mais do que isso, na consolidação da prática, ao incluírem, como advogados, cláusulas arbitrais em contratos sob sua orientação, ou na participação de seminários e cursos sobre o tema. Dentre esses estudantes, se encontravam Selma Maria Ferreira Lemes e Carlos Alberto Carmona, dois dos coautores do projeto de lei que se transformou na lei de arbitragem, juntamente com Pedro A. Batista Martins. Essa Comissão realizou um belo trabalho, sobretudo por ter conseguido convencer os parlamentares a aceitar uma novidade a que não estavam acostumados e, diria, habilitados. O resultado foi dos melhores, podendo-se dizer que a lei de arbitragem é das mais avançadas e adequadas, sendo temerárias as iniciativas que, vez ou outra, se pretende a alterá-la.

8. Quando começou a atuar como advogado e árbitro, quais foram as maiores dificuldades e desafios que enfrentou? Como isto mudou ao longo dos últimos 20 anos? Ou não mudou? Surgiram novos desafios? Quais?

Resposta: A maior dificuldade inicial foi a de convencer advogados a entenderem que o CPC não se aplica à arbitragem, que se rege pelas regras aprovadas pelas partes, ou pelo regulamento da entidade arbitral que a administra, ou, ainda, pelas que o Tribunal Arbitral edita, quando a isto autorizado pelas partes. Era comum os advogados reagirem contra o pedido da outra parte, quando da redação do termo de arbitragem, sem entenderem que se trata de pedido a que a parte tem o direito de fazer e que será apreciado pelo Tribunal Arbitral, cabendo-lhe contestá-lo no momento próprio.

Outra dificuldade é a de, ao pensarem de acordo com parâmetros do CPC, atribuir aos árbitros a tarefa de dirigir a prova, como faz o juiz no processo judicial. A prova pericial é uma delas, em que as partes, ao necessitarem provar fato mediante prova técnica, pedem a nomeação de perito pelo juiz, segundo o sistema do processo civil, cabendo-lhes nomear assistentes técnicos.

Todavia, o ônus da prova é da parte que alega. A tarefa de comprovar o fato, ainda que técnico, é da parte, não do juiz. Se a parte alega ter sofrido algum dano, incumbe-lhe comprová-lo e apurar o montante que considera devido, pois a perícia é meio de prova e não de apuração.

O sistema do CPC sobre a prova pericial é precário, pois confere ao juiz o encargo de nomear perito, como auxiliar do juízo, para a comprovação do fato técnico alegado pelas partes, o que, a meu ver, é fundamentalmente errado, pois cabe a elas o ônus de comprovar suas alegações e não ao juízo. E essa comprovação pode ser feita por testemunhas, documentos, depoimento pessoal e perícia, sendo sempre ônus da parte. A ideia de que o Estado deve fazê-lo, parece-me estapafúrdica. Até pela grande contradição do CPC de regular o ônus da prova, impondo-o a uma das partes, ao autor ou ao réu, e, ao mesmo tempo, manter o vezo autoritário e intervencionista de o juiz nomear perito, para a comprovação de fato, cujo ônus, no entanto, é da parte. Se deseja indenização por dano sofrido, deve provar ambos e não requerer ao juízo que o faça por ela.

Na arbitragem isso pode não acontecer, embora alguns Tribunais Arbitrais sigam o modelo judicial, por estarem a isso acostumados. Todavia, tem sido prática cada vez mais adotada de as partes apresentarem pareceres técnicos, cujos subscritores compareçam em audiência para responder perguntas do adversário e dos árbitros. Ainda que os pareceres apresentados pela parte possam ser parciais, na audiência, as partes, instruídas pelos seus técnicos sobre as questões polêmicas, são capazes de formular indagações apropriadas que levam à formação da prova e permitem aos árbitros a avalição pertinente.

O sistema processual judicial, a esse propósito, começa a se adequar, timidamente, a essa prática, ao admitir a apresentação de pareceres técnicos nas peças iniciais do processo. É um começo. Oxalá a experiência arbitral possa influir para a mudança dessa sistemática.

9. Durante a sua vasta experiência como advogado, árbitro e na Presidência do CAM-CCBC, quais as maiores dificuldades que enfrentou para estimular e desenvolver o instituto da arbitragem?

Resposta: A maior dificuldade que enfrentei sempre foi a de esclarecer ao advogado acostumado a aplicar e a raciocinar com as normas processuais do contencioso forense a se adequar à normativa própria do processo arbitral, que não comporta recurso e requer dos árbitros maior responsabilidade na tomada de decisões.

Desenvolvimento da arbitragem no Brasil

10. O Sr. estuda arbitragem desde muito antes de a sua prática se tornar uma realidade no Brasil. Como você viu a evolução da arbitragem? Conseguiria traçar as fases do seu desenvolvimento?

Resposta: A arbitragem no Brasil evoluiu muito, desde a edição da Lei 9.307/96, com o número significativo de processos desde então instaurados e de entidades arbitrais formadas em diversos Estados. O Brasil, em certo momento, ocupava o terceiro lugar no rol dos países com processos na Corte de Arbitragem da Câmara de Comercio Internacional, a mais antiga e tradicional entidade de arbitragem internacional, respeitada por sua atuação em arbitragens privadas. É também significativo que nos processos brasileiros a ela levados tem sido grande o número de árbitros brasileiros atuantes e aprovados pela Corte, a indicar a respeitabilidade e competência com que têm atuado, seja nas arbitragens domésticas, seja nas estrangeiras. É de se notar, ainda, o número expressivo de advogados com cursos de pós-graduação, em mestrado e doutorado, que exploraram no meio acadêmico temas sobre arbitragem. Esses advogados ajudaram muito a aprofundar o interesse na arbitragem, influindo, até, na formação de jurisprudência judicial.

11. Qual foi sua participação para estimular o desenvolvimento da arbitragem e vencer os desafios encontrados?

Resposta: Minha participação maior foi a de ministrar cursos sobre arbitragem internacional na Faculdade de Direito da USP, em palestras na Ordem dos Advogados do Brasil, na Associação dos Advogados de São Paulo e em outras entidades e Estados no Brasil e no exterior, a que fui convidado. Ademais, a redação de artigos doutrinários sobre arbitragem me permitiu abordar temas específicos que podem ter servido para provocar debates sobre assuntos polêmicos a ela relacionados.

12. Com o aumento da utilização da arbitragem no Brasil, o Sr. vê mudanças significativas na postura dos advogados, dos árbitros e das partes no âmbito dos procedimentos arbitrais? Se algo mudou, o que seria e qual seria o motivo dessa(s) mudança(s)? Você a(s) considera positiva(s) ou negativa(s)?

Resposta: Uma das mudanças que tenho percebido é a disposição das partes de evitar o processo arbitral, diante dos elevados custos que devem suportar. Dentre eles pesam não apenas os dos advogados, mas os honorários dos árbitros e as despesas administrativas da entidade de arbitragem, dentre os quais os da estenotipia e da gravação das audiências e, não raro, dos pareceres técnicos. Tais custos, todavia, podem produzir o efeito de desestimular o contencioso e favorecer a solução amigável, após a análise e ponderação do seu montante, dos riscos e dos benefícios do processo. Esse efeito, por sinal, é comum no sistema processual americano, em que os advogados coletam provas e ponderam sobre a viabilidade de continuarem o processo com a instituição do júri civil, cujos custos são muito elevados. A análise desses fatores pode justificar ambas as partes – pois riscos e custos são dos dois lados - a acordarem por transação, evitando o processo. Não é incomum a parte requerer a instauração do processo arbitral e, após a notificação da adversária, requererem a sua suspensão por determinado período, prorrogando-o por diversas vezes, até alcançarem um acordo.

A Arbitragem hoje no Brasil

13. Como o Sr. vê, hoje, o mercado para os profissionais que atuam como árbitros e como advogados no Brasil?

Resposta: Novamente o "mercado" na formulação do quesito. Devo dizer que a atuação de advogados e de árbitros na área da arbitragem deve-se ao prestígio alcançado pelos resultados de sua aplicação. O crescimento da arbitragem deve-se, em grande parte, à percepção dos advogados e das empresas, da rapidez e eficiência com que os processos têm sido conduzidos, em contraste com a morosidade tradicional do judiciário. Esse fato tem motivado cada vez mais advogados, sobretudo jovens, a se interessarem pela arbitragem, o que lhes permite grande oportunidade de se dedicarem a essa área. Por sinal tenho percebido certa tendência na nomeação de jovens advogados para atuar como árbitros, o que é salutar e abre oportunidade de trabalho e de aprimoramento na área. Os grandes escritórios de advocacia também têm dado oportunidade a jovens advogados a participar de processos arbitrais e das audiências, em que assistem à tomada de depoimentos e os embates próprios do contencioso. Devo salientar, a propósito, o relevante papel de entidades privadas formadas por jovens advogados, como o Comitê Brasileiro de Arbitragem, que procura estimular e aprofundar o estudo de temas da área. Trata-se de atividade sem fins lucrativos, inspirados pela Ética, que motiva o jovem advogado a se interessar pela atividade.

14. Quais são os maiores desafios enfrentados pelos árbitros e pelos advogados, hoje?

Resposta: Não vejo desafios novos aos árbitros e aos advogados que não sejam os já conhecidos. Para os advogados, parece-me que a configuração empresarial que os grandes escritórios de advocacia assumiram no mundo todo transformaram-nos em organizações complexas a atuar em todas as áreas do Direito, a cargo de advogados especializados. A atuação do advogado é compartimentalizada para áreas específicas, comandadas por advogados que se especializaram nos temas. A figura do advogado que atua na área contenciosa, contratual e consultiva tende a desaparecer. A complexidade dos serviços jurídicos é cada vez maior, exigindo conhecimentos não apenas do processo, mas de matérias como direito civil, comercial, tributário, ambiental, trabalhista, consumidor, administrativo e outras. Vê-se o advogado compelido, por vezes, a se socorrer de colega de outra área de conhecimento, o que encarece a prestação do serviço.

Por outro lado, as empresas deixaram de ser clientes cativos de determinados escritórios. Passam a pedir orçamentos e avaliar custos, antes de contratar os serviços do escritório habitual. A concorrência atinge os escritórios médios e pequenos, sem contar com a atividade individual do advogado, obrigando-os a também se adequarem à nova configuração que tomou a sociedade e a complexidade de temas jurídicos a serem enfrentados. A figura do advogado "clínico geral", tal como na atividade médica, tende a se reduzir, senão a desaparecer. Na área internacional, há certa tendência de reduzir o número de escritórios, cujos clientes são empresas globais, com atuação em diversos países. Pode acontecer o que sucedeu com as grandes empresas de auditoria, atualmente em número de quatro ou cinco em todo o mundo, contratadas para prestar serviços a grandes conglomerados, com padronização de procedimentos. Há, até, certas regras que impõem rodízio entre elas, para evitar a perpetuação de eventuais vícios.

Da mesma forma, os árbitros defrontam-se com problemática similar. A nomeação constante para atuar como árbitro por determinado escritório obriga-o a ter cautela na aceitação da tarefa e a informar a frequência de indicações por determinado escritório ou empresa, para evitar imputações de dependência econômica, subordinação ou favorecimentos.

Da mesma forma, empresas envolvidas em muitos casos contenciosos têm, por vezes, dificuldade na indicação de árbitros, diante da frequência com que atuaram em processos de seu interesse, seja por sua indicação, seja pela parte adversária, ou mesmo como presidente. O árbitro, por seu turno, vê-se sempre na necessidade de verificar eventuais conflitos de interesses, nem sempre visíveis, diante de agrupamentos empresariais com muitas empresas envolvidas. O dever de revelação de fatos que podem gerar desconfiança ou dúvidas torna-se tarefa essencial não apenas antes da aceitação, como no curso do processo.

A mera consulta para proferir parecer jurídico pode ser expediente para afastar o árbitro e torná-lo impedido, ainda que não profira o parecer, ou que não seja a isso solicitado.

15. Na sua visão, a arbitragem apresenta-se como um mecanismo adequado para a solução de tipos de disputas?

Resposta: A arbitragem constitui o melhor meio de solução de controvérsias comerciais e societárias e supera, em muito, a solução judicial para determinadas questões. Está ela baseada na confiança das partes nos árbitros escolhidos, bem como nas regras processuais para o encaminhamento das alegações e provas. No sistema processual do Judiciário é o Estado quem escolhe o julgador e impõe as normas de processo que se aplicam à generalidade das controvérsias, seja de família, inventários, locação, possessórias, contratuais, societárias e tantas outras. Na arbitragem partes escolhem os árbitros, nos quais têm confiança e aprovam as regras processuais, ou aceitam as da entidade arbitral escolhida. Só isso faz enorme diferença, pois há certos tipos de problemas jurídicos a que os juízes não estão afeitos, por se tratar de matéria especializada. O juiz é conhecedor do processo e do Direito em geral, mas há questões e áreas determinadas e específicas que demandam conhecimento também específico. Em matéria de direito societário, direito securitário, ou, ainda energia, dentre outras, por exemplo, exige-se conhecimento específico das áreas. Nesses casos, como em outros, as partes podem nomear árbitros conhecedores do ramo do Direito em que se situa a controvérsia.

Essas observações se aplicam tanto às controvérsias domésticas, como as internacionais e as de setores especializados, como os das bolsas de mercadorias ou de transporte, regidos por normas próprias.

16. Considerando a resposta à pergunta anterior, o Sr. entende que, para aquelas disputas, a arbitragem atende à expectativa das partes ou deixa a desejar em alguns aspectos?

Resposta: Creio que a arbitragem nos casos indicados no quesito anterior é a melhor solução. No caso das controvérsias sobre distribuição e geração de energia são tantas as peculiaridades que pessoas afeitas às características do setor é que tem melhor capacitação para entender a controvérsia e a lhe dar solução adequada. O mesmo ocorre em matéria de direito societário, que envolve um complexo de normas próprias e específicas.

17. Na sua visão, quais são as principais vantagens e as principais desvantagens da arbitragem? O que poderia ser feito para amenizar as desvantagens?

Resposta: A principal desvantagem da arbitragem é o seu custo que, por outro lado, pode desestimular aventuras ou iniciativas pouco fundadas. Há situações em que, havendo cláusula arbitral e sendo, por isso, necessária a instauração da arbitragem, a parte pode ter dificuldade em satisfazer o custo do processo. Para isso tem-se desenvolvido sistema de financiamento, sobretudo na área internacional, em que terceiros aportam os recursos para o pagamento desses custos, em troca de alguma participação nos resultados do processo, quando positivo. Há sempre o risco de resultado negativo, que envolve perda desses recursos. Têm-se como principais vantagens da arbitragem a capacidade técnica dos árbitros escolhidos para solução do conflito; sua celeridade, que comparada aos conflitos submetidos ao Poder Judiciário, trazem resultados positivos às Partes envolvidas, principalmente, na esfera econômica; sigilo – como anteriormente abordado, um dos primeiros casos em que atuei como árbitro, foi fruto do interesse das Partes envolvidas em manter o sigilo a respeito daquela controvérsia, e, nota-se que essa característica é ainda hoje um dos fatores que levam as Partes a submeterem controvérsias à arbitragem; autonomia de vontade das Partes, que possibilita aos envolvidos definirem as normas de direito e processuais aplicáveis ao litígio; a prolação de sentença arbitral, considerada título executivo judicial, embora entenda tratar-se de um equívoco do CPC ao defini-la assim no artigo 515, inciso VII, pois originado de sentença privada proferida por Tribunal Arbitral, permite sua imediata execução, em caso de não cumprimento espontâneo, o que a torna eficiente, já que não sujeita à recursos.

18. Temos visto uma série de avanços tecnológicos recentes e a tendência crescente de utilização dessas ferramentas no direito. O Sr. acredita que tais inovações tecnológicas atingirão a arbitragem? De que modo?

Resposta: Nota-se que os avanços tecnológicos, como o processo eletrônico e digital tem sido muito utilizado na arbitragem, evitando-se o enorme número de documentos, pastas e papeis que compõem o processo e deixam atulhados os escritórios dos árbitros e das câmaras arbitrais. Da mesma forma, as comunicações por vídeo conferências entre árbitros e partes evitam o descolamento para reuniões em outros Estados ou países, facilitando o encaminhamento do processo e a solução de temas controversos. O emprego de estenotipia e de sistemas audiovisuais em audiência é de grande utilidade para a compreensão dos fatos e auxiliam a tomada de depoimento das partes e de testemunhas. As grandes câmaras arbitrais as utilizam com grande benefício para o processo, tornando mais eficazes as audiências.

O futuro da arbitragem no Brasil

19. Como o Sr. vê o futuro da arbitragem no Brasil? Acredita que a tendência é de estabilizar a quantidade de litígios resolvidos por arbitragem, expandir ainda mais ou eventualmente diminuir?

Resposta: Ao se examinar o número de arbitragens instauradas a partir da edição da Lei nº 9.307/96 e de instalação de câmaras de arbitragem em diversos Estados, nota-se a tendência de aumentar sua utilização. Ademais, o ingresso de jovens advogados a atuar como árbitros, muitos com cursos de pós-graduação no Brasil e no exterior, demonstra a tendência de aumento e expansão da arbitragem. Paralelamente, já há a cultura da arbitragem disseminada no meio jurídico, com a previsão da cláusula arbitral em grandes contratos ou em contratos de determinados setores de atividade, como é o caso da energia e mesmo de venda de apartamentos em construção. A rapidez e eficiência das arbitragens também têm sido fator de desenvolvimento e expansão da arbitragem, até por não dispor do arsenal de recursos processuais típicos da solução judicial.

Por outro lado, o processo judicial, recheado de recursos, tem retirado do juiz de primeiro grau a autoridade própria do magistrado, como representante do Estado na solução de controvérsias. Suas decisões, mesmo interlocutórias, podem ser contestadas por meio de agravos de instrumento e revistas pelos tribunais, mesmo sendo ele o responsável pela condução do processo e pela coleta das provas. Em certos casos sua posição assume certo caráter de subalternidade, não obstante tenha competência específica e própria. A formação de associação de magistrados pode ser reflexo desse estado de coisas, em que o juiz pode sentir-se um servidor subalterno, motivando-o a se filiar a associação de classe, como ocorre com os participantes de outras atividades. No entanto, ocupa posição de relevo e de grande responsabilidade social.

No CPC de 1939 as causas de pequeno valor eram passíveis do recurso de embargos ao próprio juiz, que decidia em instância única, sem a interferência de tribunal. Atualmente, mesmo nos juizados de pequenas causas, há uma pletora de recursos a eliminar a eficiência que se procurava com a iniciativa.

20. O Sr. acredita na possibilidade do desenvolvimento do mercado das "arbitragens de pequenas causas", para resolver conflitos de pequena complexidade e valor econômico, com baixo custo para as partes envolvidas? Caso positivo, você vê algum risco de que tal iniciativa possa prejudicar o adequado desenvolvimento do instituto, ou mesmo causar um retrocesso no uso dessa ferramenta, em vista de eventual queda de qualidade do serviço de secretaria de instituições arbitrais ou dos árbitros?

Resposta: A utilização da arbitragem em causas de pequeno valor é viável e tem sido adotada por câmaras arbitrais que atuam no setor. As causas de pequeno valor podem ter por objeto questões de menor complexidade, exigindo menos trabalhado e tempo dos árbitros, com participação, em certos casos, de apenas um árbitro. É o caso de arbitragens sobre locação de imóveis, ou de compromissos de compra e venda de imóveis que não exigem conhecimento específico, nem provas complexas. Nessas arbitragens, os árbitros podem contribuir muito para a solução rápida e eficaz do litigio, até por serem conhecedores da área em que se situa a controvérsia.

21. Na sua visão, há uma tendência de se admitir cada vez mais disputas como arbitráveis? Uma eventual expansão desmedida da arbitragem, sem o devido preparo dos partícipes do procedimento arbitral, para matérias pode ser prejudicial à prática da arbitragem e à própria resolução dos conflitos?

Resposta: A tendência à utilização da arbitragem decorre do aumento da participação da sociedade civil na condução de políticas públicas e internacionais e do gradativo enfraquecimento da estrutura do Estado. Outrora dotado de soberania interna e internacional, o Estado perdeu essa condição e convive atualmente com inúmeras organizações internacionais, organizações não governamentais, grupos de pressão internos e internacionais, como sindicatos, meios de comunicação, fundações privadas, empresas nacionais e multinacionais, enfim, com multiplicidade de atores que lhes limitam a liberdade de atuação. A preocupação com a preservação do meio ambiente é dos fatores que ultrapassam a atuação dos Estados e é o foco de atenção de grupos privados voltados ao tema e com grande prestígio e atuação internacional.

O desenvolvimento da arbitragem situa-se nesse quadro e nele passam a atuar advogados e partícipes que adquirem conhecimento e experiência que a fortalecem. O preparo dos advogados e das partes constitui etapa que decorre da própria dinâmica da arbitragem, com a seleção natural que eliminará os despreparados e aumentará o número de partícipes experientes e capazes. Basta ver atualmente o número significativo de arbitragens conduzidas por jovens, como advogados ou como árbitros, formados não mais apenas com a visão do processo civil, mas também da arbitragem. Atualmente, começa-se também a estimular a mediação, como mecanismo de solução de controvérsias, para o que os advogados se capacitarão para atuar como mediadores.

Em questões familiares, como partilhas em inventários ou em processos de divórcio, a arbitragem pode facilitar a composição da controvérsia, por criar ambiente propício para a conciliação. É claro que isto depende muito dos advogados e dos árbitros, que podem ter influência decisiva para conduzir o processo de forma menos litigiosa possível.

22. Na sua visão, quais serão os maiores riscos e desafios a serem enfrentados pelos advogados e pelos árbitros no futuro? Entende que os jovens estudantes e advogados que estão chegando atualmente ao mercado de trabalho estão sendo bem preparados para enfrentar e superar esses desafios? O que seria essencial nessa preparação?

Resposta: Atualmente há grande número de cursos, seminários, congressos e conferências nacionais e internacionais, com foco na arbitragem, com grande interesse de estudantes e de advogados interessados em conhecer esse sistema privado de solução de controvérsias. Começa-se a pensar em alternativas ao processo judicial, anacrônico e moroso, como dá mostras o interesse no desenvolvimento da mediação. As Faculdade de Direito no Brasil dão ênfase ao ensino do processo judicial, descurando as técnicas de negociação e da mediação, disso resultando a formação de advogados voltados exclusivamente para o contencioso forense. Com o desenvolvimento da arbitragem, a tendência de sua utilização permitirá superar, ainda que lentamente, a noção de que o Estado é a única entidade capaz de resolver controvérsias. O afastamento da estrutura do Estado, com seu peso desproporcional é aspiração, ainda que inconsciente, da sociedade civil, a ocupar espaços e a influir nos rumos da ação governamental. A formação do jovem advogado tende a se render a essa realidade e a incutir mecanismos alternativos de solução de litígios, fora do Judiciário.

23. Em sua opinião, quais as principais características ou diferenciais que devem ter os profissionais que atuam em arbitragem ter para serem considerados bons advogados e bons árbitros? Qual seria o perfil ideal desses profissionais? Como poderiam aperfeiçoar o exercício desse "múnus"?

Resposta: O advogado que atua em processo arbitral deve estar preparado para apresentar toda a documentação adequada para instruir suas peças e conhecer com profundidade as provas a serem produzidas. Normalmente a peça mais importante costuma ser a réplica e tréplica, nas quais, após examinar as alegações iniciais do adversário, pode-se apresentar documentação suplementar, para fazer frente às alegações e documentos apresentados pelo adversário. Não tem o advogado, na arbitragem, o expediente de recursos interlocutórios a serem apreciados pela instância superior. O indeferimento de um pedido pode não ser revertido, sendo inútil, na maioria das vezes, a insistência. A observância dos prazos, tal como no processo judiciário, é de rigor. Contudo, não lhe favorecerá requerimentos de desentranhamento de peças intempestivas da parte contrária, ou de pedidos de nulidade de atos processuais, pois a tendência na arbitragem é de evitar o engessamento do processo e permitir certa flexibilidade no encaminhamento dos atos processuais. Se o ato intempestivo não causa prejuízo à parte, não há porque insistir no desentranhamento da peça, podendo se utilizar do precedente para requerer tratamento igual, ou oportunidade de manifestação. A criação de incidentes processuais, típicos do processo civil, também é prejudicial. A audiência, ao contrário do processo judicial, de maneira geral, costuma ser o grande momento da arbitragem, em que os depoimentos são tomados com inquirição direta pelos advogados e árbitros. Algumas tem longa duração, por vezes de toda a semana, iniciando-se no começo da manhã e terminando no final da tarde de cada dia, às vezes à noite. Para isso o advogado deve se preparar, ao final de cada sessão da audiência, para os depoimentos seguintes. É tarefa exaustiva, pois não apenas participa atentamente da audiência, como, depois de cada sessão, deve-se preparar para a próxima etapa, com reexame de documentos e provas.

O árbitro, por sua vez, tem a tarefa de ler atentamente todas as alegações e documentos à medida em que são apresentados e, por vezes, fazer indagações às partes para esclarecer pontos obscuros ou contradições. Com isso procura desestimular alegações vazias e impor maior responsabilidade. O preparo para a audiência também é essencial, pois na sua condução deve conhecer todo o processo, os documentos e as principais alegações, o que requer trabalho anterior por vezes longo e exaustivo. O tribunal arbitral pode contribuir muito nas audiências quando demonstra ter conhecimento de toda a controvérsia e da documentação e provas produzidas.

24. A arbitragem correria o risco de, com o tempo, expansão e desgaste, se tornar um "segundo judiciário", não promovendo a resolução do conflito de forma célere, flexível e qualificada?

Resposta: Não creio. O grande problema do judiciário é a quantidade de recursos de que se utilizam os advogados, obrigados a isso por estarem previstos no CPC. Algumas arbitragens podem demorar mais do que o normal, em virtude de prazos extensos acordados pelas partes, ou incidentes a requerer a interrupção do curso do processo para sua solução, ou, ainda a realização de perícias, tarefa que deve caber às partes e não ao árbitro.

25. Que conselhos o Sr. daria para jovens profissionais que querem atuar como árbitros ou advogados em arbitragens?

Resposta: O estudo do processo, na arbitragem, tem importância relativa. O advogado deve estudar com profundidade o direito material, Direito Civil, Societário, Ambiental, Contratual e outros, pois são o foco da controvérsia a ser resolvida na arbitragem. Se no processo civil há necessidade do conhecimento aprofundado das normas do processo, para a verificação prévia da ação correta a ser promovida, para evitar sua extinção por ser inapropriada, o mesmo não ocorre na arbitragem. O que importa é o conhecimento do direito material objeto da controvérsia, seja ele qual for.

26. Por fim, poderia relatar, respeitando o sigilo profissional, se durante a sua trajetória houve algum caso, ou situação, que lhe marcou de forma especial?

Resposta: Posso lembrar, como curiosidade, de uma arbitragem não concluída por não ter a cláusula arbitral indicado corretamente o nome da câmara arbitral em que se desenvolveu. A parte era muito agressiva contra o tribunal arbitral, com petições reiteradas sobre sua falta de legitimidade, por ser a câmara em que se processava ter sido indicada com nome incorreto na cláusula arbitral. Ao se socorrer do judiciário, a parte conseguiu a anulação do processo, ainda em curso, tendo o juiz, na mesma sentença, nomeado a mesma câmara para processar a arbitragem. Em vista disso, o tribunal arbitral renunciou à investidura, tendo a mesma câmara arbitral anteriormente impugnada nomeado outros árbitros e a parte impugnante mudado de advogado. A curiosidade é que o tribunal arbitral havia já tomado decisão parcial, ainda não comunicada às partes, favorável ao impugnante. A decisão não pode ser divulgada, em virtude da sentença judicial que acolheu o pedido de anulação do processo ainda em curso, com base na diferença de nome da câmara prevista na cláusula arbitral. O juiz, embora tenha concluído estar o nome da câmara incorretamente indicado, acabou por mantê-la na administração do processo, com a inutilização de todo o processado. Trata-se de mera curiosidade e não de fato relevante a ser registrado. Serve para mostrar os percalços que árbitros sofrem no desenvolvimento de suas atividades.

Referências

ANDRADE, Sérgio Montes de "Tutela Antecipada", in *Revista dos Tribunais*, 740/165.
ARAUJO, Nádia de "O Tribunal Permanente de Revisão do Mercosul e as Opiniões Consultivas: Análise dos Laudos Arbitrais, sua ligação com o common law e algumas idéias para o futuro", in *Revista Temas de Integração*, 2. sem. 2004, n. 18.
BAPTISTA, Luiz Olavo, *Dos Contratos Internacionais - Uma Visão Teórica e Prática*, 1. ed., São Paulo, Ed. Saraiva, 1994, v. 1.
_____,"Sentença parcial em arbitragem", Parecer in *RAM*, nº 17, abr-jun 2008, p.173-196.
_____, *Empresa transnacional e direito*, Revista dos Tribunais, 1987.
BARBOSA, Joaquim Simões; SOUZA, Carlos Affonso Pereira de., "Arbitragem nos contratos administrativos: panorama de uma discussão a ser resolvida", in *Arbitragem interna e internacional – questões de doutrina e da prática*. Org. Ricardo Ramalho Almeida, Rio de Janeiro/São Paulo, Renovar, 2003, p. 276-277.
BATIFFOL, Henri, "La Sentence ARAMCO et le Droit International Privé", in *Choix D'Articles Rassemblés par ses Amis*, Paris, LGDJ, Paris, 1976.
_____, "Contrats et Convention", nº 45 *Encyclopedia Dalloz*, Repertoire de Droit International (1968).
BERMUDES, Sérgio, *Introdução ao Processo Civil*, Forense, 1996.
BEVILÁQUA, Clóvis, "Cláusulas de Arbitramento Comercial", in *Pareceres dos Consultores Jurídicos do Ministério das Relações Exteriores*, Ministério das Relações Exteriores, Seção de Publicações, 1962.
_____, *Código Civil dos Estados Unidos do Brasil*, Edição Histórica, Rio de Janeiro, Ed. Rio, 1975.
BOBBIO, Norberto, *Estado, Governo, Sociedade – Para uma ytreoria geral da política*. Paz e Terra, 3ª Edição, São Paulo, 1990.
BRAGETTHA, Adriana, *Anulação do laudo arbitral na sede da arbitragem e conseqüências internacionais: visão a partir do Brasil*, tese de doutoramento defendida em 2008 na Faculdade de Direito da Universidade de São Paulo.
CAPRASSE, Olivier, *Lês sociétes et l'arbitrage*, Paris/Bruxelas, LGDJ, 2003, p. 312.

CARMONA, Carlos Alberto, *Arbitragem e Processo: um comentário à Lei 9.307/96*, São Paulo, Ed. Malheiros, 1998.

CASELLA, Paulo Borba; GRUENBAUM, Daniel, "O problema da eficácia extraterritorial do laudo arbitral estrangeiro anulado", in *Arbitragem e Desenvolvimento*, coord. de Maria Odete Duque Bertasi e Oscavo Cordeiro Corrêa Netto, 1. ed., São Paulo, Ed. Quartier Latin, 2009.

CASTELLANOS, Edgardo Cáceres, "El Arbitraje en la Legislacion Laboral Hondureña", in *Arbitraje comercial y laboral en América Central*, coord. de Alejandro M. Garro, Transnational Juris Publications Inc., 1990.

CASTRO, Amílcar de, *Direito Internacional Privado*, 2ª ed., Rio de Janeiro, Forense, 1968.

DELAUME, Georges, "United States District Court for the District of Columbia Order and Opinion in the Matter of the Arbitration of Certain Controversies Between Chromoalloy Aeroservices and the Arab Republic of Egypt", in *ILM*, nov. 1996, volume XXXV, n. 6, p. 1.359.

DERAINS, Yves, *Droit et Pratique de l'arbitrage Internacional en France*, Paris, 1984.

DINAMARCO, Cândido Rangel, *A Reforma do Código de Processo Civil*, Ed. Malheiros, 1995.

DINH, Nguyen Quoc; DAILLIER, Patrik; PELLET, Alain, *Droit International Public*, 5. ed., LGDJ, Paris, 1994.

ESPÍNOLA, Eduardo, ESPÍNOLA FILHO, Eduardo, *Tratado de Direito Civil Brasileiro*, Ed. Freitas Bastos, 1939.

FONTAINE, Marcel, *Le contrat économique international – Stabilité et evolution*, Bruxelas-Paris, Ed. Brylant-Pedone, 1975.

FOUCHARD, Philippe, *L'Arbitrage commercial international*, Paris, LITEC, 1965.

GOLDMAN, Berthold, "La Lex Mercatoria Dans Les Contrats et L'Arbitrage Internationaux: Realités et Perpectives". *Journal du Droit International* 1979, vol. 106, p. 477.

GOMES, Orlando, *Contratos*, 10 ed., Rio de Janeiro, Ed. Forense, 1984.

HOBSBAWN, Eric, *A Era dos extremos: O breve século XX, 1914-1991*, Companhia das Letras, Rio, 1995.

JACQUÉ, Jean Paul, *Elements pour une Theorie de L'Acte Juridique en Droit International Public*, Paris, LGDG, 1970.

_____, *L'Arbitrage Commercial Internacional*, Paris, Dalloz, 1963.

JARROSSON, Charles, *La notion de l' arbitrage*, Paris, LGDJ, 1987.

JÚDICE, José Miguel, "Árbitros: características, perfis, poderes e deveres", in *RAM*, São Paulo, nº 22, jul-set 2009, p. 119-146.

KAHN, Philippe, "Lex et Contrats Internationaux" in *Le contrat économique international – Stabilité et evolution*, Bruxelas-Paris, Ed. Brylant-Pedone, 1975, p. 179.

_____, *La vente Commerciale Internationale*, Paris Sirey, 1961.

KASSIS, Antoine, *Problemes de base de L'Arbitrage en Droit Comparé et en Droit International*, Paris, LGDJ, 1987, tomo 1.

LALIVE, Pierre A., *Le Droit de l'arbitrage interne et international en Suisse*, Lausanne, 1989.

LALIVE, Pierre A., "Problemes relatifs a l'arbitrage international privé", de `RCADI, vol. 120, 1967, p. 569-714.

LEMES, Selma Maria Ferreira, "Arbitragem no exterior e citação no Brasil", in *Valor*, 1. ed., 2007.

_____, *Arbitragem na Administração Pública. Fundamentos Jurídicos e Eficiência Econômica*, São Paulo, Ed. Quartier Latin, 2007, v. 1.000.

LIMA, Cláudio Vianna de, "A arbitragem no tempo. O tempo na arbitragem", in *A arbitragem na era da globalização*, org. de José Maria Rossani Garcez, Rio de Janeiro, Ed. Forense, 1997, p. 9.

LOUSSOUARN, Yvon; BREDIN, Jean-Denis, *Droit du Commerce International*, Sirey, 1969.,

LUKACS, John *Uma Nova República – História dos Estados Unidos no Século XX* – Jorge Zahar – Editor, Rio, 2006, p. 259/260.

MAGALHÃES, José Carlos de,"Aplicação Extraterritorial de Leis Nacionais", in *Revista de Direito Público*, abr/jun 1983, n. 66.

_____, *Direito Econômico Internacional*, Curitiba, Ed. Juruá, 2005.

_____, *Do Estado na Arbitragem Privada*, São Paulo, Ed. Max Limonad, 1988.

_____, *O Supremo Tribunal Federal e o Direito Internacional*, Porto Alegre, Livraria do Advogado, 2000, p. 126 e ss.

_____; BAPTISTA, Luiz Olavo, *Arbitragem Comercial*, Rio de Janeiro, Ed. Freitas Bastos.

MAHMASSANI, Sobhi, *Award of the Arbitral Tribunal in the dispute between Libyan American Oil Company (Liamco) and the Government of the Libyan Arab Republic relating to petroleum concessions 16, 17 and 20*, Paris, LGDG, 1977.

MANN, Frederick Alexander, "The Doctrine of Jurisdiction in International Law", in *RCADI, Paris, Martinus Nijhoff Publishers*, 1964, v. 111.

_____, "State Contracts and International Arbitration", in *Studies in International Law*, Oxford, Clarendon Press, 1973.

MARTINS, Pedro A. Batista, *Apontamentos sobre a lei de arbitragem*, Ed. Forense, 2008, p. 215-217.

MARTINS, Pedro A. Batista; GARCEZ, José Maria Rossani, (org.), *Reflexões sobre Arbitragem*, Ed. LTr, 2002.

MARTINS, Pedro A. Batista; LEMES, Selma M. Ferreira; CARMONA, Carlos Alberto, *Aspectos fundamentais da lei de arbitragem*, Rio de Janeiro, Forense, 1999, p. 192-203.

MERCADANTE, Araminta de Azevedo, *Contribuição ao estudo da arbitragem comercial internacional*, tese de mestrado defendida em 1979 na Faculdade de Direito de São Paulo, sob orientação do Prof. Vicente Marotta Rangel.

MIRANDA, Pontes de, *Comentários ao Código de Processo Civil*, atualização. de Sérgio Bermudes, Rio de Janeiro, Ed. Forense, 1996, vol. 26.

MONTEIRO, Washington de Barros, *Direito das Obrigações*, São Paulo, Ed. Saraiva, 1956.

MOROZOV, G. I., "International Law and the U.N", in *Contemporary International Law*, org. de Gregory Tunkim, Moscou, Progress Publishers, 1969.

RAMBAUD, Patrick, "Lês suítes d'um diffèrend pétrolier: l'affaire liamco devant lê juge français", in *Annuaire français de droit international*, p. 821-834, 1979.

RANGEL, Vicente Marotta, *Direito e Relações Internacionais*, 4. ed., São Paulo, Ed. Revista dos Tribunais, 1993.

REALE, Miguel, *Filosofia do Direito*, 12. ed., São Paulo, Ed. Saraiva, 1987.

_____, *Variações*, 2. ed., São Paulo, Ed. GRD, 2000.

REDFERN, Alan; HUNTER, Martin, *Droit et pratique de l'arbitrage commercial international*,

2. ed., Paris, LGDJ, 1994.

REISMAN, W. Michael, "Haiti and the Validity of International Action", in *AJIL* Washington, 1995, v. 89, n. 1, p. 82.

_____, "The Breakdown of the Control Mechanism in ICSID Arbitration", in *Duke Law Journal*, Durham, Duke University School of Law, 1989, n. 4.

ROBERT, Jean, *Arbitrage civil et commercial en droit interne et international prive, suivi de formules pratiques*, 4. ed., Paris, Dalloz, 1967.

_____, *Traité de l'arbitrage civil et commercial en droit interne: suivi des formules pratiques*, 3. ed., Paris, Librairie du Recueil Sirey, 1961, tomo 1, n. 6.

STRENGER, Irineu, *Contratos Internacionais do Comércio*, São Paulo, Ed. Revista dos Tribunais.

TOUBIANA, Annie, *Le Domaine de la Loi du Contrat en Droit International Privé*, Dalloz, Paris, 1972.

Touscoz, J. "Le Regime Juridique International des Hydrocarbures et le Droit International du Developpement". *JDI*, vol. 100, 1973.

VALLADÃO, Haroldo Teixeira, *Direito Internacional Privado*, 3. ed., Rio de Janeiro, Ed. Freitas Bastos, 1971.

VERHOEVEN, Joe, " Droit international des contrats et droit des gens", Revue belge de Droit international 1, 1978-79 : 209-230.

WALD, Arnoldo, "A Convenção de Nova Iorque" , in *RDB*, 16/325-332

_____, "A Contribuição da América Latina para o desenvolvimento da arbitragem comercial internacional ", in *RAM*, jan-mar 2005, p. 21-25

_____, "Os meios judiciais do controle da sentença arbitral ", in *RAM*, jan-abr 2004, nº 1, p.40-66

WILLIAMS, John Fischer, "Le droit international et les obligations financières internationales qui naissent d'un contrat", in *Recueil des Cours de L'Academie de Droit International, Paris, Martinus Nijhoff Publishers, 1923*, v. 1, issue I, p. 293-359.